中国高水平民办高校生成机制研究

阙明坤 著

中国社会科学出版社

图书在版编目（CIP）数据

中国高水平民办高校生成机制研究／阙明坤著 . —北京：中国社会科学出版社，2023.8
ISBN 978 - 7 - 5227 - 2071 - 5

Ⅰ. ①中… Ⅱ. ①阙… Ⅲ. ①民办高校—发展—研究—中国 Ⅳ. ①G648.7

中国国家版本馆 CIP 数据核字（2023）第 106957 号

出 版 人	赵剑英
责任编辑	党旺旺
责任校对	闫 萃
责任印制	王 超

出　版	中国社会科学出版社
社　址	北京鼓楼西大街甲 158 号
邮　编	100720
网　址	http://www.csspw.cn
发 行 部	010 - 84083685
门 市 部	010 - 84029450
经　销	新华书店及其他书店
印　刷	北京明恒达印务有限公司
装　订	廊坊市广阳区广增装订厂
版　次	2023 年 8 月第 1 版
印　次	2023 年 8 月第 1 次印刷
开　本	710×1000　1/16
印　张	25.75
插　页	2
字　数	405 千字
定　价	128.00 元

凡购买中国社会科学出版社图书，如有质量问题请与本社营销中心联系调换
电话：010 - 84083683
版权所有　侵权必究

序一
深入推进中国高水平民办大学研究

近期收到浙江大学国家高端智库教育学院分中心执行主任、浙江大学国家制度研究院特约研究员、无锡太湖学院副校长阙明坤博士的新著《中国高水平民办高校生成机制研究》，他嘱我为该书作序，作为一名长期关注民办高等教育的研究者，我欣然应允。这一方面是由于该书选题切中现实，近年来我也致力于高水平民办大学问题的研究，希冀促进民办高等教育事业高质量发展；另一方面，是出于我对中国民办高校这一庞大群体发展命运的关切，深知该领域的研究有待进一步深化和拓展。

改革开放以来，沉寂已久的民办高校在我国重新复苏，快速崛起，在华夏大地上谱写出一曲荡气回肠的精彩诗篇。转眼四十多年过去，昔日的幼苗，如今茁壮成长，已然长成参天大树，枝繁叶茂。在国家"积极鼓励、大力支持、正确引导、依法管理"方针的指引下，我国民办高等教育从无到有、从小到大、从弱到强，从"拾遗补缺"到"不可或缺"，在增加教育供给、缓解财政压力、培养应用型技术技能型人才、服务经济社会发展、探索治理体系创新等方面，作出了不可磨灭的贡献，成为我国高等教育事业的重要组成部分和促进教育改革的重要力量。

当前，高质量发展是全面建设社会主义现代化国家的首要任务。坚持以人民为中心发展教育，坚持把高质量发展作为各级各类教育的生命线，加快建设教育强国，为中华民族伟大复兴提供有力支撑，是我国教育改革发展的根本方向。党的二十大报告提出，引导规范民办教育发展，为未来一段时期民办高等教育的发展指明了方向。从现实来看，伴随高等教育普及化浪潮，虽然民办高校在规模上取得巨大发展，但是教育质量和综合实力仍然与公办高校存在较大差距，陷入"质量洼地"，提高民办高等教育质量，已经成为推进民办高校可持续发展的核心任务。在此背景下，建设高水平民办大学成为影响高等教育现代化和教育强国建设的当务之急。

明坤博士《中国高水平民办高校生成机制研究》一书聚焦高水平民办高校建设，瞄准高等教育发展的难点痛点问题，其出版可谓正当其时，意义重大。我与明坤相识较早，印象深刻。他长期从事民办高等教育管理与研究工作，是在民办高校场域中成长起来的教育专家，也是学术界的一颗新星。他经历丰富，勤于思考，笔耕不辍，在《教育研究》《管理世界》《人民日报》《光明日报》等期刊、报纸发表了100多篇高水平研究成果。值得一提的是，明坤坚持学术研究与决策咨询相统一，积极参与智库建设，以文辅政，主动服务国家宏观决策，一批优秀的智库成果获得党和国家领导人肯定性批示，转化为政策文件。这些成果既丰富了我国民办高等教育理论体系，也对民办高等教育政策和实践产生了积极影响。可以说，正是因为有一批专家学者持续关注着民办高等教育的发展动向，坚定为民办高等教育事业奔走、发声，方才促成了如今我国民办高等教育的繁荣辉煌，明坤博士就是其中优秀青年学者的一个代表。

作为民办高校的研究者、管理者、实践者、亲历者，明坤对这个场域有着丰富的实践经验和理论思考。他坚持理论与实践相结合的研究旨趣，走出书斋，扎根一线，脚踏实地，深入调研，做到"顶天立地"，研究真问题，提出真对策。15年来，明坤实地调研考察的足迹遍布辽宁、吉林、黑龙江、四川、云南、广西、广东、上海、重庆、北京、海南、浙江、江苏等地的100多所民办高校，心存对高等教育质量的深切忧虑，深刻感受到当前我国民办高校存在的"质量洼地"，敏锐地感知少数高水平民办高校正在逐渐崛起、形成逆袭之势，例如西湖大学、宁波东方理工大学等一批新型高水平民办高校陆续创建，吉林外国语大学、西京学院、河北传媒学院、三亚学院、宁夏理工学院等民办高校获批硕士学位授予权，在全国高等教育舞台上崭露头角，成为高等教育改革发展的一道风景。于是，他聚焦我国高水平民办高校生成机制这一核心问题，通过分析我国高水平民办高校的崛起现象、生成影响因素、生成机理，回答高水平民办高校是怎样产生的这一问题，进一步增强学理思考，形成理性认识。

《中国高水平民办高校生成机制研究》一书叙事宏大、着笔入微，从社会创业的理论视角，展现了高水平民办高校生成的生动图景和实践路径，为读者立体式呈现了我国高等教育大众化、普及化进程中，民办高校迈向高水平的奋斗与求索、开拓与创新。全书共分为八章，包括：绪论；中国高水平民办高校生成机制的理论基础；中国高水平民办高校的内涵、指标及特征；中国高水平民办高校生成影响因素的实证分析；中国高水平民办高校生成机制模型构建与解析；中国高水平民办高校生成机制动态演化的案例研究；中国高水平民办高校生成机制优化的策略；研究总结与展望。

本书是明坤的厦门大学博士论文修改而成的，曾被评为省优秀博士论文。综合来看，本书具有三大特色，可圈可点。

一是研究视野前瞻，首次描绘高水平民办高校的概念图景。

早在2012年，针对我国民办高等教育发展面临的挑战，我就呼吁创建高水平民办大学。事实上，提出创建高水平民办大学这个命题，既非突发奇想，亦非盲目攀高，而是适应经济社会发展、全面提高高等教育质量的战略选择，是破解阻碍民办高等教育发展难题、促进民办高等学校转型升级的重要探索，也是借鉴国际高等教育发展经验的积极尝试。

本书对"高水平民办高校"作出系统研究，刻画了中国高水平民办高校的内涵、指标、特征。围绕中国高水平民办高校生成机制这一核心问题，作者从少数高水平民办高校"洼地崛起"现象入手，提出了高水平民办高校概念具有模糊性、相对性、理念性、实践性、动态性的特征。何谓高水平民办高校，众说纷纭，见仁见智，作者给出了清晰界定，即具有高水平教师、学科、专业、条件、生源、理念、制度的民办高校。立足中国国情，作者清醒地认识到，我国高水平民办高校是一个具有发展性、比较性的概念，从近期而言，主要是指全国民办高校中办学条件、办学特色、办学质量、办学行为等方面得到学生、社会、同行认可的办学水平相对较高的民办高校；从中期来看，是指能够在整个国家高等教育体系中，在同类型公办、民办高校中具有较强竞争力的民办高校；从长远来看，是指在世界高等教育体系中具有影响力、享有声誉的民办高校。

本书通过问卷调查、量化分析，构建了高水平民办高校的核心指标体系，包括办学资源、治理能力、人才培养、科研服务、办学声誉5个一级指标和15个二级指标、47个三级指标。在此基础上构建了我国高水平民办高校圈层结构模型，进而提出高水平民办高校的五大基本特征，即丰富的办学资源、卓越的治理能力、出色的培养质量、优质的科研服务、良好的办学声誉。诸多观点闪耀着思想的火花，颇有创见。

二是注重理论创新，探索建构高水平民办高校生成机制模型。

理论是学术研究的基石，没有理论的研究是缺乏生命力的，而一切脱离实践的理论又都是苍白无力的。本书运用社会创业理论，抓住举办者创业精神这一核心要素，对我国高水平民办高校的成长奥秘、发展过程、生成机理进行学理分析，相关结论在调研访谈中反复验证调适，力求理论指导实践，具有较高的科学性与指导性。

作者通过大规模的深度访谈，构建了我国高水平民办高校生成机制模型，即动力机制——举办者创业驱动；导引机制——战略管理；发展机制——资源整合；决策机制——治理结构；保障机制——合法性。其中，民办高校举办者创业对于高水平民办高校生成具有决定性作用；战略管理决定了高水平民办高校的使命愿景和发展方向；资源整合助推民办高校解决发展中面临的资源困境，对于高水平民办高校生成具有基础性作用；治理结构是民办高校协调利益相关者关系、建立现代大学制度的基石；合法性获取是民办高校不断优化外部发展环境，获得外界正式制度和非正式制度认可的重要保障。高水平民办高校生成受到一条主线（创新创业精神）和两种逻辑（公益逻辑、市场逻辑）影响。公益逻辑强调社会效益，保持大学理性；市场逻辑旨在实现盈余，激发办学活力，双重逻辑互补有利于保证学校存活壮大且不发生"使命漂移"。该研究由外至内，鞭辟入里，打开民办高校内部成长的"黑箱"，具有新意，拓展了本书的学术视野。

三是坚持问题导向，回应民办高校发展中的时代之问。

问题是时代的声音。民办高校高质量发展道路上荆棘丛生，困难重重，如何回应时代之问，探寻大学之道，并非易事。全书在进行深入的理论分析的同时，还瞄准现实问题，剖析典型案例，深入分析高水平民办高校生成机制的动态演化过程。作者选择了我国5所举办模式不同的民办高校作为典型案例，包括吉林外国语大学（个人捐赠办学代表）、浙江树人学院（国有民办代表）、黄河科技学院（家族传承代表）、大连东软信息学院（企业举办代表）、西湖大学（基金会办学代表），剖析民办高校生成机制的动态运行过程。这些鲜活的案例真实生动，数据丰富翔实，作者从案例高校的共同特征中，推演出高水平民办高校生成机制的动态演化过程，认为高水平民办高校生成过程是动态的，组织会随着外界环境的变化而相应产生变化；生成机制中的各部分不是独立存在的，它们之间是相互影响相互作用的；高水平民办高校的生成不是一步到位的，而是经历漫长的积累形成的，我国高水平民办高校生成机制动态演化至少体现出外适应性与内交互性两个特点。作者很好地将案例分析与理性反思结合起来，给民办高校高质量发展提供更多启发。

它山之石，可以攻玉。本书立足本土，放眼全球，对美国、日本、韩国三个私立高等教育发达国家的经验进行了深入分析，国外一流私立大学的办学理念、制度环境、治理结构、师资建设、办学特色值得我们学习借鉴。无疑，高水平私立大学发展的国际经验镜鉴，对于探寻中国高水平民办高校发展之路，提升我国民办高等教育国际话语权，加强与世界私立高等教育对话，具有积极意义。

针对民办高校发展中面临的瓶颈难题，作者提出了进一步优化我国高水平民办高校生成机制的策略：激活动力机制，提高社会创业能力；完善导引机制，增强战略管理能力；创新发展机制，提升资源开发能力；健全决策机制，完善法人治理结构；优化保障机制，增强组织的合法性。这些观点无疑对于民办高校走出困境，迈向高质量发展，有着启示意义。我一直认为，高水平民办大学建设，是一个长期的动态过程，只有起点，没有终点；只有不断积累，没有捷径可寻。高水平民办大学建设是否成功，不是靠行政发文和领导讲话"宣布"，或学校自我宣传，也不取决于学生规模、专业设置和有无硕、博士学位授权。其核心是学校自身的办学水平，关键是人才培养质量和办学声誉是否得到社会的广泛认可。

概言之，本书是一本探究我国高水平民办高校生成机制的佳作，也是一本引领启迪民办高校高质量发展的著作，对于民办高等教育研究者、管理者有着积极的启示价值，可以为政府部门优化公共政策提供有益参考。集众木方成大厦，合众力方成伟业。我国要建成世界高等教育强国，民办高等教育不可或缺，需要更多研究者关注民办高等教育事业；需要更多扎根地方、自强不息、创新办学的高水平民办高校脱颖而出；需要不断总结，为那些处于"质量洼地"的民办高校提供有益的经验借鉴。期待明坤在这一领域继续深耕细作，产出更多高质量的研究成果，为我国民办高等教育事业的蓬勃发展添砖加瓦、蓄力赋能！

是为序。

钟秉林

2023 年 6 月于北京

（钟秉林系国家教育咨询委员会委员、国务院教育督导委员会总督学顾问、国务院学位委员会委员、北京师范大学原校长）

序二
民办高校高质量发展的有益借鉴

阙明坤博士传来《中国高水平民办高校生成机制研究》书稿，请我作序，十分荣幸！作为一名曾经长期关注民办教育的研究工作者，可以借此机会，学习其最新研究成果。

我与明坤相识于2015年在杭州举办的一次民办高等教育会议上，之后常有来往，知道他对于中国民办高等教育有不断深入的研究，且有许多高水平的学术论文发表。他在厦门大学教育研究院获得博士学习机会后，更是集中几年时间，接受系统严格的学术训练，在厦大一批名师指导下完成了博士学位论文。这部书稿就是他在博士论文基础上修订而成的。

在我接触的国际学者中，一些学者把中国民办高等教育的兴起和发展过程视为一个奇迹。在短短四十多年时间里，中国民办高等教育从无到有，从小到大，从弱到强，助力于在政府财力有限约束条件下实现中国高等教育大众化和普及化的目标。2021年，中国高等教育在学总规模为4430万人，是世界上规模最大的高等教育系统；中国民办普通、职业本专科在校生845.74万人，在中国普通和职业本专科学生数中占比为24.19%，估计也是世界上最大的非政府高等教育或私立高等教育系统之一。与国际学者相比，国内学者对于中国民办高等教育发展态势的看法可能有一些不同，因为他们更近切地感受到了民办高等教育实践中存在的多种问题。

无论是国内还是国外学者，都认可中国民办高等教育的快速发展的事实，并有浓厚的兴趣探讨背后的原因。中国民办高等教育发展得益于许多因素，其中改革开放的社会变革发挥了最基础的作用，没有这个宏观制度的转变，民办高等教育系统的建立根本不可想象。在改革开放的环境下，民办高等教育的地位得到了法律、法规和政策上的认可和保障，使其合法性得以确立。我们知道，中国民办高等教育始于20世纪80年代初，随着民办教育实践的推进，国家政策做出了相应的调整。2023年4月15日，中国民办教育协会举办了纪念《民办教育促进法》颁布实施20周年的纪念大会。民办教育协会名誉会长李连宁回顾了中国民办教育发展历程，认为"与时俱进完善民办教育立法"是中国民办教育发展的重要制度保障。从1982年的《宪法》中的有关条款，到1985年《中共中央关于教育体制改革的决定》、1987年《关于社会力量办学的若干暂行条例》、1993年《中国教育改革与发展纲要》、1997年《社会力量办学条例》，再到2002年12月第九届全国人民代表大会常务委员会通过了《中华人民共和国民办教育促进法》、2010年《国家中长期教育改革与发展规划纲要》、2016年《民办教育促进法》修改和2021年《民办教育促进法实施条例》修改。这一系列的法律和政策的颁布和实施，是中国民办教育发展过程中一个个里程碑。李连宁在发言中指出，中国现行295部法律，直接有《宪法》依据的法律并不多，而《民办教育促进法》是有《宪法》依据不多立法中的一部法律。这是我过去不曾知道的，至于它的意义何在？李连宁没有展开讲，但是肯定是有寓意的，很值得我们去思考和体悟。

在国际范围，私立高等教育具有一定的普遍性。今天没有私立高等教育的国家如果不敢说完全没有，但肯定已经为数不多了。与私立高校的普遍存在相比，高水平的私立高校则不是一种普遍状况，美国私立大学的卓越是一个特例，在其他国家和地区则不多见。谈到高水平私立高等教育，一般是与公立高等教育相比而论的。Roger Geiger 教授在20世纪80年代，基于一些国家私立高等教育的发展状况，把公私立高等教育关系划分为三种类型：私立主导型、公私立平行型、私立边缘型。Daniel Levy 教授于21世纪初，根据私立高等教育发展的新态势，把私立高等教育划分为四种类型：需求吸纳型、准精英型、精英型、文化特色型。在国际私立高等教育分类中，中国民办高等教育属于哪类或者哪几类？只有经过细致的国际比较研究，才能回答这个问题。十几年之前，在 Daniel Levy 教授的指导下，

序二　民办高校高质量发展的有益借鉴

中国留学生曹迎霞在纽约州立大学完成了有关中国民办高等教育的博士论文，我参与了她论文的评阅。在与 Daniel Levy 教授交流时，他认为，中国多数民办高等学校可以归为"需求吸纳型"。

从研究角度看，对于高水平民办高校生成机制的研究，比学校类型划分是更加细微和深入的研究。与部分私立高等教育发展有很长历史的国家相比，中国民办高等教育发展历史相对较短，西方国家私立大学在发展过程中，创办者的影子已经淡去，逐渐变成了公益法人组织，走上制度化和规范化的发展轨道，而多数中国民办高校创办者仍然健在，或者刚刚完成新老接班，他们对于学校发展发挥着至关重要的影响。正是由于处于不同的发展阶段，所以不适合一些国家私立高等教育的研究问题，对于中国来说则不仅有可行性，而且有特殊的价值，明坤选择中国高水平民办高校生成机制进行研究，既有学术意义，也是现实可行的。明坤对于 293 所中国民办高校进行了问卷调查，另外他还采用访谈等方法收集了大量的其他数据资料。他采用社会创业理论作为理论工具进行分析。在他构建的中国高水平民办高校生成机制模型中，包括动力机制、导引机制、发展机制、决策机制和保障机制。在分析中，他凸显了创业精神的重要性，在公益逻辑和市场逻辑对比中，对经验资料进行分析。我认为，这些分析内容对于我们认识中国高水平民办高校生成机制提供了有益的参考，对于促进民办高校高质量发展具有重要启示意义。至于本书分析的恰切性，我在此不做具体评论，读者可以通过阅读原著形成自己的判断。

我想借题发挥而表达的一个观点是，在高等教育研究中，包括对于民办高等学校的研究，存在着重抽象概念而轻具象经验、重研究程式而轻剖析的偏向。明坤的研究，在改进研究内容和方法上，都有一定的可借鉴性。

阎凤桥于北大燕园
2023 年 4 月 22 日

（作者系北京大学教育学院院长、教授、博导）

前　言

中国民办高校整体上发展水平不高，在实现高等教育内涵式发展，加快教育现代化，建设教育强国的背景下，建设一批高水平民办高校，具有重要的历史和现实意义。中国民办高校发展中始终面临资源约束和环境约束双重挑战，以社会创业的理论视角观之，民办高校是西方新公共管理运动、中国市场化改革背景下兴起的兼具公益性与商业性的混合型组织，实质上是采用市场化手段提供教育服务的创业产物。基于大规模调查问卷对高水平民办高校生成影响因素进行量化研究，辅以深度访谈对影响因素进行深入分析，结合社会创业理论，构建中国高水平民办高校生成机制模型，打开高水平民办高校内部"黑箱"，是一种全新的视角和尝试。

企业家精神或称创新创业精神是一种白手起家创造和建设新愿景的能力，是打破旧传统、创造新传统的"创造性破坏"，企业家精神是社会进步的动力。根据社会创业理论，社会创业是采用市场化手段创造社会价值的过程，最终目的是创造社会价值而非利润最大化，社会创业善于发现机会，拼凑资源，增强合法性，从而实现社会使命。从社会创业的逻辑审视高水平民办高校生成过程，具有理论的适切性。

中国已有少数民办高校崭露头角，高水平民办高校的"洼地崛起"正是"创新创业精神"的彰显。"中国高水平民办高校"是指具有高水平教师、学科、专业、条件、生源、理念、制度的民办高校。通过问卷调查，对全国642份有效样本运用SPSS 24.0进行因子分析，构建出中国高水平民办高校的评价指标体系，包括办学资源、治理能力、人才培养、科研服务、办学声誉5个一级指标及15个二级指标、47个三级指标，在此基础上形成中国高水平民办高校圈层结构模型。基于指标体系，归纳出高水平民办高校具有丰富的办学资源、卓越的治理能力、出色的培养质量、优质的科研服务、良好的办学声誉五大特征。

洞察中国高水平民办高校的生成机制，其前提是分析民办高校发展到底受哪些因素影响。运用SPSS 24.0软件对全国293所民办高校问卷调查统计显示，在宏观层面，对建设高水平民办高校有很大影响的因素包括国家民办教育法律法规、地方政府支持态度、办学自主权、财政扶持等；在中观层面，有学校办学理念、办学定位、经费保障、治理结构等因素；在微观层面，有学科专业、教师队伍、课程、培养模式等因素。

通过深度访谈，利用Nvivo 12.0对访谈资料进行编码，共得到节点522个参考点，融合社会创业理论，在树状节点基础上提取核心要素，构建了中国高水平民办高校生成机制模型，即创业者在创新创业精神驱动下进行战略管理、资源整合、治理优化和获取合法性的循环过程。其中，举办者具有决定性作用，战略管理是方向，资源整合是核心，治理结构是基石，合法性是支撑，分别对应生成机制的5个子系统，即动力机制、导引机制、发展机制、决策机制、保障机制。高水平民办高校生成受到一条主线（创新创业精神）和两种逻辑（公益逻辑、市场逻辑）影响。公益逻辑强调社会效益，保持大学理性；市场逻辑旨在实现盈余，激发办学活力，双重逻辑互补有利于保证学校存活壮大且不发生"使命漂移"。

通过对吉林外国语大学、浙江树人学院、黄河科技学院、大连东软信息学院、西湖大学5所案例院校分析发现，高水平民办高校生成机制具有"外适应性"和"内交互性"，举办者、战略管理、资源整合、治理结构、合法性五大要素不是独立存在的，它们之间相互影响、相互作用，已经呈现非线性、开放性、不确定性、涌现等复杂性系统特点。

基于上述分析，本书提出进一步优化中国高水平民办高校生成机制的对策建议：一是激活动力机制，提高社会创业能力；二是完善导引机制，增强战略管理能力；三是创新发展机制，提升资源开发能力；四是健全决策机制，完善法人治理结构；五是优化保障机制，增强组织的合法性。

目　　录

第一章　绪论 …………………………………………………………（1）
　　第一节　研究缘起与问题提出 ……………………………………（1）
　　第二节　概念界定与研究意义 ……………………………………（21）
　　第三节　文献综述 …………………………………………………（26）
　　第四节　研究设计 …………………………………………………（51）

第二章　中国高水平民办高校生成机制的理论基础 ………………（58）
　　第一节　社会创业理论概述 ………………………………………（58）
　　第二节　社会创业理论在中外大学中的应用和表征 ……………（75）
　　第三节　社会创业理论与高水平民办高校生成的契合 …………（85）

第三章　中国高水平民办高校的内涵、指标及特征 ………………（96）
　　第一节　中国高水平民办高校洼地崛起表征 ……………………（96）
　　第二节　中国高水平民办高校的内涵 ……………………………（103）
　　第三节　中国高水平民办高校的评价指标模型 …………………（110）
　　第四节　中国高水平民办高校的基本特征 ………………………（138）

第四章　中国高水平民办高校生成影响因素的实证分析 …………（147）
　　第一节　相关因素的测量 …………………………………………（147）
　　第二节　调查样本的信度检验 ……………………………………（150）
　　第三节　中国高水平民办高校生成影响因素统计分析 …………（152）

第五章　中国高水平民办高校生成机制模型构建与解析 (188)

第一节　基于深度访谈的中国高水平民办高校生成机制模型构建 (188)

第二节　高水平民办高校生成的动力机制
——举办者创业 (203)

第三节　高水平民办高校生成的导引机制
——战略管理 (212)

第四节　高水平民办高校生成的发展机制
——资源整合 (221)

第五节　高水平民办高校生成的决策机制
——治理结构 (230)

第六节　高水平民办高校生成的保障机制
——合法性获取 (240)

第六章　中国高水平民办高校生成机制动态演化的案例研究 (248)

第一节　个人捐赠办学代表
——吉林外国语大学 (251)

第二节　国有民办代表
——浙江树人学院 (261)

第三节　自然人举办代表
——黄河科技学院 (273)

第四节　企业办学代表
——大连东软信息学院 (283)

第五节　基金会举办代表
——西湖大学 (293)

第六节　中国高水平民办高校生成机制动态演化的复杂性 (302)

第七章　中国高水平民办高校生成机制优化的策略 (311)

第一节　激活动力机制　提高社会创业能力 (311)

第二节 完善导引机制 增强战略管理能力 …………………（321）
第三节 创新发展机制 提升资源开发能力 …………………（334）
第四节 健全决策机制 完善法人治理结构 …………………（339）
第五节 优化保障机制 增强组织的合法性 …………………（344）

第八章 研究总结与展望 ……………………………………………（357）
　第一节 研究总结 ……………………………………………（357）
　第二节 创新之处 ……………………………………………（365）
　第三节 发达国家高水平私立大学的经验 …………………（367）
　第四节 研究展望 ……………………………………………（379）

参考文献 ……………………………………………………………（381）

后　记 ………………………………………………………………（391）

第一章

绪　　论

在西方福利国家范式中，为弥补市场失灵，公共产品基本上是由政府提供的，但是受财政经费、供给能力的影响，公共部门提供公共产品并非万能，还存在效率偏低、浪费惊人等问题。面对"政府失灵"，重新认识市场在资源配置中的作用，对马克斯·韦伯所称的"官僚制"体制进行改革，重塑政府与市场的关系，成为20世纪80年代西方新公共管理运动的重要主题。中国民办高校的复苏与发展正是在这一历史背景下展开的。

第一节　研究缘起与问题提出

法国著名思想家涂尔干曾说过："只有细致地研究过去，我们才能去预想未来，理解现在。"[①] 回眸中国民办高等教育走过的波澜壮阔历程，犹如一幅跌宕起伏的历史画卷。中国民间举办教育的历史源远流长，从战国时代的稷下学宫，到唐宋年间的书院、学馆，再到近代教会学校、义塾，私学有效促进了社会进步和文化繁荣。近代以降，中国涌现出一批中外闻名的私立大学，彪炳史册。新中国成立后，随着私立大学被接办改造，民办高等教育退出历史舞台。伴随着改革开放的春风，沉寂已久的民办高校逐渐复苏，从一棵孱弱的幼苗逐渐长成参天大树，屹立于高等教育之林。

---

① ［法］爱弥尔·涂尔干：《教育思想的演进》，李康译，上海人民出版社2003年版，第10页。

一 研究缘起

伴随改革开放40多年的发展，中国民办高等教育已经成为高等教育事业发展的重要增长点和促进高等教育改革的重要力量，在增加教育供给、缓解财政压力、深化教育改革、满足多元需求、培养实用人才、服务经济社会发展等方面发挥了重要作用。

根据《2022年全国教育事业发展统计公报》，截至2022年年底，全国共有民办高校764所，占全国高校总数的25.36%，即四分之一。其中，民办普通本科学校390所；民办本科层次职业学校22所；民办高职（专科）学校350所；成人高等学校2所。民办普通、职业本专科在校生924.89万人，占全国普通、职业本专科在校生的25.27%。2000—2021年，全国民办高校数量增长了约17倍，在校生总数增长了60倍，民办高校数和校生数增长迅猛。详见表1-1。中国高等教育毛入学率在2022年达到59.6%，民办高校的蓬勃发展为加快高等教育大众化和普及化进程做出了不可磨灭的贡献。

表1-1　2000—2021年全国民办高校数、在校生数统计表①

年份	2000	2001	2002	2003	2004	2005	2006	2007	2008	2009	2010
民办高校数（所）	43	89	133	173	228	547	596	615	640	658	676
在校生数（万人）	14.00	15.11	31.98	81.00	139.75	212.63	280.49	349.69	401.30	446.14	476.68
年份	2011	2012	2013	2014	2015	2016	2017	2018	2019	2020	2021
民办高校数（所）	698	707	718	728	734	742	747	750	757	771	764
在校生数（万人）	505.07	533.18	557.52	587.15	610.90	634.06	628.46	649.60	708.83	791.34	845.74

资料来源：根据教育部发展规划司历年《中国教育统计年鉴》整理而成。

从区域分布来看，截至2022年，民办高校数量较多且在30所以上的地区是：四川、广东、江苏、河南、湖北、山东、福建、河北、陕西、安徽、浙江、辽宁、江西、湖南14个省份（详见图1-1）。其中，四川作为

---

① 本书数据不包括中国香港、澳门和台湾地区。下同。

人口大省，随着独立学院转设为民办本科高校，该省成为全国民办高校最多的省份。四川、广东、江苏、河南、湖北、山东民办高校数量位居全国前6名，分别达52所、51所、46所、45所、44所、42所。民办高校数量较少的省、直辖市、自治区分别是贵州、天津、山西、内蒙古、海南、甘肃、新疆、宁夏、青海、西藏，其中西藏没有民办高校。从民办高校在省域的占比来看，海南是民办高校数占比高校总数最高的省份，其次是重庆，占比均在40%以上，福建、四川、陕西、湖北、广东的民办高校占比也较高。另外，从城市分布来看，武汉、广州、重庆、西安、成都、郑州、南昌的民办高校数量非常密集，基本属于省会城市。

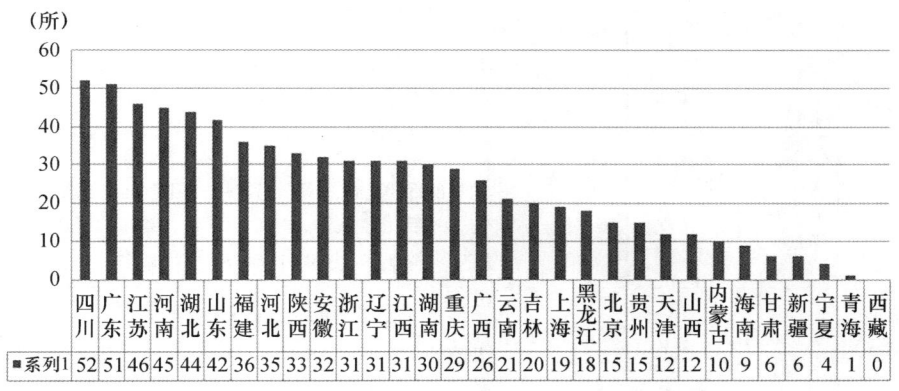

图1-1 全国各省、直辖市、自治区民办高校数量

（一）中国民办高等教育改革发展的历史变迁

1. 近代私立大学发展阶段

近代以来，以西方的教会学校和私立学校为基础的私立教育得到发展。维新运动以后，教会大学出现，19世纪末20世纪初，出现了一大批由各国各派教会创办的大学，如上海圣约翰大学、北京协和大学。1925年北洋政府颁布了"外人捐资设立学校认可办法"和"外人捐资设立学校请求认可办法"，教会大学正式被纳入私立教育体系。同时，为达到救国图强目的，国人开始自办私立学校，国民政府相继颁布实施了《大学组织法》《私立大学条例》等一系列法律法规，对私立高等教育积极鼓励，并给予经费支持，涌现出南开大学、厦门大学、复旦大学等一批知名的私立

大学（详见表1-2）。

表1-2　　我国近代部分私立大学一览表

序号	校名	创办时间	创办者	办学特色
1	南洋公学	1896	盛宣怀	清末洋务大臣盛宣怀为解决人才匮乏而创办，坚持"中学和西学并学"，是中国近代第一所私立大学，是交通大学的前身。
2	复旦公学	1905	马相伯	原震旦公学学生脱离震旦而创校，1917年更名复旦大学。追求"中西融通、古今汇合"，采用"提举纲领、开示门径"的启发式教学。
3	广东光华医学院	1908	陈子光梁培基等	我国第一所华人创办培养现代医学人才的医学院校，管理者、教师均为中国人，教材采用中文；学生捐款办学，从事革命活动，中山大学医学院前身。
4	焦作路矿学堂	1909	英国福公司	最早的近代矿业高等学府，1950年改建中国矿业学院，先后历经焦作、陕西、郑州、苏州、焦作、天津、多地办学，1888年更名中国矿业大学。
5	私立武昌中华大学	1912	陈宜恺陈时	该校是中国第一所不靠政府和外国人出资而独立创办的私立大学，将中国古代兴办私学教育传统和近代西方大学体制相结合。华中师范大学的前身。
6	上海图画美术院	1912	刘海粟	1921年改名为上海美术专门学校，作为中国最早引进西洋美术教学体系的新型美术院校之一，坚持办学达四十年之久。该校是南京艺术学院的前身。
7	民国大学	1913	孙中山马邻翼	为培养民主革命人才而创办，1917年改名为中国大学，为北平和平解放做出了贡献，1949年停办，系师生并入华北大学、北平师范大学。
8	南开大学	1919	严修张伯苓	南开大学坚持"贵精不贵多，重质不重量"，为国家培养了包括周恩来、梅贻琦在内的大批人才，反对把学校办成"学店"，以办学之名行赚钱之实。
9	厦门大学	1921	陈嘉庚	中国近代教育史上第一所华侨创办的大学，华侨领袖陈嘉庚变卖大厦办学，面向海内外开放办学，注重中西互补。

续表

序号	校名	创办时间	创办者	办学特色
10	私立南通医学专门学校	1912	张謇	1927年，更名私立南通医科大学，1928年，张謇之子张孝若将私立南通医科大学、私立南通纺织大学和私立南通农科大学合并，定名私立南通大学。
11	中法大学	1920	李石曾	首任校长为蔡元培，倡导理论知识和生产实用相结合、勤工与俭学相结合1950中法大学校本部及数理化等院系并入北京工业学院。
12	大夏大学	1924	欧元怀、王毓祥等	厦大部分师生出走，在上海创办，最早实施导师制，有"东方的哥伦比亚大学"之称，1951年部分学科与光华大学相关系科合并成立华东师范大学。
13	光华大学	1925	退出圣约翰大学的572名师生	师生筹建、社会各界和学生家长支持，1951年文、理科与大夏大学等校的相关科系合并成立华东师范大学，成为新中国创办的第一所师范大学。
14	冯庸大学	1927	冯庸	冯庸毁家兴学，是东北少有的几所高等学府之一，倡导孝悌忠义、工业救国、受教育机会均，师生继续参加抗日活动，1933年并入东北大学。
15	私立广州大学	1927	陈炳权金曾澄	陈炳权借五百银元办一所大学，即私立广州大学；师生支援前线，踊跃捐款，1941年师生捐献建国储金，列为全国大学之冠。

2. 改革开放之初复苏阶段（1978—1991年）：宏观政策"打补丁"

邓小平在全国科学大会开幕式上提出："教育事业，决不只是教育部门的事，各级党委要认真地作为大事来抓。各行各业都要来支持教育事业，大力兴办教育事业。"[①] 随着改革开放的推进，一批由大学退休教授创办的非学历民办高等教育机构在北京、上海、广州等地诞生。1982年，《中华人民共和国宪法》第十九条规定："国家鼓励集体经济组织、国家企业事业组织和其他社会力量依照法律规定举办各种教育事业。" 1982年3

---

① 《邓小平文选》第2卷，人民出版社1994年版，第93页。

月，经原北京市成人教育局批准，由聂真、于陆琳、张友渔、刘达等著名教育家举办的中华社会大学成立，这是中国改革开放的后成立的第一所民办大学。1983年9月，海淀区政府向北京市政府正式提出《关于创办海淀走读大学的请示》。1984年3月，北京市人民政府发文同意海淀区人民政府试办海淀走读大学，1984年，北京海淀走读大学（现北京城市学院）成立，这是新中国第一所具有颁发国家承认学历资格的民办高校，开创了中国正规民办高等教育的先河。由于法制建设和管理工作滞后，社会力量办学在快速发展过程中出现滥发毕业证书等问题，对此，1987年7月，国家教育主管部门发布了《关于社会力量办学的若干暂行规定》，这是国家教育行政主管部门改革开放后对社会力量办学制定的第一个基本规章。1988年国家教委发布《关于社会力量办学几个问题的通知》，批评部分民办高等教育机构的做法，指出"一些社会力量举办了在一地设总校、由总校或总校主办单位自行批准跨省（市）设置的'学院'或'大学'进行招生的形式存在弊端"，"有的学校未经教育部门许可，擅自向学员许诺了文凭"。1990年7月，教育部、国家教委发布《关于跨省、自治区、直辖市办学招生广告审批权限的通知》，指出"滥招生、乱许诺文凭和待遇的现象既损害了高等教育和声誉，干扰了劳动人事制度，又助长了'乱办学、乱收费、知发证'等社会不正之风的蔓延"。1991年国家教委、公安部联合发文《社会力量办学印章管理暂行规定》，对印章的管理作出规定。这一时期，政策规范滞后于办学实践，政策在管理过程中不断"打补丁"。

3. 市场兴起发展壮大阶段（1992—2001年）：摸着石头过河

1992年，邓小平同志南方谈话后，给民办高等教育带来新的发展契机。党的十四大标志着中国由计划经济体制向社会主义市场经济体制转变，私营、民营经济获得合法性地位。党的十四大报告中明确提出"要鼓励多渠道、多形式社会集资办学和民间办学，改变国家包办教育的做法"。1993年，中央颁布《中国教育改革发展纲要》，强调要"改变政府包揽办学的格局，逐步建立以政府办学为主体，社会各界共同办学的体制"。截至1993年年底，经国家教委审批备案的民办高等学历教育学校有10所（其中普通高校7所，成人高校3所），社会团体与政府部门或企业联合开办的高等学历教育学校有40余所；由省级教育行政部门审批的培训、辅导、助学性质（只发写实性结业证明而不发学历证书）的民办高等教育机构有500余所。1997年,国务院颁布《社会力量办学条例》,这是第一部专门规范社会力量办学的行政法规,明确国家对于社会力量办学实行"积极鼓励、大力支持、正确引导、加强管理"的方针。为落实高校扩招决策,江苏浙江一带公办高校1998年开始探率先索试办公有民办性质的二级学院,这是中国高等教育办学体制改革的新生事物,随后该模式如雨后春笋般在全国推广,有效推动了高等教育大众化进程,促进了中国民办高等教育的发展。总之,随着经济社会的发展,社会力量办学的法制建设逐渐走向健全。

4. 法制建设逐步健全阶段(2002—2015年):逐步走向依法治教

2002年,《中华人民共和国民办教育促进法》正式颁布,民办教育迎来了发展的春天。《民办教育促进法》明确规定:"民办教育事业属于公益性事业,是社会主义教育事业的组成部分。国家对民办教育实行积极鼓励、大力支持、正确引导、依法管理的方针。各级人民政府应当将民办教育事业纳入国民经济和社会发展规划。"该规定明确了民办教育的公益性质,对国家发展民办教育的基本方针、扶持政策、规范管理等作出了法律规定。2003年,针对独立学院快速发展过程中出现的乱发文凭、双轨收费、管理混乱、违规招生等问题,教育部颁布了《关于规范并加强普通高校以新的机制和模式试办独立学院管理的若干意见》,明确"民、独、优"办学原则。2004年,国务院制定了专门的行政法规《民办教育促进法实施条例》,对一些规定进行了必要的补充和细化,使其更具操作性。这标志着中国民办教育步入了规范化、法制化的轨道,民办教育管理体系建设上升到一个新的水平。随着政策法制环境的不断优化,社会力量积极兴教办学,中国民办教育获得快速发展,在学校数量、招生规模、硬件建设等方面取得了快速发展,但教学质量、管理水平相对滞后。针对江西等地民办高校出现的群体性事件,国家相继颁布《关于加强民办高校规范管理引导民办高等教育健康发展的通知》(2006年)、《民办高等学校办学管理若干规定》(2007年)、《独立学院设置与管理办法》(2008年),加强对民办高等教育的规范管理。

2010年,《国家中长期教育改革和发展规划纲要(2010—2020年)》颁布,其中指出,"民办教育是教育事业发展的重要增长点和促进教育改革的重要力量。各级政府要把发展民办教育作为重要的工作职责,鼓励出资、捐资办学，促进社会力量以独立举办、共同举办等多种形式兴办教育。"纲要对民办教育的重要地位和作用给予高度肯定，民办教育法制与政策环境进一步完善，为民办教育的改革和发展提供了有力的保障和支撑。2011年，全国5所民办本科高校获批硕士学位授予权，标志着民办高校办学层次再上新台阶。2012年，教育部出台《教育部关于鼓励和引导民间资金进入教育领域促进民办教育健康发展的实施意见》，鼓励社会力量以独立举办、合作举办等多种形式兴办民办学校，拓宽民间资金进入教育领域、参与教育事业改革和发展的渠道。

5. 民办教育分类管理阶段（2016年至今）：开启分类管理

2016年11月7日，第十二届全国人民代表大会常务委员会第二十四次会议审议通过了《关于修改〈中华人民共和国民办教育促进法〉的决定》，为深化教育领域综合改革、促进民办教育健康发展提供了法律保障，是民办教育改革发展新的里程碑。本次修改是贯彻落实中央教育改革战略部署的重要举措，对于全面促进教育事业发展、深化教育领域综合改革、构建公办民办教育共同发展的办学格局，加快推进教育现代化，满足人民群众日益增长的多样化教育需求和经济社会发展需要，具有重要而深远的意义。本次修改的核心是实施非营利性、营利性分类管理。

2017年年初，《国务院关于鼓励社会力量兴办教育促进民办教育健康发展的若干意见》《关于加强民办学校党的建设工作的意见（试行）》《民办学校分类登记实施细则》《营利性民办学校监督管理实施细则》在全国民办学校的翘首期盼中正式颁布，与《全国人民代表大会常委员会关于修改〈中华人民共和国办教育促进法〉的决定》形成政策叠加效应，从顶层设计上完善了中国民办教育发展的法律制度框架。在民办教育新法新政颁布实施之际，一批民办高校创新发展投融资模式，纷纷采取上市和VIE架构模式，正式走向资本市场。宇华教育集团、成实外教育有限公司、中国新高教集团等10多个教育集团在港股上市。截至2022年9月，民办高等教育类公司港股上市的有17家，涉及高校67所，在校生达105万人；总市值约1548亿港元，平均销售净利率达37.95%。

2021年，国务院颁布新修订的《民办教育促进法实施条例》，修订后变成9章68条，字数增加80%以上，新增23个条款，更加注重优质特色，着力引导民办学校提供差异化、多元化、特色化的教育供给。该条例的修订,标志着中国民办教育分类管理的顶层设计基本完成。

如表1-3所示,改革开放以来,中国民办高等教育政策法规随着经济社会法制环境的变化而产生了较大变化,教育改革始于思想解放,兴于制度变革。总之,一部民办高等教育发展史,就是一部民办高等教育政策创新史,这部历史就像一条河流,时而湍急,时而平静。中国政府部门与民办高校的关系一直处于变化之中。

表1-3　　　　　　　　中国民办高等教育主要政策法规一览

年份	法律法规	内容
1982	《中华人民共和国宪法》	国家鼓励集体经济组织、国家企业事业组织和其他社会力量依照法律规定举办各种教育事业
1987	教育部《关于社会力量办学的若干暂行规定》	国家教育行政主管部门改革开放后对社会力量办学制定的第一个基本规章
1992	党的十四大报告	要鼓励多渠道、多形式社会集资办学和民间办学,改变国家包办教育的做法
1993	《中国教育改革发展纲要》	改变政府包揽办学的格局,逐步建立以政府办学为主体、社会各界共同办学的体制
1997	国务院《社会力量办学条例》	第一部专门规范社会力量办学的行政法规,明确国家对于社会力量办学实行"积极鼓励、大力支持、正确引导、加强管理"的方针
1999	中共中央、国务院《关于深化教育改革,全面推进素质教育的决定》	经批准可以举办民办普通高等学校
2002	《中华人民共和国民办教育促进法》	民办教育事业属于公益性事业,是社会主义教育事业的组成部分。国家对民办教育实行积极鼓励、大力支持、正确引导、依法管理的方针
2004	《中华人民共和国民办教育促进法实施条例》	对《中华人民共和国民办教育促进法》相关规定进行了必要的补充和细化,使其更具操作性
2006	《国务院办公厅关于加强民办高校规范管理引导民办高等教育健康发展的通知》	提出加强民办高校规范管理的重点内容,依法健全内部管理体制,落实法人财产权

续表

年份	法律法规	内容
2006	《中共中央组织部、中共教育部党组关于加强民办高校党的建设工作的若干意见》	明确民办高校党组织的作用和职责、隶属关系、书记选派等
2007	《民办高等学校办学管理若干规定》	明确民办高校办学条件必须符合国家规定的设置标准和高校基本办学条件要求，省级教育行政部门应当建立健全民办高校办学过程监控机制
2008	《独立学院设置与管理办法》	进一步明确独立学院发展方向和工作思路，对独立学院给予五年过渡期，明确相关政策
2010	《国家中长期教育改革和发展规划纲要（2010—2020年）》	提出民办教育是教育事业发展的重要增长点和促进教育改革的重要力量，支持民办学校创新体制机制和育人模式，办好一批高水平民办学校
2012	《教育部关于鼓励和引导民间资金进入教育领域促进民办教育健康发展的实施意见》	鼓励和引导民间资金发展教育和社会培训事业，拓宽民间资金参与教育事业发展的渠道，健全民办教育管理与服务体系，促进民办教育健康发展
2016	全国人大常委会《关于修改〈中华人民共和国民办教育促进法〉的决定》	明确实行非营利性和营利性民办学校分类管理，规定非营利性和营利性民办学校在财政、税收优惠、用地、收费等方面的差别化扶持政策
2016	《国务院关于鼓励社会力量兴办教育促进民办教育健康发展的若干意见》	以立德树人为根本任务，以促进民办教育健康发展为目标，以分类管理改革为基础，以差别化扶持和规范管理为抓手，六个方面内容
2016	中央办公厅《关于加强民办学校党的建设工作的意见（试行）》	加强党对民办学校的领导，加大民办学校党组织组建力度，理顺党组织隶属关系，健全党组织参与决策和监督机制，抓好思想政治教育和德育工作
2019	《教育部办公厅关于推动民办学校规范发展防范化解重大风险的通知》	防范民办学校举办者变更等各类风险
2020	中组部等5部门《民办学校党建工作重点任务》	为民办高校党的建设指明了方向

第一章　绪论

续表

年份	法律法规	内容
2020	《关于加快推进独立学院转设工作的实施方案》	独立学院转设作为高校设置重中之重,提出"转为民办、转为公办、停止办学"的转设路径
2020	《教育部办公厅关于印发〈民办高等学校年度检查指标体系(试行)〉的通知》	年检的主要内容包括党建与思想政治工作、办学条件、学校法人治理、办学行为、资产和财务管理、师生权益保障等。
2021	《民办教育促进法实施条例》	对现行条例作了全面、系统的修改、补充和完善,由8章54条,修订后变成9章68条

(二) 中国民办高校陷入"质量洼地"的现象令人堪忧

伴随中国市场化经济改革、高等教育大众化浪潮,中国民办高校虽然在规模上取得巨大发展,但是教育质量和综合实力仍然与公办高校存在较大差距,陷入"质量洼地",这既是高校分层分类的结果,也是高等教育竞争的结果。

1. 办学条件相对较为薄弱

中国民办高校改革开放后真正发展的时间不长,办学条件相对公办高校而言较为薄弱。大多数民办高校虽然已经摆脱了早期无土地、无校舍、无师资的"三无"境地,但从整体来看,民办高校在占地面积、建筑面积、实验设备、教学设施、图书资料等方面普遍弱于公办高校。

根据统计,全国民办高职校均在校生5324人,专任教师平均263人,教学科研仪器设备值生均8471元,均低于公办高职院校,许多民办高职院校濒临困境,生存堪忧。从经费来看,民办高校资金来源渠道单一,绝大多数是依靠学费滚动发展,学费占学校总收入的85%以上。如表1-4所示,中国民办本科高校的办学经费短缺,公、民办本科院校生均拨款差距明显,民办本科院校每生仅有约118.6元。民办高校经费捉襟见肘,社会投入不足,创收和筹资能力不足,严重制约学校长远发展。

表 1-4　民办本科院校、公办新建本科院校生均教育事业收入情况对比[①]

院校类型	生均拨款（元）	学费收入（元）	教改专项拨款（元）	社会捐赠金额（元）	合计（元）
公办新建本科院校	9713.7	4584.4	129.4	89.5	14517.0
民办本科院校	118.6	10677.7	87.2	25.4	10908.9
东部地区民办本科院校	130.0	11648.4	103.8	26.5	11908.7
中部地区民办本科院校	33.8	10142.2	78.1	31.5	10285.6
西部地区民办本科院校	273.6	9950.3	74.7	10.3	10308.9

2. 学科专业建设水平不高

学科专业建设水平是衡量高校发展水平的重要标准，中国民办高校普遍存在学科专业建设薄弱的问题。主要表现在，学科专业设置大而全，与区域经济社会发展不匹配，与产业对接不够紧密。对全国民办本科院校调研发现，民办本科院校热衷于开设文科专业，专业特色不明显，服务区域经济发展的水平不强。部分学校盲目追逐开设热门专业，有些设置的专业就业困难。如 91 所民办本科高校开设的营销学，81 所开设的国际经济与贸易专业，116 所开设的英语专业等，这类专业设置成本低、毕业率高，但是毕业生就业困难，已被教育部列入红牌专业。民办高校专业设置陈旧，同质化严重，不利于集中有限力量打造特色专业，难以为地方经济发展提供有力支撑。[②] 同时，民办高校教学改革、课程建设、人才培养等方面均相形见绌。2018 届国家级高等教育教学成果奖获奖总数共计 452 项，而民办高校获奖成果仅 2 项，占比 0.44%，远低于民办高校在全国高校中 28% 的比例，更加低于民办本科院校在全国本科院校中占据三分之一的比例。对 2017—2018 年省级高等教育类教学成果奖统计显示，全国民办高校共获得 441 个奖项，获奖平均占比仅为 5.35%，北京、江苏、黑龙江三地民办高校得奖占比不到 1%。

---

　　① 教育部高等教育教学评估中心：《中国民办本科教育质量报告》，教育科学出版社 2017 年版，第 90 页。

　　② 阙明坤：《民办本科院校向应用技术大学转型的困境与策略——基于全国 141 所民办本科院校的实证调查》，《复旦教育论坛》2016 年第 2 期。

3. 师资队伍质量结构欠佳

教师是兴教之源、立教之本，是民办高校发展的命脉所在。当前，民办高校中存在师资队伍质量结构欠佳的问题，这已成为制约民办高校高质量发展的最大短板。从教师数量上看，2018 年普通本科高校专任教师数 939680 人，平均每所学校 1138 人；民办本科高校（含独立学院）专任教师数 234654 人，平均每所学校 560 人。全国民办高校生师比为 19∶1，超出全国高校 16∶1 的生师比，教师数量严重不足。从年龄结构上看，民办高校专任教师结构呈"哑铃型"，青年和老年教师数较多，35 岁及以下专任教师比例高达 51.8%，中年骨干教师数不足。全国普通本科高校 36—55 岁专任教师比例为 57%，而相同年龄段民办本科高校比例仅为 35%，西部地区民办本科高校 35 岁以下专任教师比例高达 54.3%[①]。从职称结构来看，呈"纺锤形"，两头小中间大，副高职称以上教师匮乏且流动性大，不少骨干教师将民办高校当作职业发展的跳板。教育部评估中心统计显示，民办本科院校具有正高职称的专任教师仅占 9.0%；中级职称占 40.0%；初级职称占 17.0%；无职称占 12.1%，民办本科院校与同类公办本科院校师资队伍有较大差距。从学历结构来看，民办本科院校专任教师中博士学位占比 5.2%，明显低于新建公办本科院校 11.2% 的博士比例（详见表 1–5）。[②]

综合来看，民办高校办学经费短缺，举办者在办学中为了提高办学效益往往压缩办学成本，忽视教师队伍建设，导致许多民办高校教师待遇偏低，在人员编制、社会保险、福利待遇等方面与公办高校有较大差距。许多民办高校自有教师数量不足，兼职教师过多，退休教师较多，质量结构欠佳，无法满足培养高素质应用型、技术技能型人才的需要。全国普通高校教师教学竞赛分析报告显示，公办本科院校的校均获奖数为 16，而民办院校的校均获奖数为 2，无论是学校数量还是校均得分，均与公办本科院校相去甚远。[③]

---

① 教育部高等教育教学评估中心：《中国民办本科教育质量报告》，教育科学出版社 2017 年版，第 114 页。

② 教育部高等教育教学评估中心：《中国民办本科教育质量报告》，教育科学出版社 2017 年版，第 112 页。

③ 中国高等教育学会：《全国普通高校教师教学竞赛分析报告（2012—2019）》，2020 年。

表1-5　　　　　　　新建本科院校专任教师学位结构

院校类型	博士学位专任教师数（人）	博士学位专任教师比例（%）	硕士学位专任教师数（人）	硕士学位专任教师比例（%）	学士专任教师数（人）	学士专任教师比（%）	无学位专任教师数（人）	无学位专任教师比例（%）
公办新建本科院校	13337	11.2	71858	60.5	26727	22.5	6870	5.8
民办本科院校	4090	5.2	45648	57.5	22754	28.7	6890	8.7
东部民办本科院校	1549	5.2	17481	58.9	8111	27.3	2563	8.6
中部民办本科院校	1899	5.6	20176	59.2	9193	27.0	2836	8.3
西部民办本科院校	642	4.1	7991	51.3	5450	35.0	1491	9.6

4. 科研与社会服务水平偏低

科研工作是民办高校内涵发展的重要抓手，社会服务是民办高校持续发展的必然选择。[1] 民办高校的科研与服务具有内在一致性，即通过科研服务地方，使高校成为地方发展的"动力源"和"智力库"。在此意义上，民办高校应当具有较强的科研创新能力，能够及时将成果转化以服务地方发展。根据《2017年民办本科院校科研竞争力评价研究报告》，中国民办高校的科研水平普遍较低，民办本科高校和独立学院在SCI、CSSCI及CSCD三个数据库上校均发文不足10篇。[2] 中国应用型本科高校综合竞争力排行课题组研究发现，2022年中国663所应用型本科高校中有96所公办高校进入了科研竞争力百强榜，而民办本科高校仅有4所在列。可见，民办、公办高校的科研实力差距明显。广东省的一项调查显示中，民办本科高校的科研弱势非常明显。2015—2017年广东省民办本科高校的科研成果数全靠专利数量支撑，其中科研项目数仅为8%，科研平台数只有2%。全国民办本科高校对于科研工作重视不够，教师科研平台建设还不完善，大多数高校在经费投入上缺乏保障，年度科研经费超过500万元的学校更是寥寥无几，80%以上民办本科院校尚未形成

---

[1] 金劲彪：《科研工作：民办高校内涵式发展的抓手》，《教育发展研究》2018年第23期。
[2] 汤建民：《2018中国民办本科院校及独立学院科研竞争力评价研究报告》，《高教发展与评估》2019年第1期。

科研团队。① 科研与服务能力的欠缺导致学校人才培养水平难以提升，社会影响力较小。

5. 民办高校整体社会声誉不高

中国民办高校办学历史较短，从 2000 年后才开始举办本科教育，在硬件条件、师资队伍、教育教学、科研服务、培养质量等方面与公办高校相去甚远，广为诟病，社会普遍将民办高校作为次优选择，许多民办高校甚至成为劣质教育的代名词。院校声誉是社会承认逻辑的产物，② 它由各式各样的评价标准所塑造。在目前的评价体系中，民办高校无疑处在声誉链条的底端。中国高校的评价体系有一个圈层结构：前三圈是 C9 高校、958 高校和 211 高校，第四圈是 1999 年之前兴建的老牌本科院校，第五圈是新建本科高校，最后一圈是高职高专院校。③ 民办高校基本上均属于第五圈和最后一圈，评价标准的分层反映出民办高校的社会认可度较低。在无形之中中国高校等级体系已经被划分为从民办高校和成人高等学校到北大清华、自上而下的金字塔结构。④

面对残酷的现实，一些民办高校出现严峻的生存危机，因为经营不善而被迫退出。1997—2005 年，全国范围内共有近 500 所民办高校倒闭，倒闭问题的背后折射出部分民办高校的资金渠道单一、办学质量不佳甚至存在短期办学行为，倒闭现象更加诱发了社会公众对于民办高校的信任危机，民办高校陷入低端循环的怪圈。⑤ 从退出方式来看，天门职业学院等民办高校被改组转制为公办高校；江苏培尔职业学院等民办高校因办学条件不达标、生存困难，最终停办或撤销；不少独立学院被上市公司收购，民办高等教育面临雪上加霜的处境，暴露出市场风险应对能力脆弱。

---

① 阙明坤：《民办本科院校向应用技术大学转型的困境与策略——基于全国 141 所民办本科院校的实证调查》，《复旦教育论坛》2016 年第 2 期。

② 彭学文、蒋凯：《制度理论视角的院校声誉》，《大学教育科学》2019 年第 3 期。

③ 吴红斌、郭建如：《高等教育分层系统中的地方本科院校：困境、优势与出路——基于全国本科学生调查数据的分析》，《中国高教研究》2018 年第 2 期。

④ 闫树涛：《近十年我国大学的组织演进：制度主义视角——基于省属重点综合性大学的案例研究》，《高校教育管理》2012 年第 5 期。

⑤ 卢彩晨：《危机与转机：从民办高校倒闭看民办高等教育发展》，广东等教育出版社 2009 年版，第 48 页。

(三) 建设中国高水平民办高校具有必要性和可行性

面对中国民办高等教育发展的质量危机,在中国特色社会主义步入新时代的背景下,面对高等教育改革发展的新形势、新挑战、新目标,改变中国民办高校的发展现状,充分吸收总结少数优质民办高校的成功经验,加快建设一批高水平有特色的民办高校,提升高等教育金字塔体系底端的质量,显得尤为必要和关键,具有重要的历史和现实意义。

1. 建设高水平民办高校是解决教育发展不平衡不充分问题的需要

随着中国特色社会主义步入新时代,中国社会主要矛盾已经转化为人民日益增长的美好生活需要和不平衡不充分的发展之间的矛盾。这一历史性变化体现在教育方面,就是人民对享有公平而有质量的教育提出了更高的诉求,人们对高等教育的需求从"有学上"转向"上好学",经济快速发展、科技日新月异、产业急剧变革、技术更新换代、企业转型升级对民办高校提出了更高的要求。面对云计算、大数据、物联网、人工智能、区块链等革命性技术所带来的产业革新大势,创建一批高水平民办高校,是适应经济社会发展的时代要求,是深化教育供给侧改革的题中应有之义。高等教育质量民间立场广泛存在于高等教育改革发展过程之中,潜在地影响着高等教育改革发展,高等教育质量的民间立场主要是高等教育需求者和消费者立足自身需要所表达的高等教育质量认知,往往通过对涉及自己现实利益的质量感知和判断表现出来,其基本方式是"用脚投票"。[①] 当前社会不再需要低水平低层次的高等教育服务,因此,正是高水平民办高校崛起的最佳时机。

2. 建设高水平民办高校是落实民办教育新法新政的客观需要

随着全球教育民营化浪潮和中国民营经济的壮大,进一步鼓励和吸引社会力量办学,减轻政府财政负担,支持民办高等教育发展,成为大势所趋。2016年11月7日,第十二届全国人大常委会第二十四次会议审议通过了《关于修改〈中华人民共和国民办教育促进法〉的决定》,民办教育拉开了营利性、非营利性分类管理的序幕。《国务院关于鼓社会力量兴办教育促进民办教育健康发展的若干意见》提出,积极引导民办学校服务社

[①] 张应强:《高等教育质量民间立场与高质量高等教育体系建设》,《江苏高教》2021年第11期。

会需求，更新办学理念，创新办学模式，提高办学质量，"着力打造一批具有国际影响力和竞争力的民办教育品牌"，这为中国民办高校发展指明了方向。教育部《民办教育工作部际联席会议 2019 年工作要点》提出，"鼓励支持高水平有特色民办学校培育优质学科、专业、课程、师资、管理，整体提升教育教学质量"。中共中央、国务院印发的《中国教育现代化 2035》要求，"鼓励民办学校按照非营利性和营利性两种组织属性开展现代学校制度改革创新"。2022 年，党的二十大报告提出，"引导规范民办教育发展"。这一系列新部署新政策都为新的历史阶段民办高校的发展提供了遵循。不仅国家层面对民办高等教育发展提出了更高要求，许多省份也相继出台了支持民办高校提升层次水平的举措，陕西省每年设立 4 亿元民办高等教育专项资金支持民办高校发展；山东省政府学位委员会确定 4 所民办高校为 2017—2023 年硕士学位授予立项培育建设单位；上海市开展小规模、高水平民办高校建设试点，支持有条件的民办高校开展专业硕士学位点申报；浙江省政府提出，加快建设一批高质量、有特色的品牌学校和教育集团。

由于发展阶段的局限，民办高校把大多财力投入到了硬件建设上，对软件建设重视不够，在人才培养质量、服务社会能力、毕业生就业质量等方面不尽如人意，当前提升民办高校质量已是刻不容缓。随着中国民办教育法律法规的不断完善，民办高等教育办学行为将日趋规范，下一步发展重心是提高办学质量，由外延发展转向内涵建设，推进高水平民办高校建设，这是落实国家民办教育新法新政精神的紧迫任务。

3. 建设高水平民办高校是中国高等教育内涵式发展的必由之路

有学者对世界高等教育体系的五大梯队进行分析，发现美国位居第一梯队，英、德、法、日等国构成第二梯队，中国等金砖四国位于第四梯队，目前正处于追赶阶段。[①]《2018 年全球竞争力报告》对全球 140 个经济体的竞争力进行排名，美国取代瑞士位居第一，中国排名第 28 位，中国大陆劳动力技能水平排在第 63 位，仅 64 分，为 28 国（地区）最低。[②] 由

---

① 沈文钦、王东芳：《世界高等教育体系的五大梯队与中国的战略抉择》，《高等教育研究》2014 年第 1 期。

② 邓莉、施芳婷、彭正梅：《全球竞争力教育指标国际比较及政策建议——基于世界经济论坛〈2018 年全球竞争力报告〉数据》，《开放教育研究》2019 年第 1 期。

此可见，中国高等教育水平与发达国家还存在不小差距。

党的十九大明确提出建设教育强国是中华民族伟大复兴的基础工程，"加快一流大学和一流学科建设，实现高等教育内涵式发展"。《中国教育现代化 2035》描绘了教育现代化的宏伟蓝图，教育现代化是一种教育高水平的发展状态，意味着对传统的超越，教育理念、培养方式、教师队伍、治理模式、国际办学均需要现代化，这给民办高校发展提出了新要求。目前，在加快"双一流"建设背景下，探索中国不同类型、不同层次高校的差别化一流建设之路，有利于构建中国特色、世界水平的一流高等教育体系，有利于形成"高原崛起、高峰凸显、高原之上建高峰"的可持续发展的高等教育生态。① 潘懋元先生提出，新时代加强"双一流"建设，既要建设学术性研究型大学，又激发不同类型高校争创各种类型的一流，不同类型的高校各有所长，传统学术性研究型大学可以办成世界一流大学，应用型大学同样有望办成世界一流大学。②

建设高水平民办高校是中国高等教育内涵式发展的必然要求和大势所趋，有利于提升中国高等教育的整体质量，加快实现从教育大国到教育强国。显然，在校生占全国高等教育近四分之一份额的中国民办高校水平的高低将直接影响教育强国目标的实现。没有民办高校的现代化和质量提升，高等教育现代化将无从谈起，遑论教育强国目标。单纯依赖公办高校来创办世界一流大学可能会产生"创造了少数的获胜者，但是牺牲了大多数"的窘境。③ 美国马里兰大学伯恩鲍姆教授直截了当地指出：各个国家各个地区真正需要的其实并不是更多的世界一流大学，而是更多的世界一流的理工学院、世界一流的社区学院、世界一流的农业学院、世界一流的教师学院，以及世界一流的区域性州立大学。④

4. 建设高水平民办高校是近代以来办学者孜孜以求的梦想和追求

从中国民办高等教育发展的历史来看，建设高水平民办高校一直是众

---

① 徐高明：《基于分类分层的一流大学差别化发展框架》，《现代教育管理》2019 年第 2 期。
② 潘懋元：《"双一流"为高等教育强国建设注入强大动力》，《人民日报》2017 年 11 月 19 日第 5 版。
③ 王一涛：《探索高水平民办高校的可行性》，《中国教育报》2016 年 4 月 7 日第 12 版。
④ Birnbaum, R., "No World Class University Left Behind", *International Higher Education*, 2007.

第一章 绪论

多民办高校及其举办者梦寐以求的目标和矢志不渝的梦想。近代以来，以西方教会大学和国人自办大学为基础的私立高等教育得到发展。为达到救国图存目的，在"师夷长技"思想的感召下，一些有志之士捐资开办了中国早期的私立大学，如南洋公学、震旦学院、复旦公学等。中华民国成立后掀起私人兴学的热潮，一批私立大学灿若星河，在高等教育史中熠熠生辉，如1919年严修和张伯苓捐资创办的南开大学，1905年马相伯创办的复旦公学，1921年陈嘉庚先生创办的厦门大学等。据统计，在1912—1946年，中国私立高校数总共增加44所，私立高校数占比一度超过50%（1937年51.6%），截至1946年年底，中国在办私立高校数共计46所，约占全国高校总数的35%。①

改革开放后民办高校重新复苏，许多办学者继续秉承中国近代私立大学的优良办学传统，励精图治，努力朝建设高水平民办大学的目标迈进。从西安翻译学院创始人丁祖诒喊出创"东方哈佛"，到黄河科技学院创办者胡大白宣誓"一定要争当第一"，再到吉林外国语大学创办者秦和声称要建设百年私立名校和高水平非营利性民办大学，一个个民办高校办学者的铮铮誓言彰显出民办高校志存高远、追求卓越、赶超先进的信心和决心。不仅如此，民办高校还联合起来，形成联盟，共同发声，呼吁国家要像重视985、211院校一样，重点扶持和建设一批高水平民办大学，发出创建高水平民办高校的强烈诉求。从2011年全国10所知名民办高校发起成立建设高水平民办大学战略合作联盟，到2012年中国民办教育协会高等教育专业委员会给教育部提交《关于建设中国高水平民办高校的建议函》，再到教育部指导成立非营利性民办高校联盟，近年来，建设高水平民办大学的呼声越发强烈，每年全国"两会"期间均有全国人大代表、政协委员提交相关提案。这些表明，建设高水平民办高校已成为中国广大民办高校的真实呼声和强烈诉求。显然，在建设高等教育强国的背景下，国家层面的高水平强校建设工程中应有高水平民办高校的地位。②

事实上，建设中国高水平民办高校不仅具有必要性、紧迫性，而且具

---

① 徐绪卿：《民办院校办学体制与发展政策研究》，中国社会科学出版社2018年版，第238页。

② 徐绪卿：《建设国家级高水平民办高校的若干思考》，《教育发展研究》2012年第7期。

有一定的现实可行性。

经过改革开放40多年的发展，中国民办高校已取得了不俗的成绩。毋庸讳言，中国民办高校整体尚处于洼地，但是也要看到，全国已经出现少数民办高校冒出来的"洼地崛起"现象，部分民办高校抓住机遇、乘势而上、锐意改革、崭露头角。譬如，瞄准世界一流大学建设目标的西湖大学正式揭牌成立，该校定位于"高起点、小而精、研究型"大学，开启了中国民办高校培养博士研究生的先河；吉林华桥外国语学院率先由学院升格为吉林外国语大学，入选吉林省特色高水平应用型大学建设项目高校；由腾讯联合创始人陈一丹先生创办的武汉学院和吉利集团创办的三亚学院等学校部分专业列入本一批次招生；上海视觉艺术学院的"艺术与设计"学科在QS大学排名中位居全球大学第51至第100名段，与清华大学位居同一段位；黄河科技学院等民办高校被教育部评为全国高校就业工作50强、全国创新创业工作50强；西京学院、西安翻译学院、西安外事学院3所民办高校列入陕西省"一流学院"建设名单；四川国际标榜职业学院等民办高职院校培养大批社会需要的技术技能型人才，毕业生遍布全球40多个国家和地区。

总之，当前，建设高水平民办高校不再是遥不可及的梦想，少数民办高校在人才培养、学科专业、科学研究、社会服务等方面已形成一定的特色和品牌，部分民办高校已经拥有硕士研究生培养资格，获得国家级教学成果奖、国家自然科学基金、社科基金、一流专业的数量在逐年上升，已经形成一批体制机制有突破、学科专业建设有成效、规范管理有特色、社会声誉好、公信力强的民办高校，初具高水平民办高校的雏形，为高水平民办高校的建设奠定了良好的基础。

二 问题提出

那么，在中国民办高校整体质量不高的情况下，在同一片蓝天和统一的法律环境下，为什么有少数高水平民办高校正在逐渐崛起，形成逆袭之势？到底是什么因素驱动这些高水平民办高校形成竞争优势？是因为政策法规、政府支持、区域位置、经济水平、社会发展、文化氛围、生源状况、教育需求等外部因素？还是因为举办模式、办学体制、治理结构、师资队伍、教学改革、学科专业、经费投入等内部因素？抑或内外部因素皆有之?

基于此,本研究聚焦中国高水平民办高校生成机制研究这一核心问题,希冀通过分析中国高水平民办高校的崛起现象、生成影响因素、生成机理,回答高水平民办高校是怎样产生的这一问题,打开内部"黑箱",进一步增强学理思考,形成理性认识,促进中国民办高校提升办学水平,助力教育强国建设。具体来说,本研究包括层层递进的四个问题域。

一是什么是高水平民办高校?作为要求,中国高水平民办高校其概念内涵是什么,具有哪些特征?高水平民办高校与高水平公办高校有何区别?与普通民办高校有何差异?这是研究高水平民办高校生成机制的逻辑起点。

二是中国高水平民办高校生成有哪些影响因素?其主要受到哪些因素影响,哪些因素最重要?这是打开高水平民办高校诞生、成长、发展"黑箱",厘清高水平民办高校生成机制的基础条件。

三是中国高水平民办高校是怎样生成的?这是本研究的核心。中国高水平民办高校生成的要素各自发挥什么作用,扮演什么角色,是如何相互作用的,形成怎样的机制?高水平民办高校生成机制是怎样运行的?

四是如何建设高水平民办高校?在梳理中国高水平民办高校生成机制的基础上,提出建设中国高水平民办高校的路径和对策。这是本研究的落脚点所在。

第二节 概念界定与研究意义

理论是行动的先导,在实现高等教育内涵发展的背景下,加强高水平民办高校生成机制研究,既是民办高校改革发展的现实所需,也是加强理论对实践的指导的客观需要。

一 概念界定

德国著名教育理论家沃尔夫冈·布列钦卡指出:"没有准确的概念,明晰的思想和文字也就无从谈起。"对中国高水平民办高校生成机制有关概念进行辨析,是开展本研究的起点。

(一) 民办高校

"民办高校"概念的界定不仅是一个理论性问题,而且是一个具有很强政策性、实践性的问题。民办高校属于民办学校的范畴,是高等教育层次的民办教育。目前,国内学界对于"民办学校""私立学校""公立学校""官办学校"等概念还存在一些争议。

民办学校与公办学校的界限目前主要有三种划分标准。一是按照学校经费的主要来源,利用国有资金举办的学校是公办学校,利用其他资金举办的就是民办学校。二是按照办学主体的性质划分,即由谁在管理学校,而不看其资金来源,该观点认为,民办的"办"并非举办,而是经办和管理。三是按照学校的产权性质。有学者提出,界定民办学校的标准只有一个,那就是学校的产权。[1]

"民办"是与"官办"相对等的概念,"私立"是与"公立"相对应的。但是,中国民办教育的发展有着不同于西方的政治经济社会文化背景,国外有国立学校、公立学校、私立学校三类,而中国只有公办学校、民办学校两类,民办学校概念不同于国外私立学校概念。"公立学校以外的教育机构不仅有私人、民间团体所办的学校,还有企事业组织等其他社会部门所办的学校。所以,私立学校一词不能包容民办学校。因此。民办学校一词更适合中国当前的实际情况。"[2] 根据《中华人民共和国民办教育促进法》规定的"国家机构以外的社会组织或者个人,利用非国家财政性经费,面向社会举办学校及其他教育机构的活动,适用本法",可见,民办学校有两大核心要素,即举办主体是非政府组织,经费来源主要是非国家财政性经费。

综上所述,民办高校是指国家机构以外的企事业单位、社会团体及其他社会组织和个人,利用非国家财政性经费,面向社会举办的开展高等学历教育的学校。民办高校的范围很广,涉及较多群体,可以分为三类,一是民办本科高校,其又分为具有博士研究生培养资格、硕士研究生培养资格、学士培养资格的三类民办高校,分别有1所、5所、154所,分别占全

---

[1] 胡卫:《民办教育的发展与规范》,教育科学出版社2000年版,第43页。
[2] 徐玉斌:《关于民办学校概念的界定》,《河南教育学院学报》(哲学社会科学版)1995年第4期。

国民办高校总数的 0.13%、0.66%、20.5%。二是民办专科高职院校,共计 330 所,约占全国民办高校总数的 44%。这类院校生存处境困难,办学规模普遍较小。根据统计,在校生人数超过 10000 人以上的仅有 27 所,占比约为 11%,人数在 3000 人以下的有 73 所。三是独立学院,这是公办高校与社会组织和个人利用非国家财政性经费举办的一种新型办学模式,目前有 265 所,占民办高校总数的 35.3%,《独立学院设置与管理办法》明确规定独立学院属于民办高等教育范畴。此外,从广义上看,近年来兴起的中外合作大学也可以纳入民办高校范畴。

(二) 高水平民办高校

根据《辞海》释义,"水平"即静止时的水面。最早出自《管子·侈靡》:"水平而不流,无源则遫竭。"意指水面平静,以水面为高低的标准。后来大多指古代测定水平面的器具,也指"水位的标志",具有"标准、程度"的意思,也称为"水准"。目前"水平"大多指业务、生产、生活等各方面所达到的程度,在某一方面达到的高度,如文化水平、科技水平、水平相当等。根据《汉语词典》,高水平意为"具有道德高尚或才智高深的风格或性质"。

"高水平民办高校"是一个词语组合,由"高水平"和"民办高校"两个概念组合而成。"高水平民办高校"虽然较早就出现于学术研究视野和日常办学实践的话语体系中,但是正式进入政策话语体系则源于 2010 年《国家中长期教育改革和发展规划纲要 (2010—2020 年)》提出的"办好一批高水平民办学校",随后教育部 2012 年印发的《高等教育专题规划》明确提出"办出一批高水平、有特色的民办高等学校",这可以视作"高水平民办高校"概念的正式发端,从此掀起了建设高水平民办高校的热潮。

中国高水平民办高校是一个具有发展性、比较性的概念,就目前而言,主要是指全国民办高校中办学条件、办学特色、办学质量、办学行为等方面得到学生、社会、同行认可的办学水平相对较高的民办高校;从中期来看,是指能够在整个国家高等教育体系中,在同类型公办、民办高校中具有较强竞争力的民办高校;从长远来看,是指在世界高等教育体系中具有影响力、颇有声誉的民办高校。有学者将"世界一流大学"界定为:

拥有若干世界一流学科专业，聚集了一群世界一流学者，吸引了一大群世界一流学生，以世界一流的办学治校育人理念和办学条件构建与营造了世界一流的大学制度和大学文化，能够培养世界一流的专业人才和具有世界一流的知识创新水平的大学。① 借鉴该概念，"我国高水平民办高校"可以界定为具有高水平教师、学科、专业、条件、生源、理念、制度的民办高校。

（三）生成机制

从语义来看，"生成"具有产生、长成、发展、形成之意。《辞海》中"生成"意即"自然形成"，对其解释为"变易"，即对"无"的否定或对"有"的否定之否定。从生成的具体过程来考察，"生成"包括"生"和"成"两个方面。所谓"生"，指产生、出现、发展，即事物从无到有，逐渐发展，含有诞生创造之意。所谓"成"，包含形成、完成之意，强调的是事物的变化、形成、结果。所以，"生成"体现的是一个从无到有、从小到大、从起点到终点的阶段性动态过程，其过程可表征为：产生—生长—形成—成果。在实际生活应用中，根据不同环境其内涵有很大扩展。

"机制"一词应用非常广泛，是指各要素之间的结构关系、运行方式，原指机器的构造和工作原理，生物学和医学通过类比借用此词，指生物机体结构组成部分的相互关系，以及其间发生的各种变化过程的物理、化学性质和相互关系。现已广泛应用于自然现象和社会现象，指其内部运行变化的规律。"机制"有两层内涵，首先，事物本身要由各个部分或各个要素组成，这是机制存在的前提；其次，事物的各个部分、各个要素之间如何相互联系、发生作用，以某种方式协调运行，这是机制的核心。有学者将"机制"界定为"由问题引起，由问题环境中某些具有确定关系的特定元件组成，以模型的形式来揭示（或引导）事物或事件的规律，并以此设定一套流程来实现既定目标的解决方案。"② "机制"是一个工作系统的组织或部分之间相互作用的过程和方式，一般由参与者、关系及规则等构成，参与者又可分为主体、客体与介质。

生成机制是事物在形成和发展过程中受一定因素影响在各要素的相互

---

① 眭依凡：《关于"双一流建设"的理性思考》，《高等教育研究》2017年第9期。
② 陈安、武艳南：《浅议管理机制设计理论：目标与构成》，《科技促进发展》2011年第7期。

作用下的过程、方式和机理，包括影响因素、生成过程、结果评定等方面。不同学者在考察生成机制过程中侧重点不尽相同，但基本都在以下范围内：其一，生成的影响因素，即事物生成的前提条件、环境、资源基础等，主要包括环境因素、社会因素、组织因素等，也有学者将其分类为宏观因素、中观因素以及微观因素；其二，生成的过程，即事物从无到有的发展历程、路径，不同阶段的特点等，重点考察事物内部各要素之间相互作用的关系；其三，生成结果的反馈，主要是生成的标志、标准的指标体系、生成的评价等。

本研究中"生成机制"是指高水平民办高校诞生、成长、发展、壮大的组成要素之间的运行机理。本文正是从这三个方面考察高水平民办高校的生成机制，构建高水平民办高校评价指标模型、探讨其生成的影响因素、深入研究其生成过程中涉及的各种机制及相互关系。

二 研究意义

中国高水平民办高校生成机制研究，是民办高校进入内涵发展阶段必将面对的问题，具有重要的历史和现实意义。

（一）丰富具有中国特色的民办高等教育教育理论体系

本研究有利于进一步加强民办高等教育研究的综合性，扩大民办高等教育研究的学术视野，增加民办高校研究的理论深度和厚度。高等教育学理论创新的一大来源是跨学科研究，如阿特·巴赫提出的"家族化大学"概念（管理学），马丁·特罗的高等教育大众化理论（社会学），伯顿·克拉克的高等教育三角理论（政治学）等。本博士论文综合运用管理学、社会学、教育学等多学科相关理论，以社会创业理论为主，辅以创业理论、创业型大学理论、新制度主义理论，立足政府职能转变、市场经济发展、第三部门兴起、教育民营化等宏阔背景，抓住举办者创业精神这一核心要素，创新中国民办高等教育研究视角，丰富具有国际视野、中国特色、时代特征的民办高等教育教育理论体系，促进中国民办高等教育与公办高等教育以及国际私立高等教育界开展学术对话。

（二）为民办高校深化改革提升办学质量提供经验借鉴

中国民办高校面广量大，维系成千上万个家庭的教育梦想，事关社会主义事业建设者和接班人培养,是社会各界关注的焦点。许多学校发展中面临着政策乏力、生源下滑、竞争激烈、经费短缺、管理混乱、质量低下、逐利冲动、分类管理等一系列重大挑战,对于未来发展走向普遍感到迷茫和困惑,对民办高校科学发展的规律认识不足。本研究致力于中国高水平民办高校的生成机制研究,旨在打开内在发展的"黑箱",揭示成功院校的发展奥秘和有益经验,梳理内在机制,希冀本研究,找到适合民办高校健康发展和振兴崛起的路径,促进中国民办高等教育创新发展,探索建设一批有影响的高水平民办高校样本,为全国民办高校的健康发展提供经验借鉴,为广大民办高校的良善之治提供有益参考,助力更多民办高校解决办学方向不明、办学目标不清、办学动力不足、办学资源短缺等难题,满足人们日益增长的享受更高质量教育的需求,提供多元化、选择性、个性化教育服务。

(三) 为政府完善民办高等教育政策法规提供借鉴

政策对实践具有规范效应。党的十九大报告提出:"支持和规范社会力量兴办教育。"如何支持民办高校、如何规范民办高校,是各级政府主管部门关注的一大焦点问题。随着《民办教育促进法》修法的完成,中国民办高校面临营利性、非营利性分类管理,当前政策不够细化,法律落地困难,分类推进缓慢,亟待进一步细化。教育部《民办教育工作部际联席会议 2019 年工作要点》提出,研究制定非营利性民办学校监督管理、非营利性民办高校财务监管和民办高校内部治理等方面的具体办法。在加快教育现代化、建设教育强国的关键时期,促进民办高校健康可持续发展,是题中应有之义。本研究以高水平民办高校生成中面临的问题为导向,深入分析高水平民办高校生成机制,有利于服务政府决策,完善民办高校相关政策,提升教育治理体系和治理能力现代化水平。

第三节 文献综述

一 国内研究现状

本部分研究采用定量与定性相结合的研究方法,借助 CiteSpace 共词分析工具对中国民办高校研究文献进行可视化分析。通过对民办高等教育研究领域图谱的总体研判，全视域、多角度地展示中国高水平民办高校研究成果，以期整体把握高水平民办高校研究脉络。

（一）基于知识图谱可视化的中国高水平民办高校生成机制研究

CiteSpace 全称为 Citation Space，是一个计量统计软件，译为"引文空间"，是由美国德雷塞尔大学计算机与情报学教授陈超美开发的信息可视化工具。该工具主要针对相关研究的共引文献，通过引文网络分析，挖掘引文空间的知识聚类和分布。托马斯·库恩的科学发展模式理论曾提出：科学研究的重点、范式随着时间而变化，这些变动时而缓慢，时而剧烈，科学发展是可以通过其足迹从已经发表的文献中提取的。[1] 鉴于此，本部分选择从文献数据出发，利用发文数量、关键词、共被引、突现词、作者和机构深入细致勾勒民办高校研究的知识脉络。

在数据的来源上，研究选择 CNKI 全文数据库为数据采集源，样本数据遴选考虑到本研究的核心概念"高水平民办高校"是由限定词"高水平"和主体词"民办高校"构成，因而在数据采集过程中，选取"民办高校"及其相近概念作为检索词。为了进一步保证相关研究领域数据的整全性，检索条件设置为主题词检索，如此构筑检索表达式为：主题 = 民办高校 or 民办高校 or 私立大学 or 民办高等教育。同时，结合布拉德富的文献离散理论中提出的观点——"关键文献集中发表于少数占核心地位的期刊"[2]，本研究的样本数据所涉及的期刊类别仅选自北京大学《中文核心期刊》源刊以及中文社会科学引文索引（CSSCI）源刊，时间跨度设置为"不限"，如此共得到样本数据 4969 条。

由图 1-2 可知，民办高校的相关研究发轫于 1992 年，在其后近十年间民办高校的发文量一直在 0—100 篇波动，民办高校并未受到过多关注。从民办高校研究的整体状况来看，可划分为四个阶段：第一阶段是探索萌芽期（1992—1998 年），该阶段的发文量一直处于较低水平。第二阶段为

---

[1] 李杰、陈超美：《CiteSpace：科技文本挖掘及可视化》，首都经贸大学出版社 2017 年第 2 版，第 2 页。

[2] 张斌贤、陈瑶、祝贺、罗小莲：《近三十年我国教育知识来源的变迁——基于〈教育研究〉杂志论文引文的研究》，《教育研究》2009 年第 4 期。

发展上升期（1999—2007年），民办高校研究热度稳步上升，2002年《民办教育促进法》的颁布促使民办高等教育迎来研究热潮，直至2008年达到峰值。第三阶段为持续关注期（2009—2016年），本阶段研究发文量总体维持在较高水平。第四阶段为研究低潮期（2017—2023年），总体研究态势趋冷，这一方面表明民办教育新法新政的影响还有待凸显，另一方面预示着在民办高校研究领域新问题的发掘正变得日益困难。

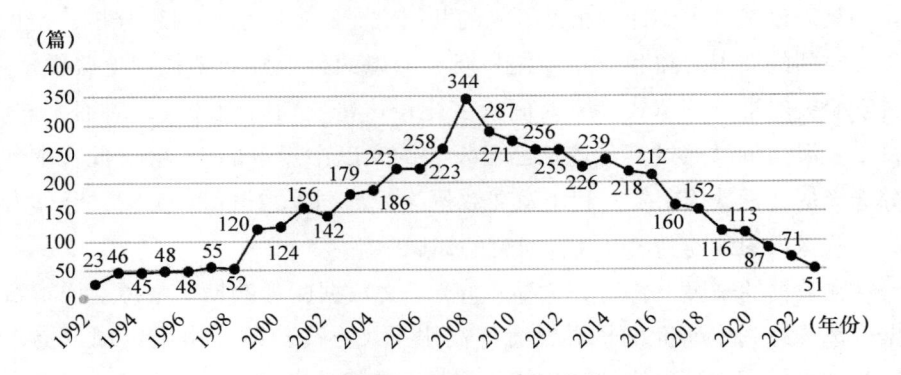

图1-2 民办高校研究成果数量分布及变化

1. 民办高校的高影响力文献分析

相关内容在民办高校高影响力文献中出现与否能够侧面反映出该议题的受重视程度与研究价值。本研究将采用分层抽样的方法，即考虑到发文时间对被引率的影响（文献刊发越早，越有可能获得高被引频次），按照固定比例从不同时间层中抽取被引频次最高的文献。根据被引频次的高低，选取了发表于2000年之前的2篇文献、2000—2010年的3篇文献、2010年至今的3篇文献，具体情况见表1-6。

表1-6 民办高校研究的高影响力文献

被引频次	年份	作者	篇名	期刊来源
569	1999	厉以宁	关于教育产品的性质和对教育的经营	教育发展研究
466	2005	胡赤弟	高等教育中的利益相关者分析	教育研究
407	2002	赖德胜；武向荣	论大学的核心竞争力	教育研究

第一章 绪论

续表

被引频次	年份	作者	篇名	期刊来源
388	2003	潘懋元	大众化阶段的精英教育	高等教育研究
149	1998	陈学飞	面向 21 世纪国际高等教育发展的基本趋势	辽宁高等教育研究
88	2012	潘懋元；邬大光；别敦荣	我国民办高等教育发展的第三条道路	高等教育研究
79	2011	樊哲；钟秉林；赵应生	独立学院发展的现状研究与对策建议——我国民办高等教育改革与发展探析（二）	中国高等教育
59	2014	王维坤；温涛	民办高校师资队伍建设的问题与出路——以辽宁省民办高校为例	中国高教研究

陈学飞（1998）提出高等教育的经费应由政府一力承担转向社会和教育者个人承担。[①] 厉以宁（1999）详述了社会主义社会中教育服务不可能全部成为公共物品的理由[②]，为后续民办高校的发展与研究提供了理论基础与分析框架。赖德胜、武向荣（2002）认为民办高校作为一种教育增量，其天生具有竞争性。[③] 潘懋元（2002）主张高等教育在规模扩张的前提下应当合理分层。[④] 胡赤弟（2005）利用利益相关者理论搭建了高等教育的分析框架，大学利益相关者包括大学的高级行政管理人员、教授、大学出资者、学生和政府。[⑤] 樊哲、钟秉林（2011）提出促进独立学院发展的政策建议。[⑥] 潘懋元等学者（2012）提出将民办高等教育区分为"捐资举办的民办高校""营利性民办高校""投资举办但不要求取得回报的民办高校和要求取得合理回报但又不是营利性的民办高校"三类。[⑦] 王维坤、

[①] 陈学飞：《面向 21 世纪国际高等教育发展的基本趋势》，《辽宁高等教育研究》1998 年第 6 期。
[②] 厉以宁：《关于教育产品的性质和对教育的经营》，《教育发展研究》1999 年第 10 期。
[③] 赖德胜、武向荣：《论大学的核心竞争力》，《教育研究》2002 年第 7 期。
[④] 潘懋元：《大众化阶段的精英教育》，《高等教育研究》2003 年第 6。
[⑤] 胡赤弟：《高等教育中的利益相关者分析》，《教育研究》2005 年第 3 期。
[⑥] 樊哲、钟秉林、赵应生：《独立学院发展的现状研究与对策建议——我国民办高等教育改革与发展探析（二）》，《中国高等教育》2011 年第 3—4 期。
[⑦] 潘懋元、邬大光、别敦荣：《我国民办高等教育发展的第三条道路》，《高等教育研究》2012 年第 4 期。

温涛（2014）对民办高校师资队伍现状进行了分析。[1]

总体来看，上述研究可作为高水平民办高校研究的基础，为"高水平民办高校生成机制"这一议题构筑了良好开端。高影响力文献构建起中国民办高校研究发展的时序图，依据时间线来看，民办高校研究从最初的合理性论证逐步走向内涵式发展，深度和广度不断拓展。通过分析发现，关于"高水平民办高校"的相关议题早已萌发，但在理论和实践层面存在的诸多问题还需要我们进一步探究。

2. 民办高校的合作群体分析

合作群体分析又被称为科学合作分析，科学计量学家 Katz 和 Martin 将这一概念界定为：科学合作就是研究学者为生产新的科学知识这一共同目的而在一起工作。[2] 民办高校的合作群体主要包括学者和机构。

（1）研究民办高校的主要学者

CiteSpace 软件中提供的"Author"节点可用于绘制民办高校领域的作者共现网络，为了进一步提高研究对象的代表性，在剔除无关数据后，最后确认 4568 篇文献为本研究所需。通过设置分析项目选择方法"Top N = 50"，时间切片（Time Slice）选择 2 年，点击 GO 生成图谱。图 1-3 中的节点代表相关人员的发文数量，发文量越多则节点越大，而图中的连线代表合作关系，连线的粗细反映了合作的紧密程度。

总体来看，民办高校研究在近 30 年的发展历程中已形成若干个稳定的合作网络，图中最大节点显示为徐绪卿，发文量 36 篇。北京师范大学周海涛教授主持"民办学校分类管理政策"等多项民办教育领域教育部哲社研究重大课题攻关项目。根据文献计量学中的普赖斯定律，核心作者发文量 $M_p = 0.749 \times \sqrt{N_p \text{ max}}$（$N_p$ max 表示发文最多作者的论文数）。[3] 由此可知，$M_p = 0.749 \times \sqrt{36} = 4.494$（篇），择取整数，在民办高校研究领域发文量大于或等于 5 篇的作者可被界定为核心作者。据统计，该领域核心作

---

[1] 王维坤、温涛：《民办高校师资队伍建设的问题与出路——以辽宁省民办高校为例》，《中国高教研究》2014 年第 1 期。

[2] 李杰、陈超美：《CiteSpace：科技文本挖掘及可视化》，首都经贸大学出版社 2017 年第 2 版，第 179 页。

[3] 岳伟、许元元：《改革开放 40 年我国主体教育研究的回顾与展望——基于知识图谱及文献可视化分析》，《教育研究与实验》2019 年第 1 期。

第一章 绪论

者共计 88 人,发文量共计 790 篇,占样本总量 4568 篇的 17.29%。

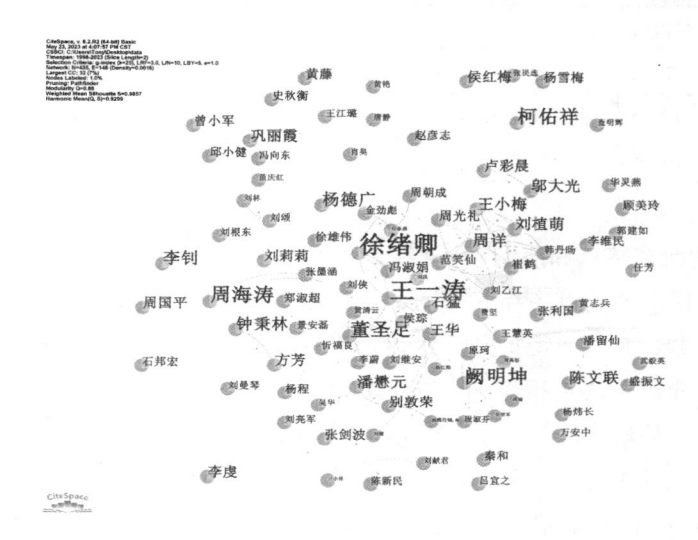

图 1-3 中国研究民办高校的主要学者关系网络

（2）研究民办高校的主要机构

通过设置与上面相同的参数,得到研究民办高校的机构图谱,根据同类合并的原则,将同校之中不同部门间的研究成果进行合并,最终生成以校为单位的合作机构网络。在此基础上得到发文量排名前 30 的研究机构,具体信息见表 1-7。发文量在百篇以上的高校中,有 3 所公办院校和 1 所民办院校。

表 1-7　　　　　中国研究民办高校的主要机构一览

机构名称	发文篇数	机构名称	发文篇数	机构名称	发文篇数
厦门大学	211	复旦大学	50	中国人民大学	33
北京师范大学	165	华南师范大学	49	三江学院	31
北京大学	134	西安外事学院	48	上海建桥学院	29
浙江树人大学	121	南京师范大学	47	宁波大红鹰学院	28
华中科技大学	92	清华大学	42	四川师范大学	265
华东师范大学	88	上海师范大学	41	南开大学	24
浙江大学	80	武汉大学	39	河北大学	22

续表

机构名称	发文篇数	机构名称	发文篇数	机构名称	发文篇数
山东英才学院	61	江西蓝天学院	39	青岛黄海学院	21
湖南涉外经济学院	52	北京城市学院	37	辽宁教育研究院	20
黄河科技学院	50	苏州大学	36	吉林华桥外国语学院	20

3. 民办高校的研究热点和前沿

研究热点是一段时期内有内在联系的、数量相对较多的一组论文所探讨的热点问题或专题，其并非特指某个术语，而是相关术语的总称，需要对相关高频和高中介性术语进行综合分析判定。[①] 而研究前沿指"一组突现的动态概念和潜在的研究问题"[②]，它代表相关文献在短时间内被大量引用。理论上来说，文献关键词词频的高低分布可以用来研究某一领域的研究热点和发展动向，[③] 在此基础上，选择以"关键词"出发，通过关键词共现和聚类分析抓取民办高校研究热点。

（1）民办高校研究的关键词共现分析

本文使用的是数据集中原始的字段，主要分析作者的原始关键词和数据库的补充关键词，民办高校的研究内容十分丰富，除却"合理回报""分类管理"等相关政策的研究，还包括"法人财产权""党建工作""师资队伍"等学校内部事务的研究，此外，研究还涉及"高等教育大众化""民办教育发展"等宏观层面的内容。总体来说，民办高校研究的涵盖面极广，不过"高水平民办高校"并未出现在高频关键词中，以"高水平民办高校"为主题的文章仅17篇，这表明民办高校领域对"高水平民办高校"的相关研究关注度不高。

（2）民办高校研究的关键词聚类分析

一个成熟领域的研究主题往往包含多个研究关键词，通过关键词的凝

---

① 王国华、俞树煜、黄慧芳、胡艳：《中国远程教育研究的可视化分析——核心文献、热点、前沿与趋势》，《远程教育杂志》2015年第1期。

② 孙立会、赵蔚：《基于共现关键词统计的教育技术学研究趋势分析》，《现代远程教育研究》2010年第5期。

③ 李杰、陈超美：《CiteSpace：科技文本挖掘及可视化》，首都经济贸易大学出版社2017年第2版，第194页。

练与呈现，可以从更高层次掌握该领域的研究热点。

基于 CNKI 的民办高校研究领域的关键词被划分成 9 个聚类，分别对应着民办高校研究的 9 大研究主题。根据聚类标签的大小进行排序，依次是：标签#0 民办高校，高频关键词包括公益性、利益相关者等。聚类#1 公立学校，高频关键词包括经费、民办教育发展、师资等。聚类#2 高校党建工作，高频关键词包括党组织、立德树人等。聚类#3 美国，高频关键词包括教育券、营利性大学、资本市场等。聚类#4 创新，主要包括办学特色、核心竞争力、教学质量等。聚类#5 法人治理结构，主要包括现代大学制度、董事会、家族化管理等。聚类#6 独立学院，主要包括母体高校、人才培养模式等。聚类#7 举办者，主要包括产权、合理回报、治理结构等。聚类#8 办学模式，主要包括民办高校、国有民营等。聚类#9 可持续发展，主要包括发展战略、定位、转型等。

综合分析民办高校研究领域的关键词和主题，可以发现关于高水平民办高校的研究并不充分，这主要表现在两个方面，一是高水平民办高校的直接研究较少，相关术语并未出现在关键词共现图中；二是对该领域关键词进行聚类操作未能生成关于高水平民办高校研究的知识区块。

（3）民办高校的研究前沿分析

突现词（Burst term）揭示了一个领域研究前沿的突现和演变过程，代表着知识的涌现、断层和变革，通过突现词分析可以清楚地掌握某个领域的知识变迁，从而为我们整体把握研究脉络提供帮助。[①] 通过设置参数 $\gamma = 3.0$、最少持续时间（Minimum Duration）5 年，共得到 8 组突现词，它们代表着在某一时期内由民办高校领域中比较有影响力的事件所激发出的话题聚焦，从该关键词突发时持续至今的则为该领域目前的研究前沿。[②]

由图 1-4 可知，民办高校研究肇始之处并无术语精确化的意识，学界对于相关概念的界定比较模糊，这一现象直到 21 世纪初才有所缓解。而在研究初期，学界主要关注经费、拨款、筹资等。"高等教育大众化"作为

---

① 赵丹群：《基于 CiteSpace 的科学知识图谱绘制若干问题探讨》，《情报理论与实践》2012 年第 10 期。

② 王恩军、李如密：《高等教育质量研究十年：研究热点、趋势与前沿——基于知识图谱的可视化分析》，《现代大学教育》2016 年第 5 期。

民办高校发展的重要背景,在面向 21 世纪之际经常被提及。在研究中期,高等教育改革的特殊产物——"独立学院"引发学界关注。最后,"现代大学制度"和"分类管理"是两个持续至今的突发关键词,突现强度分别为 11 和 27,是民办高校研究领域的前沿话题。

关键词	年份	强度	起始年份	结束年份	1992—2019
学校	1992	16.3343	1992	2003	
财政管理	1992	12.2464	1993	2003	
学堂	1992	11.6945	1994	2002	
高等教育大众化	1992	21.2739	1998	2004	
独立学院	1992	23.0267	2007	2011	
民办大学	1992	44.1054	2011	2017	
现代大学制度	1992	11.2718	2012	2019	
分类管理	1992	27.2651	2013	2019	

图 1-4 民办高校研究的突现词

综上所述,中国高水平民办高校研究尚处于起步阶段。自 21 世纪初期相关议题滋生以来,一直缺乏足够力量对其作出进一步延伸与拓展。目前,虽然在高等教育内涵式发展的背景下高水平民办高校研究逐步兴起,但是具有代表性的成果仍然寥寥无几,有待进一步深入探索。

(二)中国高水平民办高校的相关研究

就目前来看,虽然国内学术界对中国高水平民办高校的直接研究不多,对其生成机制的研究也并不充分,但是与之相关的研究十分丰富,主要体现在以下几个方面。

1. 优化民办高校政策环境成为共识

民办高校的发展离不开外部政策法规的支持,关于民办高等教育政策沿革、政府职能、法制建设、分类管理的研究一直是中国学界研究的一大热点。

首先,对民办高等教育发展中政府职能的研究是关注的焦点。李望国(2006)认为政府在发展民办高校的过程中存在职能缺失的问题。[1] 苗庆红

---

[1] 李望国、刘曼琴:《政府职能与民办高校发展研究》,《高教探索》2011 年第 1 期。

(2006)提出政府应通过"有形之手"对民办高等教育市场失灵问题予以矫正。① 熊亚(2006)认为在民办高等教育领域政府没有适当地履行其职责。② 林小英(2006)指出,民办高等教育政策规范与执行之间存在偏差,政策部门的自由裁量权、政策规范的可变通性,导致政策执行过程弹性化。③ 阎凤桥(2010)在比较域外私立高等教育发展经验的基础上,提出要将民办高等教育纳入公共政策框架,利用好政策手段和工具进行引导和干预。④

其次,民办高校实行分类管理是学术界关注的重要领域。王名(2002)认为应该允许营利性民办高校存在。⑤ 王善迈(2011)认为对民办教育分类管理有利于中国民办教育管理体制改革和民办教育的发展。⑥ 刘建银(2011)肯定分类管理改革对于构建民办高校分类扶持政策的重要价值。⑦ 也有学者对分类管理表示担忧,潘懋元等(2012)认为,民办高校第三条道路是一种将教育的公益性与投资的营利性有机相统一、符合现实国情要求的特殊的民办高等教育发展模式。⑧ 吴华(2015)认为分类管理的"国家方案"存在政策风险。⑨ 分类管理政策事关民办高校发展道路,从"道德人"与"经济人"的视角来看,民办高校举办者陷入选择困境,如何化解政策风险,推进政策落地,将是今后一段时间的研究热点。

同时,对民办高校进行财政扶持受到学术界广泛关注。钟秉林

---

① 苗庆红:《论政府在民办高等教育市场中的作用》,《中国行政管理》2006年第8期。
② 熊亚:《论我国民办高等教育发展中的政府职能》,《民办教育研究》2006年第2。
③ 林小英:《中国教育政策过程中的策略空间:一个对政策变迁的解释框架》,《北京大学教育评论》2006年第4期。
④ 阎凤桥:《私立高等教育的全球扩张及其相关政策——对2009年世界高等教育大会报告文本的分析》,《教育研究》2010年第11期。
⑤ 王名、郑琳媛:《民办大学营利性的公共政策分析》,《高教探索》2002年第3期。
⑥ 王善迈:《民办教育分类管理探讨》,《教育研究》2011年第12期。
⑦ 刘建银:《公共财政支持民办学校的政策体系:基于分类管理视角的分析》,《教育科学》2011年第6期。
⑧ 潘懋元、邬大光、别敦荣:《我国民办高等教育发展的第三条道路》,《高等教育研究》2012年第4期。
⑨ 吴华、章露红:《对民办学校分类管理"国家方案"的政策风险分析》,《中国高教研究》2015年第11期。

（2011）建议中国应借鉴域外的成功经验，设立民办高等教育专项资金。[1] 巩丽霞（2012）从教育公平的角度出发，认为民办高等教育公共财政扶持应当向偏远地区倾斜。[2] 徐绪卿（2013）认为，中国民办高等教育的政策基调应实现从"规范"到"扶持"的转变。[3] 学界针对营利性和非营利性民办高校两种类型和属性，提出实行差别化的财政扶持策略。

2. 创新民办高校办学体制机制受到重视

民办高校的办学模式多种多样，学术界对此进行了探讨。杨德广（2001）强调建立"一主多元"的高等教育办学模式。[4] 谢福林（2001）从宏观层面总结了广东省民办高校的办学模式，包括民办自助、民办自筹、公助民营、股份合作四种。[5] 刘尧（2004）认为，民办高校的办学模式应划分为四种：注入式、改制运作式、附属再生式、滚动式。[6] 明航（2008）从产权配置与治理机制的角度，将民办高校办学模式分为五种：家族制、集团制、股份制、国有民办制和中外合作制。[7] 刘根正（2011）归纳了六种民办高校办学模式：收费滚动模式、规模发展模式、附属再生模式、改制运作模式、捐资助学模式、混合、多元注入式。[8]

3. 规范民办高校办学行为成为共识

民办高校在快速发展中出现一些乱象，学界围绕规范办学、依法管理、法制建设进行了研究。柯佑祥（2001）提出[9]，政府应保护民办高校的盈利权力，既要看到盈利行为背后消极的一面，也应当重视盈利产生的积极效应。武毅英（2002）认为，民办高等教育的产权关系将随着民办院校资产规模的由小变大和产权结构的多元化而变得越来越复杂。[10] 贾永堂、

---

[1] 钟秉林：《我国民办高等教育发展若干重要问题探析》，《中国高教研究》2011年第7期。
[2] 巩丽霞：《公共财政扶持民办高等教育政策研究》，《教育发展研究》2012年第23期。
[3] 徐绪卿、王一涛：《论我国民办高等教育政策从"规范"向"扶持"的转型》，《高等教育研究》2013年第8期。
[4] 杨德广、张兴：《建立一主多元的高等教育办学模式》，《教育发展研究》2001年第2期。
[5] 谢福林：《广东省民办高等教育办学模式及发展前景》，《中国成人教育》2001年第1期。
[6] 刘尧：《我国民办高等教育的现状、问题与发展趋势》，《教育研究》2004年第9期。
[7] 明航：《反思中国民办教育发展的问题与政策》，《教育与职业》2008年第26期。
[8] 刘根正：《从资源依赖视角看我国民办高校的办学模式——以广东为例》，《高教探索》2011年第1期。
[9] 柯佑祥：《民办高等教育的盈利问题》，《高等教育研究》1999年第4期。
[10] 武毅英：《论民办高等教育的产权关系》，《教育发展研究》2005年第14期。

周光礼（2006）认为，制约中国民办高校持续健康发展的根本因素，是学校对资金投入需要的无限性与公司投入的积极性和能力有限之间的矛盾。[1] 邬大光（2007）提出，中国民办学校大多是投资办学，既是办学者不得不作出的一种无奈和被动的选择，也是特定时期民办教育发展的一种必然的选择。[2] 阎凤桥（2007）发现中国民办高校由利益团体掌控，其组织特征是公益性弱、寻利性强，是由外部制度的规范性和资源获得的单一性特征决定的。[3] 鲍威（2011）认为政府对于民办高校基础设施的评估压力迫使学校采取压缩人员经费开支的行为，以此降低办学成本。[4]

4. 提高民办高校办学质量逐渐受关注

许多学者对于民办高等教育质量给予充分关注。史秋衡（1999）提出，民办高校的师资队伍建设，需要政府、学校与教师三方携手共谋良策。[5] 中国台湾、香港、澳门三地的私立高校质量保障与评估都有专门的机构来实施。[6] 徐绪卿（2007）认为，民办高校应当消化扩招带来的质量压力，注重内涵式发展。[7] 阎凤桥（2008）研究发现，公办高校位于高等教育系统的顶部，而民办高校位于系统的底部，呈现等级性。[8] 周海涛（2021）提出，高质量发展已经成为民办高校改革发展的时代趋势，民办高校需要进一步夯实要素基础和优化结构基础，在师资队伍上从拾遗红利转变为青椒红利，在模式上从后发借鉴转变为特色创新，在制度上从渐进式建构转变为全面规范设计，在专业设置上从速成取向转变为精致取向。[9]

---

[1] 贾永堂、周光礼：《探索投资与办学良性互动的民办高校可持续发展之路——湖南涉外经济学院的发展模式》，《高等教育研究》2006年第10期。

[2] 邬大光：《我国民办教育的特殊性与基本特征》，《教育研究》2007年第1期。

[3] 阎凤桥：《中国民办高校内部治理形式及国际比较》，《浙江树人学院学报》2007年第5期。

[4] 鲍威：《中国民办高校财务运作与办学行为的实证研究》，《复旦教育论坛》2011年第3期。

[5] 史秋衡：《师资队伍建设：民办高校发展的根基》，《高等教育研究》1994年第4期。

[6] 史秋衡、刘文华：《台、港、澳私立高校评估与质量保障调研报告》，《大学教育科学》2005年第3期。

[7] 徐绪卿：《民办高校亟待实施内涵发展战略》，《中国高等教育》2007年第6期。

[8] 阎凤桥：《中国民办高等教育能够满足公共利益需求吗》，《探索与争鸣》2008年第10期。

[9] 周海涛、廖苑伶：《民办高校高质量发展的基础》，《复旦教育论坛》2021年第3期。

(三) 关于生成机制的多学科研究

"生成机制"研究在管理学、教育学、经济学等不同学科中有不一样的应用和体现。研究主要集中在生成因素、生成过程分析，较少将生成机制作为具有严密逻辑的整体来研究。

在教育学领域，彭湃（2018）认为，高等教育自信的生成机制包括成就、获得、评价、迁移、示范、传导六大效应，效应间的交叉和重合影响高等教育自信的生成。[①] 刘永芳、龚放（2012）认为，大学、政府和市场三方相互作用、大学职能变迁和大学内部的权力制衡是欧美创业型大学的主要生成机制。[②] 果淑兰、张芊丽等（2017）认为课改中教师实践性知识的生成机制涉及生成前提和生成主体。[③] 肖金明、张强（2012）分析了大学章程的生成机制。[④]

在管理学领域，张笑峰、席酉民等（2015）认为，中国企业领导权威主要有两种生成机制，在演化路径下，领导者自身管理经验的积累和政府管理关系的维持不断赋予领导者权威，在设计路径下，通过对战略决策权的行使以及权力支配自如性的彰显实现领导者权威的生成。[⑤] 朱晓红、刘振（2014）认为，创业企业所处的创业情境促使创业者选择与利益相关者进行互动活动，最终循序渐进的调整策略促使创新型创业机会的生成。[⑥] 黄永春（2011）认为，企业自主知识产权名牌的生成具有方向性和过程性特征。[⑦] 方亮认为，创新集群生成主要包括四要素，其中"创业机会利用"促进创新要素集聚，"新企业创建"推动主导企业"极化"，"创业组织发

[①] 彭湃：《高等教育自信：概念、问题与生成机制》，《高等教育研究》2018年第8期。
[②] 刘永芳、龚放：《创业型大学的生成机制、价值重构与途径选择》，《高等教育研究》2012年第10期。
[③] 果淑兰、张芊丽、王萌：《课改中教师实践性知识的生成机制——以某普通中学"人文综合"主题教学为例》，《中国教育学刊》2017年第4期。
[④] 肖金明、张强：《大学章程的框架体系、治理结构、制度要素与生成机制——基于十所高校章程的文本比较》，《河南财经政法大学学报》2012年第1期。
[⑤] 张笑峰、尚玉钒、李圭泉、席酉民、葛京、李磊：《中国企业一把手"领袖化"过程：领导权威形成机制的探讨》，《南开管理评论》2015年第3期。
[⑥] 朱晓红、刘振：《创新型创业机会的生成机制研究——创业者与利益相关者互动视角》，《现代财经》（天津财经大学学报）2014年第11期。
[⑦] 黄永春、郑江淮、潘东：《企业自主知识产权名牌的生成机制研究》，《中国科技论坛》2011年第9期。

展"强化创新生态产业链联动,"创业网络构建"激活创新集群生成。①

总体而言,"生成机制"在不同学科的研究中被普遍简化,表现为一种横向的、平面化的解构。

(四) 中国高水平民办高校生成机制的直接研究

通过图谱分析阶段严格的检索式检索发现,中国关于高水平民办高校生成机制的直接研究并不多。通过放宽检索条件,将省级刊物纳入检索范围,可以扩充关于中国高水平民办高校的直接研究成果(见表1-8),进一步填补高水平民办高校的研究空白。

表1-8　　中国高水平民办高校直接研究高引文献一览

序号	论文作者	发表年份	论文标题	研究方法
1	张应强	2002	体制创新与建设高水平民办大学	质性研究
2	汪向东	2014	创建高水平民办高校必须加大科研工作力度	质性研究
3	徐绪卿	2012	建设国家级高水平民办高校的若干思考	质性研究
4	钟秉林	2012	科学谋划 励精图治 创建高水平民办大学——我国民办高等教育改革与发展探析(七)	质性研究
5	徐绪卿	2013	论我国高水平民办高校建设及其特征	质性研究

具体来看,中国高水平民办高校的直接研究大致分为以下三个主题。

1. 建设高水平民办高校的重要意义渐受关注

建设高水平已然成为中国民办高校发展的必然趋势,其重要性获得学界多方论证。周大仁(2007)认为,中国民办高校与其他国家的私立高校相比显得较为落后,应发挥民办高校体制优势,加快建设高水平民办高校。②徐绪卿(2012)强调,建设高水平民办高校是高等教育强国战略的重要组成部分。③王蕾(2015)认为,创建高水平民办高校有助于全面提

---

① 方亮、徐维祥:《创业视角下创新集群形成机理研究》,《北京交通大学学报》(社会科学版)2016年第4期。

② 周大仁:《创新高等教育体制 打造一流民办大学——兼论独立学院转制为民办大学》,《中国高教研究》2007年第2期。

③ 徐绪卿:《建设国家级高水平民办高校的若干思考》,《教育发展研究》2012年第7期。

升中国高等教育的教育质量，有利于带动其他民办高校发展。[1] 陈文联（2015）指出，高水平民办高校建设事关教育改革成效。[2] 黄小灵（2019）认为，实现高等教育内涵式发展需要民办高校提高办学水平，推进高等教育强国战略需要发展高水平民办教育。[3]

2. 建设高水平民办高校的策略研究尚在探索

学界关于如何进行民办高校高水平建设，大致分为内、外两个角度，具体的实现路径各有侧重。张应强（2002）强调，民办高校高水平建设必须要体制创新。[4] 钟秉林（2012）认为，高水平民办高校建设是一个长期积累过程，不仅需要进行内部充实，更多的还要依靠政府从外部进行的帮扶。[5] 徐绪卿（2013）提出科研工作是目前高水平民办高校建设的薄弱环节，民办高校要实现整体水平的提高必须依赖科研工作。[6] 周海涛（2017）认为人才强校是高水平民办大学建设的突破口。[7] 肖俊茹（2018）认为建设高水平民办高校的重点在于确立发展战略、提高师资水平、完善现代大学制度。[8] 温涛（2019）认为，建设高水平民办高校需要按部就班、分步建设。[9] 阙明坤、王云儿（2021）指出，建设高水平民办高校面临外部制度供给存在缺陷、办学经费捉襟见肘、内部法人治理结构失序、社会评价体系不健全等瓶颈问题。[10] 王一涛提出，建设新型高水平民办高校，要完善适合新型高水平民办高校成长的政策环境；降低准入标准，注重"小而

---

[1] 王蕾：《创建高水平民办大学的意义及途径》，《中国成人教育》2015年第4期。
[2] 陈文联、刘姗姗：《困境与超越：高水平民办大学建设》，《浙江树人学院学报》2015年第5期。
[3] 黄小灵：《我国建设高水平民办高校面临的困境与实践路径探析》，《高等教育研究》2019年第6期。
[4] 张应强：《体制创新与建设高水平民办大学》，《高等教育研究》2002年第4期。
[5] 钟秉林：《科学谋划 励精图治 创建高水平民办大学——我国民办高等教育改革与发展探析（七）》，《中国高等教育》2012年第2期。
[6] 徐绪卿：《科研工作：高水平民办高校建设的着力点》，《教育发展研究》2013年第1期。
[7] 周海涛、张墨涵：《高水平民办大学人才强校策略》，《国家教育行政学院学报》2017年第2期。
[8] 肖俊茹、王一涛：《民办教育分类管理与一流民办高校建设》，《现代教育科学》2018年第1期。
[9] 温涛、王朋、王维坤、姜华：《新时期我国一流民办大学建设探究：概念、内涵与路径》，《现代教育管理》2019年第5期。
[10] 阙明坤、王云儿：《我国建设高水平民办高校的动因、瓶颈及对策》，《现代教育管理》2022年第2期。

精";扩展经费来源,多渠道筹集经费;完善内部治理,建立现代大学制度。① 学界从不同角度对高水平民办高校建设举措、路径进行了初步探讨。

3. 国际高水平私立大学办学经验受到关注

部分学者对国际高水平私立大学的发展现状、举办模式、政策规制、办学经验进行了分析。罗英姿(2013)认为,美国一流私立大学长期领先于世界各国的原因在于其精英化战略,中国高校创建高水平必须要重视人才培养,协调好教学与科研的关系,同时要持续进行学校人文和制度环境的改造。② 张雷生(2015)通过总结韩国三所高水平私立大学建设情况,发现高水平私立大学的主要特征在于完备的大学章程,中国建设高水平大学必须重视章程建设。③ 李虔(2018)基于国外一流私立大学的发展经验,提出中国民办高校不仅需要借鉴美国等主流国家的发展模式,同时应当参考韩国、土耳其及拉丁美洲等国家的经验。顾燕鸿(2016)统计各国一流私立大学收入详情及比重,据此提出中国民办高校应拓宽收入来源。④

4. 一流大学、高水平大学研究受到广泛关注

随着一流大学、高水平大学、双高计划建设的推进,学术界开始重视高水平大学研究,但主要偏重于公办大学。翟亚军,王战军(2010)认为,高水平大学中的"高水平"是一个多特征概念,中国大学远没有达到世界一流大学的水平。⑤ 董云川、罗志敏(2015)提出大学水平高与否体现在其社会职能实现的程度。⑥ 徐高明(2017)认为,省域高水平大学是某一省域范围内质量高、特色明、潜力大的中央及地方高校。⑦ 刘志民

---

① 王一涛、侯琮、毛立伟:《新型高水平民办高校建设:国际经验与中国路径》,《高等工程教育研究》2022年第6期。
② 罗英姿、吕红艳:《美国一流私立大学"精英化"战略的启示意义》,《江苏高教》2013年第1期。
③ 张雷生:《关于韩国世界高水平私立大学法人章程研究》,《湖北社会科学》2015年第5期。
④ 顾燕鸿、王一涛:《世界一流私立大学经费收支问题及启示》,《现代教育科学》2016年第10期。
⑤ 翟亚军、王战军:《解析高水平大学》,《复旦教育论坛》2010年第2期。
⑥ 董云川、罗志敏:《高水平大学建设:一种新框架和路径》,《高等教育研究》2015年第6期。
⑦ 徐高明:《省域高水平大学建设:内涵、动因及路径》,《中国高教研究》2017年第1期。

（2014）总结归纳了世界高水平大学的综合化办学趋向。① 眭依凡（2019）认为大学理性、物质基础及治理模式这三个要素构成对一流大学建设发生影响的金字塔。② 阎光才（2018）从微观角度分析了高水平大学本科教师教学问题。③ 同时，针对高职院校"双高计划"，许多学者展开了研究。徐国庆（2018）认为，高水平特色高职院校建设计划是中国高职教育内涵发展的重要举措。④ 周建松（2018）提出，高水平高职院校建设的思路是坚持专业建设为龙头，突出学校服务能力。⑤

二 国外研究现状

国外私立大学发展经验和理论研究可以为中国高水平民办高校生成机制研究提供镜鉴和启示。

（一）国际私立高等教育研究的突出成果

在私立高等教育研究方面，罗杰·盖格（Roger L. Geiger）、丹尼尔·利维（Daniel C. Levy）和菲利普·阿特巴赫（Philip G. Altbach）教授成果较为丰富，为研究中国高水平民办高校生成机制提供了参照。

Roger L. Geiger 认为，私立高校除了能够获得公共部门提供的支持以外，还可以通过动员私人形式的支持来扩大高等教育的资源，增强高等教育制度的多元化，从而增加教育消费者的选择和满意度。他认为私立高等教育的产生主要是为了"更多""不同"和"更好"，即国家提供高等教育资源不足；国民希望的学校与所提供的学校不同；寻求质量更好的教育。他深入研究了私立高等教育的资本来源、学生的学费、学校使命和学术整合，探讨了适合美国的私立高等教育发展模式。⑥ 他重点研究了私立

---

① 刘志民、刘川宁：《行业特色型高水平大学的国际标杆探索》，《高等工程教育研究》2015年第1期。
② 眭依凡：《关于一流大学建设与大学治理现代化的理性思考》，《中国高教研究》2019年第5期。
③ 阎光才：《高水平大学教师本科教学投入及其影响因素分析》，《中国高教研究》2018年第11期。
④ 徐国庆：《高水平高职院校的范型及其建设路径》，《中国高教研究》2018年第12期。
⑤ 周建松：《高水平高职院校建设的理念与思路研究》，《职教论坛》2018年第1期。
⑥ Roger L. Geiger, "The Private Alternative in Higher Education", *European Journal of Education*, 1985.

高等教育的形式，认为高等教育混合体系主要研究三个层面，即如何区分公共部门和私营部门；不同的模式如何产生不同的特点；这些特点如何与高等教育的公共政策相联系。三个层次分别侧重于结构和功能、运行特性以及变化。此外，他从国家权力、财政约束、市场等方面将公立和私立高校进行对比，认为私立高等教育能够促进美国高等教育的多样化发展。[1]

Daniel C. Levy 则将重点放在欧洲发展私立高等教育的重要性上，他认为应该从私立高等教育的规模和私立公共差异的程度这两个方面进行分析。对于欧盟来说，私立高等教育占高等教育比例最高是 12%，欧洲私立高等教育占比在世界范围内处于较低水平。私立部门和公共部门间的差异在主要体现在金融方面。[2] 2013 年，他指出私立高等教育增长率在不断放缓，主要体现在入学率方面。他从社会和政治两个方面分析了私立教育衰落的原因。社会原因主要有两个：社会独特性的降低，如宗教大学社会支持率下降等；人口结构的变化对私立部门造成了严重影响。政治原因主要有三个：政府政策、高等教育公共部门的大规模扩张以及公立高等教育内部竞争性的部分私有化。这些因素确实在一定程度上阻碍了私立高等教育的发展。[3]

Philip G. Altbach 重点研究了亚洲国家的私立高校，他指出在日本、韩国、印度尼西亚和菲律宾等国家，高达 80% 的学生就读于私立学校。中国、越南、柬埔寨和其他中亚国家的私立高等教育也在迅速增长。一般来说，私立学校的声望较低，但也有一些高质量的私立高校，如日本的早稻田和庆应大学、菲律宾的德拉萨尔和马尼拉阿泰尼奥大学、韩国的延世大学和印度的圣达摩大学。[4] 另一类新的私立机构包括专门从事管理、技术或教育等领域的机构，其目的是提供具有市场可接受性的高质量学位。此

---

[1] Roger L. Geiger, "Public and Private Sectors in Higher Education: A Comparison of International Patterns", *Higher Education*, 1988.

[2] Levy D. C., "How Important is Private Higher Education in Europe? A Regional Analysis in Global Context", *European Journal of Education*, 2012.

[3] Levy D. C., "The Decline of Private Higher Education", *Higher Education Policy*, 2013.

[4] Altbach, Philip G., and Yoshikazu Ogawa, eds., "Higher Education in Japan: Reform and Change in the 21st Century", *Boston College: Center for International Higher Education, Lynch School of Education*, 2002.

外，还有一些机构是由私人、非营利性宗教团体或民族组织赞助的。[①] 他指出高等教育已经从小规模的精英教育走向大众化教育的阶段，跨国私立高等教育也在兴起，一国的大学在另一国建立分校，多个国家的大学可以联合起来或者授权其他大学使用课程并授予学位。这种跨国私立高等教育情形也被称为"麦当劳化"。他还深入研究了家族大学现象。一些国家的家族大学数目相当可观，如泰国一半的私立大学为家族所有，而更多的家族大学是在"高等教育繁荣"的背景下创办的，建校时间短，层次较低。在一些国家，家族大学是高等教育的重要组成部分，如墨西哥、泰国、日本、阿根廷和中国等，创新性的教育和管理理念在家族大学中得以发展。这样的大学让那些富有个人魅力，且胸怀改革抱负的教育领导者有机会实践理想，也使私立大学以最私有化的方式运行，最终营利，提高知名度。[②]

（二）国外相关文献为中国高水平民办高校生成机制研究提供启示

1. 私立高等教育划分研究

Geiger 将高等教育的私营部门分为三类：第一类是"大众"私营部门，反映了私立学院和大学对现有公共系统无法满足的需求做出补充。第二类是"平行"的公共私营机构相互协作，社会根深蒂固的文化和宗教分歧要求在不同的系统中代表相互冲突的利益，但都得到政府的同等支持。无论是公立大学还是私立大学，都已经"民主化"。第三类是占主导地位的公立高等教育系统中的"外围"私营部门。在"外围"系统中，私营部门只是偶尔发挥作用或在边缘发挥作用。[③]

Levy 将私立高等教育划分为四种主要形式：精英/准精英型、宗教/文化型、非精英/需求吸纳型、营利型。Trivellato 等在其基础上，将私立大学分为四类：精英（Elite）、半精英（Semielite）、非精英（Nonelite）和需求吸收机构（Demand absorbing institutions），其中需求吸收机构主要是线上

[①] Altbach P. G., "The Private Sector in Asian Higher Education", *Private Higher Education. Brill Sense*, 2005.

[②] Altbach P. G., Levy D. C., "Private higher education: A global revolution", *Sense Publishers*, 2005.

[③] Smith, B. L. R., "Modes of Higher Education: Private Sectors in Higher Education", *Science*, 1986.

教育机构。①

有学者将关注点放在私立高校是否营利方面，如 Richard S. Ruch 将私立高校分为营利性和非营利性两种形式。以阿波罗集团公司等五大教育集团为例，研究营利性私立学校的管理方式、学生情况、财政情况。他指出，非营利性大学和营利性大学最基本的区别在于纳税，此外，还涉及投资者、管理方式等差异。②

2. 私立高等教育发展影响因素

综合国外学者的观点来看，他们认为影响私立高等教育发展的主要因素有：法律因素、政府政策因素、宗教等社会因素、地理因素、内部治理因素等。

其一，法律是私立高等教育发展过程中不可缺少的基础。John S. Whitehead 和 Jurgen Herbst 以殖民地时期的女皇学院为例，对"达特茅斯学院案"进行了深入思考，指出该案肯定了私立高等教育存在的合法性，为美国私立高等教育的发展奠定了法律基础。Levy 等人指出，私立高等教育常常处于法律的灰色地带，由于不同于传统或"正规"高等教育，合法性备受质疑。这在中国民办高校发展历史中有较好的体现，中国改革开放后再次出现的私立高等教育更倾向于企业化，与之前的高等教育有所区别，合法性受到广泛争议。③

其二，政府政策因素对私立高校的发展有较大影响。David W. Breneman 和 Chester E. Finn 在《公共政策和私立高等教育》一书中详细审视了 20 世纪 50 年代到 70 年代中期私立高校的资金供应情况，探讨了联邦与州的援助政策的相关原理以及不同院校对不同政策不同程度的关注，指出政府的政策对私立高等教育的影响较大。④ William Zumeta 介绍了影响美国私立高等教育的重点政策，这些政策往往与州内情况有关，特别是私立高校

---

① Trivellato P., Triventi M., Traini C., "Private higher education in Italy, A Global Perspective on Private Higher Education", *Chandos Publishing*, 2016.

② Ruch R. S., Higher Ed., Inc., *The rise of the for-profit university*, JHU Press, 2003.

③ Altbach P. G., Levy D. C., "Private higher education: A Global Revolution", *Sense Publishers*, 2005.

④ David W., Breneman and Chester E. Finn, Jr, "Public Policy and Private Higher Education", *Washington, D. C.: The Brookings Institution*, 1978.

与州政府的关系、州政府治理结构和州政府高等教育支出等。他还指出鉴于高等教育需求不断增长，税收资源有限，各国应该更充分地利用资源鼓励发展私立高等教育。[1] Namgi Park（2018）描述了第二次世界大战以来政府对韩国私立高校政策的变化，着重讨论了政府控制、鼓励自治和民主化的政策对私立高校的影响。[2]

其三，内部治理因素对私立高校发展具有影响。Leng Phirom（2010）研究发现学生选择私立高校的九个关键要素主要包括教师素质、广泛使用英语、合理和负担得起的学费、课程安排、入学要求、学校政策、学位认可度、图书馆资源丰富、家庭影响力。[3] Stander 等人（2017）认为私立高校质量管理主要面临的三大要素是资源、教职工能力发展以及课程设计。[4] 很多国外学者都强调有效的内部治理能够显著提高教育质量。Bradford 等人（2018）以哥伦比亚204个私立高等教育机构为样本研究发现75.9%的私立高校的治理结构具有代表大会的特征，即代表大会作为最高权力的治理机构，能够任命和控制董事会。文章还强调了需要适当的权力平衡，以避免寻租行为以及来自议会成员和董事会的私人非金钱利益的过度索求。[5] Yirdaw（2016）研究认为在资金不足、缺乏合格教师、基础设施差、学生素质差和监管环境偏颇的环境中，私立高校不断面临平衡政府要求和利益相关者要求的挑战。只有通过内部治理，才能确保优秀教师的稳定性、基础设施的完善、良好的教学质量，以及监管的公平。[6] JI Lyn Chan 等人（2019）建立了一个研究战略灵活性与私立高校组织绩效关系的框架。分析结果显示，战略灵活性是核心，技术、组织能力和人员是战略灵活性有

---

[1] William Zumeta, "State Policies and Private Higher Education: Policies, Correlates and Linkages", *The Journal of Higher Education*, 1992.

[2] Park N., "The reformulation in Korean private higher education: Changing relationship between the government and private schools, Reform and Change in Higher Education", *Routledge*, 2018.

[3] Leng P., "Students' perceptions toward private sector higher education in Cambodia", *Ohio University*, 2010.

[4] Stander E., Herman C., "Barriers and challenges private higher education institutions face in the management of quality assurance in South Africa", *South African Journal of Higher Education*, 2017.

[5] Bradford H., Guzmán A., Restrepo J. M., et al., "Who controls the board in non-profit organizations? The case of private higher education institutions in Colombia", *Higher Education*, 2018.

[6] Yirdaw A., "Quality of education in private higher institutions in Ethiopia: The role of governance", *SAGE open*, 2016.

力的前驱因素。研究强调，私立高校本质上需要战略灵活性来实现卓越的组织绩效。[1]

其四，宗教等社会因素与私立高等教育关系密切。高等教育中最常见的身份认同形式是宗教，宗教大学在全球尤其是非洲迅速发展，教会赞助的大学是各地私立高等教育中被忽视但重要的一部分。[2] Damon Mayrl等人认为，宗教为研究美国高等教育提供了方向，大学生的宗教信仰和实践和其大学生活互相影响，未来高等教育的研究离不开宗教这一社会因素。[3]

其五，区域地理对于私立高校发展具有影响。如John C. Lowe等人另辟蹊径，指出地理层次对私立高校的影响显而易见，不同学校在当地、某区域或国家范围内有不同的吸引力。私立高校的空间影响力主要受到其学术竞争力以及声誉的影响，声誉越好的学校，空间影响范围越大，也会影响到学校的招生策略。[4]

其六，企业运营模式影响私立高校发展。如Estelle James认为私立高等教育就是以学生为消费者和客户，应该采取企业管理的做法，提高问责制和经济效率；承担一些政府负担；纠正不平等、过度或滥用公共高等教育；使政府把重点放在扫盲和基础教育上，为公共产品节省公共补贴。[5] Christiane Bischof-dos-Santos等人以私立高校为调查对象，研究发现企业架构可以通过资源优化和协调为组织增加价值，对组织尤其是教育机构有重要的战略意义，高校可以在适当的标准化水平上促进创新。此外，动态能力即企业整合、构建和重新配置内部和外部资源以应对快速变化的环境的能力，在企业架构中起到重要作用。[6]

---

[1] Lyn Chan J. I., Muthuveloo R., "Antecedents and influence of strategic agility on organizational performance of private higher education institutions in Malaysia", *Studies in Higher Education*, 2019.

[2] Levy D., "Christian Higher Education's Place within Private Higher Education", *International Higher Education*, 2017.

[3] Damon Mayrl, Freeden Oeur, "Religion and Higher Education: Current Knowledge and Directions for Future Research", *Journal for the Scientific Study of Religion*, 2009.

[4] John C., Lowe, Arthur Viterito, "Differential Spatial Attraction of Private Colleges and Universities in the United States", *Economic Geography*, 1989.

[5] James E., "Why Do Different Countries Choose a Different Public-Private Mix of Educational Services?", *The Journal of Human Resources*, 1993.

[6] Bischof-dos-Santos C., Takahashi A. R. W., Giacomini M. M., et al., "New Causal Model for Brazilian Private Higher Education Institutions: A Dynamic Capability Perspective", *Information Resources Management Journal* (*IRMJ*), 2017.

当然，影响私立高等教育发展的因素并非单一或割裂的，有时候是交织在一起的，马金森等学者就提出关于高等教育影响因素的"全球—国家—地方模型"（glonacal heuristic）。①

3. 各国私立高等教育发展的状况和问题的研究

一些国外学者将视角放在某个国家，研究该国私立高等教育发展的进程、遇到的问题并提出适用建议。

一是韩国私立高校发展面临的问题。Sungho H. Lee 认为，韩国私立高校面临两大问题，第一大问题是韩国私立高校没有实现真正的自治，政府对外宣称支持自主决策，由各院校制定相关政策。但是在漫长的历史中，学校已经习惯于接受政府的建议，如学费政策、教师招聘、招生、课程开发等。第二大问题是私立高校与公立高校以及私立部门之间的冲突。由此，他提出以政府财政支持为诱饵，将学术部门合并为更大的部门，要求每个机构在结构、管理和课程方面建立其独特的特点。此外，仿效美国认证制度的体系，扩大和加强现有的大学评估制度。②

二是印度私立高校发展存在的问题。Asha Gupta 着重研究了印度私立高等教育出现的驱动力、原因和发展进程，并提出让私立高等教育和职业培训机构以营利为基础，而不是"纯粹的慈善机构"，作为回报，这些营利机构可以被要求分担某些社会责任，如共享其物理资源、教师等。此外，私立高等教育发展需要资金支持，国际金融公司应积极推动私立高等教育的发展，提高盈利能力，以促进高等教育私有化。最后，审慎要求私人监管机构评估。印度私立高等教育机构目前真正需要的是一些独立机构更有效的监管，这些机构允许他们有足够的空间成长，而不会扼杀他们的自主性和创造力。③

三是巴西私立高校的状况。巴西的私立高等教育在世界范围内处于领先地位，Bezerra（2017）指出巴西私立高校在校生占大学生总数的 75% 以上。从 1996 年到 2010 年，巴西私立高等教育飞速发展，这主要是由于政府推行了国家教育计划等一系列行动，解决社会包容问题，并为国家培养

---

① 蒋凯：《全球化时代的高等教育：市场的挑战》，北京大学出版社 2013 年版，第 259 页。
② Lee S. H., "Korean Private Higher Education Faces Economic Crisis", *Private Higher Education. Brill Sense*, 2005.
③ Gupta A., "International Trends in Private Higher Education and the Indian Scenario. Research & Occasional Paper Series：CSHE.11.05", *Center for Studies in Higher Education*, 2005.

受过教育的中产阶级工人。巴西私立大学协会正在寻找其他机制,能够使政府在经济危机的情况下继续对奖学金进行投资,为社会提供接受高等教育的机会,以维持经济增长。[1] Salto（2018）指出营利私立高校在招生方面已经超过了公共部门,这主要是由于公共政策的支持,政府对营利部门的免税政策,有助于营利性私立高校的发展。[2]

四是马来西亚私立大学的状况。Tham（2019）在研究马来西亚私立高等教育治理的演变历史的基础上,指出现阶段马来西亚私立高等教育面临着毕业生失业率上升,有的学校开设课程没有得到正式许可,对国际学生的管理力度不强等问题,他认为马来西亚私立高等教育管理制度的运作是一个学习、适应和反复干预的过程,私立高等教育发展方向应由教学型转向与企业合作的研究和创新,以便将经济向全球价值链上转移,并将知识密集型服务业作为新的增长点。私立高等教育的发展不能再只注重数量,而必须注重质量、研究和创新。[3]

通过总结国外学者对私立高等教育的研究,可以发现学者们基本认可私立高等教育对于全球高等教育的促进作用,跨国私立高校、营利性私立高校以及家族大学的存在也成为私立高等教育的一大特点。从全球范围来看,美国、巴西、日本、韩国等私立高校发展较好,这与其良好的经济环境、政府的财政支持、开放的社会文化不无关系。

中国应该借鉴国外私立高校的先进经验,促进中国高水平民办高校的建设,主要可以从以下几个方面出发:一是拓宽办学经费来源,加大财政支持,强化营利行为的监管。二是完善法律法规,强化民办高等教育的省级治理。从国外私立大学的政策体系建构中,可以看到区域民办高等教育治理对民办大学发展的重要性。中国应该从"区域的集合体"的角度把握民办高校发展,结合区域经济社会发展的实际,建构高效率的省域民办高等教育治理体系。三是提升办学质量,建设高水平民办大学。从国外私立

---

[1] Bezerra J. J., Niskier C., Batourina L., "Private Higher Education in Brazil: Fueling Economic Growth", *International Higher Education*, 2017.

[2] Salto D. J., "To Profit or not to Profit: the Private Higher Education Sector in Brazil", *Higher Education*, 2018.

[3] Tham S. Y., "Governing Private Higher Education in Malaysia: Change and Evolution", *Transformations in Higher Education Governance in Asia*, Springer, Singapore, 2019.

大学的发展来看，无论是营利还是非营利，办学质量始终是灵魂。我们应该借鉴国外私立大学的办学特色，立足于学生本位，重视质量文化，发展少数精英型民办大学。简言之，中国民办高等教育应坚持优质化、规范化、国际化为主，实现健康、持续、多样化发展。

综上所述，现有民办高校相关文献已经就民办高校的政策环境、体制机制、办学行为、师资队伍、办学质量等问题进行了深入研究，作出了一定回答，同时有部分研究直接述及高水平民办高校，描绘高水平民办高校建设蓝图，为高水平民办高校生成机制研究奠定了基础。从研究趋势来看，高水平民办高校正逐渐成为民办高等教育领域的热点，但受制于法律政策、研究方法、研究视角和实践滞后等因素，既有研究表现出以下不足和缺陷。

第一，从研究内容上看，高水平民办高校理论根基薄弱，人们对高水平民办高校的基础研究和认知不足，对这一命题的知识材料没有进行整合，无法形成高水平民办高校的理论体系。现有研究主要是政策法规、外部环境、规范管理、体制机制、培养模式、法人治理等宏观层面的研究，更多地停留在政府政策层面，表现出一种"从政策中来，到政策中去"的研究趋势。从政策出发预示着研究者的视野停留在政府行为表面，既没有理论深度，也缺乏实践养分，只是说明政府"应该怎样"，而没有说明政府"为什么这样"，因此其结论容易陷入"引导性叙述"范畴，往往只是研究者一厢情愿的选择，对于政府而言缺乏操作性，也很难被政府采纳。理论是实践的先导，思想是行动的指南，高水平民办高校的理论体系对高水平民办高校建设至关重要，没有理论体系，高水平民办高校建设就是"空中楼阁"，只能沦为一时的热点，现有的高水平民办高校建设迟滞正好印证了这一点。在理论缺位的前提下，我们或许更应该反思高水平民办高校的本源，更应该解释什么是高水平民办高校？为什么存在高水平民办高校？高水平民办高校如何生成？应该脱离"处方式"研究思维，更加全面、更加深入研究高水平民办高校。

第二，从研究方法上看，围绕高水平民办高校的影响因素、生成机制的定量研究较少，研究方法单一，缺乏大数据、大样本调查和统计分析，也缺乏深入的案例剖析，研究的主观性过强，客观性不足。既有研究大多从政策或现象出发，偏重传统思辨研究，以文献研究为主，对定性、定量方法的综合运用不够重视。方法是解释问题的关键，是认识现象、总结规律、凝练理论的有效工具，定量方法并不意味着"灵丹妙药"，量化工具也不能"包治百病"，但缺乏量化可能会使分析流于表面，有使研究落入主观之嫌。特别是高水平民办高校扎根实践，其生成应当借助实证研究加以分析，必须对收集到的数据进行统计，进一步来说，高水平民办高校生成机制涵盖了高水平民办高校在形成和发展过程中受到的多种因素影响，在各要素的相互作用下的过程、方式和机理，包括影响因素、生成过程、结果评定等方面，其中部分环节需要通过结构方程模型、SPSS、NVIVO 等量化方法（工具）进行研究，增强高水平民办高校生成的客观性，多种方法的综合运用有助于建构科学的高水平民办高校生成机制理论基石。

第三，从研究视角上看，高水平民办高校研究大多数从局部单一的角度分析，更多的是就事论事，缺乏分析角度，系统性、综合性不够，沦为泛泛之谈。现有文献有的侧重民办高校的政策环境，有的偏重师资队伍，有的偏向治理结构，缺乏从整体、全面、系统的角度考察民办高校的成长规律、生成机理，这为今后的研究留下了空间。民办高校作为民办非企业性质的高等教育单位，具有教育和市场两种属性，在阐述高水平民办高校生成和发展问题时，应当结合相应的视角，运用适用的理论，提高研究深度，加强研究结论的普适性和创新性。

总之，本研究进一步厘清中国高水平民办高校的成长影响因素、基本规律、生成机制等问题，构建中国高水平民办高校基本理论体系，为中国民办高等教育事业的科学健康发展作一些有益的探索。

第四节 研究设计

本部分对本研究的目标、思路、内容、方法、创新之处进行了分析。

一 研究目标

（一）理论目标

第一，促进中国民办高等教育研究范式转型。

目前，中国民办高校研究偏向于政策法规、规范管理等外部研究和宏大叙事，这与中国民办高校发展历史短、底子薄、受政策影响强的特定国情和阶段特征有关。"宏观的理论研究、宏观的政策研究是重要的，它为高等教育的改革、发展指明了方向。但是，所有的宏观的理论、宏观的政策，它只有通过微观的教学过程才能够进入人才培养的实践。"[①] 随着高等教育内涵式发展稳步推进和建设教育强国步伐加快，新时代民办高校研究急需深入民办高校内部，聚焦组织内部和教育质量。本研究的主要目标之一便是围绕中国高水平民办高校生成问题，深入内部剖析中国高水平民办高校的概念内涵、基本特征、影响因素、生成机制，揭开民办高校发展的"黑箱"，全景式多方位展现高水平民办高校发展机制、成长秘诀，最终开辟民办高等教育研究的新路径，打开洞察民办高校的一个新窗口，推动民办高等教育研究从宏观向中微观转型。

第二，丰富中国民办高等教育理论体系。

中国民办高等教育理论基础薄弱，缺乏全面揭示中国民办高等教育发展的理论体系，而盲目照搬西方一流私立大学经验无异于饮鸩止渴，不利于中国民办高等教育长远发展。当前在分类管理政策实施背景下，构建中国特色民办高等教育理论体系尤为迫切。本研究目的在于自下而上构建关于高水平民办高校生成和发展的理论模型，通过总结归纳高水平民办高校生成的背景、内涵及特征，奠定中国高水平民办高校理论基础，同时深入中国高水平民办高校建设一线发掘本土经验，结合数种分析工具，抽象出共性结论，弥合当前民办高校发展理论和实践的鸿沟，最终填补中国民办高等教育理论空白。

(二) 实践目标

第一，助力中国高等教育市场化改革和高校创新发展。

民办高校具有创新创业的传统和基因，一部民办高校发展史，就是一部创新创业史。当前中国高等教育改革已经步入深水区，亟待增强改革的综合性、协调性、系统性。本研究通过探讨处于后发位置的民办高校成长发展规律，提炼中国高水平民办高校的内涵特征、成长规律、生成机制，研究为什么高水平民办高校能够突破资源困境和制度困境，突出重围，洼地崛起，旨在为中国高等教育深化市场化改革、内涵式发展、促进教育公

---

① 潘懋元：《高等教育研究要更加重视微观教学研究》，《中国高教研究》2015 年第 7 期。

平提供实践参考，注入活力，倒逼公办高校改革。

第二，促进高等教育治理体系和治理能力现代化水平提升。

民办高校是中国高等教育的重要生力军，其改革发展事关高等教育大局，实现教育现代化离不开民办高校这一群体。本研究通过分析高水平民办高校生成机制，提出建设中国高水平民办高校的对策，旨在帮助政府解决民办高校法人属性不清、产权归属不明、同等待遇不落实、教育质量不高等痼疾，合理配置教育资源，促进教育公平，补齐教育短板，提升高等教育底部的质量。最终达到促进高等教育内涵式发展，转变政府职能，优化管理方式，提高高等教育运行效率，提高国家治理民办高校的能力和水平，促进教育强国建设的目的。

二 研究思路

本研究以现阶段中国高水平民办高校为研究对象，综合运用教育学、

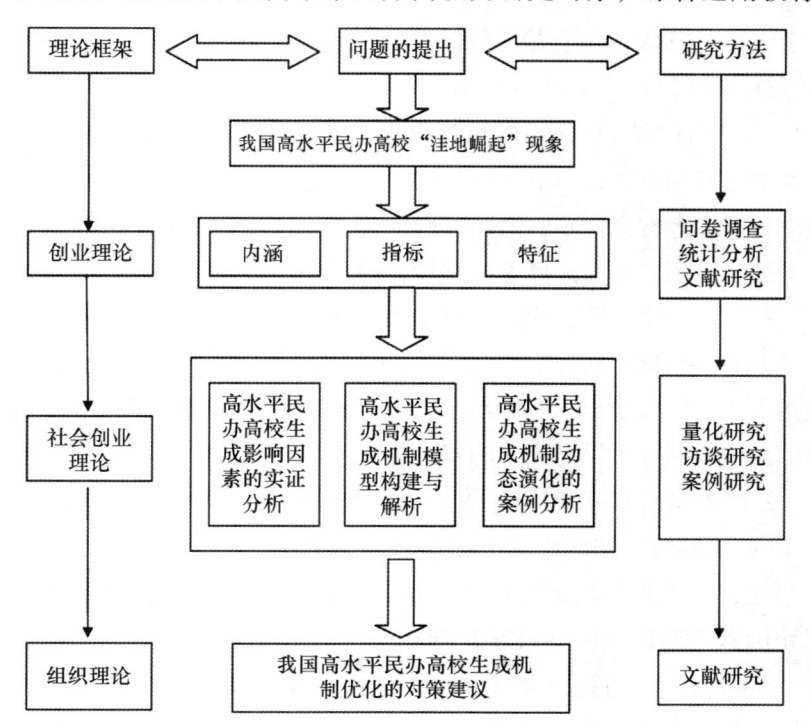

图 1-5 本书研究思路示意

管理学、社会学等多学科理论，从民办高校"质量洼地"和"洼地崛起"两种现象出发，强化实证研究，采用量化研究与质性研究相结合的方法，系统分析中国高水平民办高校的概念内涵、基本特征、影响因素、生成机制、动态演化，提出建设中国高水平民办高校的策略。本研究思路见图1-5。

三 研究内容

本研究旨在推进中国民办高校持续健康发展，借鉴多学科研究成果，结合中国民办高等教育的本土经验，分析高水平民办高校的生成机制，并结合中国国情提出适切的对策建议。本书主要包括以下六大部分。

（一）中国高水平民办高校生成机制的理论基础

本部分共三节。第一节对创业理论、社会创业理论进行概述，梳理其主要观点和思想精粹；第二节介绍创业理论在中外大学中的应用和表征，对创业型大学、学术资本主义等进行分析；第三节论述了社会创业理论与民办高校发展的契合，提出中国民办高校具有类企业性、松散结合性、公益性与逐利性等特征，民办高校属于社会创业的产物，具有社会企业的某些特征。

（二）中国高水平民办高校的内涵、指标体系与特征

本部分共三节。第一节从中国高水平民办高校在一定区域范围、民办高校阵营、高等教育体系、国际舞台初步浮现着手，分析中国高水平民办高校的概念内涵，提出该概念具有模糊性、相对性、理念性、实践性、动态性。第二节运用多阶构建法，对642个样本进行量化分析，构建中国高水平民办高校的核心指标模型，包括5个一级指标、15个二级指标、47个三级指标，进而构建出中国高水平民办高校的概念模型。第三节基于指标体系，对中国高水平民办高校的基本特征进行分析。

（三）中国高水平民办高校生成的影响因素分析

本部分通过问卷调查、量化统计、回归分析，从宏观、中观和微观三个层面，对高水平民办高校生成的影响因素进行分析，具体包括：宏观影响因素，即国家民办教育法律法规、地方政府支持态度、地方民办教育法规政策、政府提供事业单位编制、招生收费等办学自主权、地方政府财政扶持等。中观层面影响因素，包括学校办学理念、学校办学定位、学校经费保障、学校治理结构、学校制度建设、学校举办者、学校

行政班子、学校发展战略等因素。微观影响因素，主要包括特色专业建设水平、自有教师队伍水平、特色学科建设水平、课程建设水平、人才培养模式等。

（四）中国高水平民办高校生成机制模型构建与解析

本部分通过对全国各省（直辖市、自治区）口碑较好、办学质量较高的民办高校校长、董事长、各省教育行政主管部门负责人、中层管理干部、民办教育研究的相关专家的深度访谈，利用 Nvivo 12.0 对访谈资料进行编码，共得到节点 522 个参考点，融合社会创业理论，在树状节点基础上，提取更具有抽象意义的核心要素，即"创业者""办学资源""治理结构""政策制度""战略管理"5个维度。对5个维度的节点逐一进行聚类分析，构建中国高水平民办高校生成机制模型。高水平民办高校的生成是具有企业家精神的办学者在创业理念指导下，不断进行机会识别、战略管理、资源开发、治理优化、增强合法性的过程。其中，民办高校举办者创业对于高水平民办高校生成具有决定性作用；战略管理决定了方向；资源开发是基础；治理结构是保证；合法性是支撑。

（五）中国高水平民办高校生成机制动态演化的案例分析

本部分选择了5所不同发展模式的民办高校进行分析：吉林外国语大学（捐赠办学）、浙江树人学院（国有民办）、黄河科技学院（个人举办）、大连东软信息学院（企业举办）、西湖大学（基金会举办）。从5所民办高校的生成机制可以窥探高水平民办高校生成机制的五大要素之间相互促进和演化，民办高校在各种要素共同作用下耦合发展，具有"外适应性"和"内交互性"。

（六）中国高水平民办高校生成机制优化的基本策略

本部分立足中国国情，提出优化高水平民办高校生成机制的对策建议。中国高水平民办高校具有特殊性，市场逻辑旨在实现办学盈余，公益逻辑侧重创造社会价值，双重逻辑的互补应用保证教育事业快速发展且不偏离宗旨，不发生"使命漂移"。未来需要激活动力机制，提高社会创业能力；完善导引机制，增强战略管理能力；创新发展机制，提升资源开发能力；健全决策机制，完善法人治理结构；优化保障机制，增强组织的合法性。

四 研究方法

本研究注重实证研究,综合量化研究与质的研究,试图采用多种研究方法对其进行观照分析。

(一)量化研究方法

本研究聚焦的中国高水平民办高校生成机制,属于一个具有探索性的问题,量化研究比较适合在宏观层面对事物进行大规模的调查和预测,把握高水平生成的影响因素。

1. 问卷调查法

科学设计中国高水平民办高校的核心评价指标体系、中国高水平民办高校生成影响因素两份调查问卷,通过各省教育行政主管部门、中国民办教育协会等部门和协会,组织发放调查问卷,问卷填写者均为熟悉民办高校历史和发展现状的举办者、校领导、中层干部以及专家学者。

2. 统计分析法

通过 SPSS 软件对问卷进行信度与效度检验,通过主成分分析,利用回归分析方法,探求中国高水平民办高校的核心指标以及影响高水平民办高校发展的核心因素,以达到对事物本质的一定把握。

(二)质的研究方法

质的研究适合在微观层面对个别事物进行细致、深入、动态的描述和分析。"质的研究是以研究者本人作为研究工具,在自然情境下采用多种资料收集方法对社会现象进行整体性探究,使用归纳法分析资料和形成理论,通过与研究对象互动对其行为和意义建构获得解释性理解的一种活动"。[1] 本研究在量化分析的基础上采用质的研究方法,以期对核心问题有全面深入的研究。

1. 深度访谈法

深度访谈法是人文社会科学质性研究中的一种常见方法,通过与被访谈者深入交谈来探讨了解某一特定社会现象形成过程、解决办法。本研究通过对教育行政部门负责人、民办高校举办者、管理者及专家学者等进行

---

[1] 陈向明:《质的研究方法与社会科学研究》,教育科学出版社 2000 年版,第 12 页。

深入访谈，了解影响高水平民办高校生成的因素。因本研究需要详细深入的访谈资料，更注重访谈的质量，而非访谈的数量，故并未采用概率抽样，而是采用灵活机动的目的性抽样，抽样对象为那些能够为本研究问题提供最大信息量的访谈者。分类整理访谈资料后，运用 Nvivo 软件对访谈资料进行文本分析，对中国高水平民办高校生成中主要影响因素的关系状态、影响因素的发展特点进行动态呈现，建构高水平民办高校生成机制的模型。

2. 案例研究法

案例研究一直被误解为是一种"主观"的、不严谨的、非实证的研究方法，案例研究专家 Eisenhardt 和 Graebner 则认为，案例研究是一种非常客观的方法，它更贴近遵从于现实，也是一种严谨的实证方法，有两种不同的案例分析路径，分别是现象驱动型和理论驱动型[1]。现象驱动型是在缺乏可行性理论的情况下，从现象中尝试建立理论。理论驱动型案例研究要求作者必须紧扣已有的理论建立框架，然后发掘有力的定性数据去验证和发展理论，它利于进行一些复杂的、无法定量分析的、还不是很成熟框架的理论研究。

本研究对吉林外国语大学、浙江树人学院、黄河科技学院、大连东软信息学院、西湖大学 5 所不同类型的高水平民办高校进行深入的个案研究，通过实地走访、资料收集等方式获得学校发展的一手资料，深入了解案例院校的发展历程、成长规律、办学经验与存在的问题。在运用案例研究论证理论的过程中，合理综合运用各种来源的资料，对提高论证的质量和可信度至关重要。本研究通过政府部门介绍、与有关人士交朋友（Buddy Research）等方式收集部分关键性隐蔽资料，掌握案例院校的举办情况、治理结构、资源获取、发展战略等情况。

总之，量化研究、深度访谈、案例研究等研究方法各有侧重，互为补充，相互印证，挖掘高水平民办高校崛起隐含的深层次因素，弥补单一研究方法的缺憾，增强研究结论的科学性、合理性，从而构建具有普遍解释力的理论框架。

---

[1] Eisenhardt K. M., Graebner M. E., "Theory building from cases: Opportunities and challenges", *Academy of Management Journal*, 2007.

第二章

中国高水平民办高校生成机制的理论基础

创新创业精神是社会进步的重要动力，社会创业近年来方兴未艾，从社会创业理论分析中国高水平民办高校的发展过程、生成机制，是一个全新的视角。本章对创业理论、社会创业理论的内涵以及关键要素进行系统梳理，为后续的高水平民办高校生成机制研究做理论铺垫，同时探讨了社会创业理论在中外大学的应用和表征，结合中国民办高校特殊的组织性质，说明社会创业理论与高水平民办高校生成研究的高度契合。

第一节 社会创业理论概述

社会创业是当今新公共管理、非营利组织管理、创业学、社会政策等交叉研究的学术前沿，越来越受到广泛关注。在政府利用社会力量改善公共服务的背景下，社会越来越渴望寻找具有包容性发展、可持续发展的新道路。

一 创业理论概述

"创业"（Entrepreneur）一词最早出现于18世纪，法国经济学家理查德·坎蒂隆（Richard Cantillon）将创业引入经济学研究。经过漫长的发展，创业研究逐渐延伸至经济学、管理学、社会学、心理学等多个领域。正是因为创业研究所具备的学科整合性和边界可渗透性，使得相关研究呈现变量繁多、多理论交叉的情况。① 不少学者试图挖掘创业的本质，但至今没有统一的理论架构和范式。因此，有学者将其比喻为"洋葱"——"在层层剥去它的外皮看到葱心时却一无所获，而你已经开始流泪"。②

（一）创业者是创业活动的灵魂人物

创业过程开始于个体行为，研究创业离不开创业的主体即创业者。各个领域的学者试图考察创业者区别于非创业者的特点以及成功创业者之间的共性，其中，经济学领域的创业研究历史最为悠久，也更加深入。

经济管理学者对于创业方面的研究主要集中在创业者在资源配置中的作用以及创业活动对经济发展的影响这两个方面。从资源配置的角度看，经济学家认为创业活动是在创业者管理和带领下实施的，创业者在调节机会、资源、组织等创业要素过程中起到了核心作用，创业者通过组织协调资源，承担不确定性风险的同时获得市场不均衡状态下的套利。从对经济发展的作用角度看，约瑟夫·熊彼特（Joseph A. Schumpeter）等经济学家认为创业者是创造性破坏者和市场动态均衡过程驱动者，通过新发明或者新方法生产老产品等手段，改良或彻底改变生产模式，从而促进技术革新和生产进步。

"创业的本质是创新。创业不可能做到事事、时时都创新，但绝不可把创新固定于一时一事。"③ 创业者是创新的主体，在企业内部占据重要领导地位，创业精神的发挥是其协调利用各种资源的源泉。此外，动态失衡才是健康经济的常态，创业者的作用在于创造性地破坏市场的均衡，企业家获取超额利润，从而促进经济发展。总之，创业者的创新行为是经济增长的根源，创造性破坏是经济发展的动力。对于创业者的研究，主要体现在以下三个领域。

1. 创业者特质论

一些学者试图从创业者性格、素质、能力等角度研究创业行为的动因，重点考察什么样的人会产生创业意向以及什么样的性格特质会促使创业的成功，由此产生了"特质论派"，重点关注"谁是创业者"。特质论派

---

① 董保宝：《创业研究在中国：回顾与展望》，《外国经济与管理》2014年第1期。
② Stevenson H. H., "Why entrepreneurship has won", *Coleman White Paper*, 2000.
③ 张玉利、谢巍：《改革开放、创业与企业家精神》，《南开管理评论》2018年第5期。

认为成功的创业者具备一定的天赋、良好的心理素质等,创业者的创业精神受到其价值观念、成就需要等个人特质的影响。

约瑟夫·熊彼特在《经济发展理论》一书中指出创业者特征主要有对成功的追求、征服欲望、享受创造某事、乐于施展天分等。1961年,戴维·麦克利兰(David McClelland)在《成就社会》一书中认为创业者的创业动机主要来源于对成就、权利和归属的需求,通过完成目标实现自我价值,这种对"社会成就感的需要"与绩效之间存在紧密联系。1964年,奥维斯·柯林斯(Orvis F. Collins)和戴维·摩尔(David G. Moore)撰写了《富有创业精神的人》一书,他们认为创业者基本都表现出一种风险偏好倾向,为抓住机会,愿意置身于不确定性较强的环境里,创业者与非创业者存在人格心理特征差异。[1] 20世纪60年代,哈佛大学创办了创业历史研究中心,在相当长的一段时间里发挥了创业特质论的主要研究力量。

2. 创业者资源禀赋

随着创业研究的不断深入,越来越多的学者认为创业者特质并不是创业成功的最重要因素,有的学者甚至认为创业者特质和创业决策并不必然相关,学者们开始注意到资源禀赋在创业过程中的作用,认为企业家创业前的资源禀赋是其资源基础,会影响其创业过程中的决策,创业是资源匮乏前提下的机会驱动过程。创业者资源禀赋分为先天承继型和后天获致型两种。前者关注创业者特质,后者关注创业者后天经历、经验、所获得的知识和社会网络,认为创业者并非与生俱来,而是通过与环境的互动产生的。

学者们将资源观、社会网络理论等引入创业研究中,关注创业者的人力资本、社会资本等要素对创业行为的影响。资源禀赋的概念产生于国际贸易领域,帕特里克·菲尔金(Patrick Firkin)用该理论解释创业,他指出创业者资源禀赋主要包括经济资本、人力资本和社会资本三个部分。经济资本是创业者可直接变现的财务资产的总和。人力资本包括个体品质特征及能力,与特定产业相关的知识、技能的产业能力资本和先前的创业经验有关的创业人力资本。社会资本是一种嵌入社会网络的资源优势,受主体所处网络关系的结构和网络关系特征的影响,一定程度上决定了创业者

---

[1] 张玉利:《创业研究经典文献述评》,机械工业出版社2018年版,第2页。

调动资源的水平。① 在前人研究的基础上，一些学者建立了资源禀赋与创业机会、创业企业家、创业决策的协调机制，论证了创业企业家资源禀赋的重要性。

创业者资源禀赋理论为创业研究开辟了新的航向，该理论成果极大程度上丰富了对创业行为差异性的理解。在社会大环境中，每个创业者因其独特的社会经历，具备独特的知识结构、认知模式和社会网络，而这些要素又会反过来促进各种能力的提升，在循环互动中实现螺旋式上升，实现自我学习、成长和超越。

3. 创业者创业胜任力

一些学者结合创业管理的实践，在创业者特质及资源禀赋的基础上提出了创业胜任力的概念，它包括创业者的个性特质、技能和知识等，同时也是可以通过努力提升的，集中表现为识别、追求机会，获取和整合资源的综合能力。有学者从机会、关系、概念、组织、战略、承诺六个不同维度建立了创业胜任力模型，并将创业者不同的能力与企业竞争力结合起来考察对企业绩效的影响。② 还有学者认为创业胜任力还包括情绪胜任力和学习胜任力。不同于创业者特质和资源禀赋，创业胜任力主要反映的是创业者的综合素质。

熊彼特主义认为在不同环境下存在着不同类型的创业者，创业者的作用不只是经理人的组织管理，也不是资本家的生产方式控制，他们是"做新的事或者用新的方式做别人做过的事"，其动力都来自"获取社会认可的唯一机会"、对成功的渴望、开创事业和参与管理的快乐等。

(二) 创业始于创业机会的发现和开发

随着创业实践的发展，越来越多的学者认识到创业者个体特征并不能很好地解释创业现象，研究创业者认知形成过程以及如何识别和捕捉商机，比单纯研究创业者职能和特征更有成效，于是他们将视线从创业者过渡到了创业机会，指出创业是以创业机会为出发点，对机会进行识别和利

---

① 蔡晓珊、张耀辉：《创业理论研究：一个文献综述》，《产经评论》2011年第5期。

② Man T. W. Y., Lau T., Chan K. F., "The competitiveness of small and medium enterprises: A conceptualization with focus on entrepreneurial competencies", *Journal of Business Venturing*, Vol. 17, No. 2, 2002.

用,并转换成市场价值的过程。

创业机会研究主要探讨三个基本问题:创造商品和服务机会存在的原因和方式;创业机会被发现的过程;开发创业机会的行为模式。[1]

1. 创业机会的存在

创业分为生存型创业和机会型创业,前者是创业者为了生存而选择被动创业,后者是创业者关注新的市场机会,承担更多风险,追求更高回报而从事创业的活动。经济自由,即以市场经济为导向的制度和政策,更加鼓励机会型创业,而不鼓励生存型创业。机会型创业受益于法律结构和产权保障的改善以及信贷、劳工和商业的监管。[2] 关于创业机会的存在,有发现观和创造观两种观点。

发现观认为创业机会随机分布,是客观存在的,是一个印迹过程,它"赋予某些创业者发现创业机会的特殊想法感知,因而造就他们想法与机会的连接"[3],在信息不对称、价格体系不完善以及人的有限理性的市场环境下,占有独特信息的人会成为创业者,促使市场过程由非均衡趋向于均衡。创业机会发现观特别强调三个概念:一是创业者的作用,创业者具备获得信息以及配置信息的敏感性;二是发现的作用,创业者发现市场存在的缺陷而从中挖掘机会得以利用,填补市场的空缺;三是对抗竞争,创业者追逐机会自由进出市场,形成动态竞争。[4]

创造观认为创业机会并非客观存在,具有主观导向性,是创业者、市场、客户等多种因素相互影响的机会创造过程。创业者在实践中根据对社会环境、市场走向等的思考与理解,发挥其创造性的想象能力,从而构建创业机会。创业者并非在探索已经存在的"创业大山",而是自己搭建一座"创业大厦"。

创业机会的发现与创造是并存的,创业机会可以被发现也能够被创造

---

[1] Shane S., Venkataraman S., "The promise of entrepreneurship as a field of research", *Academy of Management Review*, Vol. 25, No. 1, 2000.

[2] María J., Angulo - Guerrero, Salvador Pérez - Moreno, Isabel M. Abad - Guerrero, "How economic freedom affects opportunity and necessity entrepreneurship in the OECD countries", *Journal of Business Research*, Vol. 19, No. 4, 2017.

[3] 斯晓夫、王颂、傅颖:《创业机会从何而来:发现,构建还是发现+构建?——创业机会的理论前沿研究》,《管理世界》2016年第3期。

[4] 张玉利:《创业研究经典文献述评》,机械工业出版社2018年版,第211—212页。

出来，两种情况是兼容的。例如，打车软件的出现正是创业者发现了出租车市场上存在的缺陷而产生的客观创业机会，同时又发挥主观能动性，利用移动互联网技术，创造出新的创业机会。

2. 创业机会的识别和开发

创业过程依赖于机会的识别与开发。其中机会识别是基础，它早于机会开发阶段。机会开发使得机会识别付诸实践，真正被利用起来，它必须经历持续的过程。很多学者致力于从各个层面挖掘创业机会识别和开发的关键因素，主要有个人特质、先前经验、社会网络等。

在一个多元化的劳动力市场中，创业机会是来自底层的，在机会形成过程的早期阶段，创业领导团队的参与是应对多样性和自下而上带来的管理挑战所必需的。创业领导团队在创业过程中的主要角色是在底层产生的机会中进行选择，解决协调和协作问题，并决定资源分配，发挥更直接的作用。创业若想要拥有更多元化的劳动力和更多的潜在利益，就需要重视创业领导团队的管理。[①] 即使是相同的机会，不同性格特质的创业者在做出创业决策时会有不同的表现。乐观、自信、自控力强、抗风险性强、具有较强成就感倾向的创业者会更容易发现并利用机会。创业者反事实思维有助于其更快地把握创业机会，创业警觉性也起到了一定的中介作用。[②]

此外，社会网络学派指出创业者的社会交往、交往对象也会影响创业机会的发现，创业者可以通过其社会网络来获得情感支持、资源支持、信息支持等，先前工作经验丰富以及有创业实践的创业者更容易从高密度的网络结构中发现创新性更强的机会。有学者考虑了创业者在开发和管理社会网络中的作用，提出创业者构建社会网络能力的四维结构，包括网络定位、网络建设、网络维护和网络协调，该能力与机会发现能力呈正相关。[③]

[①] Barney J. B., Foss N. J., Lyngsie J., "The role of senior management in opportunity formation: Direct involvement or reactive selection?", *Strategic Management Journal*, Vol. 39, No. 5, 2018.

[②] 张浩、孙新波、张雨、张媛：《揭开创业机会识别的"红盖头"——基于反事实思维与机会识别的实证研究》，《科学学研究》2018年第2期。

[③] Shu R., Ren S., Zheng Y., "Building networks into discovery: The link between entrepreneur network capability and entrepreneurial opportunity discovery", *Journal of Business Research*, Vol. 85, No. 4, 2018.

（三）创业是持续不断变化发展的过程

创业过程实际上就是新组织的创建过程，创业者主要通过套利交易或者创建新组织的方式来利用机会。组织生成研究经历了三个阶段，第一阶段关注组织生成过程，力图归纳出一般的行为模式，然而由于组织生成是各种要素结合的复杂过程，总结其行为规律不能体现生成过程的本质。如 Churchill 等人构建了一个直观的创业线性模型，描述了创业的生存、成功、接管、资源成熟的过程，但没有分析出关键要素。[①] 第二阶段是从创业者、环境以及行为之间的复杂关系出发，识别组织生成过程中的关键要素，进一步探讨各要素之间的关系。例如，Gartner 在《描述新企业创立现象的理论框架》一文中构建了一个创业过程动态模型，有四个影响创业活动的主要变量：个人、环境、组织和创立过程，这四个要素之间的相互作用影响整个创业活动的走向。[②] 第三阶段是从各种理论中获得灵感来解释组织生成过程，如制度理论、认知理论、社会资本理论等，更加深入地研究组织生成现象。

关于创业过程的研究主要分为机会学派、资源学派、网络关系学派、制度学派等。

机会学派以斯科特·谢恩（Scott Shane）和桑卡兰·文卡塔拉曼（Sankaran Venkataraman）为代表，他们强调创业机会的重要性，指出创业研究应该关注创业机会的来源，创业者如何与创业机会结合，创业机会识别与开发的规律。[③]

资源学派的产生是由于随着研究的深入，越来越多的学者认识到创业机会的利用关键在于如何获取并配置资源，持续聚焦机会与所需资源的相互匹配与作用上，由此，以机会资源整合视角研究动态能力成为学术界的主流方向。创业学研究领域权威蒂蒙斯（Timmons）认为创业过程有三大驱动因素，即机会、资源和团队，机会的识别、开发及利用是核心，资源

[①] 尹剑峰：《大众创业浪潮下的企业家创业过程研究》，《技术经济与管理研究》2020 年第 1 期。

[②] Gartner W. B., "A Conceptual Framework for Describing the Phenomenon of New Venture Creation", *Academy of Management Review*, Vol. 4, 1985.

[③] Shane S., Venkataraman S., "The Promise of Entrepreneurship as a Field of Research", *Academy of management review*, Vol. 1, 2000.

是创业的基础,创业团队是主体,保持三要素的动态平衡是创业成功的关键。① 史蒂文森(Stevenson)从机会和资源两个视角出发,指出创业是"依靠整合资源的特殊组合以发掘新机会的一种价值创造过程"②,探讨了机会最大化下的资源有效匹配问题。机会开发主要包括机会识别、评价和利用三个子行为,资源开发包括资源识别、获取、整合和利用四个子行为,不同子行为之间的作用关系决定了企业价值创造的效率。资源学派的学者们将资源基础理论、资本理论引入创业领域,普遍认为创业本质上就是资源整合并创造价值的过程。

网络关系学派诞生于学者们对于"资源从哪里来"的进一步深入探讨,他们指出组织在创建及发展过程中或多或少地会受到资源不足的影响,创业活动产生于复杂的社会网络之中,网络的嵌入可全方位地改善此种情形,成为获取资源的重要途径。

制度学派则指出文化、法律等制度要素对创业活动的影响,这种影响可能是看不见摸不着的,"润物细无声",但影响非常强烈。制度学派主要探讨合法性对企业成长的重要作用。

总之,无论是哪个学派,都认为创业是在持续不断的变化和发展的。创业者通过识别与开发机会,利用各种渠道积极开发整合资源,积极应对内外部环境的变化,推动组织的健康成长。创业者的创业精神贯穿组织发展的始终,不仅仅体现在创业阶段,更是体现在每一个新制度的制定、每一个新战略的实施、每一个新产品的产生等。

二 社会创业理论概述

自20世纪80年代以来,创业研究主题不断涌现,研究视角多样,越来越多的学者将目光投放在能够创造"社会价值"的创业活动上,即社会创业(Social Entrepreneurship,SE)。社会创业的概念在实践方面的发展远超于学术研究。1980年,比尔·德雷顿(Bill Drayton)创办了阿育王基金会(Ashoka),现在它已经成为全球最大的社会企业家培育组织,为世

---

① 张玉利:《创业研究经典文献述评》,机械工业出版社2018年版,第50—51页。
② Stevenson H. H., Carlos Jarrillo - Mossi J., "Preserving entrepreneurship as companies grow", *Journal of Business Strategy*, Vol. 1, 1986.

各地的社会创新者提供了资金,社会创业的概念由此诞生。

(一)社会创业的内涵

社会创业这一概念出现时间不长,学术界尚无一个普遍的共识。尽管存在一些争论,但学者们目前基本都认可社会创业建立在创业的基础上,首要目标是追求社会价值,而不是个人收益或金融财富。社会创业将传统创业的智慧与改变社会的使命结合起来,鼓励已建立的企业承担更大的社会责任,它会促进社会变革或满足社会需求,而不是获得经济价值[1]。Peredo 和 McLean 提出将社会创业看成一个连续变量,最低标准是将创造社会价值作为实现经济价值的手段,最高标准是以创造社会价值为唯一目标,所有的社会创业行为都囊括在这个连续变量的两个极端之间[2]。Weerawardena 和 Mort 认为社会创业是一种在约束条件下运行的行为现象,建立了一个社会创业多维模型。该模型有三大核心行为维度,即创新性、主动性和风险管理,这是组织对环境动态性、可持续性和社会使命做出的应激行为,同时这些行为又受限于上述因素。社会创业组织必须明确提出价值定位战略,并采取积极的姿态,提供优质的服务,实现社会价值创造的最大化。[3]

在近几年的社会创业文献中,比较有影响力的是 Choi 和 Majumdar 基于沃尔特·布莱斯·加利的基础理论提出的社会创业集群概念,他们认为社会创业研究需要细分,主要包含五个方面:社会企业家、社会创业组织、社会创新、市场导向和社会价值创造。以可汗学院为例,它是由社会企业家萨尔曼·可汗(Salman Khan)创建的教育组织(社会创业组织),该组织提供免费的创新在线教程(社会创新),这些在线教程使全球大量学生受益(社会价值创造)。可汗学院不追求赚取收入的策略或其他商业活动,但完全由捐款资助。[4]

---

[1] Neck H., Brush C., Allen E., "The Landscape of Social Entrepreneurship", *Business Horizons*, Vol. 52, No. 1, 2009.

[2] Peredo A. M., McLean M., "Social Entrepreneurship: A Critical Review of the Concept", *Journal of World Business*, Vol. 41, No. 1, 2006.

[3] Weerawardena J., Mort G. S., "Investigating Social Entrepreneurship: A Multidimensional Model", *Journal of World Business*, Vol. 41. No. 1, 2006.

[4] Choi N., Majumdar S., "Social Entrepreneurship as an Essentially Contested Concept: Opening a New Avenue for Systematic Future Research", *Journal of Business Venturing*, Vol. 3, 2014.

发展中国家的企业普遍面临缺乏资源的困境,社会创业以全新的商业模式在一定程度上破解了资源的限制,从而具备更加广阔的应用前景。在中国,学者们更倾向认为社会创业本质上是在社会企业家精神支配下探索和开发社会机会,进而创建社会企业或新型公益组织的过程。[1] 当前,中国社会创业实践方兴未艾,正在引发各界关注,成为推动社会事业发展的一支生力军。

社会创业与商业创业在四个维度上存在区别,分别是使命、市场失灵(带来的创业机会)、资源调动以及绩效测度,结合国内学者的研究[2],社会创业和商业创业的区别可以总结如表 2-1 所示。

表 2-1　　　　　　　　　社会创业和商业创业的区别

维度	社会创业	商业创业
使命	创造社会价值	社会价值是经济价值创造的副产品
市场失灵带来的创业机会	更注重社会需要	总市场规模必须足够大或能不断增加,并且其产业结构足够吸引人
资源调动	获得利润继续投入社会企业	获得利润分配股东
绩效测度	不可量化性、多重因果性、时效性和主观感知的差异性	可量化、测度容易

相对于商业创业的"利润至上",社会创业的最终目的是创造社会价值,这也是两者最本质的区别。[3] 在运营方式方面,两者都是通过商业活动来获取经济收益,但社会创业企业所获得的利润会继续投入企业,发挥社会价值,绩效测度也表现为不可量化性,也不能像商业创业一样吸引更多的人才、资源,这促使了社会创业企业创新资源获取方式,通过多种渠

---

[1] 刘志阳、李斌、陈和午:《企业家精神视角下的社会创业研究》,《管理世界》2018 年第 11 期。

[2] 严中华、杜海东、孙柳苑:《社会创业与商业创业的比较研究及其启示》,《探索》2007 第 3 期。

[3] Bacq S., Hartog C., Hoogendoorn B., "A Quantitative Comparison of Social and Commercial Entrepreneurship: Toward a More Nuanced Understanding of Social Entrepreneurship Organizations in Context", *Journal of Social Entrepreneurship*, Vol. 1, 2013.

道谋求社会支持。

（二）社会创业者的定义与特质

社会创业者是社会创业活动的灵魂，其具有独特的心理、能力、性格特征。

1. 社会创业者的定义

在学界，社会创业者还没有一个统一的定义。有学者认为社会创业者是被社会公正的目标驱动，希望通过行动能改善人们低质量的生活，并致力于为持续的财务、组织、社会和环境的改善提供方案。[1] 也有学者认为社会创业者是那些能够意识到某些活动是国家福利体系不能满足的人，他们能够运用有限的资源来改变现状。[2] 还有些学者认为社会创业者是重要变革促进者，他们能够结合具有前瞻性的愿景与现实问题，重点识别、处理和解决社会问题，对所在社区或整个社会做出多种贡献。[3]

概言之，社会创业者重视社会价值多于经济价值，他们从社会问题中寻找创业机会，并用商业的手段解决问题，获得的经济利益不是用于分配而是作为社会企业本身的投资，促进社会发展。

2. 社会创业者特质

社会创业者与商业创业者都具有成功的渴望、风险承担倾向、创业警觉性等特质，他们之间的差异不在于性格或能力，而在于创业的使命。正如戴维·伯恩斯坦所描述的：商业创业者的目的在于建立世界上最大的跑鞋公司，而社会创业者则梦想为世界上所有的孩子接种生痘疫苗。社会创业者在他们从事的事业与活动中，绝大部分行为属于利他而非利己。早在18世纪，亚当·斯密就指出，同情心是"利他"的基础，同情心会激发亲社会动机[4]，补充传统的自我导向动机，从而培养更灵活的思维过程和更

---

[1] Zadek S., Thake S., "Send in the Social Entrepreneurs", *New Statesman*, Vol. 126, No. 458, 1997.

[2] Thompson J., Alvy G., Lees A., "Social Entrepreneurship—a New Look at the People and the Potential", *Management Decision*, Vol. 38, No. 5, 2000.

[3] 赵丽缦、Shaker Zahra、顾庆良：《国际社会创业研究前沿探析：基于情境分析视角》，《外国经济与管理》2014年第5期。

[4] Baron D. P., "Corporate Social Responsibility and Social Entrepreneurship", *Journal of Economics & Management Strategy*, Vol. 3, 2007.

大的行动承诺，鼓励社会创业。①

社会创业者具有某些共性特征，这是其区别于常人的地方所在，如愿意接受高于平均水平的风险、异常机智，或者具有很强的抓住现有机遇的能力。社会创业者在动机、行为和洞察力方面是独一无二的，这使他们在解决社会问题的使命中变得深思熟虑、坚持不懈和乐观。成功的社会创业者表现出了一定的创新能力，能够利用边缘化的社会资产提供新的解决方案；还有一定的组织领导能力，重视人力资源的重要性，具有结盟意识，善于促成利益相关者合作，具备能够应对外部环境变化的能力。有学者重点研究了社会创业企业家的人格特征，将创业维度分为五个层次，即社会愿景、创新、可持续性、社交网络和财务回报，从而探讨五大人格特质，即开放性、外向性、一致性、自觉性和精神性，这些特质通常对社会创业维度有积极影响。② 除此之外，社会创业者的共性特征还具备强大的道德推动力，乐于自我纠正、自我突破、超越边界、分享荣誉、默默无闻地工作等。在上述特质中，创业者的道德品德被认为是一名社会创业者的必要品质，也是其他一切品质的基石。即使一名创业者具备超强的创新性、整合资源能力，倘若其动机不正，没有强烈的社会使命感和责任感，其所有成就对社会而言是微不足道的。

（三）社会创业机会

社会创业的起点也是识别出创业机会，但在机会的来源、机会开发的过程等方面存在差异。

1. 社会创业机会的来源

社会创业机会来源于市场失灵和政府失灵。市场机制具有自身的局限性，无法满足社会对公共产品的需求，政府不作为或者垄断行为会导致社会效率偏低或效果不佳。社会创业以商业化运营为手段，以社会价值为使命，机会属性表现出同质性特征，竞争不是其驱动力，信息局限性也不会限制创业机会的产生。首先，社会创业强调社会价值，为缓解经济造血功

---

① Grimes M. G., Mcmullen J. S., Vogus T. J., et al., "Studying the Origins of Social Entrepreneurship: Compassion and the Role of Embedded Agency", *Academy of Management Review*, Vol. 38, No. 3, 2013.

② Nga J. K. H., Shamuganathan G., "The Influence of Personality Traits and Demographic Factors on Social Entrepreneurship Start Up Intentions", *Journal of Business Ethics*, Vol. 2, 2010.

能不足，更加注重维护社会关系，在获得政府补助、社会支持方面强调合作而非竞争。① 其次，社会创业的受众来自被市场和政府所忽略的"金字塔底层"需求，这些需求是基础的、长期的、普遍的，社会创业受众往往无法支付产品和服务的费用，社会创业机会正来自满足这些消费能力不足的受众的需求。②

2. 社会创业机会开发过程

关于社会创业机会识别与开发比较典型的研究是将社会创业的机会形成过程分解为想法形成阶段和机会发展阶段的机会二阶段模型，见图2-1。

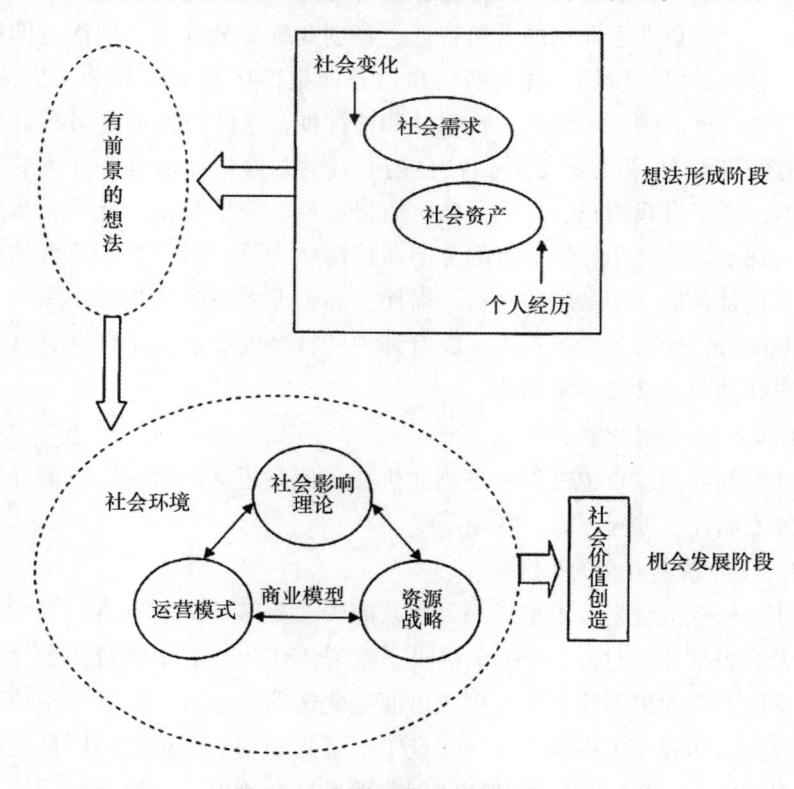

图2-1 社会创业机会发展模型

---

① Pless N. M., "Social Entrepreneurship in Theory and Practice—An Introduction", *Journal of Business Ethics*, Vol. 111, No. 3, 2012.

② Bojica A. M., Ruiz Jiménez J. M., Ruiz Nava J. A., et al., "Bricolage and Growth in Social Entrepreneurship Organisations", *Entrepreneurship & Regional Development*, Vol. 30, No. 3-4, 2018.

社会创业者对社会变化的判断以及其个人经历促使其产生有前景的想法，社会上还未满足的社会需求以及为社会需求提供保障的社会资产为创业机会提供了动力。在机会发展阶段，创业者不断修正提炼已经成形的想法，最终形成一个合适的商业模型。需要注意的是，不同的商业模型适用于不同的社会环境，创业者需要明确如何让商业模型发挥出最佳的效果。①

社会创业机会是嵌入特定的社会结构中的，而社会结构受到各种正式和非正式的社会制度因素（如关系、规则、制度等）的影响，所以并不是所有人都能感知的。不同的社会创业者创业主要受其个人经验和工作经历影响，对不同的市场会有不同的进入壁垒感知和创业机会感知。

（四）社会创业的资源开发

1. 社会创业资源类型及来源

社会创业的资源类型大致可以划分成工具性的外部资源和生产性的内部资源两大部分。社会创业外部资源是指社会创业过程中可以利用的，从外部获取的各种工具性资源，如从政府、合作单位等获得的资源，如资金、政策支持等，典型的外部资源有社会网络、城市化水平、政府福利支出。社会创业内部资源是社会创业者及其团队拥有、控制或使用的一种生产性资源，主要包括创业者教育水平、信用水平、创业者个人特质以及物质、财务、人力、技术等有形资源。

资源约束是创业过程中要面对的首要困难，很多创业者都因为资源问题而难以开发创业机会。社会创业的资源来源途径主要分为市场和非市场两类，见表 2-2。

表 2-2　　　　　　　　　　社会创业资源来源

	分类	解释
市场途径	购买	从市场购入资源
	加入平台	在平台协助下进行资源整合与利用
非市场途径	资源吸引	高峰论坛、项目路演、声誉吸引等形式
	资源积累	利用手头资源内部培育新资源

---

① 盛南：《社会创业导向及其形成机制研究：组织变革的视角》，博士学位论文，浙江大学，2009 年。

西方国家的社会创业资源主要来源于市场途径。中国社会创业资源来源则表现为以关系为主导,如社会创业者先前经历、人脉资源、公信力与沟通能力等。由于中国目前社会创业在组织层面上规模较小且经济盈利能力弱,社会创业资源许多还是来自非市场途径,其中资源积累占了更大的比例。社会创业者在面临资源稀缺的情况下如何整合利用手头资源,就显得尤为重要。

2. 社会创业注重资源拼凑

特德·贝克和里德·纳尔逊将人类学家列维·施特劳斯提出的"拼凑(bricolage)"概念引入创业研究中,创建了创业资源拼凑理论,主要涉及三个概念:一是手头资源,即创业者本身就具备的不必通过交换形式从外部整合搜寻的资源;二是将就使用,创业者利用手头资源把握机会,使手头资源发挥出新的功能新的价值;三是资源重构,体现创业者主观能动性,根据创业目的灵活配置资源。[①]

社会创业面临着更加复杂的情境,在资源约束和环境约束的双重挑战下[②],社会创业资源拼凑以手头资源、将就使用、资源重构为基础,按照"机会识别—机会开发—组织成立"过程划分为三阶段。

第一阶段,机会识别阶段的手头资源梳理。社会创业者全面梳理手头可利用的资源,并利用自身的人脉、信用而吸引到的各种资源,为把握创业机会打好基础。手头资源可分为三类:实物资源(如场地、资金、设施设备等)、劳动力资源(如创业者自身、员工、志愿者等)和知识技能(如医疗、语言等技能)。[③]

第二阶段,机会开发阶段的资源将就使用与积累。在这一阶段,社会创业者通过将就使用手头资源,运用物质拼凑和概念拼凑实现资源积累[④],不断创造产出。物质拼凑主要体现在社会创业者利用现成资源解决社会问

---

① 刘振、管梓旭、李志刚、管珺:《社会创业的资源拼凑——理论背景、独特属性与问题思考》,《研究与发展管理》2019年第1期。

② Sunduramurthy C., Zheng C., Musteen M., et al., "Doing More with Less, Systematically? Bricolage and Ingenieuring in Successful Social ventures", *Journal of World Business*, Vol. 5, 2016.

③ Desa G., Basu S., "Optimization or Bricolage? Overcoming Resource Constraints in Global Social Entrepreneurship", *Strategic Entrepreneurship Journal*, Vol. 7, No. 1, 2013.

④ Molecke G., Pinkse J., "Accountability for Social Impact: A Bricolage Perspective on Impact Measurement in Social Enterprises", *Journal of Business Venturing*, Vol. 32, No. 5, 2017.

题，创造社会价值，概念拼凑则是社会创业者发掘潜在资源，创造新的故事服务于社会价值，使利益相关者更加关注社会价值创造过程。社会创业的社会性与利他性使得其能够吸引外部资源，建立稳定的外部网络，从而在一定程度上缓解资源稀缺。

第三阶段，组织成立后的资源重构与吸引。在社会企业成立后，社会创业需要进行更大范围、更深程度的外部资源吸引，使得将就使用进一步实践。社会企业通过整合内外部资源，获取合法性，进一步获得国家、社会的认可，通过试点项目扩大规模，扩展社会价值，推动社会资本重构，提高资源获得能力，促进创业发展，实现社会使命。[①]

（五）社会创业过程

组织生成过程是创业研究热点议题，社会创业作为一种新的创业模式，受到了广泛关注。社会创业过程是一个动态演化过程，具有一定的复杂性。现有研究主要关注社会创业过程中的某个要素或是构建社会创业模型，以期能够完整地诠释社会创业过程中各要素之间的关系。

1. 推动社会创业的关键因素

随着社会创业的快速发展和普及，参与者日益增多，但是并非所有的创业都获得了最终成功，也有不少失败的案例。对社会创业影响最深的主要是两大因素。

其一，社会环境因素，良好的社会创业环境是社会创业成功的前提，主要包括社会创业理念普及和传播、创业精神教育、社会资本等。Lepoutre 和 Justo 等人开发了一种方法来衡量基于人口的社会创业活动（SEA）的流行率，并在 49 个国家进行了测试，研究发现传统创业活动率较高的国家也往往具有较高的社会创业活动率。[②] 也有学者指出创业者的社会使命感、管理经验、社会网络、初创阶段的资本基础等是关键因素。

其二，体制环境因素，主要包括制度、政府和公共机构的支持。政府

[①] Sunduramurthy C., Zheng C., Musteen M., et al., "Doing More with Less, Systematically? Bricolage and Ingenieuring in Successful Social Ventures", *Journal of World Business*, Vol. 51, No. 5, 2016.

[②] Lepoutre J., Justo R., Terjesen S., et al., "Designing a Global Standardized Methodology for Measuring Social Entrepreneurship Activity: the Global Entrepreneurship Monitor Social Entrepreneurship Study", *Small Business Economics*, Vol. 40, No. 3, 2013.

支持有助于促使社会创业成功,主要体现在提供公共资源,帮助企业通过各种渠道获得资源,提升社区对社会创业内容的关注,促成企业与其他机构之间的合作等。有学者从制度配置的角度来理解哪些因素有助于社会创业,确认了对正式监管(政府行动主义)、非正式认知(后唯物主义文化价值观)和非正式规范(社会支持文化规范或弱联系社会资本)对社会创业的共同影响。他们从制度空虚和制度支持的角度来检验,证明了来自正式和非正式机构的资源支持的重要性。[1]

2. 社会创业的基本过程

随着社会创业实践的兴起,学者们对社会创业过程展开了探讨。Wilson 等人认为社会创业是通过设计和实施核心产品或服务,有意利用市场动态来解决根深蒂固的社会问题的实践,这种新形式的混合型风险投资将传统非营利性组织相关的社会目的与营利性公司的经济目的和市场方法融为一体,围绕社会价值的明确意向性驱动了这些企业及其相关使命和商业模式的设计,使它们能够在一个企业内创造性地综合竞争范式,保证多方利益相关者的紧密联合。[2] 在社会创业过程模型方面,国外影响力较高的是社会创业三阶段过程模型,国内影响力较高的是社会创业四阶段整合模型。

Dees 认为,社会创业过程分为过渡、变革和稳定三个阶段。过渡阶段创立创业团队,变革阶段确定组织形式,通过协商和沟通来建立制度,稳定阶段则通过实际运作来增强解决社会问题的能力,以保证组织存续。该模型明确了社会创业者在社会创业不同阶段的角色和任务,但没有指出社会创业者在各阶段需要具备什么技能,如何进行角色转换。

如图 2-2 所示,国内学者整合形成一个以机会为脉络的四阶段模型,该模型指出社会创业过程主要受到社会创业者个人、组织、流程和环境因素的影响,社会创业过程首先是形成创业意向,再是发展、评估和实施创

---

[1] Stephan U., Uhlaner L. M., Stride C., "Institutions and Social Entrepreneurship: The Role of Institutional Voids, Institutional Support, and Institutional Configurations", *Journal of International Business Studies*, Vol. 46, No. 3, 2015.

[2] Wilson F., Post J. E., "Business Models for People, Planet (& Profits): Exploring the Phenomena of Social Business, A Market-based Approach to Social Value Creation", *Small Business Economics*, Vol. 40, No. 3, 2013.

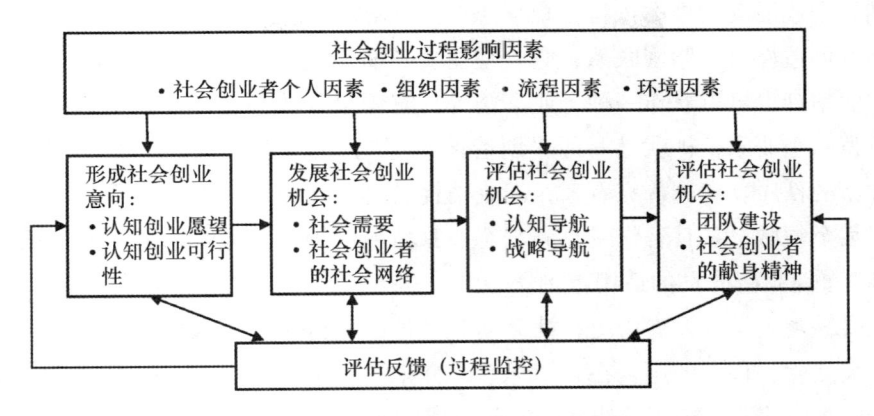

```
┌─────────────────────────────────────────────────┐
│              社会创业过程影响因素                    │
│  ·社会创业者个人因素 ·组织因素 ·流程因素 ·环境因素   │
└─────────────────────────────────────────────────┘
    ↓            ↓            ↓            ↓
┌────────┐  ┌────────┐  ┌────────┐  ┌────────┐
│形成社会创业│ │发展社会创业│ │评估社会创业│ │评估社会创业│
│意向：    │ │机会：    │ │机会：    │ │机会：    │
│·认知创业 │ │·社会需要 │ │·认知导航 │ │·团队建设 │
│ 愿望    │ │·社会创业 │ │·战略导航 │ │·社会创业 │
│·认知创业 │ │ 者的社会 │ │         │ │ 者的献身 │
│ 可行性  │ │ 网络    │ │         │ │ 精神    │
└────────┘  └────────┘  └────────┘  └────────┘
    ↓            ↓            ↓            ↓
┌─────────────────────────────────────────────────┐
│            评估反馈（过程监控）                      │
└─────────────────────────────────────────────────┘
```

图 2-2 社会创业过程整合模型

业机会。在社会创业的各个阶段也离不开评估反馈，社会创业者及其创业团队的能力要素应该因不同创业阶段而异，定期的阶段性评估有助于企业的发展和提高。[①]

第二节 社会创业理论在中外大学中的应用和表征

除经济领域外，创业活动、创业精神也存在于社会的其他领域，如在高等教育领域，大学以及大学校长的卓越行动就是"企业家精神"或"创业精神"的一种体现，德鲁克更直言："现代大学（尤其是美国现代大学）的创建是关于企业家精神发展的最好教材。"[②]

一 中外大学发展历程蕴藏创新创业精神

创业精神（Entrepreneurship）是创业理论的重要内容，是企业家进行

---

① 焦豪、邹爱其：《国外经典社会创业过程模型评介与创新》，《外国经济与管理》2008 年第 3 期。
② [美] 彼得·德鲁克：《创新与企业家精神》，蔡文燕译，机械工业出版社 2019 年版，第 28 页。

创新创业活动的根本依据。根据杰弗里·蒂莫斯的观点："创业精神和人类的创造性行为紧密联系，它本质上是一种创造和建设新愿景的能力。"①创业精神也可以看作一种企业家精神，它源自人的创造本性，正如熊彼得所言，企业家精神就是一种"创造性破坏"，是对旧传统的破除并建立一种新的秩序。在德鲁克看来，创业精神具有一定的普遍性，它不仅仅适用于某个领域，在其著作《创新与企业家精神》中，着重强调了"企业家精神"（创业精神）的适用范围。

纵观大学的发展历史，社会创业理论已经得到应用和体现。第二次世界大战后，科学的逻辑在大学学术研究中达到顶峰，促成了研究型大学在全世界的普及。最近几十年，大学学术研究中的科学逻辑日益显示出其局限性，市场逻辑在与科学逻辑的竞争中逐渐显示出优越性。那些全球顶尖的研究型大学纷纷走出象牙塔，以前沿的学术研究直接服务经济社会发展。未来大学的一个设想是将其作为衍生企业的发生器，向地区乃至国家经济注入新的增长资源，如建立一批科技型企业，来增加收入和创造就业机会。高水平论文发表不再是顶尖大学学术研究的唯一目的，以创业思维进行专利申请、技术转让、成果孵化、创建新公司、开拓新产业等，逐渐成为世界一流大学的"标配"。②

（一）国外一流大学的创新创业精神

具有创业精神的国外一流大学可以追溯至19世纪初期的德国，当时由普鲁士教育大臣威廉·洪堡（Wilhelm von Humboldt）创立的柏林大学无论在组织、权力架构还是教学、科研方式上，都是西方乃至世界大学的典范，这种对大学各项功能结构的根本性突破在本质上是一种创业精神的体现。作为最早实现现代化的大学，德国柏林大学在发展过程中体现出的创业精神值得反思和借鉴。

柏林大学最初创建于1810年10月，在这之前的德国高等教育体系日渐衰微，大学组织的声誉一落千丈，特别在18世纪初期，著名的海德堡大学5年间仅招收到80名学生，著名科学家莱布尼茨甚至建议取消大学组

---

① 王建华：《创新创业、企业家精神与大学转型》，《教育发展研究》2019年第11期。
② 王建华：《以创业思维重新发现大学》，《教育研究》2019年第5期。

织,要求以科学院代替之。① 在这种背景下,柏林大学的建立本身便蕴含着强烈的创业精神,更不用说柏林大学的规模是西方有史以来最大,足有当时大学的3—4倍②,这完全得益于创办者洪堡的胆识和判断。在大学的功能定位上,洪堡断言大学的核心是知识发现③,在此基础上聘请了各学科领域的顶级学者,譬如哲学院的黑格尔、法学院的萨维尼、医学院的胡费兰、农学院的特兰,等等,他特别重视教授的地位和待遇,给予教授的薪酬是之前教授薪酬的10倍,正是由于这种突破性的重教思想才使得柏林大学成为西方教育史上的一颗璀璨明珠。

当然,柏林大学体现出的创业精神远不止如此,在内部治理结构层面,柏林大学确立了"学院制""教师等级制""讲座制""教授会制"和"利益商谈制"等一系列制度体系,其中很多是创新式的制度设计,也有部分是在既有的基础上加以改良,譬如柏林大学创办的"习明纳"(Seminar)教育体系承袭于著名学者格斯纳(J. M. Gesner),它将教师和学生摆在了相对平等的位置,创造性的实现教学与科研的统一。在19世纪中期,柏林大学对学科专业进行了大刀阔斧的改革,学校高度重视自然科学的发展,这在人文社科占据统治地位的19世纪40年代是不可想象的,在自然科学研究的持续开展下,柏林大学涌现出一批现代自然科学的奠基人,譬如创立量子论的普朗克、证明X射线波动性的劳厄以及物理学家爱因斯坦,等等,这些成就离不开柏林大学独特的学术环境。从结果来看,柏林大学所表现出的创业精神是对学校发展产生影响的几代人的创业精神的整合和概括,是洪堡、黑格尔、施莱尔马赫等人的共同努力,是无数精神的传承和延续。这些人的创业精神成就了柏林大学,柏林大学的成功也实现了他们的"创业"理想。

严格来说,柏林大学仅是近代一流大学创业精神的一个缩影,或者可以称得上近代大学创业精神的"先河"。1862年之后,世界高等教育中心转移至美国,在这一时期美国诞生或者说成形了一批世界一流大学,如哈佛大学、斯坦福大学、麻省理工学院等,在那里,具有创业精神的案例可

---

① 贺国庆:《德国和美国大学发展史》,人民教育出版社1998年版,第19页。
② 王建华:《以创业思维重新发现大学》,《教育研究》2019第5期。
③ [美]伯顿·克拉克:《高等教育系统:学术组织的跨国研究》,王承绪等译,杭州大学出版社1994年版,第21页。

以说比比皆是。

美国大学的创业精神不是凭空产生的,早期的美国大学模式是英国的并且是牛津和剑桥的翻版,[①] 直到 1837 年哲学家拉尔夫·艾默生(Ralph Waldo Emerson)发表题为"美国学者"的演说,才点燃美国大学史上的"创业之火"。艾默生认为,"美国长期学习他国的学徒时代即将结束,当数以百万的青年冲向自己的生活时,他们不能总是依赖欧洲学识的残羹冷炙来获得营养","我们要用自己的脚走路"。[②] 这篇演说直接推动了美国大学体系的转型及改革。

其中最负盛名的哈佛大学在这之后走上了与英国大学和德国大学不同的道路,当时的校长艾略特设想建立一所规模宏大的现代化大学,并设立学生奖学金等一系列制度,保障学生自由选课的权利,由此形成了完备的、具有独创性质的哈佛大学体系,在他之后的洛厄尔校长则专注于学生生活,呼吁重建"大学生活方式"并取得了一系列成就。在后继者柯南特上任时,洛厄尔曾嘱托他,"希望你能打拼出一条与前任不一样的道路。"[③] 显然,哈佛大学的成就建立在这种创业精神的传承上,每一任大学领导者都试图将创新创业作为自己毕生的追求和信仰。通过更多案例的比较,我们能够发现,哈佛的成功不是偶然,同处于美国大学体系下的斯坦福大学和麻省理工学院也是依靠这种创业精神脱颖而出的。以麻省理工学院为例,这所新式大学主要以技术和工程教育为主,走的是完全不同于古典综合大学的道路,其创办者罗杰斯创业理想记录在保罗·格雷的校长工作报告中,他认为,"这种建校理想伴随着一种冲动,一种精神,其革命性不亚于思想本身,这就是开创未来的精神。"[④] 毫无疑问,正是因为一个多世纪以来大学以及大学校长创业精神的"薪火相传",美国才成为当今世界独一无二的高等教育超级强国。

---

① [美]菲利普·G.阿特巴赫:《比较高等教育:知识、大学与发展》,人民教育出版社教育室译,人民教育出版社 1994 年版,第 133 页。
② [美]拉尔夫·沃尔多·艾默生:《美国的文明》,广西大学出版社 2002 年版,第 76 页。
③ [美]莫顿·凯乐、菲利斯·凯勒:《哈佛走向现代——美国大学的崛起》,史静寰等译,清华大学出版社 2007 年版,第 20 页。
④ 蔡克勇、张秀梅:《创造未来向前看——美国麻省理工学院的办学思想》,《教育发展研究》1999 年第 9 期。

第二章　中国高水平民办高校生成机制的理论基础

在一些新兴国家,创业精神同样受到越来越多的重视,这可以在那些后起之秀大学身上得到完美体现。譬如,1997年金融危机给新加坡传统经济模式带来巨大的挑战,新加坡政府站在国际视野明确提出从"投资驱动经济"转向"创新驱动经济"的路线。政府意识到大学在经济发展战略中所处的关键位置,推动本土大学通过在组织和战略上的"自我革命",实现从研究型大学向创业型大学的华丽转型。比较有代表性的是新加坡国立大学的"全球知识企业"愿景:重构大学组织,建立大学创业系统;成立海外学院,培养未来企业家;设置"创业跑道计划",推动创业发展。正是重视创业精神的培养使得新加坡国立大学在走向创业型大学的同时实现了建设世界一流大学的梦想。[1] 除此之外,新加坡南洋理工大学也是一个很好的例子,它以创新为旗帜,以创业为气质,快速崛起、大胆革新。它融创新精神于管理核心、建立自治的学系体制;加强校内与校外的联系,实现资源的互惠互通;设立南洋科技创业中心,让学生参与创业项目,实现了从研究型大学向创业型大学的成功转型。[2] 这些大学的跨越式发展和成功无不得益于创业精神的驱动。

(二) 中国大学的创新创业精神

中国大学的崛起离不开大学领航者的创业精神,自近代以来,中国高等教育的发展中涌现出许多具有创业精神的大学校长和举办者,他们或是作为"眼光长远型企业家",或被称为"转型式企业家",为中国大学的腾飞做出了卓越贡献。[3] "眼光长远型企业家"代表人物主要有厦门大学的创办者陈嘉庚和第二任校长林文庆,南开大学的创办人兼第一任校长张伯苓,等等。这些办学者以远见卓识带领大学一步步走向成功。华侨领袖陈嘉庚坚持"教育救国"的理念,以"变卖厦大办厦大"的情怀投入办学,成就了私立厦门大学的"南方之强"美誉。与之相比,那些担任"转型式企业家"的角色大多是各校校长,他们是学校发展的转折点,往往对于所在大学有"再造"之功。比如,北京大学的蔡元培就很好地诠释了"转型

---

[1] 刘小强、黄知弦、蒋喜锋:《知识、经济的双重转型与一流大学建设的范式转变——新加坡国立大学建设"全球知识企业"实践和启示》,《清华大学教育研究》2019年第4期。
[2] 梁晓露、郄海霞:《研究型大学向创业型大学转型的路径选择——以新加坡南洋理工大学为例》,《江苏高教》2018年第11期。
[3] 王建华:《创新创业、企业家精神与大学转型》,《教育发展研究》2019年第11期。

式企业家"的角色。蔡元培担任北京大学校长之后,励志图新,从大学制度和办学理念两个层面进行改革,短短数年内将原本腐朽封建的北京大学改造成一所思想活跃,以学术自由享誉全国的现代学术机构。[①] 这一方面得益于他对德国大学的深入研究,另一方面他深谙中国大学及学术的病理,因而能够高屋建瓴,带领北京大学成功实现转型,其中体现出的,是他作为改革先行者的"敢为天下先"的创业精神。当然,作为"眼光长远型企业家"的举办者们同样值得称颂,如西湖大学校长施一公、南方科技大学创办校长朱清时。南方科技大学作为新兴的大学,创办以来瞄准斯坦福大学,校长陈十一提出办成一所最具企业家精神的大学,成为高水平研究型大学的试验田,学校教授每周有1天时间可以在企业服务。民办高校领域同样有一批具有企业家精神的举办者和校长,如黄河科技学院董事长胡大白、西安翻译学院创始人丁祖诒、吉林外国语大学创立人秦和、西京学院董事长任万钧、西安欧亚学院董事长胡建波等,他们兼具教育家情怀和企业家精神,并凭借对于教育的一腔热诚推动中国教育事业的发展。可以说,正是因为领航者的创业精神,中国民办高校才成为中国教育"不可或缺"的重要组成部分。

在国内外一流大学的创业精神影响下,中国各类高校逐渐开始重视创业人才的培养工作,中央和地方教育主管部门也积极推行创业教育改革试点,《国务院办公厅关于深化高等学校创新创业教育改革的实施意见》强调要把创业教育作为国家战略来实施,把创业教育作为高等教育改革的突破口。在此背景下,各大高校相继开展"双创"教育改革,通过设立创新创业培训中心,建立创业实习基地的方式提高创业人才培养质量,着手培育"双师型"师资队伍,不断完善创业人才的培养模式,为广大学生树立了创业理想、形塑了创业观念。

二 创业型大学崛起是创新创业精神的集中彰显

创业型大学是传统创业精神的延续和具体彰显,其崛起又进一步扩充并丰富了创业精神的内涵。在工业技术革命的浪潮下,现代意义上的大学创业不再局限于对大学未来发展的创造性描述和对内部教学、科研等诸多

---

① 陈洪捷:《蔡元培的办学思想与德国的大学观》,《高等教育研究》1994年第3期。

形式的突破性进展,而是鲜明地表现为与社会服务紧密结合的各种尝试,在此意义上的现代大学创业精神与德国时期相比具有更加丰富的内涵。同时,应运而生的还有以"学术资本转化"为特征的创业型大学,[①] 这种类型的大学组织主要以知识应用为导向,并把创造经济产值作为自身发展的动力。[②]

在20世纪末期,亨利·埃茨科威兹(Henry Etzkowitz)和伯顿·克拉克(Burton R. Clark)提出"创业型大学"概念。埃茨科威兹认为创业型大学是研究型大学的其中一种形式,是以服务社会为己任的研究型大学,而伯顿·克拉克强调创业型大学是自生自发的,是"学术资本主义"化的大学,这两种不同的解释路径下存在两种不同的大学创业模式。

(一)创业型大学的两种创业模式

1. 服务型创业大学

服务型创业大学的概念是在埃茨科威兹的意义上建构的,意指以知识生产为导向的研究型大学在知识生产过程中服务地方经济发展的一种创业模式,这种模式下的创业活动是"自下而上"的,主要依托于教授学者的知识创造,是一种抽象层面的个体行为。服务型创业大学的典型代表是哈佛大学、斯坦福大学和麻省理工学院,这类学校的创业起点是知识。在《创业型大学的变革》中,埃茨科威兹曾整理过美国、瑞典、巴西、意大利、葡萄牙和丹麦的访谈资料,并指出第二次学术革命整合了经济社会发展的使命,应将传统的研究型大学转变为创业型大学。其言下之意在于,创业型大学是在研究型大学的基础上实现的,这种组织是学术发展"内在逻辑"的产物,学术发展的"内在逻辑"将大学从注重教学扩展到研究。从结果来看,教授学者们研究所产出的高深知识就是大学进行创业活动的基础材料。譬如,世界大战期间,麻省理工学院的许多研究成果直接催生出一批可以实际运用的药物、武器和材料,这些知识产出大大加快了战争进程,极大地促进了美国经济的发展,因而博得美国政府的投资与青睐。由此可见,服务型创业大学的创业活动不是由地区产业结构主导的,而是

---

① 付八军:《学术资本转化:创业型大学的组织特性》,《教育研究》2016年第2期。
② 宣葵葵、王洪才:《创业型大学的人才培养特色探索——基于英国沃里克大学的成功经验》,《中国高教研究》2017年第6期。

根据大学教授们的知识生成情况而定,服务型创业大学引导环境,是地区经济发展的引领者。在内部治理结构层面,服务型创业大学的学术系统和管理系统是平等的关系,创业活动主要以学术系统为中心,管理系统则为大学教授的成果转化和商业化提供帮助,就像伯恩鲍姆所说,"管理者的责任不是去控制学者,而是作为助手去服务他们,满足他们的需要。"① 总而言之,服务型创业大学构筑了良性的"学术—产业—政府"三螺旋关系,"大学、产业、政府之间的互动成为改善知识型社会创新条件的关键,其不仅仅是在企业中开发新产品,而且是在促进创新条件的制度领域中创造新的安排。"②

2. 公司型创业大学

公司型创业大学的概念是在伯顿·克拉克的意义上建构的,是指以直接的学术创收为目的的大学在追逐利润过程中服务地方经济发展的一种创业模式,这种模式下的创业活动是"自上而下"的,主要依托于大学层面的学科专业布局,是一种集体行为。不同于埃茨科威兹,伯顿·克拉克提出的创业型大学主要针对大学的运作和管理体制,研究视角放在了组织转型层面,涉及的不只是研究型大学,更多的是一些新建的普通高校,在他言下,创业型大学是指高校在变化的形势下采取一些企业的运作方式,展示出市场化的行为,特别是对外部资金的竞争。典型地来看,公司型创业大学的代表是英国沃里克大学。沃里克大学创办于 1965 年,短短三四十年就跻身英国大学排行榜前列,奇迹的背后就是将企业家精神熔铸于办学思想中,树立亲企业的办学理念,广泛开源节流,实行"节约一半,另赚一半",采取"挣得收入的政策"。③

这类学校的创业起点是获取经费,主要的创业手段是创新调整学科专业布局,开设需求较高的课程并快速适应市场。由于没有像服务型创业大学那样不可复制、高度排外性和居于世界一流的研究,公司型创业大学还需要通过提供各种商业服务来进行创收,如出租宿舍和开办各种培训辅导

---

① [美] 罗伯特·伯恩鲍姆:《大学运行模式》,别敦荣译,中国海洋大学出版社 2003 年版,第 174 页.

② Etzkowitz H., "Evolution of the Entrepreneurial University", International Journal of Technology & Globalisation, Vol. 1, No. 1, 2004.

③ 洪成文:《企业家精神与沃里克大学的崛起》,《比较教育研究》2001 年第 2 期.

第二章 中国高水平民办高校生成机制的理论基础

班,毫不夸张地说,在进行创收活动的过程中,公司型创业大学几乎不会放过任何一个能够挣得正当收入的机会。

但值得强调,公司型创业大学所进行的培训和创业活动也具有学术性质,也需要一定程度地知识生产和创造,但在创造过程中知识不是目的,而是达成目的的手段。有学者认为,创业型大学可以分为教学服务类、学术应用型类两类,每一类创业型大学都有营利型与公益型两类。[①] 正如达·昆哈所言,"利润是创造的结果,而不是贪婪的结果。为了营利,首先要创造一些东西才行——创造目标、创造过程、创造理念",[②] 主观上为营利而进行的创造客观上服务了社会。同样考察大学的内部治理结构,公司型创业大学的特点是管理系统引导学术系统。尽管学术系统仍然是进行创业活动的主体,但学术系统需要听从管理系统的调配和安排,学术目标也要服从于社会需求和学校的创收策略。这种类型的创业大学显然具有成功的制度转型所必备的五个要素,分别是强化的领导核心,扩大的发展外围,多元化的资金基础,激活的学术中心和整合的创业文化。[③]

(二) 创业型大学发展的影响因素及意义

自 20 世纪 80 年代初以来,Bayh – Dole 法案通过,计算机技术、生物技术高速发展,风险资本投资意识增强,美国大学兴起了开展创业活动的潮流,主要有专利和许可、创建孵化器、科学园区以及对初创企业的股权投资等,促进了"封闭式创新制度"向"开放创新制度"转变。[④] 有的大学通过创建技术转让组织(TTO)来培养有效的产业科学合作(ISL),完善大学技术转移机制,从而有效促进创业型大学的构建。[⑤]

那么,影响创业型大学发展的因素究竟有哪些? 主要的掣肘因素有文

[①] 付八军:《创业型大学本土化的中国模式研究》,中国社会科学出版社 2018 年版,第 75 页。

[②] [美] 理查德·鲁克:《高等教育公司:营利性大学的崛起》,于培文译,北京大学出版社 2015 年版,第 95 页。

[③] Burton Clark, "Creating Entrepreneurial Universities: Organizational Pathways of Transformation", *IAU Press*, 1998.

[④] Rothaermel F. T., Agung S. D., Jiang L., "University Entrepreneurship: A Taxonomy of the Literature", *Industrial & Corporate Change*, Vol. 16, No. 4, 2007.

[⑤] Debackere K., Veugelers R., "The Role of Academic Technology Transfer Organizations in Improving Industry Science Links", *Research Policy*, Vol. 34, No. 3, 2005.

化冲突、官僚作风的僵化、设计不当的奖励制度以及对大学技术转让组织（TTO）的管理不力等。① 在推动因素方面，O'Shea 和 Allen 等人以麻省理工学院（MIT）为例，总结了麻省理工成功学术创业的四大因素：科学和工程资源基础、研究人员的素质、支持组织机制和政策（如麻省理工技术许可办公室）以及创业文化的营造。② 还有一些学者认为创业项目有助于培养具有创新创业精神并具有创业能力的人才，从而促进创业型大学的构建。Yar Hamidi 等人运用社会认知理论对研究生创业项目参与者的创业意向进行了研究，构建了一个创业意向的理论模型，用实证分析发现高创造力和以往的创业经历与创业意图呈正相关，而对风险的感知则具有负面影响。③

随着创业型大学的发展，学术科研商业化的趋势在不断加剧，有些学者认为合作和信息共享可能会使一些科学技术的保密性受到负面影响。大学向创业转型的大方向也会挤压学术发展的空间④。但大多数学者对创业型大学的创建持积极态度，研究表明，社会科学、人文科学以及自然科学和工程系的教师与包括跨国公司在内的工业合作伙伴保持着密切联系，教师对大学管理部门采取的促进创业的措施持比较积极的态度。然而，各学科的教师参与大学与行业合作的方式不同，教师对技术转让的态度和对研究型转型向创业型大学的认同度方面也有很多差距。⑤

创业型大学对地方经济、区域经济发展有促进作用。在创业精神的推动下，大学的作用也随着时间的推移而不断演变。而创业型大学是科技转

---

① Siegel D. S., Waldman D. A., Atwater L. E., et al., "Commercial Knowledge Transfers from Universities to Firms: Improving the Effectiveness of University – industry Collaboration", *Journal of High Technology Management Research*, Vol. 14, No. 1, 2003.

② O'Shea R. P., Allen T. J., Morse K. P., et al., "Delineating the Anatomy of an Entrepreneurial University: The Massachusetts Institute of Technology Experience", *R & D Management*, Vol. 37, No. 1, 2010.

③ Yar D., Wennberg K., Berglund H., "Creativity in Entrepreneurship Education", *Journal of Small Business & Enterprise Development*, Vol. 15, No. 2, 2013.

④ Hakala J., "The Future of the Academic Calling? Junior Researchers in the Entrepreneurial University", *Higher Education*, Vol. 57, No. 2, 2009.

⑤ Martinelli A., Meyer M., Tunzelmann N. V., "Becoming an Entrepreneurial University? A Case Study of Knowledge Exchange Relationships and Faculty Attitudes in a Medium – sized, Research – oriented University", *The Journal of Technology Transfer*, Vol. 33, No. 3, 2008.

移和知识型初创企业不断发展的结果,创业型大学在创业型社会中的作用在不停扩大。[1] 例如,加拿大滑铁卢大学具备先进的创业教育以及创新的知识产权政策,在促进地方和区域经济增长和创新方面做出了巨大贡献。[2]

从国内创业型大学发展实践来看,已经有部分大学提出了建设创业型大学的战略目标,如南京工业大学、福州大学、浙江农林大学、宁波财经学院等高校。

第三节 社会创业理论与高水平民办高校生成的契合

运用社会创业理论观察中国高水平民办高校生成机制,是一次跨学科研究尝试。事实上,所有学科类别均是人为划分和限定的。对于民办高校研究而言,可以从高等教育大众化理论、教育民营化理论、第三部门理论、利益相关者理论、竞争优势理论等多种理论视角切入,但是本研究认为,社会创业理论可以从根本上认识民办高校的一种核心精神,即创业精神;两种价值逻辑,即公益逻辑和商业逻辑。故论理论具有较强的适切性和阐释力。

一 中国民办高校的特殊组织性质

中国民办高校作为市场经济改革的产物,其具有不同于西方私立大学和中国近代私立大学的特征,是具有双重使命、双重身份、双重组织、双重逻辑的"混合型"组织。

(一)民办高校的类企业性

随着规模的不断扩大,高等教育已经成为新的投资和消费点,在经济社会发展过程中占据重要地位。教育具有一定的产业属性,"教育产业是

---

[1] Audretsch D. B., "From the Entrepreneurial University to the University for the Entrepreneurial Society", *The Journal of Technology Transfer*, Vol. 39, No. 3, 2014.

[2] Bramwell A., Wolfe D. A., "Universities and Regional Economic Development: The Entrepreneurial University of Waterloo", *Research Policy*, Vol. 37, No. 8, 2008.

指专事提供教育劳务的机构的集合体,具有生产性、商品性、求利性和同一性的特征"[1]。民办高等教育作为教育的重要组成部分,其产业属性主要体现在以私人产品性质的服务为主、依赖市场配置资源、自主办学与经营等。从某种意义上说,民办高校和企业一样,也是由出资人、经营者、雇员组成的,受到市场影响,遵循一定的运作规律,为了达成某个共同目标,通过科学管理产出产品的组织。首先,从举办者来看,中国大多数民办高校是由民营企业、个人投资举办的,举办者属于民间组织、非公企业,因此企业化特征较为明显。其次,该组织的产品是提供教育服务,组织的顾客是学生及其家庭。最后,如同企业的运作离不开一定的政府监管和法律制约一样,民办高校组织的运作也和政府的规制、相关的法律法规密不可分。[2] 中国民办高校的类企业性主要体现在以下五个方面。

其一,决策迅速。目前,民办高校基本实行董事会领导下的校长负责制,举办者作为学校的实际决策者,大多为学校的董事长或者理事长,决定办学方向、经费预决算、校长任免等重大事项,在重要事宜的决策上,举办者的意志起到决定作用,理论上可以有效避免"议而不决"等现象以及各方权力争夺所导致的组织耗损,大大缩短学校诸多事宜的决策议程,具有较高的决策效率。

其二,机制灵活。民办高校是改革开放的产物,与公办高校相比具有体制、机制灵活的优势。民办高校在管理上一般不会采取单一式的管理模式和管理方法,而是更加讲究策略性,讲究管理技巧,注重分层实施。民办高校的管理者更加主动,对工作更加热爱,倾向于更加开拓的工作方式,在管理思想、管理重点、管理形式、管理方法等方面更加注重适应民办高等教育的特性,改革的历史包袱较小。

其三,聘用管理。中国民办高等学校大多数登记为民办非企业法人单位,教师身份实行合同聘任,教师队伍主要由退休教师、兼课教师和招聘教师组成。民办高校的教师聘任制类似于企业,在教师合同期满后,学校会根据教学效果、教学评价、教学态度等方面选择是否继续聘任或升迁,这与企业用人的优胜劣汰原则相一致。

---

[1] 柯佑祥:《民办高等教育盈利问题研究》,博士学位论文,厦门大学,2001年,第21页。
[2] 赵旭明:《民办高校治理研究》,博士学位论文,中共中央党校,2006年,第73页。

其四，自负盈亏。不同于公办高校主要依靠财政资助，民办高校基本无政府资金补助，办学经费依赖于自身的财力资源开发能力，主要是市场收费。民办高校依托社会力量兴办，服务企业发展，与市场有着天然的联系。民办高校基本上是全成本收费，收费标准、学费收入对民办高等教育影响较大。

其五，讲究效益。民办高校的发展基本靠举办者投入的资金和学费收入来维持，这也决定了它必须以最小的成本获得最大的收益。因此，在运作过程中讲究高效，民办高校以同样的投入培养几倍于公办高校的学生，其民营性质得到了最大体现。此外，民办高校和企业一样，具有规模效应和边界效应，民办高校只有达到一定招生额度，才能充分利用现有的教育资源，共同承担学校支付的管理成本、信息成本以及固定资产，实现效益最大化。在学校规模发展到一定程度之后，可以实现区域化或行业间的资源整合，达到资源充分利用和高收益。①

（二）民办高校具有大学组织的松散结合性

美国历史学家哈罗德·铂金曾经说过，大学的历史可以说是不断改造自己的形式与职能、适应当时当地的社会经济环境的历史。② 当前，大学组织性质正在发生变化，越来越像介于象牙塔与企业之间的类企业机构，呈现出学术部门和经营部门并存的异质性结构特征，诞生了"类企业行为"，即"随着高校规模的扩大、结构和功能复杂化而在学校运营中出现的、保证其作为一个组织在资源限制的条件下整体运转良好的管理行为"③。民办高校作为非政府组织，同样具有类企业性，但在组织结构上又区别于企业，主要体现在民办高校的大学组织具有松散结合性。松散结合是指组织的子系统以及它们从事的活动相互关联，却保持着各自的特点和个性的状态。民办高校的组织管理区别于一般的商业机构，它本身具有特殊性：大学的重心在基层，院系相对于学校具有独立性，具备一定的管理

---

① 解艳华：《民办学校企业性质的经济学分析》，《北京城市学院学报》2006 年第 4 期。
② [英] 哈罗德·铂金：《历史的观点》，载伯顿·克拉克《高等教育新论——多学科的研究》，王承绪等译，浙江教育出版社 1988 年版，第 22 页。
③ 曾晓东、孙贵聪：《研究大学类企业行为，提升大学管理的专业化水平》，《比较教育研究》2002 年第 4 期。

权力,基本的教学、科研和社会服务职能都是由院系和教师具体承担[①],各种基本构成要素,如学院、学系、研究所或中心、教师等在组织运行过程中保持一种相对独立、低度联结的状态,如同由各个知识群体构成的控股公司。

由于大学知识具有高度专业化的特点,各个学科之间联系较少,处于一种"有组织的无序状态"。伯顿·克拉克认为随着学科领域的专业化不断发展,高等教育系统中以学科为主的底层结构在走向松散,并且遵循学科、专业无序状态的逻辑。虽然各学科之间的交流可以促进学术发展,但知识的自主性也使各学科具备天然的独立性,其发展不必依赖于其他领域的知识,各学科组织仍然可以保持松散联系。而不同学科背景的研究人员具有不同的思维方式和文化特质,这进一步强化了民办高校内各组织之间的松散结合。

(三)民办高校的双重逻辑性

大学的异质性结构特征要求我们必须抛弃学术主义或市场主义的一元化论断,承认大学是由组织文化和结构功能完全不同的两个部门组成的。[②] 长期以来,中国的教育一直被定义为公益事业,而区别于公办高校,民办高校的公益性引起了各界关注,也引起了教育公益性与资本逐利性关系的大讨论。很多学者从公共产品理论角度、法理角度等解释公益性,得出一个共同的结论,即公益性是追求不特定人群的利益,收益的人不是一个封闭的团体或者人群。它通过人的全面发展为国家、为社会、为集体服务,从而作用于社会进步[③]。因此,教育的公益性是教育活动的天然属性。

此外,许多民办高校还具有逐利性,主要体现在提供教育服务的方式和对办学盈余处理方式的制度安排的区别上。有学者指出在市场经济条件下,大学组织的营利或者非营利属性是明确的,但其是否存在营利行为是不确定的。[④] 不同于公办高校,追求办学有一定盈余进而继续促进滚动发

[①] 程小芳:《大学组织管理中的松散联合模式探究》,《四川教育学院学报》2009年第10期。
[②] 曾晓东、孙贵聪:《研究大学类企业行为,提升大学管理的专业化水平》,《比较教育研究》2002年第4期。
[③] 张维平:《维护教育的公益性》,《求是》2005年第14期。
[④] 阎凤桥:《非营利性大学的营利行为及约束机制》,《北京大学教育评论》2005年第2期。

展是民办高校存在与发展的条件,民办高校是由利益团体掌控的,具有一定的逐利性。获取经济收益是民办高校投资办学的主要动力之一,投资教育可以获得比投资企业更为稳定的收入,部分举办者通过投资办学获取利益的行为是民办高校的营利行为体现。投资办学的民办教育发展模式,直接引发了与投资相关的各种诉求,它是投资主体对投资行为的一种期待。①

教育是塑造人的活动,"教育商品化与营利化是市场逻辑对教育逻辑的僭越和扭曲。然而也应看到,不论我们主观上愿意与否,近年来教育与市场、学校与商业机构之间的界限趋于模糊,营利性教育在许多国家和地区纷纷出现,这已经成为不争的客观事实。"② 如今,法律赋予营利性民办高校合法化地位。2016 年 11 月 7 日,第十二届全国人民代表大会常务委员会第二十四次会议通过《关于修改〈中华人民共和国民办教育促进法〉的决定》。新法明确指出"民办学校的举办者可以自主选择设立非营利性或者营利性民办学校",从而在法律层面上消除了营利性民办学校在中国的制度障碍,这是中国对营利性教育认识的一大突破,承认营利性教育同样可以为教育事业做贡献。这为中国民办高等教育行业与资本的结合提供了法律保障。那么,究竟哪些民办高校适合选择营利性呢?尽管目前中国已经存在教育与资本市场融合的事实,但举办者基于自身利益的考虑,往往只做不说。"如果有机会,所有行动者都会采取行动维持和改变制度,以促进他们的自我利益",这也是中国宣布实施分类管理改革以后,到目前为止推进缓慢的原因。③ 随着时间推移,民办高校阵营必将出现分化,分类选择也成为历史大势。

民办教育的公益性和逐利性从表面看是一组非此即彼的矛盾,从社会创业观之,结余是帮助实现公益性的手段,不会改变公益性本质。经营行为与公益性之间并不是非此即彼的矛盾,而是可以相得益彰的"和而不同"。民办高校选择利用市场化的方式运营学校,这是其生存

---

① 邬大光:《我国民办教育的特殊性与基本特征》,《教育研究》2007 年第 1 期。
② 周海涛:《民办学校分类管理政策研究》,经济科学出版社 2016 年版,第 12 页。
③ 雷承波、阙明坤:《我国发展营利性民办高校若干难点分析及相关建议》,《教育与职业》2017 年第 7 期。

法则。事实上，一定规制中的营利，有利于激发经营者的努力，从而可以提高公益性事业的效率。[①] 但这个"一定规制"需要把握得当，否则容易出现民办教育的"使命漂移"[②]，失控的逐利性可能会最终掩盖其公益性。

二 社会创业理论阐释高水平民办高校生成机制的适切性

中国已经有学者认识到社会企业与学校的相似性，"虽然学校不是公司，是非营利性组织，或者更准确地说，是'社会企业'，即有社会使命的组织，但是这类组织的运行与公司的运营是一样的"[③]。

（一）社会企业与民办高校比较

美国学界对社会企业的界定主要有三种：一是从事公益事业的营利公司，二是既追求商业性又追求公益性的组织，三是从事商业活动的非营利组织。非营利组织是不以营利为目的，以公共服务为使命，所获结余不进行分配继续投入，具备法人资格的组织。"不以营利为目的"并不代表着不能取得合理报酬，它可以在保持组织社会使命的前提下，通过商业化的管理，提高组织效率，并从事产生利润的商业活动。[④]

分析美国社会企业组织特征比较典型的是狄兹（J. Gregory Dees）的"社会企业光谱"（见表2-3）[⑤]，该光谱展示了社会企业的三种形态以及不同形态社会企业的动机、方法、目标和主要利益相关者。

不同于狄兹的社会企业光谱，Alter将组织的划分标准建立在社会可持续性和经济可持续性的基础上（见图2-3）。由图中可知，社会企业更加注重创造社会价值，并采取一定的商业手段支持组织发展。[⑥]

---

① 潘懋元、吴华、王文源、李盛兵、邵允振：《中国民办教育四十年专题笔谈》，《华南师范大学学报》（社会科学版）2018年第6期。
② 金仁旻、刘志阳：《使命漂移：双重目标压力下的社会企业治理研究》，《福建论坛》（人文社会科学版）2016年第9期。
③ 钱颖一：《大学的改革》，中信出版社2016年版，第169页。
④ 杨凤禄、孙钦钦：《非营利组织的商业化探讨》，《山东大学学报》（哲学社会科学版）2007年第5期。
⑤ 刘小霞：《社会企业研究述评》，《华东理工大学学报》（社会科学版）2012年第3期。
⑥ Alter K., "Social Enterprise Typology", *Virtue ventures LLC*, Vol. 12, 2007.

第二章 中国高水平民办高校生成机制的理论基础

表 2-3　　　　　　　　　社会企业光谱

组织特征	纯慈善的	混合性质的	纯商业的
动机、方法及目标	诉诸声誉	混合动机	诉诸自利
	使命驱使	使命及市场驱动	市场驱使
	社会价值	社会及经济价值	经济价值
主要利益相关者 受益者	免费	补助金或金额报酬与免费之间的混合	依市场行情支付
资本	捐款和补助	低于市场行情的资本或捐款与市场行情的资本的混合	具备市场行情的资本
人力	志愿者	低于市场行情的报酬或志愿者与付全薪员工的混合	支付市场行情的报酬
提供者	非现金方式的捐赠	特定的折扣或物品捐赠非现金价货品的混合	依市场行情价格收费

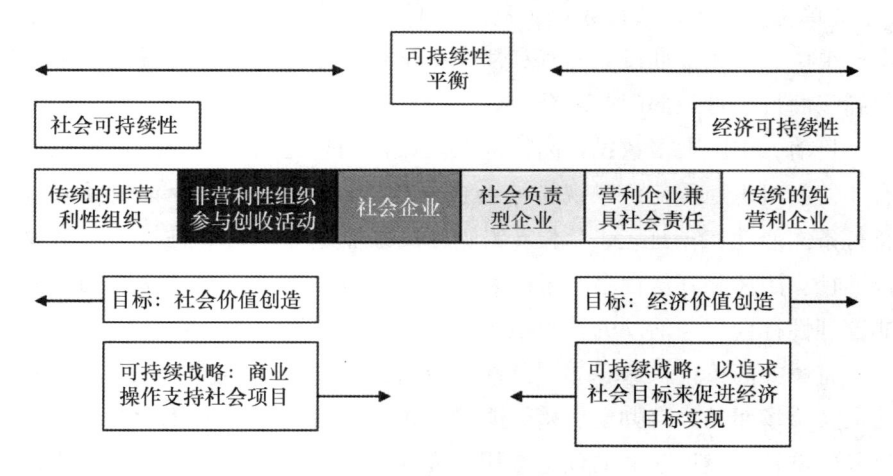

图 2-3　可持续发展光谱

由此可见，在有关社会企业的研究中，学者们重点探讨的是"社会目标"与"商业盈利"之间的关系，两者之间是相互矛盾、此消彼长的，但又是统一的、相互融合的，可以说注重社会价值和经济价值是社会企业的双重逻辑，研究透彻两者之间的关系有助于更好地理解社会企业。

有学者将社会企业定义为一种介于公益与营利之间的企业形态，是社会公益与市场经济有机结合的产物,是一种表现为非营利性组织和企业双重属性、双重特征的社会组织。① 中国有一些企业属于社会企业,意在解决社会问题,只是未被冠以社会企业名称,主要有以下几类:民办非企业单位、社会福利企业、城乡居民的互助合作组织和社区服务中心等。② 然而在中国,社会企业尚处于初级探索阶段,面临难以被政府、投资者、社会公众等利益相关者认同与接纳的合法性障碍,导致很多社会企业陷入身份认同缺乏、规模扩张困难等多重困境。③ 民办高校也同样遭遇着身份认同和"合法性"危机。

民办高校是一个独立的具有法人资格的社会组织。不同的法人属性意味着其享受的权益和承担的义务是不同的,对于民办学校的生存和发展都有着至关重要的影响。教育部等部门出台的《民办学校分类登记实施细则》中指出,正式批准设立的非营利性民办学校,符合《民办非企业单位登记管理暂行条例》等规定的到民政部门登记为民办非企业单位,符合《事业单位登记管理暂行条例》等规定的到事业单位登记管理机关登记为事业单位。正式批准设立的营利性民办学校,依据法律法规规定的管辖权限到工商行政管理部门办理登记。

目前,中国大多数民办高校都在民政部门登记为民办非企业单位,具有非营利组织性质,可以视作社会企业范畴。《民办非企业单位登记管理暂行条例》第二条规定,"本条例所称民办非企业单位,是指企业事业单位、社会团体和其他社会力量以及公民个人利用非国有资产举办的,从事非营利性社会服务活动的社会组织"。

将民办高校代入 Alter 的可持续性发展光谱来看,大多数民办高校受其使命及市场驱动,自办学伊始就明确定位于应用型或职业技能型院校,以培养经济社会发展紧缺的理论够用、专业技能强的应用型、技术技能人才为目标,与传统学术型、研究型高校错位发展。这一办学定位和培养目标体现了其创造社会价值的本质,其利润获取主要是通过整合商业手法支持

---

① 刘小霞:《社会企业研究述评》,《华东理工大学学报》(社会科学版)2012 年第 3 期。
② 余晓敏、张强、赖佐夫:《国际比较视野下的中国社会企业》,《经济社会体制比较》2011 年第 1 期。
③ 杜运周、任兵、张玉利:《新进入缺陷、合法化战略与新企业成长》,《管理评论》2009 年第 8 期。

第二章 中国高水平民办高校生成机制的理论基础

社会项目,参与创收活动,社会可持续性较高。

将中国民办高校代入Dees的社会企业光谱,可以形成中国民办高校发展混合型光谱。如表2-4所示,可以发现民办高校类似于介于纯慈善和纯商业之间的混合性质的社会企业,其利益相关者主要涉及受益者——民办高校学生;资本——市场收费、政府资助、社会捐赠相互结合;人力——教职工;提供者——民办高校举办者。因此研究社会企业的生成理论即社会创业理论,能够使我们较好地理解民办高校的生成机制。

表2-4　　　　　　　　中国民办高校发展混合型光谱

学校性质	非营利性民办高校	混合性民办高校	营利性民办高校
目标	创造社会价值	创造社会价值、经济价值兼备	创造经济价值
动机	追求公共利益	追求公共利益、自我利益	追求自我利益
使命	教育使命	教育使命、经济使命	经济使命为主
逻辑	公益逻辑	公益逻辑与商业逻辑兼备	商业逻辑
可持续发展	社会可持续性	可持续性平衡	经济可持续性
经费来源	学费、政府资助、捐赠	学费、政府资助、创收等	按市场价格收费
法人类型	事业单位或民办非企业法人	民办非企业法人	企业法人
登记部门	编办或民政部门	民政部门	工商部门
数量	少	多	少

（二）社会创业与高水平民办高校生成

从社会创业的视角观之,民办高校是中国经济社会发展过程中兴起的一种全新创业理念的产物,是一种旨在通过创新的方法解决高等教育服务供给问题,采用市场化手段创造社会价值的创业方式。民办高校创业发展过程不仅涵盖了学校的创业活动和践行社会责任的活动,而且包括创业者和组织必须运用商业知识、市场方式来获取资源,为社会创造更多的教育价值,培养更多合格人才。对比社会创业和民办高校发展的特征,可以发现它们具有社会性、创新性和市场化的共性,都倾向于采用市场化运作手段,如面向市场设置专业、收费、聘用教职工、融资、开展教学活动、设置机构、运行管理等,实现资源的最优配置,解决教育服务问题,创造社会价值。

民办高校大多数定位于解决学生的入学、就业、创业问题,为社会培养一线需要的高素质应用型、技能型人才,从这个意义上说,中国高水平民办高校的生成究其本质是社会创业的过程,表2-5详细描述了社会创业和民办高校生成的共性。

表2-5　　　　　　　社会创业和民办高校生成的共性

特征	社会创业	民办高校
社会性	解决社会问题为导向,重点在于创造社会价值	致力于解决教育资源短缺和学生入学就业问题,培养高素质人才,创造教育价值
创新性	主要通过组织创新来实现	机构设置、教育教学、治理结构的创新等
市场化	借助市场力量增加社会财富	采取投资办学,自筹经费,面向市场,聘用管理,资本介入等

古典经济学认为经济组织和社会组织作为两种组织形式,相互独立,各有目的,前者的使命是获得更多的经济报酬,后者追求社会价值的创造,两者之间存在清晰的界限。随着社会的发展,两种组织形式正在相互影响,不断融合。有学者提出混合型组织的概念,将混合型组织定义为一种同时结合了营利性公司与非营利性组织的新形态社会组织。混合型组织是既考虑市场效率又承担社会责任的组织,在经济效益和社会效益兼得的基础上实现可持续发展。[①] 组织的混合形式主要体现在法律规范、组织结构、价值层次等层面。在社会组织形态日益多样化、复杂化的环境下,混合型组织的提出符合经济社会发展的现实需要。混合型组织成功的关键在于其领导人是否拥有平衡自相矛盾逻辑的思维模式。学者们普遍认为混合概念的提出能够使经济组织更好地承担其企业公民的权利与责任,又能使社会组织利用市场机制获得竞争优势从而实现社会目标。

因此,以社会创业的视角观察,有助于洞悉高水平民办高校的生成机理。通过前文关于社会创业的研究,可以将民办高校生成过程大致分为以下三个流程。

首先,作为因果条件的企业家精神、社会使命感,这是民办高校创业

---

① 陈友华、崇维祥:《混合型组织:未来的方向》,《学习与探索》2017年第12期。

第二章　中国高水平民办高校生成机制的理论基础

者投身于高等教育创业实践的思想起点和催化剂。

其次，机会识别是创业过程的关键行动，办学者要实现自己的教育梦想，需要积极主动地去识别多样化的社会需求，尤其是受教育者的需求。先前经验和社会支持作为使能因素，能够更好地促进识别机会。如先前职业经验能够为举办者提供有关技术、行业方面的知识基础；先前公益经验同样能够拉近办学者与社会的距离；社会支持能够为举办者带来情感性支持和工具性支持。

然后，民办高校举办者和办学者在实践中不断探索应用了社会网络、资源拼凑和双重逻辑等行动策略。举办者借助社会网络与政府组织、行业企业、公办高校等形成良好的合作关系，能够以较低成本获取所需资源；资源拼凑贯穿民办高校发展建设始终，创业者利用多种资源拼凑策略能够有针对性地进行资源获取。市场逻辑旨在实现民办高校经济可持续发展，公益逻辑侧重创造社会价值，双重逻辑的互补应用保证学校在长远持续发展的同时不偏离学校立德树人目标，不发生"使命漂移"现象。同时，实现社会价值是民办高校发展的本质目标，其最终结果是推动中国高等教育事业变革以及增进教育服务供给。

综上所述，运用社会创业的逻辑可以从一种全新的视角探析民办高校诞生、发展、壮大的过程，有助于为研究高水平民办高校生成机制提供新的思路。

第三章

中国高水平民办高校的内涵、指标及特征

中国高水平民办高校作为民办高校群体中的少数优秀代表，展现出不同于普通民办高校的特质，厘清高水平民办高校的基本内涵、评价指标和主要特征，有利于充分认识该群体，这是建设高水平民办高校的起点，亦是研究高水平民办高校生成机制的基础。

第一节 中国高水平民办高校洼地崛起表征

毋庸讳言，目前中国民办高校办学水平良莠不齐，整体质量不高，仍然是中国教育事业的短板，位居高等教育金字塔体系的底端。但是，我们也应看到，当前中国已有部分民办高校脱颖而出，显示出旺盛的办学活力和较强竞争力，为高等教育发展注入一股清泉。改革开放40多年来，经过民办高校的励精图治、韬光养晦、后发追赶，一部分民办高校在全国高等教育舞台上崭露头角，绽放光彩，展示出旺盛的生命力、不俗的竞争力和良好的发展潜力。这一股新生力量不容小觑，这一群体正以崭新的姿态屹立在高校之林，形成民办高校的"洼地崛起"现象，成为高等教育改革发展的一道亮丽风景。

一　办学层次不断取得突破

随着国家大力支持民办教育事业发展，民办高等教育的结构体系得以优化，办学层次得到提升，已经形成覆盖博士、硕士、本科、专科教育各

第三章　中国高水平民办高校的内涵、指标及特征

个层次的办学体系。

1994年，仰恩大学成为改革开放以来中国大陆第一所民办本科高校，2000年，黄河科技学院开启民办专科升本的序幕，随后在政策推动下，部分专科层次民办高校陆续升本，中国民办本科院校逐年增加。据统计，2000—2019年，几乎每年都有民办本科高校获批成立，部分民办专科高职院校升格为民办本科高校，部分独立学院脱离公办高校转设为民办本科高校。在国务院督导委员会的监督管理下，升本高校认真落实本科教育教学工作，从硬件和内涵两个层面提高民办高校办学水平，真正实现办学层次的提升，带动民办高校人才培养质量的提高。截至2023年6月，全国共有独立设置的民办本科高校227所（不包含10所中外合作大学），另外，还有164所独立学院。

随着民办高等教育的发展，不仅本科层次民办高校增多，而且民办高校实现了硕、博学位授权资格的突破。2010年，《国家中长期教育改革和发展规划纲要（2010—2020年）》提出"对具备学士、硕士和博士学位授予单位条件的民办学校，按规定程序予以审批"。2011年，全国5所民办高校获批招收硕士专业学位研究生，中国民办高校在研究生办学层次上取得重大突破，从此打破了长期以来公办高校在研究生教育领域的垄断权。2021年，又新增2所民办高校获批研究生招生权，即三亚学院和宁夏理工学院。目前，全国共有7所民办高校有硕士研究生培养资格。如表3-1所示，吉林外国语大学拥有7个专业硕士学位授权点，西京学院目前拥有5个专业硕士学位授权点，北京城市学院拥有5个专业硕士学位授权点，河北传媒学院、三亚学院均有3个专业硕士学位授权点，黑龙江东方学院、宁夏理工学院也各有2个专业硕士学位授权点。民办高校应用型硕士专业设置贯彻了培养应用型人才的理念，均为经济社会需要、偏向实践应用的专业。2021年，全国民办高校招收硕士研究生1369人，在学3162人，毕业752人，民办高校高层次人才培养工作稳步推进。此外，还有不少民办本科高校与公办高校开展联合培养研究生实践探索。

民办高校办学层次不断跃升，高层次民办高校不断增多，预示着中国部分民办高校逐渐进入高层次人才培养序列，在各级各类人才培养阵营中占有一席之地。从生源来看，少数民办高校跻身一本批次招生，体现出强劲竞争力，如武汉学院3个专业在第一批次招收本科生；四川大学锦城学院审计学在四川省内本科一批招生。

表3-1　　　中国7所民办高校专业硕士学位授权单位一览

学校名称	北京城市学院	吉林外国语大学	河北传媒学院	西京学院	黑龙江东方学院	三亚学院	宁夏理工学院
成立时间（年）	1984	1995	2000	1994	1992	2005	1985
本科生（人）	22000	10211	18000	24000	10796	23274	11600
研究生（人）	261	617	315	336	19	240	/
留学生（人）	9	28	/	23	31	20	/
教师（人）	2000	780	1069	1765	770	1470	537
专职（人）	1000	458	742	611	702	1232	400
二级学院（所）	13	12	12	16	9	25	10
学位点	4	7	3	5	2	3	2
硕士研究生专业	社会工作、公共管理、中药学、艺术硕士	文学类、管理学、教育学、经济学	文学类（含广播电视学、传播学、翻译等领域）	工学类、管理学类、艺术学类	食品工程专业、国际商务	旅游管理、社会工作、电子信息	电子信息、会计

资料来源：根据7所民办高校研究生招生简章整理。

二　学科专业品牌逐渐浮现

学科专业建设是高校人才培养质量的重要标志，是民办高校实现内涵式发展的重要抓手。近年来，在相关政策推动下，中国民办高校发挥体制机制优势，集中力量加强重点学科专业建设，取得丰硕成果，涌现出一批高水平学科专业。

如表3-2所示，部分民办高校的专业入选国家首批一流专业建设点，其中，大连东软信息学院获批7个国家级一流本科专业建设点，吉林外国语大学获批6个国家级一流本科专业建设点，无锡太湖学院、四川传媒学院均获得5个国家级一流本科专业建设点，超过许多公办应用型本科高校，标志着民办高校专业综合竞争力不断增强。

第三章 中国高水平民办高校的内涵、指标及特征

表3-2　　　　中国民办高校高水平学科专业一览

学校	区域	国家一流本科专业数（个）	国家一流专业建设点名称
大连东软信息学院	东北	7	计算机科学与技术、软件工程、数字媒体技术、电子信息工程、集成电路设计与集成系统、电子商务、动画
吉林外国语大学	东北	6	英语、法语、日语、朝鲜语、阿拉伯语、翻译
无锡太湖学院	东部	5	物联网工程、机械工程、会计学、国际经济与贸易、视觉传达设计
四川传媒学院	西部	5	广播电视编导、数字媒体艺术、动画、播音与主持艺术、环境设计
吉林动画学院	东北	5	动画、数字媒体艺术、数字媒体技术、视觉传达设计、艺术与科技
安徽新华学院	中部	4	通信工程、财务管理、经济与金融、软件工程
福州外语外贸学院	东部	4	国际经济与贸易、物流管理、电子商务、会计学
广州南方学院	东部	4	会计学、电子商务、财务管理、行政管理
宁波财经学院	东部	4	视觉传达设计、国际经济与贸易、计算机科学与技术、信息管理与信息系统
南京传媒学院	东部	4	广播电视编导、动画、网络与新媒体、表演
武汉工商学院	中部	4	会计学、电子商务、物流管理、广告学
浙江越秀外国语学院	东部	4	翻译、汉语国际教育、日语、朝鲜语
长春光华学院	东北	3	机械工程、会计学、电子信息工程
河北传媒学院	东部	3	广播电视编导、录音艺术、播音与主持艺术
江西服装学院	中部	3	服装设计与工程、服装与服饰设计、环境设计
阳光学院	东部	3	电子信息工程、电子商务、计算机科学与技术
上海视觉艺术学院	东部	3	工艺美术、视觉传达设计、环境设计
三江学院	东部	3	新闻学、汉语言文学、财务管理
沈阳工学院	东北	3	机械设计制造及其自动化、计算机科学与技术、材料成型及控制工程
西安翻译学院	西部	3	翻译、国际经济与贸易、英语
珠海科技学院	东部	3	计算机科学与技术、旅游管理、制药工程

续表

学校	区域	国家一流本科专业数（个）	国家一流专业建设点名称
山东协和学院	东部	2	机械设计制造及自动化、护理学
上海杉达学院	东部	2	金融学、酒店管理
沈阳城市学院	东北	2	酒店管理、广播电视编导
武汉东湖学院	中部	2	电子商务、新闻学
西京学院	西部	2	机械设计制造及自动化、会计学
齐鲁理工学院	东部	2	计算机科学与技术、贸易经济

部分民办高校集中力量加强特色学科建设，坚持有限卓越，入选省级重点学科，例如，西京学院坚持以行业为依托，以工科为主体，重点建设机械工程、控制工程、建筑与土木工程等5个硕士专业学位授权点，以学科建设带动科研发展，建设了陕西省重点实验室、陕西省工程技术研究中心、陕西省国际科技合作基地、何积丰院士工作室、国防科技研究院等学术科研平台。2020年，西京学院作为主要完成单位申报的两项成果获得国家科学技术奖，实现了民办高校国家科学技术奖零的突破。宁夏理工学院的机械工程、电气工程及其自动化是宁夏回族自治区优势特色学科和重点学科，2021年学校获批审核增列硕士学位授予单位，获批增列电子信息、会计专业硕士学位授权点。根据2015年QS学科排名显示，上海视觉艺术学院与北京大学同属全球大学"艺术与设计"学科排名第51至第100名段，学科实力超过一些同类型公办高校。[①]

在国家级特色专业评选中，民办高校频频入选，如浙江树人学院国际经济与贸易专业、江西科技学院汽车工程专业、上海视觉艺术学院设计学专业、吉林外国语大学英语专业、南昌理工学院计算机科学与技术专业、上海杉达学院国际经济与贸易专业。潍坊科技学院入选教育部本科专业综合改革试点专业。在各省级行政部门组织的重点学科专业评选中，一些民

---

① 郭丛斌：《中国高水平大学学科发展现状与建设路径分析——从ESI、QS和US News排名的视角》，《教育研究》2016年第12期。

办高校崭露头角，跻身行列。陕西省委办公厅、陕西省人民政府办公厅颁布的《关于建设"一流大学、一流学科，一流学院、一流专业"的实施意见》确定了500个"一流本科专业"，民办高校有53个项目入选。在福建省公布的《关于公布示范性应用型本科高校及专业群建设名单的通知》中，民办高校有35个专业群进入示范性建设名单，民办高校入选占比超过51%，等等。民办高校的学科专业建设水平稳步提升，影响力与日俱增。

三 办学特色逐步获得认可

目前，部分民办高校经过长期的深耕探索，在教学、科研、党建、信息化、就业、创业、大学生学科竞赛等某些领域已经形成了鲜明的特色，铸造了一定的品牌，具备了和公办高校同台竞争的条件。办学特色对于民办高校而言，具有至关重要的意义。特色就是水平，特色就是质量，特色就是声誉，特色就是生源。如浙江树人学院的民办高等教育研究已在国内产生了较大的学术影响，获批过国家社科基金教育学重点课题，当年主持单位只有6家高校，除了浙江树人学院，其他5所高校是历史悠久的公办大学。在中国高等教育学会组织的五届"全国优秀高等教育研究机构"评选中，浙江树人学院的中国民办高等教育研究院先后4次被评为优秀研究机构。在科研方面，三亚学院建立3个院士工作站，连续5年成为获得国家社科基金立项数第一的民办高校，2021年获批国家社科基金重点项目，立项总数在全国所有高校中位列第246位，跻身全国前10%。宁波财经学院2019—2021年获批省部级以上纵向科研项目96项，其中国家社科基金项目14项。这些高校的上述科研指标已达到甚至超过部分办学历史悠久的公办高校。

一些民办高校坚持专注某一领域，咬定目标，不懈努力，取得了不俗的成绩，在社会上产生良好反响，如大连东软信息学院的产教融合育人模式、苏州工业园区职业技术学院的校企合作、黄河科技学院的发明专利、四川传媒学院的影视传媒人才培养，这些都已成为高等教育界的品牌和亮点，受到行业充分赞誉。

四 局部竞争优势日趋凸显

经过改革开放 40 多年的发展，中国民办高校快速发展，少数民办高校坚持特色发展、内涵发展、创新发展，已经在局部领域形成了一定的竞争优势。

一是在民办高校阵营部分民办高校脱颖而出。在全国 750 所民办高校中，已经涌现出一批排头兵，在人才培养质量、办学条件、办学特色、社会声誉等方面得到行业内公认，如吉林外国语大学、西京学院、黄河科技大学、北京城市学院、苏州工业园区职业技术学院，等等。这些民办高等教育的先行者以改革的姿态大胆创新，勇于变革，正在发挥"头雁效应"，引领民办高校发展。

二是在高等教育体系中少数民办高校突围。高水平民办高校不仅在民办高校范围内一枝独秀，有的学校与同类公办高校相比，也是毫不逊色，敢于争锋，卓尔不群。近年来，在国家教学成果奖、国家社会科学基金项目、中国互联网＋大学生创新创业大赛等项目中，可以看到部分民办高校的身影，他们独占鳌头，成功逆袭。

三是少数民办高校在地区竞争中表现优异。在一些省份和城市，民办高校表现抢眼，从早先的默默无闻变为不可或缺，为地区发展作出重要贡献。譬如，苏州工业园区职业技术学院被评为国家示范性高职。在 55 所普通本科高校参加的辽宁省教育厅绩效管理考核中，大连东软信息学院多项指标排名高于省内多所应用型公办本科高校。浙江越秀外国语学院在浙江省教育厅发布的浙江高校国际化水平排名中，有 6 年位居全省非硕博高校国际化总体水平第 1 名。

四是部分民办高校在某些领域形成品牌。少数民办高校励精图治，坚持有限卓越，聚焦某个领域深耕细作，在课程改革、学科专业、科研服务、党建思政等某一领域逐渐树立了品牌特色。譬如，西安外事学院、上海建桥学院被评为全国党建示范高校，西安欧亚学院承担国家教育信息化试点项目。

五是部分民办高校在国际舞台崭露头角。民办高校越来越重视国际交流合作，提升国际化办学水平，走出国门，开放办学。四川国际标榜职业学院大力开展国际化合作办学，对标国际，借鉴国际先进理念，与国外大学、认证机构、研究机构紧密合作,学生夺得了"第42届世界技能大赛美发项目银牌"。浙江越秀外国语学院学生在联合国教科文组织主办的国际赛事中获奖。

第二节 中国高水平民办高校的内涵

中国高水平民办高校的生成机制是什么?怎样建设高水平民办高校?回答这一问题的前提是明确"高水平民办高校"的概念。根据"CNKI"数据库的检索发现,学界关于高水平民办高校讨论并不多,对相关概念的探讨更是较少。多数学者从政策角度出发,直接对既有的"高水平民办高校"进行介绍,这种直接研究忽略了概念本身的重要意义,没有对高水平民办高校的本质进行深入思考。

在人们心目中,往往谈到高水平大学,就想到哈佛、耶鲁、牛津、剑桥等世界公认的一流大学或清华、北大、浙大、复旦等国内顶尖大学,将高水平研究型大学作为参照目标,认为"水平"就是世界一流,"高水平大学"就是世界一流大学或国内一流大学。随着高等教育的发展,许多省属高校提出建设地方高水平大学的目标,赋予"高水平大学"新的含义,即其参照系有所改变,比较的对象不是世界一流大学,而是在一个特定的区域或同一类型的大学范围内。

借鉴"世界一流大学"的概念,"高水平民办高校"可以界定为具有高水平教师、学科、专业、条件、生源、理念、制度的民办高校。这种界定对于廓清"高水平民办高校"的外延而言具有重要意义,但仍需从内涵层面进一步深化对"高水平民办高校"的认识,需要对"高水平民办高校"的内涵进行重新反思。

内涵即指一个概念所反映的本质属性的总和,是一种抽象的,本质性的认识。"高水平民办高校"的内涵丰富,主要表现出模糊性、相对性、理念性、实践性、动态性的特点。

一 高水平民办高校的模糊性

高水平民办高校是依据办学水平高低对民办高校进行的一种区分,

"高水平"类似于一个集合,其内包含多种元素。根据模糊理论,集合依其内涵和外延明确与否划分为模糊集合和一般集合,一般集合的内涵和外延可以准确界定,而模糊集合的内涵包括外延都是不清晰的。[①] 民办高校的"高水平"在内涵和外延两个层面都表现出模糊性。一方面,高水平民办高校的外延模糊,在高水平和低水平之间很难找到一条明确的分界。国际上通用的做法是依据一定的标准划定,比如通过科研成果数量、师资结构或项目数对大学进行综合排名,但问题是评价指标应如何准确科学设定?如何认定既有的评价体系可以代表民办高校的水平高低?学生就业情况等其他指标是否该融入评价体系,其是否就能反映水平高低,这些在现实中往往得不到确切答案。退言之,即使认定排名前10位的民办高校为高水平,是否即意味着第11位的民办高校水平不高?可见,什么样的民办高校是高水平,什么样的是低水平,很难在理论层面说清。另一方面,高水平民办高校的内涵特征模糊,关于民办高校高水平的本质众说纷纭。现阶段国内对于高水平民办高校的认识大多建立在国外一流大学的特征基础上,这些特征由于地域、政策和学校环境差异而表现不一,譬如有人认为世界一流大学应当具备庞大的办学规模(早稻田大学),有人认为办学规模应该小而精(剑桥大学)。诸多特征之和并不等于高水平民办高校的本质。[②] 同时,世界一流大学的种种特征可能是对民办高校高水平的部分反映,也可能和中国高水平民办高校关联不大,并不能就此说明民办高校高水平的内涵。

高水平民办高校的模糊性在一定程度上干扰了人们对其准确认识,但从另一角度来说,客观标准的缺失也为我们认识高水平民办高校带来可能。在模糊性的基础上探讨高水平民办高校,强调的是要努力廓清"高水平"的内涵和外延,要在民办高校水平"高"和"低"之间确立合理的置信水平,相关标准既要在国内使人信服,又要在国外受到认可。概言之,高水平民办高校应体现培养质量之高、社会认可之高、治理能力之高。

[①] 刘承波:《试论"世界一流大学"概念的模糊性问题》,《教育发展研究》2001年第1期。
[②] 刘承波:《试论"世界一流大学"概念的模糊性问题》,《教育发展研究》2001年第1期。

二　高水平民办高校的相对性

民办高校的水平高低必须在与其他高校的对比中得到凸显，这即意味着"高水平民办高校"是一个相对性的概念。从"高水平大学"源头说起，该词最早出现于1998年教育部《面向21世纪教育振兴行动计划》中提出要重点支持国内部分重点高校创建世界一流大学和高水平大学。也就是说，"高水平大学"将是以世界一流大学为目标，所谓"高水平"就是接近或达到世界一流水平。[①] "高水平民办高校"的概念所指是否也是如此？结合当时的政策语境来看，中央支持的主要是部分直属公办高校，这些大学由于发展历史较长，多为百年老校，在争创世界一流和高水平上具备先天优势。与之相比，民办高校的历史短、底子薄、经费少、整体实力偏弱，随着"985"工程、"211"工程、"双一流"的持续推进，民办高校与"重点建设高校"的差距越拉越大。我们要清醒地看到，目前多数民办高校仍没有与公办强校比肩的实力，应该防止无限制地扩大比较范围，避免在宏大的发展目标中迷失自我。

有学者认为，所谓高水平大学，可以认为是在某一方面达到相当高度的大学，高水平大学相对于一般的大学而言可以是整体水平很高的大学，也可以是某一或某些方面的水平很高。[②] 高水平大学是一个具有比较意义的相对性概念，即在某一方面达到的高度比一般大学要高。高水平大学既不是一种大学类型，也不是一种办学层次，而是从大学的办学水平即其社会职能实现的程度出发来衡量一所大学。也就是说，与世界一流大学、研究型大学等诸概念不同，高水平大学不排斥应用型和职业技能型高校，任何类型的大学都有可能办成高水平大学。因此，如图3-1所示，从办学类型来看，高水平民办高校可以分为三类：一是高水平研究型民办高校，如定位为"小而精"研究型大学的西湖大学。二是高水平应用型民办高校，世界范围内有许多卓越应用型高校的典范，如慕尼黑应用科学大学、芬兰赫尔辛基大都市应用科学大学、瑞典恰尔默斯大学、台湾龙华科技大学，

[①] 陈杰、徐吉洪：《地方高水平大学：概念沿演与内涵指谓》，《中国高等教育》2016年第21期。

[②] 董云川、罗志敏：《高水平大学建设：一种新框架和路径》，《高等教育研究》2015年第6期。

等等。目前中国高水平民办高校大多数为应用型。三是高水平职业技能型民办高校，民办专科高职院校定位为培养技术技能型人才，国内有少数民办高职院校人才培养成效明显，如苏州工业园区职业技术学院跻身国家示范性高职，上海东海职业技术学院获得2018年国家教学成果奖一等奖，其均属于职业技能型民办高校。

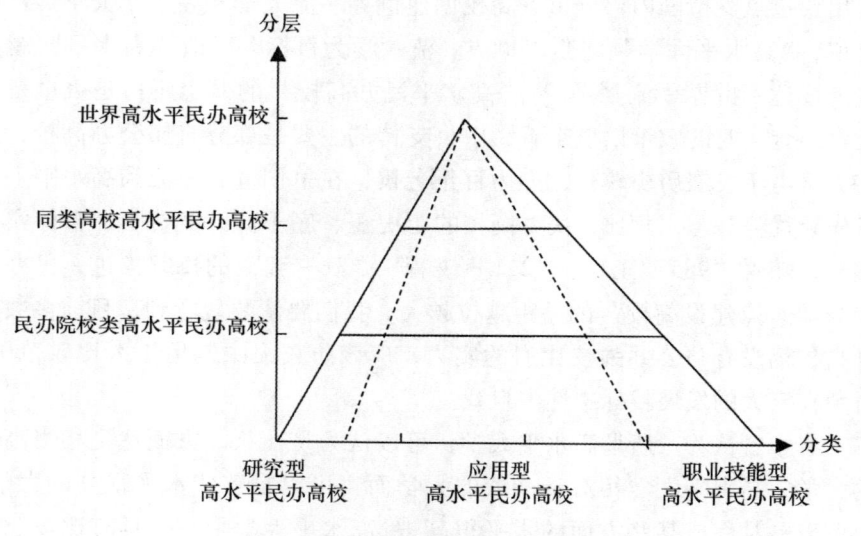

图 3-1 高水平民办高校分层分类

就高水平民办高校的相对性而言，强调的是要找准比较对象，科学树立标杆。当前民办高校在资源配置、师资队伍、生源质量等方面与传统老牌大学存在巨大差距，这些差距短期内难以超越。民办高校应当在不利条件下精准定位，发挥比较优势和后发优势，应该与地方公办高校进行比较，与同类型院校相比，切忌盲目攀高，不能将水平等同于层次，这也就是说高水平民办高校的"高水平"不是创建"世界一流"，而是区域（行业）特色与国内一流的统一体。① 此外，高水平的相对性同时要求中国民办高校在结合民办高等教育发展实情的基础上放眼国际，吸收借鉴世界私立大学发展的有益经验，既立足中国大地，又具有国际视野，有条不紊地

---

① 金久仁：《地方高水平大学建设的定位与路径研究》，《江苏高教》2017年第7期。

实现质量跃升。

三 高水平民办高校的理念性

高水平民办高校是一个"形而上"的概念，它体现的是一种永恒追求卓越、永不满足、奋发有为的办学理念和精神状态。在理念和精神层面，高水平是民办高校不懈奋斗的目标和价值，同时也是民办高校生发的对于自身长远发展的迫切要求，这种理念和精神是民办高校发展活力的底蕴所在，是成长过程中不可或缺的重要基因，也是引导民办高校不断向上的动力之源。

先进的办学理念和大学精神是大学之魂。如何看待高水平民办高校的理念性？私立南开大学校长张伯苓曾说过，"大学是立在精神上的，而不是物质上的"。西南联合大学在战乱困境中坚韧不拔，马相伯在创办复旦大学时所强调的精神，无不彰显出大学的文化性和精神性之重要。在大学发展中，精神层面的"道"比技术层面的"术"更难把握，这就要求民办高校克服短期办学行为，发挥大学精神的价值引领作用。具体来说，高水平民办高校具有持久的定力和笃定的大学理想，不仅作为一种身份象征，其更是代表一种宝贵的大学品格，这种品格的塑造并非一朝一夕，需要经过长久的锤炼。在浮躁的社会中，急功近利的行为可能在某一阶段发挥效用，可能使某项指标在短期内拔高，但真正的高水平民办高校必然是长期积淀的产物，其必须具有理念和精神层面的象征意义。高水平民办高校代表的独特精神文化要求学校内部创设自由宽松、和谐创新的氛围，坚持科学精神、人文精神，这种由内而外的文化塑造为高水平建设打下良好基础，为每一名师生烙下文化印记。总而言之，理念和精神之于民办高校至关重要，"真正的教会是看不见的教会，真正的哈佛也是看不见的哈佛。"[1] 只有从"形而上"的角度考察高水平民办高校，才能真正把握其本质和内涵。

四 高水平民办高校的实践性

高水平民办高校是具有实践性的概念，从本质上看，民办高校的水平

---

[1] 哈佛燕京学社：《人文学与大学理念》，江苏教育出版社2007年版，第22页。

高低最终反映在其培养人才的水平和服务地方、服务区域经济发展的能力上，高水平即意味着民办高校在其职能上达到一定的高度。换句话说，只有民办高校的大学功能得到充分体现，那么其才可能称得上高水平。

这一判断标准源自民办高校自身的办学定位。20 世纪末，潘懋元提出教育的内外部关系规律，其一为教育外部规律，即教育须为社会主义政治、经济及生产力的提升服务；其二为教育内部规律，即教育必须培养全面发展的人。[1] 中国民办高校大多定位为应用型和职业技能型高校。从国际范围内看，大学与经济社会的联系日趋密切，如"创业科学"的倡导者埃兹科维茨强调理论知识产生于应用情境中，世界著名的麻省理工学院、斯坦福大学都以解决应用问题为导向，其他号称一流研究型私立大学的哈佛大学、霍普金斯大学、哥伦比亚大学、芝加哥大学也纷纷走出学术"象牙塔"，极力谋求与社会合作。[2] 由此可见，培养社会需要的应用型、技能型人才，服务经济社会建设是中国大多数民办高校的重要任务，其水平高低也主要体现在这一方面。

从词源学的视角来看，高水平民办高校绝不仅仅是一个"号召性的词汇"，更是有着具体的历史内容和时代价值指向，是一个富于实践意向的概念。[3] 高水平民办高校的实践性要求民办高校不断创新人才培养模式，践行大学宗旨和精神，而非停留在理念和虚空之中，致力于培养应用型、实用型人才，积极提升服务区域经济发展的能力。

五 高水平民办高校的动态性

"高水平民办高校"不是一个静态的学术概念，其反映的是一个无止境的上升过程，是一个动态的概念。

首先，大学的理念和职能是不断动态变化的。欧洲中世纪大学是一个职业性的行会组织，与宗教紧密联系，办大学的宗旨主要是培养牧师和僧

---

[1] 潘懋元：《教育外部关系规律辨析》，《厦门大学学报》（哲学社会科学版）1990 年第 2 期。

[2] 崔乃文：《知识演变与组织创新：世界一流大学的生成机制分析》，《清华大学教育研究》2017 年第 5 期。

[3] 陈杰、徐吉洪：《地方高水平大学：概念沿演与内涵指谓》，《中国高等教育》2016 年第 21 期。

侣；后来发展到英国大学，主要培养有修养的绅士，大学被视为传授普遍性知识的场所；随后德国大学强调教学与科研统一，确立了大学的研究职能，促成德国在 19 世纪成为世界科学的中心；进入 20 世纪美国大学继承实用主义哲学，开创大学的服务职能，从而使服务社会成为大学的理想，由此开创了大学发展的新理念和新思想。由此可见，大学并不是一成不变和静态凝固的，民办高校是经济社会政治文化的产物，同样随着环境变化而不断演化。

其次，民办高校之"高水平"表现出一个由低到高的趋向。改革开放之初，中国民营经济缓慢恢复，许多民办高等教育机构不具备基本的办学条件，其办学水平相对较低。随着经济和教育管理体制转型，中国民办高等教育加速发展，外部制度供给更加完善，民办高校办学水平显著提升，涌现出一批相对高水平的民办高校，少数民办高校学科专业和办学特色享誉全国。中国民办高校的办学水平正在实现由低到高的转变。

最后，民办高校之"高水平"处于民办高等教育发展的不同阶段，有不同的要求。从社会需求来看，人民群众对教育质量和品牌的要求越来越高，从政策逻辑出发，国家对民办高校办学水平的要求越来越高。同时，新时期国家关于建设世界一流大学与一流学科的决定要求不同类型大学和学科差别化发展，民办高校承载着发展一流应用型高校、职业技能型高校的使命。因此，高水平民办高校是中国民办教育发展阶段的产物，高水平不是民办高校发展一成不变的目标，不同时代不同阶段，对高水平的要求不同。

无论是"由低到高"的动态跃迁，还是争创一流的政策表述，都表明高水平民办高校是一个动态性概念。高水平作为动态的标准，决定了高水平大学建设更多地表现为一个不断追求新高的发展过程。从高水平民办高校的动态性出发，要求抓住民办高校发展的阶段性特征，适应经济社会发展需求，适时调整人才培养模式和发展目标，实现从"平凡"到"卓越"的转变。

综上所述，高水平民办高校是模糊的高校集群，是相对优秀的民办高校，是精神理念上的民办高校，是实践行动中的民办高校，是动态发展的民办高校。

第三节 中国高水平民办高校的评价指标模型

随着民办高校的快速发展，越来越多的民办高校走向高水平，那么如何评价和判断一所民办高校是否具备高水平呢？这就需要我们研究并构建科学合理的高水平民办高校评价指标体系，对民办高校办学状况进行适当的评价。通过构建激励性、发展性、可操性的高水平民办高校评价指标体系，可以深化对高水平民办高校关键特征和核心内涵的认识，推动高水平建设有序进行，使民办高校发展的方向、目标、行动更为明确，更加全面地了解自身的办学状况并予以改革，更好地引导民办高校健康可持续发展，同时为进一步深入研究高水平民办高校的生成机制奠定基础。

一　评价指标构建的基本方法和原则

中国高水平民办高校评价指标体系构建采用大学评价的系统模式思路，从输入、过程和输出三个环节，对其进行综合考虑。系统模式主要从系统的角度来分析大学的教学和科研活动，指标中的输入类指标强调投入的资源，过程类指标强调将投入资源转化为教学与科研成果的运作机制，输出类指标则强调大学的产出成果。[1] 中国高水平民办高校指标体系构建主要运用多阶构建法，结合国内外研究文献，借鉴当前有关评价指标，形成初步的指标框架体系，并采用德尔菲、座谈会论证对于指标进行甄别，以此形成指标雏形。选取公办高校和教育科研机构的专家学者、教育行政部门领导、民办本科高校、民办高职院校和独立学院的管理者和教师等进行调查，对各细项指标的重要性进行评价，通过评价进而对指标作进一步完善。最后对设定的指标进行一定范围的实测，从收集的便捷性、数据的完整性、信息的可用性等维度出发，评测指标的实际运用。

值得强调的是，在指标体系构建过程中进行的实证评价反馈，主要依照重要性、权重性、相关性进行了甄别，提高了模型的整体效度与信度，

---

[1] 宣小红、林清华、谭旭、伊凡：《大学排行评价指标体系的比较研究》，《教育研究》2007年第12期。

第三章 中国高水平民办高校的内涵、指标及特征

同时遵循了四点基本原则。第一，差异性原则。维度测评有别于传统高校，主要突出民办高校的独特性，既保留了传统指标，又突出创新指标。第二，落地性原则。指标突出动态可提升、可改善，避免了挂常数、非动态、难改善的情况，有利于长期监测与优化。第三，科学性原则。用科学计量模型对指标进行构建，从模型拟合、相关系数、权重等方面入手，建立权威且科学的指标模型。第四，适应性原则。在强调科学计量的同时，也考虑了民办高校的实际情况，有部分指标进行人为选定，而非完全凭借统计指标，但其前提是在不破坏整体模型的拟合度情况下进行，做到了计量模型与实际工作相适应。

二 指标模型评价反馈的描述性统计与信度检验

本次调查收集到642个有效样本，主要来自公办高校和教育科研机构的权威专家学者、政府教育管理部门的领导、民办本科高校、民办高职院校和独立学院的管理者和教师等，为了增强调查的权威性，专家学者中包含教育部长江学者、国家千人计划人员等高层次领军人才。

从人员分布来看，包括民办高校董事长、校领导、中层干部、骨干教师。从职称分布来看，高级职称人员占据主体，正高级职称占24.6%，副高级职称占36.8%，中级职称占27.6%。从学科专业背景来看，理工农医类专业背景的受访者占27.1%，人文社科类专业背景的受访者占72.9%，其中教育学背景的为36.6%，管理学背景的为20.6%。

本次调查问卷除测量受访者的个体特征外，主要采取李克特量表的形式测量受访者对高水平民办高校的评价指标的态度或看法，从非常重要、重要、一般、不重要到非常不重要，依序赋值为1分、2分、3分、4分、5分。指标主要包括15个维度，受访者评价得分情况如表3-3所示。

表3-3　　　　　　　　受访者评价得分情况

	最小值	最大值	平均值	标准差
1.1 生均占地面积	1	5	2.14	0.927
1.2 生均教学行政用房面积	1	5	2.14	0.954
1.3 生均教学科研仪器设备值	1	4	1.56	0.682
1.4 信息化建设水平	1	4	1.54	0.619

续表

	最小值	最大值	平均值	标准差
1.5 学校资产过户情况	1	5	2.04	0.954
2.1 办学总收入	1	4	1.43	0.633
2.2 四项教学经费（教学业务费、教学差旅费、体育维持费、教学仪器设备维修费）占学费收入的比例	1	4	1.45	0.592
2.3 生均年教学日常运行支出	1	4	1.47	0.583
2.4 政府财政补助资金	1	5	1.82	0.807
2.5 社会捐赠金额	1	5	2.11	0.883
3.1 自有教师中博士学位者占比	1	5	1.77	0.777
3.2 副高级以上职称教师比例	1	5	1.60	0.678
3.3 生师比	1	4	1.53	0.649
3.4 "双师型"教师比例	1	5	1.55	0.657
3.5 入选国家级人才计划数	1	5	2.23	0.933
4.1 学校章程、年度财务预决算等信息公开情况	1	5	1.64	0.745
4.2 学校规划制定及执行情况	1	4	1.47	0.599
4.3 营利性与非营利性办学选择	1	5	1.82	0.937
5.1 董（理）事会人员中教职工代表数	1	4	1.90	0.818
5.2 党委书记进入学校董（理）事会情况	1	5	1.94	0.870
5.3 教代会、职代会召开频率	1	5	2.06	0.861
5.4 学校监事会等组织机构健全度	1	5	1.79	0.748
6.1 博士、硕士专业学位授权点数量	1	5	1.94	0.887
6.2 国家级专业数	1	5	1.78	0.788
6.3 国家级学科数	1	5	1.87	0.841
7.1 国家级课程数	1	5	1.77	0.780
7.2 国家级教学成果奖数	1	5	1.81	0.795
7.3 国家规划或重点教材（部）	1	5	1.92	0.817
7.4 国家级大学生校外实践教育基地数	1	5	1.81	0.813
8.1 学生A类学科竞赛获奖数	1	5	1.75	0.720
8.2 毕业生考研录取比例	1	5	2.14	0.913
8.3 毕业生创业比例	1	5	1.99	0.819
8.4 毕业生初次就业率	1	5	1.75	0.730
9.1 学生国际交流访学比例	1	5	2.07	0.828

续表

	最小值	最大值	平均值	标准差
9.2 学校留学生比例	1	5	2.43	0.957
9.3 教育部审批的中外合作办学项目数	1	5	2.35	0.933
9.4 外籍教师数	1	5	2.39	0.896
9.5 教师国外访学进修比例	1	5	2.02	0.825
10.1 国家自科、社科基金项目数	1	5	1.97	0.875
10.2 SCI、SSCI、AHCI、CSSCI、CSCD 论文	1	5	2.05	0.917
10.3 部级产教融合、实验平台数	1	5	1.77	0.788
10.4 部级以上科技奖励数	1	5	1.94	0.846
10.5 发明、实用新型和外观设计专利	1	5	1.86	0.760
10.6 横向科研经费数	1	5	1.75	0.729
10.7 学校技术转让收入	1	5	1.89	0.799
10.8 教师出版专著数	1	5	2.16	0.864
11.1 教师成果被政府采纳数	1	4	1.78	0.716
11.2 教师成果被行业、企业采纳数	1	4	1.60	0.647
11.3 承担市级以上培训项目数	1	5	1.85	0.712
12.1 新生录取分数线在本省同类院校排名	1	5	1.70	0.775
12.2 毕业生对母校的推荐率	1	5	1.53	0.649
12.3 本科毕业生平均月收入	1	5	1.80	0.682
13.1 用人单位对毕业生的满意度	1	4	1.35	0.505
13.2 相关行业对毕业生的满意度	1	4	1.40	0.536
13.3 第三方大学排行榜排名	1	5	2.23	0.991
14.1 入选全国就业 50 强、创新创业 50 强情况	1	5	1.99	0.873
14.2 教育部评估	1	5	1.64	0.705
14.3 民政部门社会组织规范化建设等级	1	5	1.95	0.788
14.4 专业认证数	1	5	1.74	0.754
15.1 管理机制、文化理念特色	1	4	1.43	0.546
15.2 学科专业、人才培养特色	1	4	1.32	0.518
15.3 产教融合、国际办学特色	1	5	1.50	0.618

量表采取科隆巴赫 – a 系数作为测量内部一致性检验的指标，以进行信度。将样本按照奇数偶数折半，计算折半信度。a 系数为 0.959（标准

化 0.960），葛特曼折半系数为 0.859，斯皮尔曼 - 布朗系数为 0.86（折半项目数相等），通过信度检验。

从上述的描述统计来看，依照满意度程度评分，各细项指标的重要性从高到低排序为：学科专业、人才培养特色；用人单位毕业生的满意度；相关行业对毕业生的满意度；办学总收入；管理机制、文化理念特色；四项教学经费；学校规划制定及执行情况；生均教学日常运行支出；产教融合、国际办学特色；毕业生对母校的推荐率；生师比；信息化建设水平；"双师型"教师比例；生均教学科研仪器设备值；教师成果被行业、企业采纳数；副高级以上教师职称比例；教育部评估；学校章程、年度财务预决算等信息公开情；新生录取分数线在本省同类院校排名；专业认证数；毕业生初次就业率；学生 A 类学科竞赛获奖数；横向科研经费数；自由教师中博士学位者占比；国家级课程数；部级产教融合、实验平台数；国家级专业数；教师成果被政府采纳数；学校监事会等组织机构健全度；本科毕业生平均月收入；国家级教学成果奖数；国家级大学生校外实践教育基地数；政府财政补助资金；营利性与非营利性办学选择；承担市级以上培训项目数；发明、实用新型和外观设计专利；国家级学科数；学校技术转让收入；董（理）事会人员中教职工代表数；国家规划或重点教材（部）；部级以上科技奖励数；党委书记进入学校董（理）事会情况；博士、硕士专业学位授权点数量；民政部门社会组织规范化建设等级；国家自科、社科基金项目数；毕业生创业比例；入选全国就业 50 强、创新创业 50 强情况；教师国外访学进修比例；学校资产过户情况；SCI、SSCI、AHCI、CSSCI、CSCD 论文；教代会、职代会召开频率；学校国际交流访学比例；社会捐赠金额；生均教学行政用房面积；生均占地面积；毕业生考研录取比例；教师出版专著数；入选国家级人才计划数；第三方大学排行榜排名；教育部审批的中外合作办学项目数；外籍教师数；学校留学生比例。

三 评价指标构建的因子分析

基于前期指标构建，已形成初步的框架及维度，属于从整体到细项的优化过程，从细项指标逐步聚类至整体，可以运用因子分析解决主成分和代表性问题。

在此基础上借助 SPSS 24.0 进行因子分析从而确定关键指标，并构建

第三章 中国高水平民办高校的内涵、指标及特征

评价指标模型。通过对数据是否适合因子分析进行 KMO 和巴特利特检验，KMO 值为 0.943，大于 0.5，说明因子分析的结果可以很好地解释变量之间的关系，巴特利特球形度检验显著，表明变量的相关矩阵差异显著，数据可以进行因子分析。最后共提取特征根大于 1 的因素共 13 个，共能够解释总体方差 64.231%。详见表 3-4。

表 3-4　　　　　　　　　　　总方差解释

成分	初始特征值 总计	初始特征值 方差百分比	初始特征值 累积百分比	提取载荷平方和 总计	提取载荷平方和 方差百分比	提取载荷平方和 累积百分比	旋转载荷平方和 总计	旋转载荷平方和 方差百分比	旋转载荷平方和 累积百分比
1	18.643	30.069	30.069	18.643	30.069	30.069	6.686	10.783	10.783
2	3.618	5.836	35.905	3.618	5.836	35.905	4.600	7.420	18.203
3	2.897	4.672	40.577	2.897	4.672	40.577	3.951	6.372	24.575
4	2.141	3.453	44.030	2.141	3.453	44.030	3.610	5.823	30.398
5	1.785	2.879	46.909	1.785	2.879	46.909	2.959	4.772	35.170
6	1.679	2.708	49.617	1.679	2.708	49.617	2.831	4.565	39.735
7	1.648	2.658	52.274	1.648	2.658	52.274	2.723	4.392	44.127
8	1.497	2.415	54.690	1.497	2.415	54.690	2.584	4.168	48.296
9	1.332	2.148	56.838	1.332	2.148	56.838	2.525	4.073	52.369
10	1.253	2.021	58.858	1.253	2.021	58.858	2.159	3.482	55.851
11	1.203	1.941	60.799	1.203	1.941	60.799	1.870	3.017	58.868
12	1.087	1.754	62.553	1.087	1.754	62.553	1.755	2.831	61.699
13	1.040	1.678	64.231	1.040	1.678	64.231	1.570	2.532	64.231
14	0.989	1.595	65.826						
15	0.958	1.545	67.370						
……	……	……	……						
62	0.122	0.197	100.000						

注：提取方法：主成分分析法。

通过主成分分析提取 13 个公因子，凯撒正态化最大方差法旋转，在 15 次迭代后收敛，具体内容见表 3-5。从表中数据可见，学校规划制定及执行情况、学生 A 类学科竞赛获奖数、教师出版专著数三个测量指标在所

有 13 个因子上的载荷都小于 0.4，不能有效反映相关测量构念。入选国家级人才计划数、硕博士学位授权点数量、部级以上产教融合实验平台数、部级以上科技奖励数在两个因子上载荷超过 0.4，存在交叉载荷。在"办学资源"的 15 个三级指标中，信息化建设水平、学校资产过户情况、办学总收入、生师比四个指标载荷小于 0.6，入选国家级人才计划数存在交叉载荷。在"治理能力"的 7 个三级指标中，营利性和非营利办学选择、党委书记进入学校董事会情况、学校规划制定与执行情况。在"人才培养"的 16 个三级指标中，毕业生初次就业率、毕业生考研录取率、学生 A 类学科竞赛获奖数三个指标载荷小于 0.6，博士硕士学位授权点存在交叉载荷。在"科研服务"的 11 个三级指标中，承担市级以上培训项目数、教师成果被政府采纳数、教师出版专著数、SCI 等论文数载荷小于 0.6，部级产教融合，部级以上科技奖励存在交叉载荷。在"办学声誉"的 13 个三级指标中，新生录取分数线在本省同类院校排名、相关行业对毕业生的满意度、第三方大学排行榜排名、入选全国就业 50 强等情况、专业认证数、产教融合国际办学特色等指标载荷小于 0.6。

表 3-5　　　　　　　　　　旋转后的成分矩阵

	成分											
	1	2	3	4	5	6	7	8	9	10	11	12
1.1 生均占地面积						0.707						
1.2 生均教学行政用房面积						0.780						
1.3 生均教学科研仪器设备值						0.686						
1.4 信息化建设水平						0.569						
1.5 学校资产过户情况						0.543						

第三章 中国高水平民办高校的内涵、指标及特征

续表

	成分											
	1	2	3	4	5	6	7	8	9	10	11	12
2.1 办学总收入										0.472		
2.2 四项教学经费占学费收入的比例										0.746		
2.3 生均年教学日常运行支出										0.711		
2.4 政府财政补助资金												0.695
2.5 社会捐赠金额												0.728
3.1 自有教师中博士学位者占比							0.732					
3.2 副高级以上职称教师比例							0.682					
3.3 生师比							0.402					
3.4 "双师型"教师比例												
3.5 入选国家级人才计划数	0.513						0.418					
4.1 学校章程、年度财务预决算等信息公开情况				0.620								

续表

	成分											
	1	2	3	4	5	6	7	8	9	10	11	12
4.2 学校规划制定及执行情况												
4.3 营利性与非营利性办学选择				0.505								
5.1 董（理）事会人员中教职工代表数				0.734								
5.2 党委书记进入学校董（理）事会情况				0.545								
5.3 教代会、职代会召开频率				0.738								
5.4 学校监事会等组织机构健全度				0.723								
6.1 博士、硕士专业学位授权点数量	0.561						0.475					
6.2 国家级专业数	0.744											
6.3 国家级学科数	0.771											
7.1 国家级课程数	0.798											

第三章 中国高水平民办高校的内涵、指标及特征

续表

	成分											
	1	2	3	4	5	6	7	8	9	10	11	12
7.2 国家级教学成果奖数	0.739											
7.3 国家规划或重点教材（部）	0.720											
7.4 国家级大学生校外实践教育基地数	0.597											
8.1 学生A类学科竞赛获奖数												
8.2 毕业生考研录取比例											0.502	
8.3 毕业生创业比例											0.606	
8.4 毕业生初次就业率											0.531	
9.1 学生国际交流访学比例			0.738									
9.2 学校留学生比例			0.780									
9.3 教育部审批的中外合作办学项目数			0.674									

续表

	成分											
	1	2	3	4	5	6	7	8	9	10	11	12
9.4 外籍教师数			0.781									
9.5 教师国外访学进修比例			0.663									
10.1 国家自科、社科基金项目数	0.540											
10.2 SCI、SSCI、AHCI、CSSCI、CSCD 论文	0.459											
10.3 部级产教融合、实验平台数	0.508	0.446										
10.4 部级以上科技奖励数	0.543	0.475										
10.5 发明实用新型和外观设计专利		0.677										
10.6 横向科研经费数		0.747										
10.7 学校技术转让收入		0.720										
10.8 教师出版专著数												

第三章 中国高水平民办高校的内涵、指标及特征

续表

	成分											
	1	2	3	4	5	6	7	8	9	10	11	12
11.1 教师成果被政府采纳数		0.547										
11.2 教师成果被行业、企业采纳数		0.691										
11.3 承担市级以上培训项目数		0.561										
12.1 新生录取分数线在本省同类院校排名									0.477			
12.2 毕业生对母校的推荐率									0.634			
12.3 本科毕业生平均月收入									0.626			
13.1 用人单位对毕业生的满意度									0.595			
13.2 相关行业对毕业生的满意度								0.412	0.538			
13.3 第三方大学排行榜排名					0.552							

续表

	成分											
	1	2	3	4	5	6	7	8	9	10	11	12
14.1 入选全国就业50强、创新创业50强情况	0.422				0.559							
14.2 教育部评估					0.637							
14.3 民政部门社会组织规范化建设等级					0.711							
14.4 专业认证数					0.521							
15.1 管理机制、文化理念特色								0.783				
15.2 学科专业、人才培养特色								0.760				
15.3 产教融合、国际办学特色								0.560				

注：提取方法：主成分分析法。旋转方法：凯撒正态化最大方差法。
a. 旋转在 15 次迭代后已收敛。

四 指标构建的结构方程模型验证

鉴于实际的指标体系构建需要，以及前期的实证评价统计和因子分析结果，进一步采用结构模型方式进行验证，在诸多细项指标中依照权重与相关性程度进行甄选，最终形成完整的指标模型。综观指标体系主要构成为"5（一级指标）+15（二级指标）+62（三级指标）"，构建的重点在于二级、三级指标上的重要性，甄选指标构建分成三步。

第一步是拆解指标，由于当前的三级指标为62个，建立整体结构方程会存在指标的内生性问题，在调整的过程会受到诸多关联性影响，因而基于5个一级指标分别拆解进行结构方程分析，即路径分析。一、二级指标均属潜变量，而三级指标为观测指标，以此为基础进行分别构建。

第二步是对指标的权重及相关性分析，过程主要如下。

（一）办学资源

结构为"3（二级）+15（三级）"，办学条件（二级指标）对于办学资源（一级）权重相关性最高（1.33），办学资源模型的方程检验详见表3-6，拟合指数NFI、RFI、IFI、TLI、CFI见图3-2，指标拟合良好的标

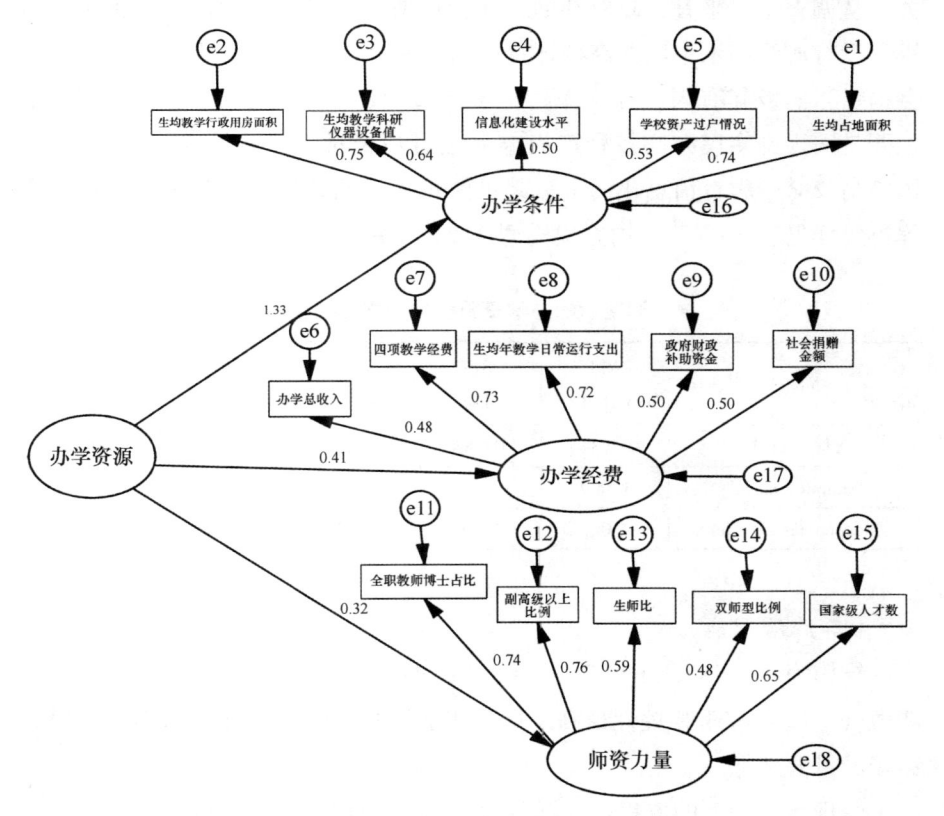

图3-2 办学资源的结构方程模型

准是>0.8—0.9。

表3-6　　　　　　　　办学资源模型的方程检验

Model	NFI Delta1	RFI rho1	IFI Delta2	TLI rho2	CFI
Default model	0.769	0.724	0.792	0.750	0.791
Saturated model	1.000		1.000		1.000
Independence model	0.000	0.000	0.000	0.000	0.000

根据检验结果剔除资产过户、信息化水平、政府补助、社会捐赠四个权重相关性较小的指标后，模型拟合进一步提升，各项系数也保持较高相关。从调查结果来看，政府补助、社会捐赠两项指标之所以未受到足够重视，没有成为高水平民办高校评价的必要指标，主要是因为政府资助、社会捐赠当前极其有限，杯水车薪。资产过户、信息化水平之所以被忽视，主要是因为许多民办高校资产尚未完全过户，对于该政策规定存在异议，民办高校对于教育信息化尚未引起足够重视。调整后的办学资源模型的方程检验详见表3-7，结构方程模型详见图3-3。

表3-7　　　　　　调整后的办学资源模型的方程检验

Model	NFI Delta1	RFI rho1	IFI Delta2	TLI rho2	CFI
Default model	0.834	0.783	0.851	0.804	0.850
Saturated model	1.000		1.000		1.000
Independence model	0.000	0.000	0.000	0.000	0.000

（二）治理能力

结构为"2（二级）+7（三级）"，办学理念（二级指标）对于治理能力（一级）权重相关性最高。这也印证了先进的办学理念是高水平民办高校的重要特征。

治理能力模型的方程检验详见表3-8，治理能力的结构方程模型详见图3-4。

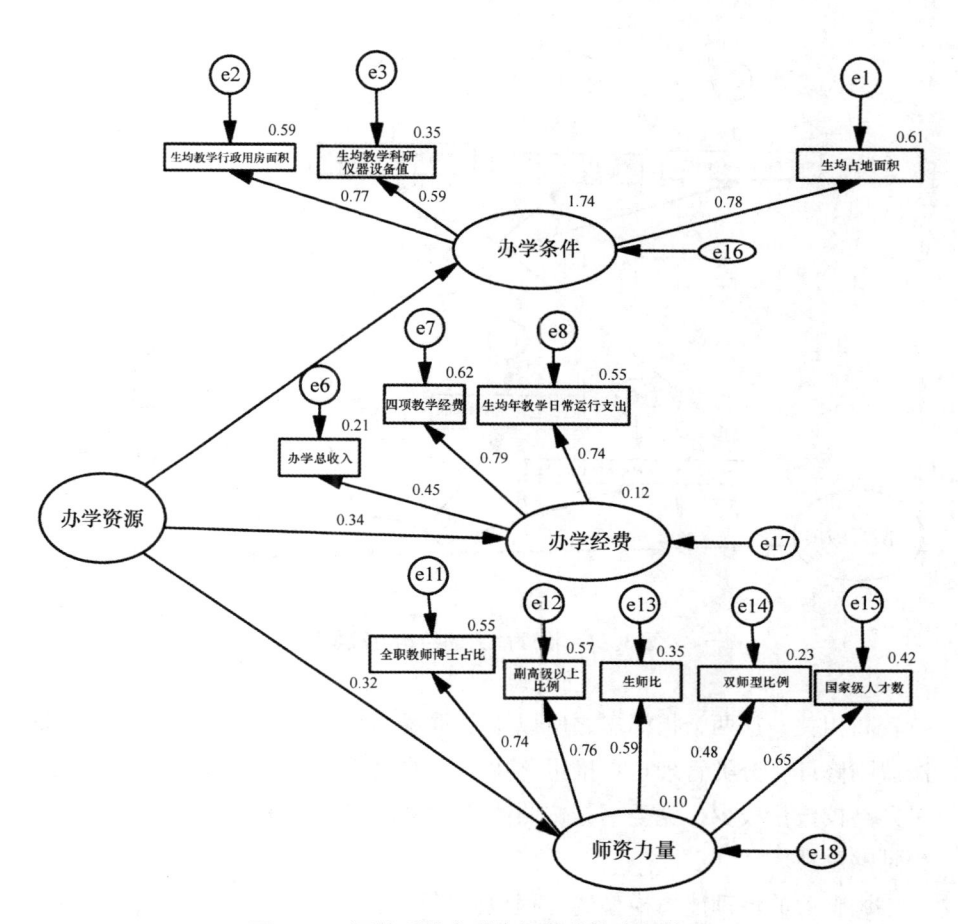

第三章　中国高水平民办高校的内涵、指标及特征

图 3-3　调整后的办学资源的结构方程模型

表 3-8　治理能力模型的方程检验

Model	NFI Delta1	RFI rho1	IFI Delta2	TLI rho2	CFI
Default model	0.958	0.933	0.968	0.948	0.968
Saturated model	1.000		1.000		1.000
Independence model	0.000	0.000	0.000	0.000	0.000

剔除指标：将营利性与非营利性办学选择、党委书记进入董事会情况 2 个权重相关性较小的指标剔除后，模型拟合进一步提升，各项系数也保

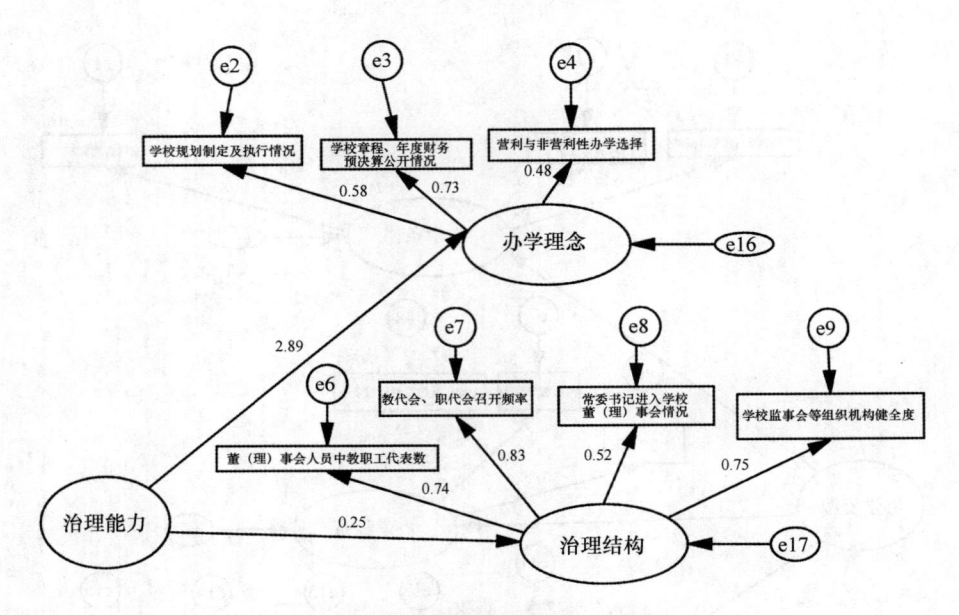

图 3-4 治理能力的结构方程模型

持较高相关。这两个指标志之所以不受重视，究其原因，主要是民办教育法律刚修订，分类管理正在推进之中，目前明确选择非营利性、营利性的民办高校数量极少，党委书记按照法律政策规定进入董事会也尚未受到各界足够重视。

调整后的治理能力模型的方程检验详见表 3-9，调整后的治理能力的结构方程模型详见图 3-5。

表 3-9　　　调整后的治理能力模型的方程检验

Model	NFI Delta1	RFI rho1	IFI Delta2	TLI rho2	CFI
Default model	0.985	0.962	0.989	0.973	0.989
Saturated model	1.000		1.000		1.000
Independence model	0.000	0.000	0.000	0.000	0.000

（三）人才培养

结构为"4（二级）+ 16（三级）"，学科专业、教学改革（二级指

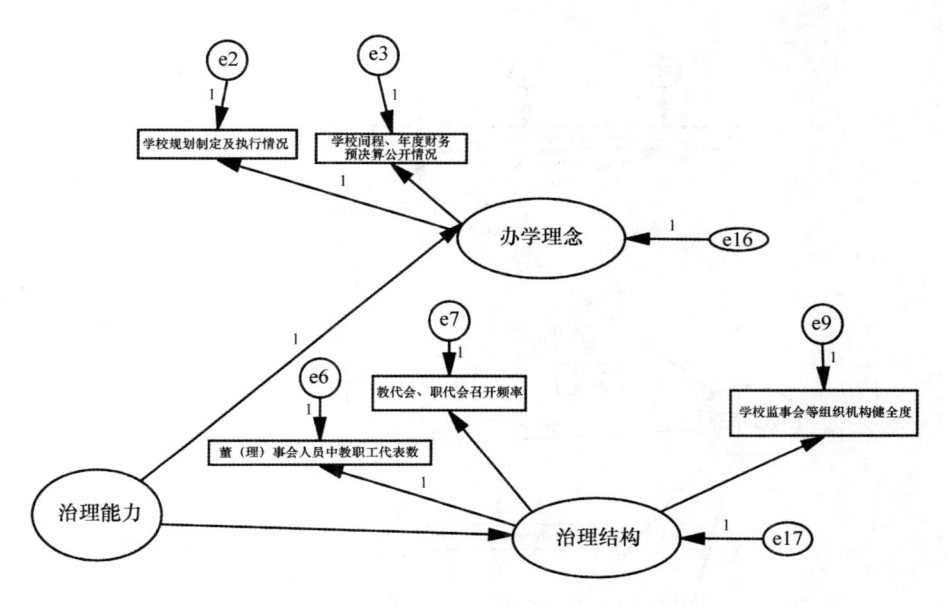

第三章 中国高水平民办高校的内涵、指标及特征

图 3-5 调整后的治理能力的结构方程模型

标）对于人才培养（一级）权重相关性较高。人才培养模型的方程检验详见表 3-10，人才培养的结构方程模型详见图 3-6。

表 3-10　　　　　　　　人才培养模型的方程检验

Model	NFI Delta1	RFI rho1	IFI Delta2	TLI rho2	CFI
Defaurenlt model	0.901	0.883	0.916	0.900	0.916
Saturated model	1.000		1.000		1.000
Independence model	0.000	0.000	0.000	0.000	0.000

剔除指标：将毕业生创业比率、毕业生初次就业率 2 个权重相关性较小的指标剔除后，模型拟合进一步提升，各项系数也保持较高相关。高校大学生创业工作近年来受到各界高度重视，但是调查中毕业生创业比率权重并不高，一方面折射出毕业生创业艰难，另一方面显示出创业工作的深

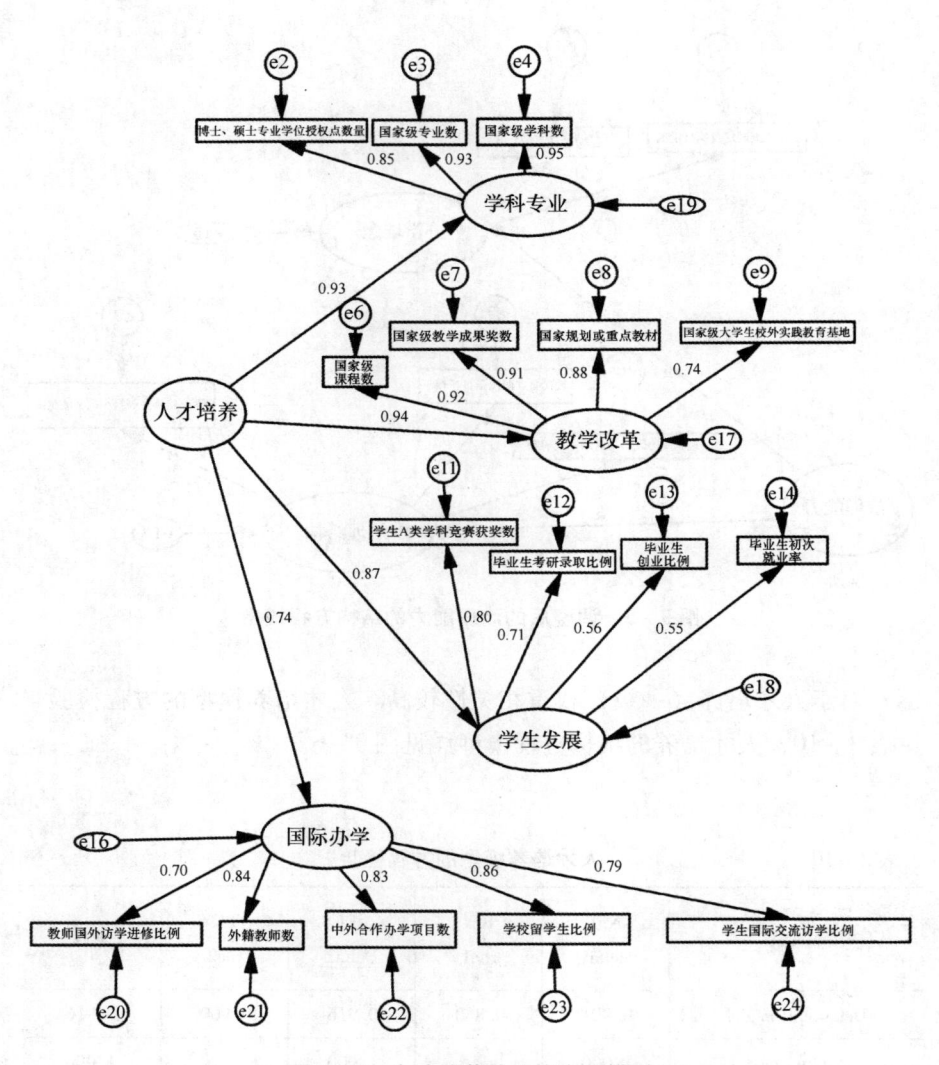

图 3-6 人才培养的结构方程模型

化仍需要持续推进。毕业生初次就业率未被列入高水平民办高校的指标，主要是因为就业率的权威性、可信度、统计口径存在较大争议。调整后的人才培养模型的方程检验详见表 3-11，人才培养的结构方程模型详见图 3-7。

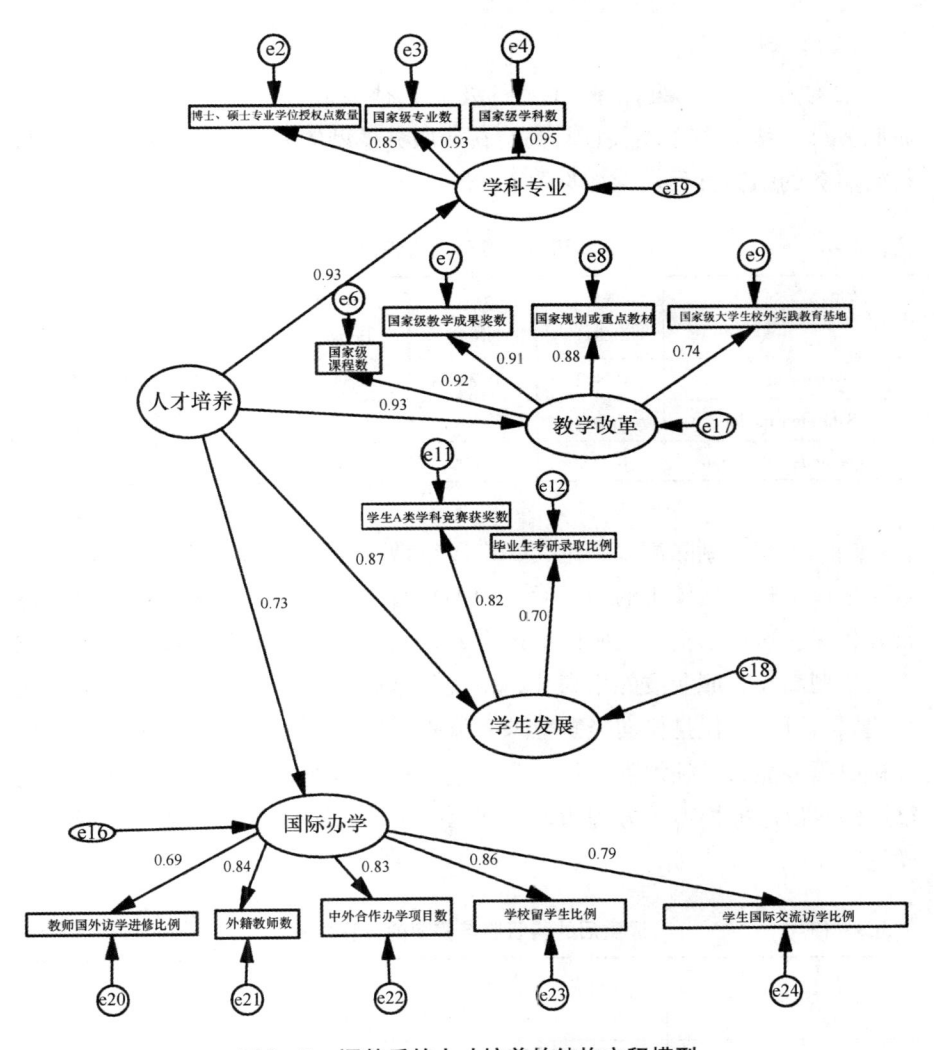

第三章 中国高水平民办高校的内涵、指标及特征   129

图 3-7 调整后的人才培养的结构方程模型

表 3-11   调整后的人才培养模型的方程检验

Model	NFI Delta1	RFI rho1	IFI Delta2	TLI rho2	CFI
Default model	0.913	0.893	0.925	0.908	0.925
Saturated model	1.000		1.000		1.000
Independence model	0.000	0.000	0.000	0.000	0.000

（四）科研服务

结构为"2（二级）+ 11（三级）"，社会服务（二级指标）对于科研服务（一级）权重相关性较高。科研服务模型的方程检验详见表3-12，科研服务的结构方程模型详见图3-8。

表3-12　　　　　　　　科研服务模型的方程检验

Model	NFI Delta1	RFI rho1	IFI Delta2	TLI rho2	CFI
Default model	0.802	0.747	0.811	0.757	0.810
Saturated model	1.000		1.000		1.000
Independence model	0.000	0.000	0.000	0.000	0.000

剔除指标：剔除高水平论文、市级培训项目、横向经费、教师出版专著4个权重相关性较小的指标后，模型拟合进一步提升，各项系数也保持较高相关。这4个指标之所以不被看好，主要是因为民办高校大多数定位为应用型高校、职业技能型高校，传统的基础研究并非强项，高水平论文往往屈指可数，但是横向经费也未受调查者重视，可以从侧面看出民办高校科研服务能力亟须加强，从行业企业获得科研经费的意识需要强化。调整后的科研服务模型的方程检验详见表3-13，科研服务的结构方程模型详见图3-9。

表3-13　　　　　　　调整后的科研服务模型的方程检验

Model	NFI Delta1	RFI rho1	IFI Delta2	TLI rho2	CFI
Default model	0.923	0.875	0.928	0.884	0.928
Saturated model	1.000		1.000		1.000
Independence model	0.000	0.000	0.000	0.000	0.000

（五）办学声誉

结构为"4（二级）+ 13（三级）"，学生评价（二级指标）对于办学声誉（一级）权重相关性较高。办学声誉模型的方程检验详见表3-14，办学声誉的机构方程模型详见图3-10。

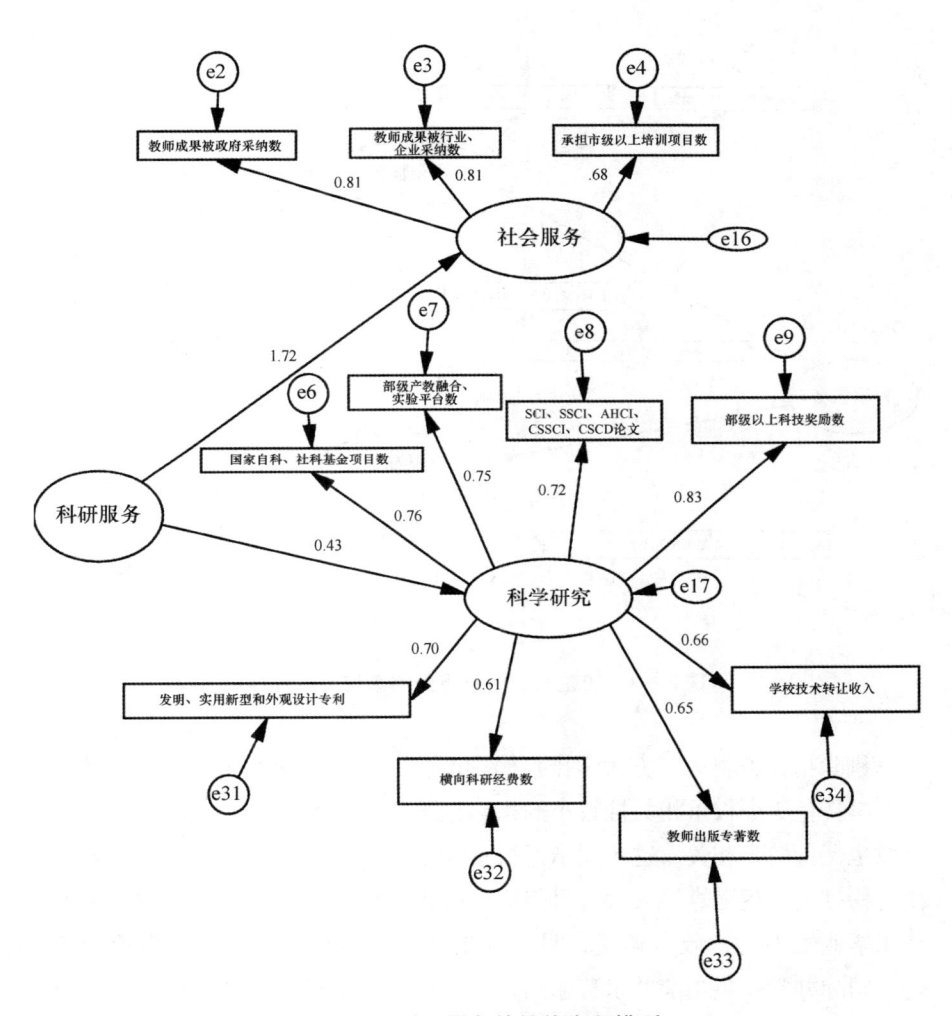

第三章 中国高水平民办高校的内涵、指标及特征

图 3-8 科研服务的结构方程模型

表 3-14 办学声誉模型的方程检验

Model	NFI Delta1	RFI rho1	IFI Delta2	TLI rho2	CFI
Default model	0.799	0.747	0.815	0.766	0.814
Saturated model	1.000		1.000		1.000
Independence model	0.000	0.000	0.000	0.000	0.000

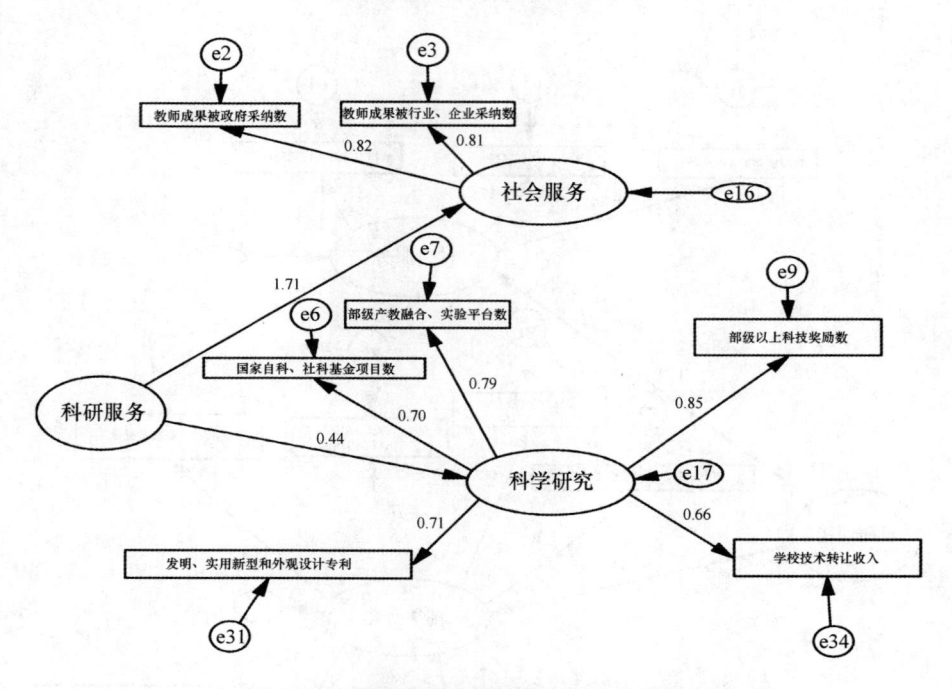

图 3-9 调整后的科研服务的结构方程模型

剔除指标：将第三方大学排行榜排名、毕业生平均月收入、产教融合国际办学特色 3 个权重相关性较小的指标剔除后，模型拟合进一步提升，各项系数也保持较高相关。这 3 项指标权重较小，究其原因，主要是第三方大学排行榜排名主观随意性太大，可信度不高，饱受非议；人才培养质量不能简单用毕业生平均月收入衡量，且不同地区收入差异较大；民办高校产教融合、国际办学特色当前并未普遍凸显，有待进一步提升。调整后的办学声誉模型的方程检验详见表 3-15，办学声誉的机构方程模型详见图 3-11。

表 3-15　　　　　　　调整后的办学声誉模型的方程检验

Model	NFI Delta1	RFI rho1	IFI Delta2	TLI rho2	CFI
Default model	0.870	0.817	0.882	0.833	0.881
Saturated model	1.000		1.000		1.000
Independence model	0.000	0.000	0.000	0.000	0.000

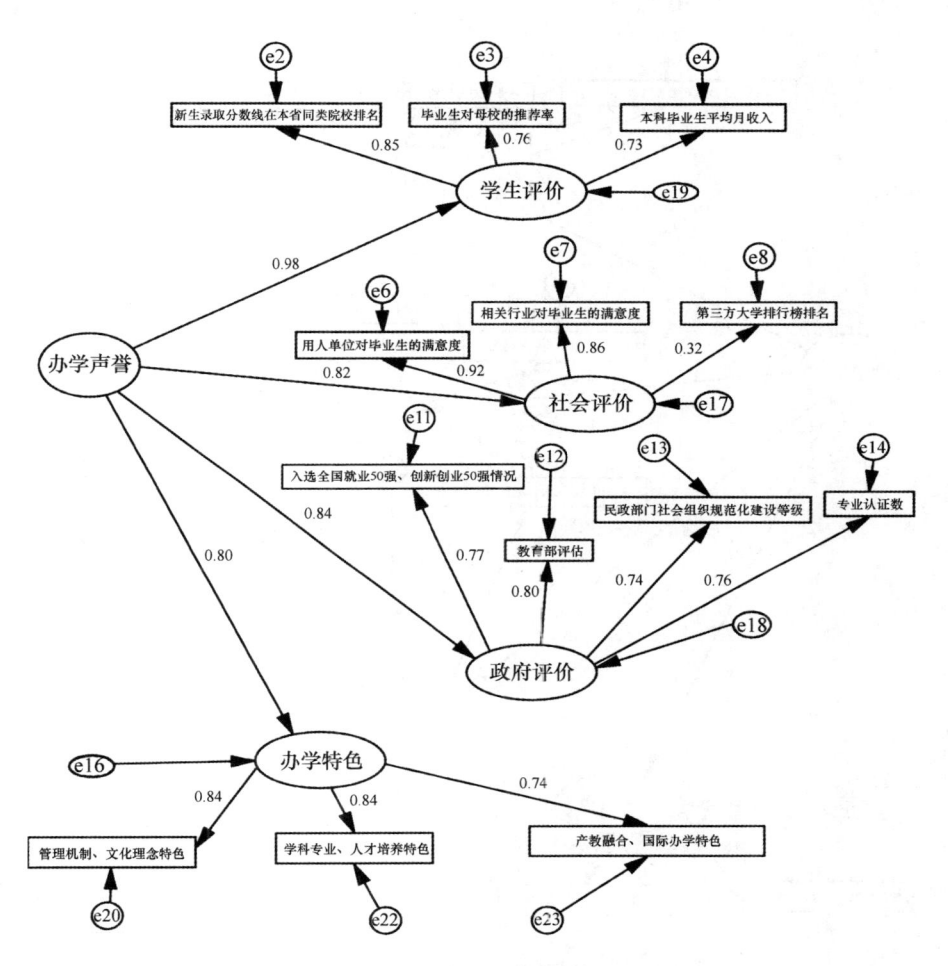

第三章 中国高水平民办高校的内涵、指标及特征

图 3-10 办学声誉的机构方程模型

第三步：筛选后构建指标体系

最终指标构成为"5（一级指标）+15（二级指标）+47（三级指标）"，细项指标删除 24.2%，近 1/4 指标被优化，从而得出中国高水平民办高校评价指标体系，详见表 3-16。

本评价指标模型具有以下三个特点。一是维度全面，更加深入民办高校内部运行过程，注重多元主体的监测，在强调结果的同时，也突出过程性、支撑性要素的指标设计，更加符合民办高校办学实际情况和个性化特

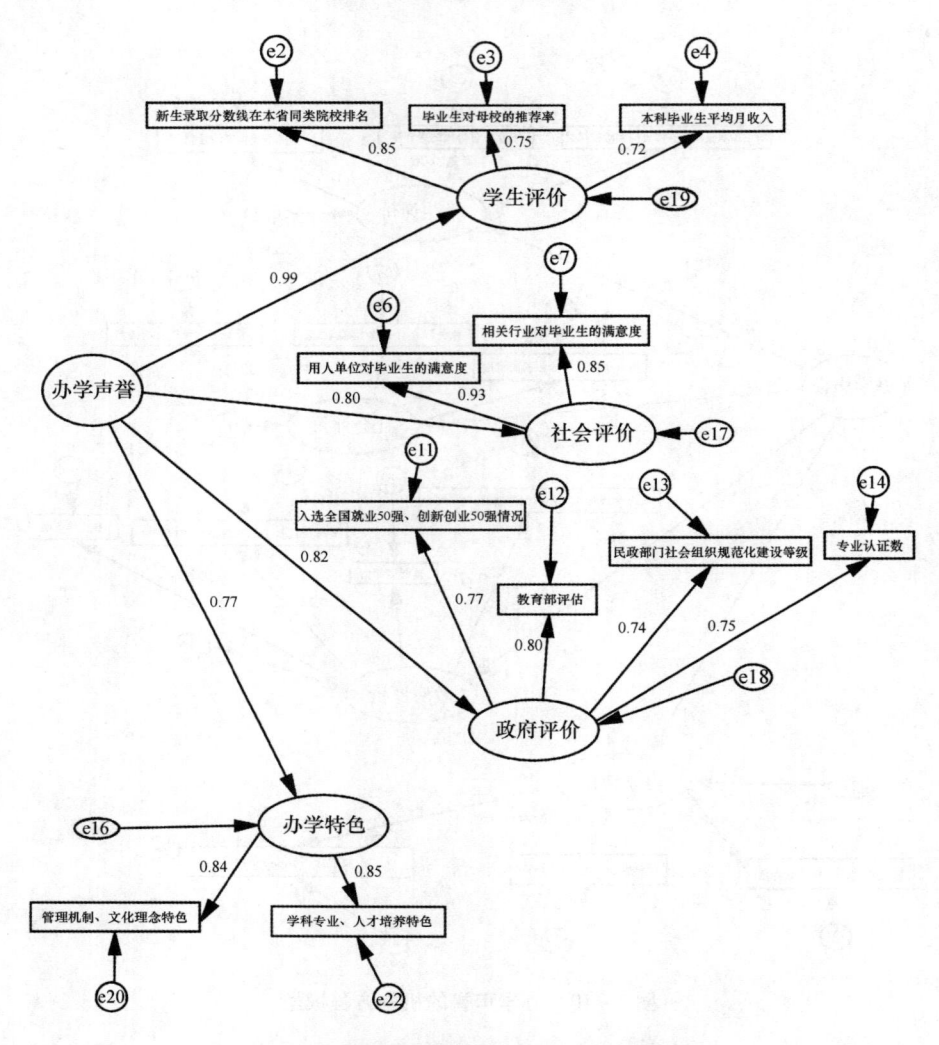

图 3-11 调整后的办学声誉的机构方程模型

征，如生均占地面积、董事会人员中教职工代表数、章程财务预决算公开情况等，这是不同于公办高校的地方。二是数据独特，常见大学评价指标多取自公开数据，有的可信度不高，本套高水平民办高校指标体系则有诸多内部数据，其有路径优势。三是具体落地，高水平民办高校指标体系指向内容更具体、动态、可优化，为后续的落地改善提供了基础，这不同于表面上的监测与排行，具有工具性价值。

第三章 中国高水平民办高校的内涵、指标及特征

表3-16　　　　　中国高水平民办高校评价指标体系

一级指标	二级指标	序号	三级指标
办学资源	办学条件	1	生均占地面积
		2	生均教学行政用房面积
		3	生均教学科研仪器设备值
	办学经费	4	办学总收入
		5	四项经费占学费收入的比例
		6	生均年教学日常运行支出
	师资力量	7	自有教师中博士学位者占比
		8	副高级以上职称教师比例
		9	生师比
		10	"双师型"教师比例
		11	入选国家级人才计划数
治理能力	办学理念	12	学校规划制定及执行情况
		13	学校章程、财务预决算公开情况
	治理结构	14	董（理）事会人员中教职工代表数
		15	教代会、职代会召开频率
		16	学校监事会等组织机构健全度
人才培养	学科专业	17	博士、硕士专业学位授权点数量
		18	国家级专业数
		19	国家级学科数
	教学改革	20	国家级课程数
		21	国家级教学成果奖数
		22	国家规划或重点教材（部）
		23	国家级大学生校外实践教育基地数
	学生发展	24	学生A类学科竞赛获奖数
		25	毕业生考研录取比例
	国际办学	26	学生国际交流访学比例
		27	学校留学生比例
		28	教育部审批的中外合作办学项目数
		29	外籍教师数
		30	教师国外访学进修比例

续表

一级指标	二级指标	序号	三级指标
科研服务	科学研究	31	国家自科、社科基金项目数
		32	部级产教融合、实验平台数
		33	部级以上科技奖励数
		34	发明、实用新型和外观设计专利
		35	学校技术转让收入
	社会服务	36	教师成果被政府采纳数
		37	教师成果被行业、企业采纳数
办学声誉	学生评价	38	新生录取分数线在本省同类院校排名
		39	毕业生对母校的推荐率
	社会评价	40	用人单位对毕业生的满意度
		41	相关行业对毕业生的满意度
	政府评价	42	入选全国就业50强、创新创业50强情况
		43	教育部评估
		44	民政部门社会组织规范化建设等级
		45	专业认证数
	办学特色	46	管理机制、文化理念特色
		47	学科专业、人才培养特色

综上所述，中国高水平民办高校的评价指标体系主要体现在如下五个方面。

第一，在办学资源方面，拥有良好的办学基础条件，充足的办学经费，能够保证日常教学运行支出，生均教学行政面积、占地面积、教学科研仪器设备值要达标，师资力量应该精良，生师比合理，高级职称教师、博士学位教师、双师型教师应满足教学要求。

第二，在治理能力方面，办学理念科学先进，内部法人治理结构完善，董事会、监事会等组织健全，人员构成合理，教代会、职代会作用发挥有力，党组织作用充分发挥。

第三，在人才培养方面，学科专业建设水平高，教学改革扎实有效，拥有国家级学科、专业、课程、教材、教学成果奖等，在博士、硕士研究生教育方面能有所突破，学生在国家学科竞赛中具有竞争力，毕业生考研深造者占据一定比例,国际合作交流多,国际化办学程度较高。

第四,在科研服务方面,教师成果被政府、行业、企业采纳占比较高,服务社会的能力较强,注重发明、实用新型和外观设计专利,产教融合、校企合作特色突出,在申报国家自然科学基金、社会科学基金项目方面有一定竞争力。

第五,在办学声誉方面,学生对学校的评价较高,新生录取分数在同类院校中较高,毕业生对母校的满意度、推荐率较高,毕业生的薪酬水平具有竞争力,社会评价良好,用人单位、相关行业对学校及毕业生的认可度较高,政府评价高,在教育部评估、社会组织规范化建设等级方面较高,同时,具有鲜明的办学特色。

基于中国高水平民办高校的评价指标,我们可以从中初步构建出中国高水平民办高校的圈层结构模型。

在该模型中,高水平民办高校由内至外、由里及表共分为办学资源层、治理能力层、人才培养层、科研服务层、办学声誉层5个圈层结构。高水平民办高校的内核是学科专业,因为大学本质上是一个学术组织,学科是大学的根本,办大学就是办学科,专业是人才培养的基本单元,高水平民办高校的标志是拥有高水平的学科专业。虽然现有民办高校大多数定位为应用型、职业技能型,学科建设往往不是重点,但是专业建设始终是永恒的话题和基本任务。

如图3-12所示,高水平民办高校由内至外分别包括以下五个圈层。

办学资源层是高水平民办高校的第一层,因为高水平的物力资源、人力资源、经费资源、社会资源等资源是民办高校发展的基本条件和发展基础。

治理能力层是高水平民办高校的第二层,制度建设和治理结构是高水平民办高校依法办学、高效运行、协调利益、办学治校的重要基石。

人才培养层是高水平民办高校的第三层,这是民办高校在合理配置资源、健全治理结构后的开展教育教学活动的结果,是学校课程体系、教学改革、能力培养、教育质量、立德树人成效的显现。

科研服务层是高水平民办高校的第四层,科学研究和社会服务是大学的基本职能,由人才培养功能衍生而来,中国民办高校虽然多定位为应用型、职业技能型高校,但是科研服务仍然是彰显民办高校办学水平不可或

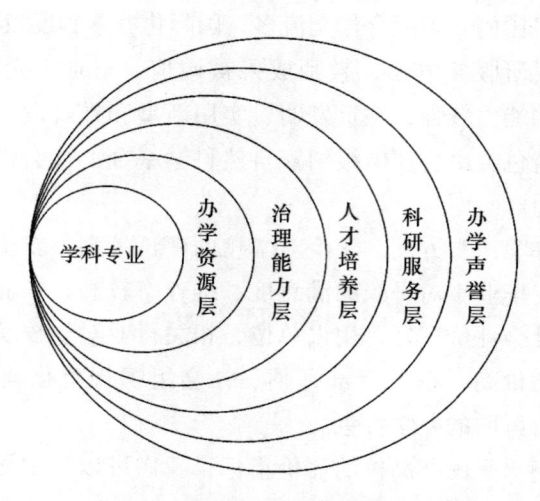

图 3-12　中国高水平民办高校圈层结构模型

缺的要素，只是更加注重应用研究和技术研发。

办学声誉层是高水平民办高校的第五层，也是最外显的一层。学校声誉是一个相对模糊的概念，但这种相对的"模糊"也许更本质更准确地反映了一所大学的地位和影响。[①] 办学声誉是高水平民办高校最终在公众心目中的形象和地位，是第一至第四层结构综合作用的结果。高等教育产品由于高深学问的专业性导致其比普通产品难以测量，所以需要借助产品地位信号和声誉彰显自身影响力，处于声誉系统低端的民办高校需要提升办学声誉。

第四节　中国高水平民办高校的基本特征

高水平民办高校具有区别于其他事物的特征，这些特征表现多元，主观上往往难以准确把握。而上述关于中国高水平民办高校评价指标体系系统回答了如何评价和判断一所民办高校是否具备高水平，其结论彰显了高

---

① 李越、叶赋桂：《大学评价述评——兼论中国创建世界一流大学的差距及策略》，《清华大学教育研究》2001 年第 3 期。

第三章　中国高水平民办高校的内涵、指标及特征

水平民办高校的独特性。因此，评价指标实际构成了描述高水平民办高校特征的基本维度。根据评价指标，高水平民办高校应具有丰富的办学资源、卓越的治理能力、出色的培养质量、优质的科研服务和良好的办学声誉五项基本特征。

一　丰富的办学资源

丰富的办学资源是高水平民办高校的基本特征之一，主要表现在高水平民办高校拥有精良的设施设备，充足的办学经费，优秀的师资力量，生师比合理，充足的高级职称教师、博士学位教师、双师型教师，等等，囊括了人力资源、财力资源和物力资源三个方面。

第一，在人力资源方面，高水平民办高校需要有一流的师资。哈佛大学名誉校长陆登庭教授认为，"只有教师的绝对质量达到了国际水平，一个大学才能称得上是一个优秀的大学。"[1] 综合分析"ARWU""THE"和"QS"排行榜中排名前10的7所大学，归纳出世界一流大学的一系列共性特征，"一流的教师队伍"是其中重要的一项。[2] 斯坦福大学原校长史德龄进一步指出，"一所学校有一流的师资队伍才能培养出一流的学生，并促进其他的工作的开展。"[3] 办学以教师为本，师资对于民办高校无疑具有至关重要的作用，只有高水平的师资才能打造高水平的学科专业，达成高质量的人才培养目的。综观世界一流大学，优秀的师资队伍主要体现在教师的学历结构、职称结构和杰出人才数量。斯坦福大学和麻省理工学院等世界一流大学教师全部拥有博士学位，高学历意味着丰富的知识积累和更高的专业素养。在职称结构层面，美国一流私立大学师资结构大都呈现"倒三角形"，即高、中、低级职称逐级递减。在杰出人才数量上，一流私立大学重点培养了一批具有国际影响力的顶尖教师，如哈佛大学教师队伍中获得过诺贝尔奖的有28位，获得过普利策奖的有11位；斯坦福大学教师

---

[1] 教育部中外大学校长论坛领导小组：《中外大学校长论坛文集》，高等教育出版社2002年版，第14页。
[2] 陈婷婷、杨天平：《世界一流大学的"共性"特征——基于"ARWU""THE"与"QS"排行榜的分析》，《高教发展与评估》2016年第3期。
[3] 王利爽、阳荣威：《"双一流"建设背景下"C9联盟"高校师资队伍及结构调查研究》，《大学教育科学》2017年第6期。

中获得过诺贝尔奖有27位。① 高水平民办高校特别强调人力资源作用，不断加大教师引进和培养力度，填补教师队伍短板，通过柔性引进院士、国务院特殊津贴专家、国家级教学名师和长江学者讲座教授等高层次人才来提升师资的数量、结构、质量，通过"培、优、聘"并举以及多种培养项目举措全面提高教师素质。

第二，在财力资源方面，高水平民办高校应该具备充足的经费。足够的资金支持是高水平民办高校保持办学卓越的重要保障，随着学术组织的办学条件和水平不断增加，维持大学的费用也在持续增长。正如阿特巴赫所言，"现在创建世界一流大学的价格像吹气球般的飞涨，这不仅仅是因为通货膨胀，还因为学术机构的复杂性增加、花费也不菲了，竞争更是异常激烈。"充足而灵活的经费资源有利于大学改进教学和研究条件，招聘到更高水平的教师和研究人员，支持新的前沿学术项目。②

第三，在物力资源方面，高水平民办高校应当拥有良好的办学设施设备，如图书馆、博物馆、实验室、实训基地等。各种物力资源和大学的密切结合，不仅为高水平民办高校的发展提供了物质保障，也为高层次的人才培养创造了条件。一些高水平民办高校拥有教学与科研相结合的科研机构，如省级重点实验室、工程中心。

与其他学校相比，高水平民办高校的丰富办学资源具有一定的特殊性。一方面，高水平民办高校相较于一般民办高校、高水平公办大学，教师的市场意识、创业意识、服务意识应该更敏锐，工程研发能力、社会服务能力、技术转化能力应该更为突出，教师的知识结构、业务能力、职业角色体现出一定的多样性，这是高水平民办高校形成竞争优势的关键所在。另一方面，高水平民办高校的财力资源筹措渠道多元。美国高水平的研究型大学年运行经费一般都在10亿美元以上，其中通过公开竞争而获得的科研基金在学校的总收入中占有很高的比例，③ 而高水平民办高校更加重视多方筹资（私人捐赠、学费等），主要依托丰富的行业企业资源，通过开展校企合作，共建企业孵化器、高新科技园和众创空间，获得社会资

---

① 刘孟玥：《我国"985工程"大学教师队伍建设问题研究》，硕士学位论文，兰州大学，2014年。
② 周光礼：《世界一流大学的特质》，《中国高等教育》2010年第12期。
③ 李勇、闵维方：《论研究型大学的特征》，《教育研究》2004年第1期。

本支持；同时以附属产业、专利使用费、出版收入、继续教育、远程教育、经理人培训等形式创收，展现出强大的筹资能力。

二 卓越的治理能力

卓越的治理能力是高水平民办高校的重要表征，"大学治理所涉及的是权力，与谁掌权、谁决策、谁发言以及发言声音大小有关。"[①] 治理能力包括"形而上"的治理理念和"形而下"的治理结构。

大学治理理念是大学秉承的观念、信仰，是大学的行动指南和精神准则。世界一流大学高度重视治理理念的培植，如芝加哥大学在内部治理过程中恪守学术自由理念，任何人都不允许干涉思想、言论或者教学的自由，无论在艰难时期还是繁荣时期，即是面对批评和压力，这所大学都一贯坚持这样的态度；[②] 又如斯坦福大学在建设一流大学的过程中重视调整治理理念，通过对社会经济环境及社会需求的判断及时转变专业建设方向，始终着力于培养实用型人才，在实用的治理理念指导下，斯坦福大学培养出一大批工程技术人才，有力促进美国产业经济创新，为经济发展做出极大贡献。近代高水平私立大学校长均具有先进的办学治校理念，譬如，复旦公学校长马相伯追求"中西融通、古今汇合"；光华大学校长张寿镛重视从中国传统传统文化中汲取有助于陶铸和熏陶学生人格的优秀思想资源；厦门大学校长林文庆提倡面向海内外开放办学，注重中西互补。

高水平民办高校必须立足先进治理理念，紧扣"变"与"不变"两个原则。一方面，高水平民办高校治理理念必须与时俱进，而不是一成不变。正如民国时期私立南开大学顺应政府政策，积极调整与政府的治理关系，及时树立教育救国的办学方针，受到政府和社会的大力支持，办学水平显著提升。[③] 另一方面，高水平民办高校必须坚持学校的核心治理理念，如耶鲁大学在课程设计、人才培养、学院生活、教育教学等各个方面秉持自由教育理念，坚决捍卫自由教育的权利，以此塑造出一所特色鲜明的一

---

① Rosocsky H., *The University: An Owner's Manual*, New York: Norton, 1990.
② 威廉·墨菲，D. J. R. 布鲁克纳：《芝加哥大学的理念》，彭阳辉译，上海人民出版社2007年版，第31页。
③ 金国、胡金平：《权力让渡与资源获取：私立南开大学国立化进程中的"府学关系"》，《高等教育研究》2015年第12期。

流私立大学。由此可见，先进的治理理念具有全局性和基础性作用，是卓越治理的前提，是大学发展的关键，是民办高校迈向高水平的导航仪和指南针。

大学治理结构也是高水平民办高校治理的重要内容，完善的治理结构是卓越治理能力的体现。斯坦福大学荣誉校长杰拉德·卡斯帕尔教授指出："大学要成为成功的竞争者，需要可靠的经费，也需要有育孵实现长远目标的管理和治理结构，组织结构和管理运作的灵活性也许是大学进行变革的唯一机会。"[1] 世界一流大学的治理结构包括董事会、校长行政体系和教授会。董事会在学校运行过程中起着决定性作用，其人员构成复杂，董事大多为商界精英或行业领袖，主要方便为大学拓展社会资源，董事会在大学治理中时常扮演监督者和裁决者的角色；以校长为代表的行政系统则主要负责学校的日常管理，校长在学校事务性工作中处于核心地位；教授会是学术领导组织，旨在落实大学科研和教学职能。高水平民办高校具有健全的治理结构，具有公开透明的治理程序，能够坚持公益导向，不同的利益主体在治理过程中各司其职，权力架构能有效地形成制衡，或许内部治理结构在各校间的表现略有差异，但总体上应能实现权力的有效运行和自我约束，特别是对学术权力的切实保障。

高水平民办高校的卓越治理能力与其他学校相比具有特殊性，主要表现在高水平民办高校拥有开明的办学投资者和校长，能够营造良好的内外部治理环境，能够真正构筑起以董（理）事会领导，校务委员会、党委会、学术委员会、监事会、顾问委员会协同的现代大学治理体系，真正实现"专家治校、教授治学、党委政治核心、师生参与民主管理"的治校目标。特别是与公办高校相比，高水平民办高校的领导者展现出较强的社会活动能力，中华大学校长陈时、厦门大学校主陈嘉庚、复旦公学创办人马相伯均具有卓越的管理能力和灵活的社会交往能力，有力保障了民办高校的发展。以私立光华大学校长张寿镛为例，在他执掌学校的二十年中，在中央和地方广泛调动各种政治关系，努力为学校争取各种资源。[2] 哈佛大

---

[1] 杰拉德·卡斯帕尔：《成功的研究密集型大学必备的四种特性//中外大学校长论坛文集》（第二辑），高等教育出版社2002年版。

[2] 韩戍：《私立大学校长的政界人脉——以张寿镛执掌光华大学为中心》，《中山大学学报》（社会科学版）2017年第1期。

学在近现代的崛起很大程度上得益于艾略特、洛厄尔、柯南特、普西、博克五位杰出教育家校长的励精图治,他们以理念为先,以革新为本,以治校为业,引领哈佛大学走上世界一流大学之巅。① 党的十九届四中全会提出推进国家治理体系和治理能力现代化的目标,中国高水平民办高校的卓越治理是实现国家治理目标的题中应有之义。

三 出色的培养质量

高水平民办高校应具有出色的培养质量,这是高等教育组织最核心的功能。在民办高校发展过程中,人才培养的重任随着时代发展而闪现出新的特色,即坚持"高质量发展"的内在意蕴。

从世界范围内看,一流大学的核心标志就是其在人才培养方面的卓越成就,世界一流大学是具有全球吸引力、追求卓越、引领发展,能够培养一流人才、产出一流成果、促进社会发展、引领文化方向、参与全球治理的大学。② 也就是说,"世界一流"是建立在一流的人才培养基础上的。以日本早稻田大学为例,该校共培养了7位日本首相,三分之一的日本国会议员;索尼、卡西欧、三星、东芝、乐天、任天堂、松下、三洋、优衣库等众多著名公司的创始人及社长皆毕业于早稻田大学。在2022年QS世界大学排名中,早稻田大学位居日本第10名。美国哈佛大学更是培养出8位美国总统,占历届总统人数的17.8%,同时还培养了阿尔巴尼亚、巴基斯坦、不丹等国家的国家元首。③

与世界一流大学相比,高水平民办高校的人才培养质量并不以政治或经济地位衡量,而是以学生服务社会经济发展的水平而定,不是要培养"仰望星空"的"专才",而是要培养有"脚踏实地"之能的"通才"。④ 这种差异主要体现在以下三个方面。第一,与时俱进的人才培养模式。高水平民办高校的人才培养坚持"以学生"而不是"以利益"为中心,学校

---

① 刘亚敏:《教育家校长引领大学崛起——以哈佛大学五任校长为分析样本》,《高等教育研究》2011年第11期。
② 王战军、蓝文婷:《新时代一流大学的内涵探析》,《现代教育管理》201年第8期。
③ 王战军、娄枝:《世界一流大学的社会贡献、经验及启示——以哈佛大学为例》,《清华大学教育研究》2020年第1期。
④ 靳玉乐、李志超:《现代大学的特点与制度创新》,《现代教育管理》2011年第8期。

重视学生的全面发展和各种知识的传授,具有宽松的教学氛围,师生互动频繁。同时,高水平应用型民办高校和高水平研究型民办高校间存在明显的边界,学校更多地考虑自身的定位、与产业的联系以及对区域经济社会的贡献等,与当地政府、企业事业单位、经济产业结构、地域特征有机结合。[1] 第二,具有特色的品牌学科专业。高水平民办高校有一批富有特色、实力出众的学科专业,拥有一批高水平的学科群,包括学科结构中的综合性、互补性、相融性,学科体系中的重点性、交叉性,以及学科发展中的创新性,[2] 在某些专业领域人才培养成果丰硕,具有高水平课程教材,实验实训场所、科研成果,与同类高校相比更有竞争力。第三,健全的教学质量保障体系。高水平民办高校不是用简单的就业率或课程及格率来衡量人才培养质量,而是通过类似"高等教育认证制度"等一系列手段加强了对教学质量的监督。

四 优质的科研服务

高水平民办高校应具有较强的科研实力和社会服务能力。美国著名的威斯康星思想强调,大学一方面要为社会培养人才,另一方面要服务于社会,大学应当成为人类社会发展的动力站。这种特质预示着大学开启从社会边缘走向中心之路,它不再是精英或贵族的专享品,而是普通民众共有的社会与人类资源,不仅为社会培养人才,还依靠优质的教学与科研直接为社会提供服务。

从长期效益来看,高水平民办高校所造就的精英人物和创造的科研成果能够推动科学技术的发展,从而促进社会的进步。从短期效益来看,高水平民办高校把教学、科研、生产三者紧密结合,形成产学研一体化的办学模式,能够为经济和社会发展服务。以哈佛大学为例,为了应对全球环境变化的挑战,哈佛大学制订并实施"可持续发展校园"计划。正如威廉·克拉克教授指出的,"哈佛大学的目标是成为一个鲜活的实验室,大学参与社区活动,同时提供解决方案,旨在改善人类社会福祉。"2006—

---

[1] 苏志刚:《高水平应用型大学建设探索与实践》,《中国高校科技》2019年第6期。
[2] 李宝富:《试论国内教学研究型大学的特征与建设途径》,《国家教育行政学院学报》2004年第3期。

2017年，哈佛大学温室气体净排放量减少30%，人均垃圾量减少44%，总用水量减少26%。为进一步降低能耗，2018年2月哈佛大学提出到2050年实现哈佛校园"化石能源零消费"的远大目标，具体包括实验室"净零"计划、森林资源保护计划、水资源保护计划等。[①] 同样地，麻省理工学院也为国家军事和工业领域提供了优质的科研服务，诸如电子学研究实验室和仪器实验室这些项目全都服务于军事，同时学院还与标准石油、固特异轮胎和IBM公司开展密切合作，并获得大量资金支持。除此之外，麻省理工还致力于社会公益，为社会提供了许多优质服务，譬如21世纪初麻省理工宣布耗资近1亿美元开展数码项目计划，内容包括2000多门课程，任何使用互联网的人都可以免费得到课堂笔记、问题设置、课程提纲、随堂测验和考试内容。[②] 时至今日，优质的科研服务已经成为以哈佛、麻省为代表的世界一流私立大学的重要标志，这些具有引领性、开创性的研究和实践为美国乃至世界大学以及城市发展树立了标杆和旗帜。

与公办高校相比，高水平民办高校提供的科研服务具有特殊性，其中部分科研服务通过学术论文的形式呈现，而绝大多数则是直接转化成技术，被投入到实际应用之中。在某些领域，高水平民办高校的国家自科、社科基金项目数，部级产教融合、实验平台数更多，成果转化率更高，能够促进区域乃至国家经济社会发展，切实提高社会生产力水平；一些高水平民办高校教师作为地方政府智库成员，其成果间接转化为地方政策，为地区社会事业发展作出卓越贡献。而与一般民办高校相比，高水平民办高校服务社会的能力更强，更加注重发明、实用新型和外观设计专利，产教融合、校企合作特色突出，在申报国家自然科学基金、社会科学基金项目方面有一定竞争力，具备优质的科研服务特征。

五 良好的办学声誉

高水平民办高校应当拥有良好的办学声誉，这种声誉可能来自悠久的

[①] 王战军、娄枝：《世界一流大学的社会贡献、经验及启示——以哈佛大学为例》，《清华大学教育研究》2020年第1期。

[②] 大卫·科伯：《高等教育市场化的底线》，晓征译，北京大学出版社2017年版，第190页。

办学历史、深厚的文化底蕴；也可能是因为拥有世界级的名家大师；或者源自大学进行了高水平的科学研究，为世界经济和社会发展做出贡献。纵观世界高等教育发达史，一所大学在国际上享有较高声誉，是这所大学综合实力的反映，需要长时间的积累。[1]

在大学与社会环境互动中，大学的声誉发挥着重要的鉴别、激励和促进竞争的作用。[2] 它不只是意味着吹嘘董事和毕业生的权利，同时还会带来切实的利益，名声上的细小差别会造成截然不同的结果。学校的声望越高，就越能吸引拔尖的学生和著名的教授，也更能获得最大限度的资助，来自政府和基金会的资助往往还会带来最能盈利的行业合同。这样的成功可能稳固一所学校在强弱顺序中的地位。正如经济学家罗伯特·弗兰克（Robert. H. Frank）在描述他所说的"胜者通吃"的市场时写道，"高等教育是一个'成功带来成功，失败带来失败'的产业"，[3] 强调的正是办学声誉的作用。

与一般的民办高校，甚至是高水平公办高校相比，高水平民办高校的办学声誉不遑多让，主要表现在社会关注度、学生接受度和政府认可度三个方面。第一，高水平民办高校的社会关注度高。特别是在招生就业过程中，高水平民办高校受到社区、企业、行业的青睐，反映在较多的学生报考以及一些实力强劲的企业进入学校招徕人才，这些高校也更容易受到媒体关注，更容易被当作宣传典型。第二，高水平民办高校的学生接受度高。校友对母校提供的教育服务较为认可，满意度较高，毕业生的薪酬水平具有竞争力，学生的创业比率较高。第三，高水平民办高校的政府认可度高。在教育部评估、本科人才培养专业评估、社会组织规范化建设等方面获得较高等级，受到政府较高评价。正如中国高水平民办高校圈层结构模型图中所体现的，良好的办学声誉是丰富的办学资源、健全的治理结构、优质的科研服务和出色的培养质量共同作用的结果，是中国高水平民办高校的显性特征。

---

[1] 周光礼：《世界一流大学的特质》，《中国高等教育》2010 年第 12 期。
[2] 阎凤桥：《大学的办学质量与声誉机制》，《国家教育行政学院学报》2012 年第 12 期。
[3] 大卫·科伯：《高等教育市场化的底线》，晓征译，北京大学出版社 2017 年版，第 5 页。

第四章

中国高水平民办高校生成
影响因素的实证分析

理论和实践表明，民办高校是社会大系统中的一个子系统，其发展受到经济、政治、文化、法律、经费、治理、区域等多种因素的影响。那么，在中国高水平民办高校生成发展的过程中，到底受到哪些具体因素的影响？各因素的影响程度如何？哪些因素最为重要？这是深入分析中国高水平民办高校生成机制的基本前提。本章采用问卷调查的方法，全面调查分析高水平民办高校生成的影响因素，为进一步打开民办高校发展内部"黑箱"，分析其生成机制，奠定坚实基础。

第一节 相关因素的测量

本研究用办学层次来表示民办高校的发展状况，对于民办高校而言，办学层次的跃升意味着生源的改善、资源的集聚、声誉的提高。民办高职院校发展水平赋值为1，民办本科院校分为独立学院和普通民办本科院校，独立学院面临转设的问题，所以本研究将独立学院赋值为2，普通民办本科院校赋值为3。

本研究通过联系全国各省、直辖市、自治区教育行政主管部门和中国民办教育协会、各省民办教育协会会员单位以及民办高校，进行问卷的发放和填写，然后进行问卷的回收汇总，共获得有效问卷293份，其中民办本科院校130份，独立学院87份，民办高职院校76份，每一所学校只由一名熟悉情况的中层干部及以上管理者填写。本研究根据此293份有效问卷的数据，运用 SPSS 24.0 软件展开分析。

建设一流大学和一流学科需要突破三重障碍。一是体制障碍，即宏观层面的"体制与结构"问题，其核心是如何处理政府与大学的关系，关键是落实大学办学自主权。二是管理障碍，即中观层面的"组织与管理"问题，其核心是如何处理学术与行政的关系，关键是落实基层学术组织（院、系、研究所）自治权。三是技术障碍，即微观层面的"知识与课程"问题，其核心是如何处理教学与科研的关系，关键是推进学科专业课程一体化建设。[①] 中国民办高校的发展既受国家法律法规等宏观因素影响，又受到学校管理层面的影响，还受到学科专业等微观层面影响。因此，本研究将高水平民办高校生成影响因素分为宏观因素、中观因素、微观因素三个层面，通过影响因素确认及其现状评价两个维度来设计指标。采用五分法，对"非常同意"赋值为5，"比较同意"赋值为4，"一般"赋值为3，"不太同意"赋值为2，"完全不同意"赋值为1。具体如下。

一 宏观层面因素

我国民办高校是政策和市场的产物，高度依赖于民办教育宏观政策。国家对民办高等教育的法律法规、政策供给、支持态度，直接影响着民办高校的发展定位、规模、速度、方向等等。政府通过权威工具、激励工具、象征与劝诫工具等教育政策工具，引导民办高校的发展走向。我国政策话语对民办高等教育发展的关注以保障性条件为主，偏重于关注办学行为、党建思政、办学条件，对于师资队伍、人才培养的关注度尚显不足，这与民办高等教育的发展阶段有关。在不同发展时期，政府对民办高校有着不同的政策导向，例如，党的十六大报告提出"鼓励社会力量办学"，党的二十大报告提出"引导规范民办教育发展"。从整体来看，在宏观层面上，国家对民办教育实行"积极鼓励、大力支持、正确引导、依法管理"的十六字方针，把民办教育纳入社会主义教育事业的组成部分。

因此，本研究从国家民办教育法律法规、地方民办教育法律法规、地方政府支持态度、地方政府财政扶持、政府提供事业单位编制、招生收费

---

① 周光礼：《"双一流"建设的三重突破：体制、管理与技术》，《大学教育科学》2016 年第 4 期。

等办学自主权、区域高校资源数量、区域经济发展水平、社会观念和文化氛围、民办高校所处的城市位置等方面,进行宏观层面因素的确认与评价。

二 中观层面因素

本研究主要从学校办学理念、学校办学定位、学校经费保障、学校治理结构、学校制度建设、学校举办者、学校行政班子、学校党委、学校发展战略、行政权力与学术权力的协调关系十个维度进行因素确认。从19个维度进行影响因素现状评价,包括董事会、校行政、校党委关系和谐融洽;学校党组织的政治核心作用发挥良好;校长的任职时间和年限比较合理;举办者对人事任命、干部晋升、财务审批等拥有控制权;学校董事会中有教职工代表、社会贤达代表;学校每年召开教代会、职代会;学校教授、教师经常参与决定学校学术事务;学校校长具有干部任免、财务签字权;学校二级学院具有独立的人财物管理权;学校董事会、领导班子中有来自政府的退休领导;学校董事会、领导班子中有来自公办高校的退休领导;学校聘请一些知名人士、专家学者担任实际或名誉职位;当发现有社会资源时,学校一定竭尽全力争取;常常借助新闻媒体、行业组织、人大代表、政协委员身份反映诉求建议;学校与行业企业关系密切,校企合作紧密;学校常常借助民主党派、学术团体、商会等整合资源;学校常帮助政府人士、社会关系解决子女学习、就业等难题;学校与银行金融行业关系密切;学校注重借助国际教育资源扩大影响;等等。由于中国民办高校多为举办者投资办学,考虑到中国民办高校举办者对学校发展具有重要影响,本研究设计了多个维度对举办者影响因素进行确认和评价。具体包括:举办者的教育背景、经济实力、人脉关系、办学动机、工作经历、曾有的教育工作经历、让子女接班的行动或打算、举办者坚毅果敢的风格、较强的创新创业意识,发现和把握机会的能力对于民办高校的发展作用,等等。

三 微观层面因素

本研究将微观因素划分为11个维度:特色学科建设水平、特色专业建设水平、课程建设水平、自有教师队伍水平、教学方式改革、人才培养模式、产教融合水平、科研和服务水平、质量保障体系、第二课堂、学生满意度。同时,从12个维度评价民办高校教育教学现状,包括:学校专业具有一定竞争力;人才培养模式能满足社会和学生需求;校企合作产教融合有待深化;教育评价方式较为科学;教学方法能够与时俱进;学校经常组织教师培训进修;教师课时工作量很大;教职工待遇与当地同类公办高校差距较大;学校中层干部中许多是留校学生;副高及以上职称教师流失严重;博士、教授等高层次人才很难引进;教职工怀有打工者的心态和社会服务水平不高。

第二节 调查样本的信度检验

一 调查样本的基本情况

在数据样本中,填写者的年龄多在35—45岁,占比54.9%,46—60岁的比例为25.9%。问卷填写者多为民办高校的中层干部,占比60%,其次为校党政班子领导,占比28.3%;董事会领导占7.2%。学校所在的城市以省会城市为主,占比43%,地级市其次,占比29.7%,县级市、直辖市和副省级城市数量较少。从办学层次和类别上看,民办本科院校较多,占比44.4%,独立学院和民办高职院校数量相仿,分别占比29.7%和25.9%。从学校办学历史来看,以10—19年的院校居多,占比52.9%,其次是20—29年的院校,占比29.4%,办学历史低于10年和高于30年的院校数量较少。填写者在所在民办高校工作年限在10年以上的人数最多,占比66.6%,由于工作年限长,基本经历了学校的重要发展阶段,对所在院校较为了解,故问卷填写的可信度较高,详见表4-1。

表4-1　　　　　　　调查样本基本情况分析

样本基本特征	观察项	频率	百分比	有效百分比	累计百分比
填写者年龄	35岁以下	37	12.6	12.6	12.6
	35—45岁	161	54.9	54.9	67.6
	46—60岁	76	25.9	25.9	93.5
	60岁以上	19	6.5	6.5	100

第四章 中国高水平民办高校生成影响因素的实证分析　　151

续表

样本基本特征	观察项	频率	百分比	有效百分比	累计百分比
在校身份	举办者	12	4.1	4.1	4.1
	董事会成员	21	7.2	7.2	11.3
	校党政班子领导	83	28.3	28.3	39.6
	学校中层干部	177	60.4	60.4	100
所在城市	直辖市	28	9.6	9.6	9.6
	省会城市	126	43	43	52.6
	副省级城市	19	6.5	6.5	59
	地市级	87	29.7	29.7	88.7
	县级市	33	11.3	11.3	100
学校类型	民办本科高校	130	44.4	44.4	44.4
	独立学院	87	29.7	29.7	74.1
	民办高职院校	76	25.9	25.9	100
学校办学历史	10 年以内	27	9.2	9.2	9.2
	10—19 年	155	52.9	52.9	62.1
	20—29 年	86	29.4	29.4	91.5
	30 年及以上	25	8.5	8.5	100
在校工作时间	2 年以上	22	7.5	7.5	7.5
	3—5 年	31	10.6	10.6	18.1
	6—9 年	45	15.4	15.4	33.4
	10 年及以上	195	66.6	66.6	100

二 调查样本的信度系数

信度代表量表的一致性或稳定性，信度系数在项目分析中，也可以作为同质性检验指标之一，一般来说题项数越多，量表或测验的信度会越高。在社会科学研究中有关李克特量表的信度估计，采用最多者为克隆巴赫系数（Cronbach's α），又称内部一致性信度。通常认为，信度系数应该为0—1。如果量表的信度系数在 0.9 以上，表示量表的信度很好；如果量表的信度系数在 0.8—0.9，表示量表的信度可以接受；如果量表的信度系数在 0.7—0.8，表示量表有些项目需要修订；如果量表的信度系数在 0.7

以下，表示量表有些项目需要抛弃。本研究选用 Alpha 系数作为检验项目的一致性指标，通过计算得到 Cronbach's α。经计算发现，宏观、中观、微观三个层面均通过信度检验。量表中第 10—11 题的 Alpha 信度系数为 0.788，表明有些项目需进一步要修订，经修订调整，宏观层面信度系数通过信度检验。中观层面和微观层面的信度系数均在 0.8 以上，且中观层面在 0.9 以上，通过信度检验，详见表 4-2。

表 4-2　　　　　　　　调查问卷可靠性统计

维度	克隆巴赫 Alpha	项数
宏观层面	0.788	18
中观层面	0.922	40
微观层面	0.816	21

第三节　中国高水平民办高校生成影响因素统计分析

本研究认为高水平民办高校影响因素是复杂多元的，拟从宏观法律法规环境、中观民办高校治理结构、微观民办高校教育教学三个维度，对高水平民办高校建设的影响因素进行分层次调查。具体指标分配和分值如前所述，得到统计结果分析如下。

一　宏观层面影响因素分析

（一）描述分析

根据被访者的数据，如表 4-3 所示，得出了 10 项宏观因素每一项的被选频次和比率。

表 4-3　　　　　宏观影响因素被选频次和比率统计

题目/选项	有很大影响	有一定影响	一般	基本没有影响	完全没有影响
国家民办教育法律法规	224 (76.45%)	55 (18.77%)	12 (4.1%)	2 (0.68%)	0 (0%)

第四章 中国高水平民办高校生成影响因素的实证分析

续表

题目/选项	有很大影响	有一定影响	一般	基本没有影响	完全没有影响
地方民办教育法规政策	184（62.8%）	84（28.67%）	21（7.17%）	4（1.37%）	0（0%）
地方政府支持态度	194（66.21%）	82（27.99%）	15（5.12%）	2（0.68%）	0（0%）
地方政府财政扶持	149（50.85%）	94（32.08%）	34（11.6%）	12（4.1%）	4（1.37%）
政府提供事业单位编制	165（56.31%）	82（27.99%）	25（8.53%）	13（4.44%）	8（2.73%）
招生收费等办学自主权	164（55.97%）	91（31.06%）	32（10.92%）	6（2.05%）	0（0%）
区域高校资源数量	73（24.91%）	145（49.49%）	61（20.82%）	13（4.44%）	1（0.34%）
区域经济发展水平	116（39.59%）	136（46.42%）	36（12.29%）	5（1.71%）	0（0%）
社会观念和文化氛围	109（37.2%）	123（41.98%）	49（16.72%）	12（4.1%）	0（0%）
民办高校所处城市位置	122（41.64%）	130（44.37%）	37（12.63%）	2（0.68%）	2（0.68%）

通过表4-3我们可以看出，对建设高水平民办高校影响较大的因素（被选比率大于50%）包括国家民办教育法律法规、地方政府支持态度、地方民办教育法规政策、政府提供事业单位编制、招生收费等办学自主权、地方政府财政扶持。前三项因素是政策和政府许可方面因素，关乎学校的生存。政府提供事业单位编制、地方政府财政扶持是谋求与公办高校同等的待遇。招生收费等办学自主权是民办高校的特殊因素，相较于公办高校的收费和管理，民办高校更加灵活，自主权更大。区域高校资源数量、区域经济发展水平、社会观念和文化氛围、民办高校所处城市位置对

于高水平民办高校的发展有一定影响。

结合各民办高校发展现状,问卷列出了 8 项学校外部环境情况,被访者对民办高校外部环境现状进行评价,结果如表 4-4 所示。

表 4-4　　　　　　　宏观影响因素的现状评价统计

题目/选项	非常同意	比较同意	一般	不太同意	完全不同意
国家民办教育法律法规较为健全	56 (19.11%)	96 (32.76%)	111 (37.88%)	25 (8.53%)	5 (1.71%)
地方民办教育法律法规较为完善	44 (15.02%)	69 (23.55%)	135 (46.08%)	36 (12.29%)	9 (3.07%)
政府对学校财政扶持较少	144 (49.15%)	82 (27.99%)	57 (19.45%)	8 (2.73%)	2 (0.68%)
政府文件偏重于规范管理	109 (37.2%)	122 (41.64%)	58 (19.8%)	4 (1.37%)	0 (0%)
区域经济发展水平越高,民办高校的发展越好	99 (33.79%)	118 (40.27%)	56 (19.11%)	17 (5.8%)	3 (1.02%)
区域公办高校越多越有利于民办高校发展	33 (11.26%)	76 (25.94%)	98 (33.45%)	70 (23.89%)	16 (5.46%)
民办高校拥有招生、收费等办学自主权	101 (34.47%)	114 (38.91%)	56 (19.11%)	13 (4.44%)	9 (3.07%)
社会对民办高等教育依然存在歧视	149 (50.85%)	114 (38.91%)	28 (9.56%)	2 (0.68%)	0 (0%)

多数被访者对"国家民办教育法律法规较为健全""地方民办教育法律法规较为完善"比较认可,说明国家和地方层面的民办教育法律法规正在日趋健全。从数据上看,也存在着"不太同意""完全不同意"这一说法的人员,虽然比例较小,仅占 10.24% 和 15.36%,但也说明目前民办教育法律法规还是存在不健全的地方,需要进一步完善。

"政府对学校财政扶持较少""政府文件偏重于规范管理"两项侧重于对政府影响的评价。政府的财政扶持力度对民办高校的发展有很大影响,许多学者从财政扶持的合理性、力度等方面进行过论证。政府对民办高校偏重于规范和管理，缺乏激励和引导。从表4-4的数据得出，目前各民办高校对于这两项的认可度较高，表示比较同意及以上态度的比例分别高达77.14%和78.84%，说明民办高校对于政府的财政扶持和激励引导诉求较高。

区域经济与高校的发展呈正相关，区域经济发展水平越高，民办高校的发展状况越好，得到较多的人认可，赞同这一结论的人占到74.06%（"非常同意"和"比较同意"），可见经济社会发展水平和区域位置对民办高校发展有一定影响。

公办高校与民办高校是相得益彰、相互补充、相互借鉴的关系，公办高校资源密集的区域往往能为民办高校发展带来丰富的人才资源、管理资源，提供充足的退休教师和兼职教师。62.8%的人不赞同区域公办高校越多越有利于民办高校发展。也有一部分人（超过35%）认为区域内公办高校越多，相互借鉴合作的机会越多，能够给民办高校发展带来有利影响。

民办高校具有很大的灵活性，统计显示，大部分人（73.28%）赞同民办高校拥有招生、收费等办学自主权。社会对民办高等教育依然存在歧视这一情况，超过半数受访者表示非常同意。社会对于民办高校的偏见由来已久，破除这种误解和成见，是建设高水平民办高校的必要保障。

（二）不同院校对比分析

为进一步分析不同类别民办高校之间的宏观环境影响因素，我们对民办专科高职院校、独立学院和民办本科院校进行单因素方差分析，详见表4-5。

表4-5 三类院校宏观调查统计的变异数分析

		平方和	df	平均值平方	F	显著性
国家民办教育法律法规	群组之间	2.462	2	1.231	3.802	0.023
	在群组内	93.879	290	0.324		
	总计	96.341	292			
地方民办教育法规政策	群组之间	0.285	2	0.142	0.298	0.743
	在群组内	138.719	290	0.478		
	总计	139.003	292			

续表

		平方和	df	平均值平方	F	显著性
地方政府支持态度	群组之间	0.914	2	0.457	1.188	0.306
	在群组内	111.564	290	0.385		
	总计	112.478	292			
地方政府财政扶持	群组之间	1.755	2	0.878	1.043	0.354
	在群组内	243.944	290	0.841		
	总计	245.700	292			
政府提供事业单位编制	群组之间	0.496	2	0.248	0.252	0.778
	在群组内	285.859	290	0.986		
	总计	286.355	292			
招生收费等办学自主权	群组之间	1.083	2	0.542	0.925	0.398
	在群组内	169.770	290	0.585		
	总计	170.853	292			
区域高校资源数量	群组之间	3.322	2	1.661	2.526	0.082
	在群组内	190.692	290	0.658		
	总计	194.014	292			
区域经济发展水平	群组之间	2.136	2	1.068	2.022	0.134
	在群组内	153.141	290	0.528		
	总计	155.276	292			
社会观念和文化氛围	群组之间	4.467	2	2.234	3.286	0.039
	在群组内	197.110	290	0.680		
	总计	201.577	292			
民办高校所处城市位置	群组之间	1.666	2	0.833	1.471	0.231
	在群组内	164.137	290	0.566		
	总计	165.802	292			

根据三类院校之间的变异系数我们可以看出，院校类别与影响因素的分布没有太大差别。按照显著性水平低于0.1的水平进行划分，存在较大差异的影响因素是国家民办教育法律法规、区域高校资源数量、社会观念和文化氛围三项，故对此三项进行进一步分析。

进一步分析得出，在国家民办教育法律法规方面，民办专科高职院校和民办本科院校在 0.05 的显著性水平上差异显著，民办高职院校与独立学院在 0.05 的显著性水平上差异不显著。本科与专科属于两个层次的高等教育，在培养内容、培养目标等方面，本科院校的办学要求高于专科院校，另外在招生、收费、评估等方面两者也有很大不同。所以，在高水平民办高校建设方面，国家民办教育法律法规对于民办专科高职院校和民办本科院校都有很大的影响，但是两者之间的影响力存在差异，详见表 4-6。

表 4-6　　　　　　　　　宏观调查统计的多重比较

因变量	(I) 贵校的性质是	(J) 贵校的性质是	平均差异 (I-J)	标准错误	显著性	95% 信赖区间 下限	95% 信赖区间 上限
10.1 宏观环境对于建设高水平民办高校是否有影响——国家民办教育法律法规	民办本科高校	独立学院	0.080	0.079	0.313	-0.08	0.23
		民办高职	0.227*	0.082	0.006	0.06	0.39
	独立学院	民办本科	-0.080	0.079	0.313	-0.23	0.08
		民办高职	0.147	0.089	0.101	-0.03	0.32
	民办高职院校	民办本科	-0.227*	0.082	0.006	-0.39	-0.06
		独立学院	-0.147	0.089	0.101	-0.32	0.03
10.7 宏观环境对于建设高水平民办高校是否有影响——区域高校资源数量	民办本科高校	独立学院	0.049	0.112	0.660	-0.17	0.27
		民办高职	-0.218	0.117	0.063	-0.45	0.01
	独立学院	民办本科	-0.049	0.112	0.660	-0.27	0.17
		民办高职	-0.268*	0.127	0.036	-0.52	-0.02
	民办高职院校	民办本科	0.218	0.117	0.063	-0.01	0.45
		独立学院	0.268*	0.127	0.036	0.02	0.52
10.9 宏观环境对于建设高水平民办高校是否有影响——社会观念和文化氛围	民办本科高校	独立学院	0.111	0.114	0.330	-0.11	0.34
		民办高职	-0.216	0.119	0.071	-0.45	0.02
	独立学院	民办本科	-0.111	0.114	0.330	-0.34	0.11
		民办高职	-0.327*	0.129	0.012	-0.58	-0.07
	民办高职院校	民办本科	0.216	0.119	0.071	-0.02	0.45
		独立学院	0.327*	0.129	0.012	0.07	0.58

注：* 平均值差异在 0.05 层级显著。

在区域高校资源数量方面，民办专科高职院校与独立学院在 0.05 的显著性水平上差异显著，民办专科高职院校在 0.1 的显著性水平上与民办本科院校差异显著。区域高等教育的数量对于高校之间的生源有着很大的影响，民办高校建校时间相对较短，另外与公办高校相比在社会认可度上也存在差异。本科层次的民办高校和独立学院在招生、资源获取、办学条件方面优于专科层次的民办高职院校。综上分析，区域高校资源数量对于高水平民办高校建设有一定影响，但是对民办本科高校、独立学院、民办专科高职院校之间的影响力存在差异。

（三）宏观层面影响因素主成分分析

在描述分析和院校差异分析的基础上，本研究对宏观层面所有调查指标进行主成分分析，目的是找出宏观层面影响高水平民办高校的核心因素，为后续理论建构奠定基础。根据前面信度检验得到各题目与总量表总分的相关，计算经校正的题总相关指标，删除题总相关低于0.3的题目4道：国家民办教育法律法规、政府提供事业单位编制、政府对学校财政扶持较少和政府文件偏重于规范管理（见表4-7）。

表4-7　　　　　宏观影响因素调查项总计统计

	删除项后的标度平均值	删除项后的标度方差	修正后的项与总计相关性	删除项后的克隆巴赫 Alpha
国家民办教育法律法规	69.49	47.915	0.223	0.786
地方民办教育法规政策	69.67	45.954	0.384	0.777
地方政府支持态度	69.60	45.644	0.476	0.773
地方政府财政扶持	69.93	44.578	0.375	0.777
政府提供事业单位编制	69.89	45.232	0.286	0.785
招生收费等办学自主权	69.79	45.549	0.376	0.777
区域高校资源数量	70.26	44.152	0.480	0.770
区域经济发展水平	69.96	44.605	0.501	0.770
社会观念和文化氛围	70.08	44.100	0.474	0.771
民办高校所处城市位置	69.95	45.339	0.405	0.776
国家民办教育法律法规较为健全	70.61	44.828	0.338	0.780
地方民办教育法律法规较为完善	70.85	44.039	0.385	0.777
政府对学校财政扶持较少	69.98	45.876	0.273	0.785

第四章 中国高水平民办高校生成影响因素的实证分析

续表

	删除项后的标度平均值	删除项后的标度方差	修正后的项与总计相关性	删除项后的克隆巴赫 Alpha
政府文件偏重于规范管理	70.05	46.497	0.275	0.784
区域经济发展水平越高，民办高校的发展状况越好	70.20	43.881	0.431	0.773
区域公办高校越多越有利于民办高校发展	71.06	44.075	0.336	0.782
民办高校拥有招生、收费等办学自主权	70.23	44.307	0.356	0.779
社会对民办高等教育依然存在歧视	69.80	46.515	0.323	0.781

用 KMO 样本适合性检验和巴特利特球形对数据进行检验，得到 KMO 值为 0.713，Bartlett 球形检验呈显著性水平，适合做探索性因素分析，详见表 4-8。

表 4-8　　　　　　　宏观影响因素主成分总方差解释

成分	提取载荷平方和			旋转载荷平方和		
	总计	方差百分比	累积百分比	总计	方差百分比	累积百分比
1	3.814	27.244	27.244	2.675	19.107	19.107
2	1.928	13.769	41.013	2.155	15.392	34.499
3	1.547	11.048	52.060	2.067	14.767	49.266
4	1.111	7.939	59.999	1.503	10.733	59.999

注：提取方法：主成分分析法。

删除因素载荷较低的变量 1 个。通过主成分分析，提取特征根大于 1 的因素有 4 个，共解释总方差的 59.999%。结果显示，在宏观层面影响高水平民办高校发展的因素可分为四类：一是经济社会发展环境因素，包含区域经济发展水平、社会观念和文化氛围、区域高校资源数量、区域经济发展水平越高，民办高校的发展状况越好、民办高校所处城市位置等因素；二是政策法规因素，包含国家民办教育法律法规、地方民办教育法律法规、区域公办高校数量；三是地方性支持因素，包含地方民办教育法规政策、地方政府支持态度、地方政府财政扶持；四是民办学校办学自主权因素，包含招生收费等办学自主权，民办高校拥有招生、收费等办学自主权。（见表4-9）

表4-9　　　　　宏观影响因素主成分旋转后的成分矩阵[a]

	成分 1	成分 2	成分 3	成分 4
区域经济发展水平	0.792			
社会观念和文化氛围	0.769			
区域经济发展水平越高，民办高校的发展状况越好	0.625			
区域高校资源数量	0.613			
民办高校所处城市位置	0.552			
国家民办教育法律较健全		0.923		
地方民办教育法律较完善		0.920		
区域公办高校越多越有利于民办高校发展		0.443		
地方政府支持态度			0.851	
地方政府财政扶持			0.749	
地方民办教育法规政策			0.665	
民办高校拥有招生、收费等办学自主权				0.777
招生收费等办学自主权				0.743

注：提取方法：主成分分析法。
旋转方法：凯撒正态化最大方差法。
a. 旋转在6次迭代后已收敛。

通过对四类因素的描述统计，求得每类因素的均值和标准差。具体而言，影响程度最大的是地方性支持因素，其次是民办学校办学自主权因素，然后是经济社会发展环境因素以及政策法规制度因素（见表4-10）。

第四章 中国高水平民办高校生成影响因素的实证分析

表4-10　　　　　　　　　宏观影响因素描述统计

	N	均值	标准偏差
地方性支持因素	293	4.4653	0.58718
民办学校办学自主权因素	293	4.1911	0.72927
经济社会发展环境因素	293	4.1119	0.57365
政策法规制度因素	293	3.3595	0.80552

二　中观层面影响因素分析

（一）描述分析

根据统计数据，得出中观因素每一项的被选频次和比率。从表4-11可以发现，在中观层面的10个因素当中，除学校党委、行政权力与学术权力的协调关系两项有一定影响外，其他8项因素均对高水平民办高校有很大影响。

表4-11　　　　　中观影响因素被选频次和比率统计

题目/选项	有很大影响	有一定影响	一般	基本没有影响	完全没有影响
学校办学理念	223（76.11%）	61（20.82%）	8（2.73%）	1（0.34%）	0（0%）
学校办学定位	202（68.94%）	82（27.99%）	9（3.07%）	0（0%）	0（0%）
学校经费保障	245（83.62%）	44（15.02%）	4（1.37%）	0（0%）	0（0%）
学校治理结构	208（70.99%）	75（25.6%）	10（3.41%）	0（0%）	0（0%）
学校制度建设	154（52.56%）	122（41.64%）	16（5.46%）	1（0.34%）	0（0%）
学校举办者	227（77.47%）	56（19.11%）	9（3.07%）	1（0.34%）	0（0%）
学校行政班子	185（63.14%）	96（32.76%）	11（3.75%）	1（0.34%）	0（0%）
学校党委	101（34.47%）	136（46.42%）	52（17.75%）	4（1.37%）	0（0%）
学校发展战略	204（69.62%）	69（23.55%）	18（6.14%）	2（0.68%）	0（0%）
行政学术权力关系	95（32.42%）	130（44.37%）	57（19.45%）	10（3.41%）	1（0.34%）

（二）不同院校对比分析

考虑到三类民办院校对于中观层面影响因素可能存在差异，进一步通过单因素方差进行观测。

从表4-12可以看出，在0.05的显著性水平上，民办专科高职院校、独立学院和民办本科院校在学校办学定位、学校治理结构、学校制度建设方面差异性显著。其他7项中观影响因素在三类民办高校之间无显著差异性。

表4-12　　　　三类院校中观调查统计的变异数分析

		平方和	df	平均值平方	F	显著性
学校办学理念	群组之间	1.036	2	0.518	1.899	0.152
	在群组内	79.121	290	0.273		
	总计	80.157	292			
学校办学定位	群组之间	2.484	2	1.242	4.425	0.013
	在群组内	81.386	290	0.281		
	总计	83.870	292			
学校经费保障	群组之间	0.629	2	0.315	1.819	0.164
	在群组内	50.142	290	0.173		
	总计	50.771	292			
学校治理结构	群组之间	2.308	2	1.154	4.087	0.018
	在群组内	81.890	290	0.282		
	总计	84.198	292			
学校制度建设	群组之间	2.363	2	1.181	3.157	0.044
	在群组内	108.511	290	0.374		
	总计	110.874	292			
学校举办者	群组之间	1.175	2	0.588	2.141	0.119
	在群组内	79.589	290	0.274		
	总计	80.765	292			
学校行政班子	群组之间	0.698	2	0.349	1.030	0.358
	在群组内	98.332	290	0.339		
	总计	99.031	292			
学校党委	群组之间	0.381	2	0.191	0.339	0.713
	在群组内	162.882	290	0.562		
	总计	163.263	292			

第四章 中国高水平民办高校生成影响因素的实证分析

续表

		平方和	df	平均值平方	F	显著性
学校发展战略	群组之间	0.260	2	0.130	0.323	0.724
	在群组内	116.689	290	0.402		
	总计	116.949	292			
行政权力与学术权力的协调关系	群组之间	1.109	2	0.555	0.808	0.447
	在群组内	199.123	290	0.687		
	总计	200.232	292			

在办学定位方面和学校治理结构方面，独立学院与民办专科高职院校和民办本科院校差异显著。民办本科院校和民办高职院校都是独立设置的院校，而独立学院是中国高等教育大众化背景下的产物，体制机制非常特殊，面临着转设为普通本科高校的问题，所以在办学定位方面与其他两类院校存在差别。

在制度建设方面，独立学院与民办高职院校之间存在显著差异，而独立学院与民办本科院校、民办高职院校与民办本科院校之间没有显著差异。详见表4-13。

表4-13　　　　三类院校中观调查统计的多重比较

因变量	(I) 学校性质	(J) 学校性质	平均差异(I-J)	标准错误	显著性	95%信赖区间	
						下限	上限
学校办学定位	民办本科高校	独立学院	0.206*	0.073	0.005	0.06	0.35
		民办高职	0.013	0.076	0.870	-0.14	0.16
	独立学院	民办本科	-0.206*	0.073	0.005	-0.35	-0.06
		民办高职	-0.193*	0.083	0.021	-0.36	-0.03
	民办高职院校	民办本科	-0.013	0.076	0.870	-0.16	0.14
		独立学院	0.193*	0.083	0.021	0.03	0.36
学校治理结构	民办本科高校	独立学院	0.183*	0.074	0.014	0.04	0.33
		民办高职	-0.027	0.077	0.726	-0.18	0.12
	独立学院	民办本科	-0.183*	0.074	0.014	-0.33	-0.04
		民办高职	-0.210*	0.083	0.012	-0.37	-0.05
	民办高职院校	民办本科	0.027	0.077	0.726	-0.12	0.18
		独立学院	0.210*	0.083	0.012	0.05	0.37

续表

因变量	(I) 学校性质	(J) 学校性质	平均差异 (I-J)	标准错误	显著性	95%信赖区间 下限	95%信赖区间 上限
学校制度建设	民办本科高校	独立学院	0.078	0.085	0.356	-0.09	0.25
		民办高职	-0.159	0.088	0.073	-0.33	0.01
	独立学院	民办本科	-0.078	0.085	0.356	-0.25	0.09
		民办高职	-0.237*	0.096	0.014	-0.43	-0.05
	民办高职院校	民办本科	0.159	0.088	0.073	-0.01	0.33
		独立学院	0.237*	0.096	0.014	0.05	0.43

注：*平均值差异在0.05层级显著。

(三) 举办者情况分析

民办高校的举办者是民办高校发展的灵魂人物，其能力素质关乎学校的发展甚至存亡，在建设高水平民办高校的过程中举办者扮演着举足轻重的角色。所以，民办高校的举办者也是本研究的一个分析因素。如表4-14所示，回收的293份问卷中，所在民办高校的举办者中男性举办者259人，女性举办者34人。男性举办者在民办高校举办者的数量中居于绝对优势，女性举办者相对要少一些。

表4-14　　　　　　　　民办高校举办者的性别

		次数	百分比	有效的百分比	累积百分比
有效	男	259	88.4	88.4	88.4
	女	34	11.6	11.6	100.0
	总计	293	100.0	100.0	

问卷填写者根据举办者目前的年龄进行作答，民办高校的举办者多为46岁以上的中年和老年人士。过半数的举办者年龄在46—60岁，正处于年富力强的年龄段，有丰富的社会阅历和管理经验，对于高水平民办高校建设有促进作用。45岁以下和80岁以上的举办者人数较少，占总人数的8.19%（见表4-15）。

表 4-15　　　　　　　　　　民办高校举办者的年龄

		次数	百分比	有效的百分比	累积百分比
有效	35 岁以下	5	1.7	1.7	1.7
	35—45 岁	10	3.4	3.4	5.1
	46—60 岁	164	56.0	56.0	61.1
	61—70 岁	81	27.6	27.6	88.7
	71—80 岁	24	8.2	8.2	96.9
	80 岁以上	9	3.1	3.1	100.0
	总计	293	100.0	100.0	

举办者的学历水平是其能力素质的一个重要体现。调查显示，硕士研究生以上学历的举办者占比 54.3%，本科学历以上的举办者数量超过 85%，达到 87.4%（见表 4-16）。综合来看，中国民办高校的举办者文化素质水平较高。

表 4-16　　　　　　　　　　民办高校举办者的学历

		次数	百分比	有效的百分比	累积百分比
有效	博士研究生	85	29.0	29.0	29.0
	硕士研究生	74	25.3	25.3	54.3
	本科	97	33.1	33.1	87.4
	专科	14	4.8	4.8	92.2
	高中（中专）	11	3.8	3.8	95.9
	初中	8	2.7	2.7	98.6
	小学	3	1.0	1.0	99.7
	无	1	0.3	0.3	100.0
	总计	293	100.0	100.0	

举办者在创办民办高校之前的经历，对其管理经验、整合资源等都有很大影响。如表 4-17 所示，举办者创办学校之前的身份以企业老板数量最多，占比 38.2%，其管理经验丰富，有利于保障民办高校的资金来源。公办学校的教师居于第二位，占比 30.4%，教师出身的举办者具有教育工作经验，对于高校的管理、教学等有所了解，有利于保证教育教学质量。

表4-17　　　　　民办高校举办者创办学校之前的身份统计

		次数	百分比	有效的百分比	累积百分比
有效	公办学校教师	89	30.4	30.4	30.4
	企业老板	112	38.2	38.2	68.6
	企业一般人员	5	1.7	1.7	70.3
	政府等机构的行政人员	27	9.2	9.2	79.5
	事业单位工作人员	21	7.2	7.2	86.7
	海归人士	6	2.0	2.0	88.7
	其他	33	11.3	11.3	100.0
	总计	293	100.0	100.0	

举办者具有的政治身份也是举办者能力的一种表现。举办者拥有国家层面的政治身份，包括全国党代表、全国人大代表、全国政协委员，人数较少，三项总和仅占15.4%。举办者政治身份为省（自治区、直辖市）和地级市党代表、人大代表、政协委员的分别占24.4%和27.7%。详见表4-18。说明民办高校的举办者在省域和市域内的政治参与度较高，在地方具有一定的社会影响力。没有政治身份的人数占32.4%。

表4-18　　　　　　　　　举办者政治身份次数

		回应 N	回应 百分比	观察值 百分比
举办者政治身份[a]	全国党代表	3	0.9	1.0
	全国人大代表	26	7.7	8.9
	全国政协委员	23	6.8	7.8
	省（自治区、直辖市）党代表、人大代表、政协委员	82	24.4	28.0
	地级市党代表、人大代表、政协委员	93	27.7	31.7
	无	109	32.4	37.2
	总计	336	100.0	114.7

注：a. 在值1处表格化的二分法群组。

举办者的社会兼职情况是了解民办高校举办者社会网络的一扇窗户。

第四章　中国高水平民办高校生成影响因素的实证分析

民办高校举办者在省级教育行业组织、学术组织兼职最多，占比 37.2%，在其他社会组织和省级工商联、科协、青联、企业家等组织兼职数量较多，在国家级社会组织中兼职数量较少，但也占有 12%—16% 的比例。详见表 4-19。

表 4-19　　　　　　　　社会组织兼职次数

		回应 N	回应 百分比	观察值 百分比
社会组织兼职[a]	国家级教育行业组织、学术组织	66	15.8	22.5
	国家工商联、科协、青联、企业家等组织	53	12.6	18.1
	省教育行业组织、学术组织	109	26.0	37.2
	省级工商联、科协、青联等组织	92	22.0	31.4
	其他	99	23.6	33.8
总计		419	100.0	143.0

注：a. 在值 1 处表格化的二分法群组。

由表 4-20 可知，75.77% 的受访者对于举办者对学校发展具有决定性意义的观点非常赞同。举办者的能力当中，办学动机和经济实力是被认为最重要的，另外，举办者的办事风格、创新意识以及把握机会能力也至关重要。

表 4-20　　举办者能力素质对民办高校发展作用评价统计

题目/选项	非常同意	比较同意	一般	不太同意	完全不同意
举办者对于学校发展具有决定性意义	222 (75.77%)	60 (20.48%)	9 (3.07%)	2 (0.68%)	0 (0%)
举办者教育背景对于学校有重要影响	140 (47.78%)	112 (38.23%)	35 (11.95%)	5 (1.71%)	1 (0.34%)
举办者经济实力对于学校有重要影响	181 (61.77%)	80 (27.3%)	26 (8.87%)	5 (1.71%)	1 (0.34%)
高水平民办高校举办者人脉更加广泛	164 (55.97%)	90 (30.72%)	32 (10.92%)	6 (2.05%)	1 (0.34%)

续表

题目/选项	非常同意	比较同意	一般	不太同意	完全不同意
举办者办学动机对于学校有重要影响	223 (76.11%)	60 (20.48%)	8 (2.73%)	1 (0.34%)	1 (0.34%)
举办者工作经历对于学校有重要影响	127 (43.34%)	121 (41.3%)	40 (13.65%)	4 (1.37%)	1 (0.34%)
举办者有教育工作经历对学校更有利	139 (47.44%)	107 (36.52%)	38 (12.97%)	7 (2.39%)	2 (0.68%)
举办者有让子女接班的行动或打算	60 (20.48%)	60 (20.48%)	98 (33.45%)	39 (13.31%)	36 (12.29%)
举办者具有坚毅果断敢闯敢拼的风格	166 (56.66%)	83 (28.33%)	34 (11.6%)	6 (2.05%)	4 (1.37%)
举办者具有较强的创新创业意识	166 (56.66%)	89 (30.38%)	30 (10.24%)	3 (1.02%)	5 (1.71%)
举办者更加善于发现和把握机会	165 (56.31%)	81 (27.65%)	39 (13.31%)	3 (1.02%)	5 (1.71%)

(四) 中观层面影响因素主成分分析

根据信度检验得到各题目与总量表总分的相关，计算经校正的题总相关指标，删除题总相关低于0.3的题目4道，详见表4-21。

表4-21　　　　　中观影响因素调查项总计统计

	删除项后的标度平均值	删除项后的标度方差	修正后的项与总计相关性	删除项后的克隆巴赫Alpha
学校办学定位	160.65	295.604	0.321	0.921
学校治理结构	160.63	295.548	0.323	0.921
学校制度建设	160.85	292.480	0.424	0.920
学校行政班子	160.72	294.098	0.369	0.921
学校党委	161.17	291.039	0.400	0.921
学校发展战略	160.69	292.386	0.417	0.921

第四章　中国高水平民办高校生成影响因素的实证分析

续表

	删除项后的标度平均值	删除项后的标度方差	修正后的项与总计相关性	删除项后的克隆巴赫 Alpha
行政与学术权力的协调关系	161.26	289.364	0.417	0.920
董事会、校行政、校党委关系和谐融洽	161.28	280.565	0.599	0.918
党组织政治核心作用发挥好	161.33	284.284	0.527	0.919
校长的任职年限比较合理	161.48	280.210	0.567	0.919
举办者对人事任命、干部晋升、财务审批等拥有控制权	161.40	287.501	0.330	0.922
学校董事会中有教职工代表、社会贤达代表	161.66	279.683	0.562	0.919
学校每年召开教代会职代会	161.43	280.548	0.542	0.919
学校教授、教师经常参与决定学校学术事务	161.52	280.216	0.579	0.919
学校校长具有干部任命、财务签字权	161.22	286.000	0.450	0.920
学校二级学院有独立的人财物等权力	161.94	280.418	0.501	0.920
学校董事会、领导班子中有来自政府的退休领导	161.80	284.307	0.452	0.920
学校董事会、领导班子中有来自公办高校的退休领导	161.47	285.161	0.448	0.920
学校聘请知名人士、专家学者担任实际或名誉职位	161.27	284.478	0.550	0.919
当发现有社会资源时，学校一定竭尽全力争取	161.07	285.187	0.558	0.919

续表

	删除项后的标度平均值	删除项后的标度方差	修正后的项与总计相关性	删除项后的克隆巴赫 Alpha
常常借助新闻媒体、行业组织、人大代表、政协委员身份反映诉求建议	161.57	280.123	0.635	0.918
学校与行业企业关系密切，校企合作紧密	161.10	284.962	0.581	0.919
学校常常借助民主党派、学术团体、商会等整合资源	161.76	281.278	0.605	0.918
学校常帮助政府人士、社会关系解决学习、就业等难题	162.02	284.647	0.459	0.920
学校与银行金融关系密切	161.72	283.259	0.580	0.919
学校注重借助国际教育资源扩大影响	161.56	284.460	0.534	0.919
举办者对于学校发展具有决定性意义	160.60	293.337	0.429	0.921
举办者的教育背景对于学校发展有重要影响	161.00	289.976	0.426	0.920
举办者的经济实力对于学校发展有重要影响	160.83	291.514	0.376	0.921
高水平民办高校的举办者人脉关系更加广泛	160.91	290.054	0.413	0.920
举办者的办学动机对于学校发展有重要影响	160.59	293.920	0.390	0.921
举办者的工作经历对于学校发展有重要影响	161.05	288.604	0.483	0.920
举办者曾有教育工作经历对学校发展更有利	161.03	288.006	0.466	0.920

第四章 中国高水平民办高校生成影响因素的实证分析

续表

	删除项后的标度平均值	删除项后的标度方差	修正后的项与总计相关性	删除项后的克隆巴赫 Alpha
举办者具有坚毅果断、敢作敢为、敢闯敢拼的风格	160.94	285.096	0.544	0.919
举办者具有较强的创新创业意识	160.92	284.534	0.582	0.919
举办者比常人更加善于发现和把握机会	160.95	284.724	0.553	0.919

用 KMO 样本适合性检验和巴特利特球形对数据进行检验,得到 KMO 值为 0.874,Bartlett 球形检验呈显著性水平,适合做探索性因素分析(见表 4-22)。

表 4-22　　　　　中观影响因素主成分总方差解释

成分	提取载荷平方和			旋转载荷平方和		
	总计	方差百分比	累积百分比	总计	方差百分比	累积百分比
1	8.550	28.499	28.499	4.203	14.009	14.009
2	3.036	10.119	38.618	2.875	9.583	23.592
3	2.447	8.155	46.773	2.872	9.574	33.166
4	1.923	6.410	53.183	2.750	9.167	42.333
5	1.355	4.517	57.700	2.367	7.889	50.222
6	1.213	4.043	61.743	2.305	7.684	57.906
7	1.105	3.684	65.427	2.256	7.521	65.427

注:提取方法:主成分分析法。

删除因素载荷较低或在 2 个以上因素都有较高负荷的变量 6 个。最终通过主成分分析,提取特征根大于 1 的因素有 7 个,共解释总方差的 65.427%。提取的 7 个因子如表 4-23 所示。

表 4-23　中观影响因素主成分旋转后的成分矩阵[a]

	成分						
	1	2	3	4	5	6	7
学校教授、教师经常参与决定学校学术事务	0.809						
学校每年召开教代会职代会	0.749						
学校二级学院有独立的人财物等权力	0.746						
学校董事会中有教职工代表、社会贤达代表	0.745						
董事会、校行政、校党委关系和谐融洽	0.616						
学校党组织的政治核心作用发挥良好	0.613						
学校校长具有干部任命、财务签字权	0.583						
举办者具有坚毅果断、敢作敢为、敢闯敢拼的风格		0.881					
举办者具有较强创业意识		0.872					
举办者比常人更加善于发现和把握机会		0.868					
学校常常借助民主党派、学术团体、商会等整合资源			0.728				
学校常帮助政府人士、社会关系解决学习、就业等难题			0.703				
学校常常借助新闻媒体、政治身份反映诉求建议			0.676				
学校与金融行业关系密切			0.676				
学校注重借助国际教育资源扩大影响			0.595				
学校发展战略				0.766			
学校党委				0.750			

第四章 中国高水平民办高校生成影响因素的实证分析

续表

	成分						
	1	2	3	4	5	6	7
学校行政班子				0.746			
行政与学术权力的协调关系				0.733			
举办者曾有教育工作经历对学校发展更有利					0.727		
举办者的教育背景对于学校发展有重要影响					0.722		
举办者的工作经历对于学校发展有重要影响					0.676		
举办者对人事任命、干部晋升、财务审批等拥有控制权					0.575		
举办者的办学动机对于学校发展有重要影响						0.803	
举办者的经济实力对于学校发展有重要影响						0.702	
举办者对于学校发展具有决定性意义						0.566	
学校治理结构						0.551	
学校董事会、领导班子中有来自公办高校的退休领导							0.864
学校董事会、领导班子中有来自政府的退休领导							0.790
学校聘请一些知名人士、专家学者担任实际或名誉职位							0.624

注：提取方法：主成分分析法。旋转方法：凯撒正态化最大方差法。旋转在7次迭代后已收敛。

根据因素分析的结果，在中观层面影响民办高校向高水平发展的因素可分为七类：一是学校治理现状因素；二是举办者的性格特点因素；三是学校整合资源方式因素；四是学校行政组织建设因素；五是举办者的经历经验因素；六是举办者的决策权力因素；七是学校领导班子因素。通过对七类因素的描述统计，求得每类因素的均值和标准差（见表4-24）。

表4-24　　　　　　　　　中观影响因素描述统计

	N	均值	标准偏差
举办者的决策权力因素	293	4.6476	0.45208
举办者的性格特点因素	293	4.3732	0.82180
学校行政组织建设因素	293	4.3498	0.55252
举办者的经历经验因素	293	4.1903	0.65252
学校治理现状因素	293	3.8274	0.78888
学校领导班子因素	293	3.7986	0.84985
学校整合资源方式因素	293	3.5863	0.73825

具体而言，举办者的能力素质对高校的高水平发展有重要作用。举办者的决策权力这一因素影响最大，其次分别为举办者的性格特点因素、学校行政组织建设因素、举办者的经历经验因素、学校治理现状因素、学校领导班子因素、学校整合资源方式因素。由此可见，举办者的影响因素对高水平民办高校的建设至关重要。从其个人的性格特点到经历以及举办者的决策等，都成为高水平民办高校建设不能忽视的重要因素。

三　微观层面影响因素分析

（一）描述分析

微观层面共列出11项影响因素，由被访者根据其认可的程度，依次进行"有很大影响""有一定影响""一般""基本没有影响""安全没有影响"的选择，详见表4-25。

超过70%的人认为，"特色专业建设水平""自有教师队伍水平"对建设高水平民办高校有很大影响；认为特色学科水平、课程建设水平、人才培养模式有很大影响的超过60%。教学方式改革、产教融合水平、质量保障体系、学生满意度四项因素的影响程度也较高。科研和服务水平、第二课堂的影响程度稍弱一些。可以得出，微观层面的学科、专业、课程、人才培养模式、教育教学方式、质量保障等都对建设高水平民办高校具有很大影响。此外，科研和服务水平受重视程度不够，而这正是民办高校向高质量迈进亟待填补的一个短板。

表4-25　　　　　　　　微观影响因素频次统计

题目/选项	有很大影响	有一定影响	一般	基本没有影响	完全没有影响
特色学科建设水平	181 (61.77%)	92 (31.4%)	18 (6.14%)	1 (0.34%)	1 (0.34%)
特色专业建设水平	207 (70.65%)	76 (25.94%)	10 (3.41%)	0 (0%)	0 (0%)
课程建设水平	188 (64.16%)	82 (27.99%)	22 (7.51%)	1 (0.34%)	0 (0%)
自有教师队伍水平	218 (74.4%)	63 (21.5%)	12 (4.1%)	0 (0%)	0 (0%)
教学方式改革	167 (57%)	108 (36.86%)	18 (6.14%)	0 (0%)	0 (0%)
人才培养模式	197 (67.24%)	80 (27.3%)	16 (5.46%)	0 (0%)	0 (0%)
产教融合水平	171 (58.36%)	101 (34.47%)	20 (6.83%)	1 (0.34%)	0 (0%)
科研和服务水平	138 (47.1%)	105 (35.84%)	48 (16.38%)	2 (0.68%)	0 (0%)
质量保障体系	171 (58.36%)	98 (33.45%)	23 (7.85%)	1 (0.34%)	0 (0%)
第二课堂	89 (30.38%)	139 (47.44%)	60 (20.48%)	4 (1.37%)	1 (0.34%)
学生满意度	160 (54.61%)	101 (34.47%)	29 (9.9%)	3 (1.02%)	0 (0%)

（二）不同院校比较分析

三类院校在显著性水平为 0.1 的水平上，除产教融合水平、学生满意度两项因素存在差异外，其他 9 项因素均无显著差异（详见表 4-26）。

表 4-26　三类院校微观调查统计的变异数分析

		平方和	df	平均值平方	F	显著性
特色学科建设水平	群组之间	0.072	2	0.036	0.082	0.921
	在群组内	126.727	290	0.437		
	总计	126.799	292			
特色专业建设水平	群组之间	0.015	2	0.007	0.025	0.975
	在群组内	84.531	290	0.291		
	总计	84.546	292			
课程建设水平	群组之间	0.117	2	0.059	0.139	0.870
	在群组内	122.088	290	0.421		
	总计	122.205	292			
自有教师队伍水平	群组之间	0.757	2	0.379	1.301	0.274
	在群组内	84.410	290	0.291		
	总计	85.167	292			
教学方式改革	群组之间	1.101	2	0.550	1.476	0.230
	在群组内	108.128	290	0.373		
	总计	109.229	292			
人才培养模式	群组之间	1.239	2	0.619	1.797	0.168
	在群组内	99.949	290	0.345		
	总计	101.188	292			
产教融合水平	群组之间	2.066	2	1.033	2.557	0.079
	在群组内	117.163	290	0.404		
	总计	119.229	292			
科研和服务水平	群组之间	0.418	2	0.209	0.360	0.698
	在群组内	168.340	290	0.580		
	总计	168.758	292			
质量保障体系	群组之间	0.200	2	0.100	0.232	0.793
	在群组内	125.049	290	0.431		
	总计	125.249	292			

续表

		平方和	df	平均值平方	F	显著性
第二课堂	群组之间	0.476	2	0.238	0.400	0.671
	在群组内	172.419	290	0.595		
	总计	172.894	292			
学生满意度	群组之间	3.694	2	1.847	3.720	0.025
	在群组内	143.979	290	0.496		
	总计	147.672	292			

产教融合方面，民办本科院校与民办专科高职院校之间差异显著，民办专科高职与独立学院、民办本科院校与独立学院之间，无显著差异。学生满意度方面，民办高职院校与独立学院、民办本科院校差异显著，独立学院与民办本科院校之间无显著差异。详见表4-27。

表4-27　　　　三类院校微观调查统计的多重比较

因变量	(I) 贵校的性质是	(J) 贵校的性质是	平均差异 (I-J)	标准错误	显著性	95%信赖区间 下限	95%信赖区间 上限
产教融合水平	民办本科	独立学院	-0.056	0.088	0.527	-0.23	0.12
		民办高职	-0.206*	0.092	0.025	-0.39	-0.03
	独立学院	民办本科	0.056	0.088	0.527	-0.12	0.23
		民办高职	-0.150	0.100	0.133	-0.35	0.05
	民办高职	民办本科	0.206*	0.092	0.025	0.03	0.39
		独立学院	0.150	0.100	0.133	-0.05	0.35
学生满意度	民办本科	独立学院	0.090	0.098	0.359	-0.10	0.28
		民办高职	-0.205*	0.102	0.045	-0.41	-0.01
	独立学院	民办本科	-0.090	0.098	0.359	-0.28	0.10
		民办高职	-0.295*	0.111	0.008	-0.51	-0.08
	民办高职院校	民办本科	0.205*	0.102	0.045	0.01	0.41
		独立学院	0.295*	0.111	0.008	0.08	0.51

注：*平均值差异在0.05层级显著。

（三）微观层面影响因素主成分分析

根据信度检验得到各题目与总量表总分的相关，计算经校正的题总相关指标，删除题总相关低于 0.2 的题目 2 道（若设置值为低于 0.3，则需要删除较多题目，使"教师职业发展因素"这个维度不显著）：学校副高及以上职称教师流失严重、教职工怀有打工者的心态，详见表 4-28。

表 4-28　　微观影响因素调查项总计统计

	删除项后的标度平均值	删除项后的标度方差	修正后的项与总计相关性	删除项后的克隆巴赫 Alpha
特色学科建设水平	79.96	60.180	0.485	0.805
特色专业建设水平	79.82	61.270	0.476	0.807
课程建设水平	79.94	59.992	0.515	0.804
教学方式改革	79.99	60.171	0.530	0.804
产教融合水平	79.99	60.418	0.478	0.806
科研和服务水平	80.20	59.545	0.465	0.805
第二课堂	80.43	58.479	0.552	0.801
学生满意度	80.07	59.680	0.490	0.804
学校专业具有一定竞争力	80.61	59.307	0.432	0.806
学校人才培养模式能满足社会和学生需求	80.63	58.815	0.482	0.804
学校质量保障体系较为健全	80.76	58.965	0.428	0.806
学校教育评价方式较为科学	80.83	59.007	0.423	0.807
学校教学方法能够与时俱进	80.83	59.060	0.446	0.805
学校经常组织教师培训进修	80.71	59.537	0.364	0.810
教师课时工作量很大	80.52	60.018	0.406	0.808
教职工待遇与公办高校差距较大	80.55	60.159	0.299	0.814
学校中层干部中许多是留校学生	81.73	59.629	0.280	0.816
博士、教授等高层次人才很难引进	80.23	61.348	0.243	0.816

第四章 中国高水平民办高校生成影响因素的实证分析

续表

	删除项后的标度平均值	删除项后的标度方差	修正后的项与总计相关性	删除项后的克隆巴赫 Alpha
教师的科研和社会服务水平不高	80.59	61.461	0.247	0.816

用 KMO 样本适合性检验和巴特利特球形对数据进行检验, 得到 KMO 值为 0.868, Bartlett 球形检验呈显著性水平, 适合做探索性因素分析, 详见表 4-29。

表 4-29　　　　　微观影响因素主成分总方差解释

成分	提取载荷平方和			旋转载荷平方和		
	总计	方差百分比	累积百分比	总计	方差百分比	累积百分比
1	6.014	31.652	31.652	4.743	24.965	24.965
2	3.364	17.705	49.357	4.334	22.812	47.777
3	2.076	10.924	60.281	2.376	12.504	60.281

注: 提取方法: 主成分分析法。

无载荷较低或在 2 个以上因素都有较高负荷的变量, 因此无须另外删除变量。通过主成分分析, 提取特征根大于 1 的因素有 3 个, 共解释总方差的 60.281%。详见表 4-30。

表 4-30　　　　微观影响因素主成分旋转后的成分矩阵

	成分		
	1	2	3
特色学科建设水平	0.750		
特色专业建设水平	0.787		
课程建设水平	0.829		
教学方式改革	0.794		
产教融合水平	0.759		
科研和服务水平	0.727		
第二课堂	0.670		

续表

	成分		
	1	2	3
学生满意度	0.684		
学校专业具有一定竞争力		0.796	
学校人才培养模式能满足社会和学生需求		0.785	
学校质量保障体系较为健全		0.897	
学校教育评价方式较为科学		0.885	
学校教学方法能够与时俱进		0.839	
学校经常组织教师培训进修		0.674	
教师课时工作量很大			0.677
教职工待遇与公办高校差距较大			0.643
学校中层干部中许多是留校学生			0.557
博士、教授等高层次人才很难引进			0.752
教师的社会服务水平不高			0.750

  根据因素分析的结果，在微观层面影响高水平民办高校发展的因素可分为三类。人才培养质量因素：特色学科建设水平、特色专业建设水平、课程建设水平、教学方式改革、产教融合水平、科研和服务水平、第二课堂、学生满意度；质量保障体系因素：学校专业具有一定竞争力、学校人才培养模式能满足社会和学生需求、学校质量保障体系较为健全、学校教育评价方式较为科学、学校教学方法能够与时俱进、学校经常组织教师培训进修；教师队伍建设因素：教师课时工作量很大、教职工待遇与当地同类公办高校差距较大、学校中层干部中许多是留校学生、博士，教授等高层次人才很难引进、教师的社会服务水平不高。

  通过对三类因素的描述统计，求得每类因素的均值和标准差（见表4-31）。具体而言，影响最大的是人才培养质量因素，然后是质量保障体系因素、教师队伍建设因素。可见，民办高校最值得关注的问题是提升内涵水平和教育教学质量。

表 4-31　　　　　　　　　　微观影响因素描述统计

	N	均值	标准偏差
人才培养质量因素	293	4.4462	0.50901
质量保障体系因素	293	3.7706	0.62425
教师队伍建设因素	293	3.7631	0.73838

（四）高水平民办高校影响因素的相关和回归分析

通过开放性试题的统计以及对民办高校管理者的访谈补充，对结果进行归纳整理，发现民办高校的教学发展现状和人才培养质量引起较多关注，如人才培养模式改革、学科专业建设水平、课程体系改革等。建立高水平的人才培养体系，提升教育教学质量和人才培养水平，对民办高校的高水平发展具有极其重要的意义。因此，将研究聚焦到人才培养质量因素，进行相关性分析，分析人才培养质量因素与其他各影响因素的相关性；进而提出假设，进行回归分析，将人才培养质量因素设为因变量，探究与其相关度较高的因素对它产生的具体影响。

首先，通过相关分析来研究两个或两个以上处于同等地位变量的相关关系，以确定变量之间是否具有相关性，观测其密切性，为进一步分析变量间的具体关系即回归分析做好基础。其次，选取相关关系显著的变量做回归分析，提出假设，揭示自变量对因变量的影响程度，建立线性回归方程，确定回归系数，对因变量进行量化的预测。为此，首先对人才培养质量因素与宏观、中观、微观层面各因素分别做相关分析，查看人才培养质量因素与各层面间的变量间相关关系是否显著。之后以人才培养质量作为因变量，各层次中相关关系显著的影响因素作为自变量，分别进行三次回归分析，确定各影响因素对教育教学优势的具体影响情况。

1. 宏观层面各影响因素与人才培养质量因素的相关和回归分析

通过相关性分析得到政策法规、办学自主权、地方性支持、经济社会发展环境因素与人才培养质量因素的相关性系数均 <0.001，说明相关性显著，关系密切，可进一步在相关性显著的变量间进行回归分析（见表 4-32）。

表4-32　宏观影响因素与人才培养质量因素相关性

		人才培养质量	经济社会发展环境	政策法规制度	地方性支持	办学自主权
皮尔逊相关性	人才培养质量	1.000	0.304	0.393	0.277	0.262
显著性（单尾）	人才培养质量		0.000	0.000	0.000	0.000

为建立最理想的线性回归方程，使自变量对因变量的影响更加精确化。对政策法规、办学自主权、地方性支持、经济社会发展环境因素进行回归分析的显著性检查，除去对教育教学影响不显著的自变量外部发展环境因素，对宏观层面其他各因素与人才培养质量因素进行回归分析（见表4-33）。

表4-33　系数[a]

模型		未标准化系数		标准化系数	t	显著性	共线性统计	
		B	标准错误	Beta			容差	VIF
1	（常量）	0.877	0.364		2.409	0.017		
	外部发展环境	0.135	0.074	0.107	1.813	0.071	0.763	1.311
	政策法规制度	0.266	0.050	0.297	5.300	0.000	0.855	1.170
	地方性支持	0.214	0.067	0.175	3.216	0.001	0.908	1.101
	民办学校办学自主权	0.116	0.056	0.117	2.082	0.038	0.848	1.180

注：a. 因变量：人才培养质量。

对政策法规制度因素、民办学校办学自主权、地方性支持因素进行回归的方差检验结果显示，统计量 $F = 27.071$，$Sig < 0.001$，表明建立的回归模型具有统计学意义。如表4-34所示。

表4-34　ANOVA[a]

模型		平方和	自由度	均方	F	显著性
1	回归	33.295	3	11.098	27.071	0.000[b]
	残差	118.485	289	0.410		
	总计	151.780	292			

注：a. 因变量：人才培养质量。
b. 预测变量：（常量），民办学校办学自主权，地方性支持，政策法规制度。

表4-35是对政策法规制度因素、地方性支持因素、民办学校办学自主权因素与人才培养质量因素的回归分析，可以看出政策法规制度因素、地方性支持因素、民办学校办学自主权因素显著性水平均<0.05，说明政策法规制度因素、地方性支持因素、民办学校办学自主权因素对人才培养质量因素的影响显著，且回归系数分别为0.291、0.239、0.143。表明政策法规制度、地方性支持、民办学校办学自主权对人才培养质量有正向影响，政策法规制度每完善1个单位，人才培养质量就会提高0.291个单位；地方性支持力度每提高1个单位，人才培养质量就会提高0.239个单位；民办学校办学自主权每提高1个单位，人才培养质量就会提高0.143个单位。

表4-35　　　　　　　　　　　　　系数[a]

模型		未标准化系数		标准化系数	t	显著性
		B	标准错误	Beta		
1	（常量）	1.124	0.339		3.316	0.001
	政策法规制度	0.291	0.048	0.325	6.017	0.000
	地方性支持	0.239	0.066	0.194	3.641	0.000
	民办学校办学自主权	0.143	0.054	0.145	2.665	0.008

注：a. 因变量：人才培养质量。

根据上述分析结果可建立回归方程：人才培养质量 = 1.124 + 0.291 × 政策法规制度 + 0.239 × 地方性支持 + 0.143 × 民办学校办学自主权。

2. 中观层面各影响因素与人才培养质量因素的相关和回归分析

通过相关性分析得到，学校领导班子、举办者的决策权力、学校行政组织建设、举办者的性格特点、学校治理现状、举办者的经历经验、学校整合资源方式因素与人才培养质量因素的相关性系数均<0.05，说明相关性显著，关系密切，可进一步在相关性显著的变量间进行回归分析，如表4-36所示。

为建立最理想的线性回归方程，使自变量对因变量的影响更加精确化，对学校领导班子、举办者的决策权力、学校行政组织建设、举办者的性格特点、学校治理现状、举办者的经历经验、学校整合资源方式因素与人才培养质量因素进行回归分析的显著性检查,除去对教育教学影响不显著的自变量学校行政组织建设因素、举办者的经历经验因素、举办者的决策权力因素、学校领导班子因素(见表4-37),对中观层面的其他各影响因素与人才培养质量因素进行回归分析。

表4-36　中观影响因素与人才培养质量因素相关性

		人才培养质量	学校治理现状	举办者的性格特点	整合资源方式	行政组织建设	举办者的经历经验	举办者的决策权力	学校领导班子
皮尔逊相关性	人才培养质量因素	1.000	0.568	0.426	0.454	0.255	0.263	0.157	0.256
显著性(单尾)	人才培养质量因素		0.000	0.000	0.000	0.000	0.000	0.004	0.000

表4-37　系数[a]

模型		未标准化系数 B	标准错误	标准化系数 Beta	t	显著性	共线性统计 容差	VIF
1	(常量)	1.101	0.387		2.842	0.005		
	学校治理现状	0.350	0.056	0.382	6.283	0.000	0.582	1.717
	举办者的性格特点	0.187	0.049	0.213	3.795	0.000	0.686	1.458
	学校整合资源方式	0.160	0.062	0.163	2.588	0.010	0.541	1.847
	学校行政组织建设	0.074	0.069	0.057	1.070	0.285	0.766	1.305
	举办者的经历经验	0.051	0.064	0.046	0.804	0.422	0.651	1.537
	举办者的决策权力	-0.088	0.090	-0.055	-0.975	0.330	0.670	1.491
	学校领导班子	-0.049	0.047	-0.058	-1.048	0.295	0.702	1.425

注:a.因变量:人才培养质量。

对学校治理现状、举办者的性格特点、学校整合资源方式与人才培养质量因素进行回归分析的方差检验结果显示,统计量F=58.608,Sig<0.001,表明建立的回归模型具有统计学意义。如表4-38所示。

表4-39是对举办者的性格特点、学校治理现状、学校整合资源方式因素与人才培养质量因素的回归分析,可以看出学校治理现状因素、举办者的性格特点因素、学校整合资源方式因素的显著性水平<0.05,说明这

第四章 中国高水平民办高校生成影响因素的实证分析

三个自变量对学校发展现状的影响显著，且回归系数分别为 0.362、0.173、0.149。表明学校治理现状因素、举办者的性格特点因素、学校整合资源方式因素对人才培养质量因素有正向影响，学校治理现状每改善 1 个单位，学校人才培养质量就会提高 0.362 个单位；举办者的创新性及对机遇把握的敏锐性等性格因素每提高 1 个单位，学校人才培养质量就会提高 0.173 个单位；学校整合资源方式每改善 1 个单位，学校人才培养质量就会提高 0.149 个单位。

表 4-38 ANOVA[a]

模型		平方和	自由度	均方	F	显著性
1	回归	57.412	3	19.137	58.608	0.000[b]
	残差	94.368	289	0.327		
	总计	151.780	292			

注：a. 因变量：人才培养质量。
b. 预测变量：（常量），学校整合资源方式，举办者的性格特点，学校治理现状。

表 4-39 系数[a]

模型		未标准化系数		标准化系数	t	显著性
		B	标准错误	Beta		
1	（常量）	1.089	0.214		5.084	0.000
	学校治理现状	0.362	0.054	0.396	6.741	0.000
	举办者的性格特点	0.173	0.046	0.198	3.782	0.000
	学校整合资源方式	0.149	0.056	0.153	2.659	0.008

注：a. 因变量：人才培养质量。

根据上述分析结果可建立回归方程：学校人才培养质量 = 1.089 + 0.362×学校治理现状 + 0.173×举办者的性格特点 + 0.149×学校整合资源方式。

3. 微观层面影响因素与人才培养质量因素的相关和回归分析

通过相关性分析得到教师职业发展因素与人才培养质量因素的相关性系数 >0.05，相关性不显著，因此不再考虑教师职业发展因素与人才培养质量因素的回归分析；人才培养质量因素与课程体系建设因素相关性系数

<0.001，说明人才培养质量因素与课程体系建设因素相关性显著，关系密切，进一步在相关性显著的变量间进行回归分析。如表4-40所示。

表4-40　微观影响因素与人才培养质量因素相关性

		课程体系建设因素	教师职业发展因素	人才培养质量因素
皮尔逊相关性	人才培养质量因素	0.322	-0.049	1.000
显著性（单尾）	人才培养质量因素	0.000	0.203	

对课程体系建设因素与人才培养质量因素进行回归的方差检验，结果显示，统计量 $F=33.729$，$Sig<0.001$，表明建立的回归模型具有统计学意义。如表4-41所示。

表4-41　ANOVA[a]

	模型	平方和	自由度	均方	F	显著性
1	回归	16.536	1	16.536	33.729	0.000[b]
	残差	142.666	291	0.490		
	总计	159.202	292			

注：a. 因变量：人才培养质量因素。
b. 预测变量：（常量），课程体系建设因素。

表4-42是课程体系建设因素与人才培养质量因素的回归分析。可以看出课程体系建设因素的显著性水平<0.001，说明课程体系建设因素对人才培养质量因素的影响显著，且回归系数为0.468，表明课程体系建设因素对人才培养质量因素有正向影响。课程体系建设的合理性每提高1个单位，人才培养质量就会提高0.468个单位。

表4-42　系数[a]

	模型	未标准化系数 B	标准错误	标准化系数 Beta	t	显著性
1	（常量）	1.684	0.36		4.676	0.000
	课程体系建设因素	0.468	0.081	0.322	5.808	0.000

注：a. 因变量：人才培养质量。

第四章　中国高水平民办高校生成影响因素的实证分析

根据表 4-42 的分析结果可建立回归方程：人才培养质量 = 1.684 + 0.468 × 课程体系建设。

综上所述，通过数据分析，可将中国高水平民办高校发展影响因素按宏观、中观、微观层次进行划分，依据影响程度的显著性，可划分为：宏观层面的地方性支持因素、民办高校办学自主权因素、经济社会发展环境因素、政策法规制度因素；中观层面的举办者的决策权力因素、举办者的性格特点因素、学校行政组织建设因素、举办者的经历经验因素、学校治理现状因素、学校领导班子因素、学校整合资源方式因素；微观层面的课程体系建设因素、人才培养质量因素、教师职业发展因素。

人才培养是大学的基本职能，是大学的本质属性和安身立命之本，人才培养质量是衡量高校办学水平的关键因素。判断一所民办高校的办学水平高不高，最重要的就是看其人才培养质量。1998 年世界高等教育大会提出，21 世纪将是更加重视质量的世纪。2018 年《教育部关于加快建设高水平本科教育全面提高人才培养能力的意见》明确提出，"把人才培养水平和质量作为评价大学的首要指标……形成以提高人才培养水平为核心的质量文化。"

为了使研究更具针对性，保持民办高校发展的优势因素，为高水平民办高校发展提供前瞻性和可行性参考，本研究以关注度较高的微观层面中的人才培养质量因素为因变量，进一步探究了不同影响因素作为自变量对因变量人才培养质量的影响程度，得到以下结论：

其一，宏观层面政策法规制度因素、地方性支持因素、民办学校办学自主权因素对人才培养质量因素有正向影响；

其二，中观层面学校治理现状因素、举办者的性格特点因素、学校整合资源方式因素对人才培养质量因素有正向影响；

其三，微观层面课程体系建设因素、教师职业发展因素对人才培养质量因素有正向影响。

从统计分析的结果来看，人才培养质量始终是民办高水平大学建设的核心要素，高水平民办高校的发展过程就是以人才培养质量为核心，提升大学办学水平的一系列影响因素的整合过程。由此可以看出，高水平民办高校的发展建设既需要国家政策、地方政府的各方面支持，又需要学校举办者的奋进、健全的治理结构、广泛的资源筹集，同时学校师资队伍建设、学科专业建设、课程改革等因素也至关重要，都影响高水平民办高校发展。

第五章

中国高水平民办高校生成机制模型构建与解析

本章在高水平民办高校生成影响因素的量化分析基础上,通过对民办高校举办者、管理者、专家学者的深度访谈,穿透繁杂的因素和表象看本质,进一步洞悉数据背后的深层原因及各种隐藏的因素,从中提取影响民办高校发展更具有抽象意义的五大核心要素:举办者创业、战略管理、资源开发、治理结构、合法性。在此基础上,构建中国高水平民办高校生成机制模型,即具有企业家精神的创业团队进行战略管理、资源配置、治理优化和获取合法性的循环过程。中国高水平民办高校生成机制包含五个子系统:动力机制——举办者创业;导引机制——战略管理;发展机制——资源开发;决策机制——治理结构;保障机制——合法性。

第一节 基于深度访谈的中国高水平民办高校生成机制模型构建

中国高水平民办高校生成机制是学校组成要素之间的结构关系和运行方式,深入掌握高水平民办高校运行体系的组成要素,了解各要素的功能,是科学认识生成机制的基础。

组织理论是人类在社会组织活动中按一定形式安排事务的理论,着重分析组织的结构和组织管理的一般原则,代表人物是韦伯(Weber),其行政组织理论对后世影响深远。系统理论是研究系统的一般模式、结构和规律的学问,贝塔朗菲(Bertalanffy)提出的一般系统论原理奠定了这门科学

第五章 中国高水平民办高校生成机制模型构建与解析

的理论基础,他发表的《一般系统理论:基础、发展和应用》一文奠定了系统理论的学术地位。

组织系统理论是将组织理论与系统科学理论交叉结合产生的理论体系,该理论将社会组织看作一个开放的系统,组织受到内外部各种因素的影响,在各种因素的系统作用下考察组织的生存和发展。美国行政学家巴纳德(Barnard)首先用封闭系统的观点来考虑组织;帕森斯(Parsons)等人则认为组织是一个开放系统,组织系统需要维持与环境的平衡。还有一些学者反对一般管理原则,主张相机行事的理论,由此产生了权变理论。当前很多学者广泛运用组织系统理论深入研究社会组织的生成、发展和运行机制。该理论主要强调以下三个方面。

其一,社会组织是受各种内外部因素影响,在一定时间、空间构建出来的,具有特定目标的整体。社会组织的形成是一个动态过程,从无序到有序。组织系统内部会根据外部环境的变化不断调整,形成一种动态的有序状态,这种状态是"在变动中适应的结果,不是僵化不变的"[1]。环境是组织生存与发展的基础,组织系统只有适应外部环境的变化,才能应对挑战,实现组织的稳定发展。

其二,构成组织系统的主要要素有结构、资源、制度、文化等,各种要素相辅相成,共同构成一个完整的有机系统。组织内部在制度的控制与约束之下,通过整合内外部资源,形成组织文化,各要素相互协调,不断配合,保持和外部环境的沟通联系,保持组织系统的稳定性。

其三,从技术层面来看,组织系统理论既注重组织的发展,又强调系统思维,该理论研究技术路线是从复杂的现实问题中总结提炼一般规律,进而指导复杂的管理实践。从思维层面来看,组织系统思维包括整体性思维、结构性思维、自组织思维,强调"组织系统的发展是基于自组织与他组织共同作用"[2]。从原理层面来看,组织系统理论从"系统"的视角研究组织发展的整体规律;从"关系"的视角研究组织内各要素之间的联系;从"动态"的视角研究组织的发展过程。

研究高水平民办高校生成的逻辑起点就是把民办高校当作一个组织来

---

[1] 高隆昌:《系统科学原理》,教育科学出版社2005年版,第45页。
[2] 苗东升:《系统科学精要》,中国人民大学出版社2006年版,第19页。

考量,通过组织的视角挖掘高水平民办高校生成的影响因素以及生成机制,进而总结出高水平民办高校生成的一般规律。此外,从系统的角度来看,高水平民办高校可以看作一个复杂系统,是他组织与自组织共同作用的结果,这是分析高水平民办高校生成机制的基础。

一 研究对象的选定

通为深入研究构成高水平民办高校生成机制的核心要素,本研究在问卷调查的基础上,选择48名访谈对象,包括25名民办高校董事长、校长和党委书记和23名中层干部、研究专家进行深度访谈,其中女性12人,男性33人,目标群体的性别比例符合实际情况。调研主要采用一对一访谈、电话、E-mail等形式。研究主要根据专家推荐名单以及个人判断抽取样本。主要形式有:一是方便抽样,利用研究者前期的社会网络、个人关系,通过会议、调研等方式进行。二是滚雪球抽样,请接受访谈的对象或教育部门负责人。提供线索联系另一些调查对象。两类方法的综合运用,增进了调查对象的广泛性,有助于各类意见的搜集与综合。

从调查对象所在单位来看,既有民办本科高校,又有民办高职、独立学院,还有教育行政部门和科研院所;从区域来看,涵盖东、中、西部地区,均有代表性院校;从工作年限来看,访谈对象均具有10年以上工作经验,82%具有15年以上经历,对民办高等教育具有丰富的管理和研究经验。

表5-1　　　　　　　　　访谈对象信息

序号	姓名	性别	省份	职务	在该单位工作年限	访谈日期
1	GLX01	女	辽宁省	高教研究室主任	18	2019/4/4
2	LKJ02	男	辽宁省	校长	6	2018/10/11
3	WWK03	男	辽宁省	校办主任	12	2019/3/11
4	LLG04	男	辽宁省	副校长	15	2019/9/11
5	FWG05	男	上海市	副校长	17	2019/2/28
6	GHF06	男	山东省	处长	11	2019/9/5
7	LLJ07	男	河南省	校长助理	17	2019/9/5
8	FJX08	男	河南省	研究室主任	24	2019/9/8

第五章 中国高水平民办高校生成机制模型构建与解析

续表

序号	姓名	性别	省份	职务	在该单位工作年限	访谈日期
9	ZB09	男	江苏省	董事长助理	13	2019/3/4
10	WYT10	男	江苏省	教授	10	2019/9/8
11	SQ11	男	江苏省	校长	12	2019/2/27
12	SZR12	男	江苏省	副校长	14	2019/4/26
13	LWS13	男	河北省	副校长	13	2019/9/5
14	LZF14	女	江苏省	董事会秘书	12	2019/9/5
15	LXM15	男	江苏省	董事长	16	2019/4/26
16	HHM16	女	江苏省	宣传统战部部长	14	2019/9/8
17	DLW17	男	海南省	校办主任	11	2019/9/5
18	CMW18	男	福建省	副校长	17	2019/9/5
19	LXF19	女	福建省	发展规划处处长	13	2019/9/8
20	GF20	男	浙江省	副主任	15	2019/9/5
21	WYE21	男	浙江省	校长	14	2019/9/2
22	LY22	男	浙江省	副校长	11	2019/8/28
23	LJF23	男	浙江省	教务处处长	8	2019/8/27
24	ZYP24	女	浙江省	党委书记	17	2019/4/26
25	CXM25	男	浙江省	副校长	18	2019/5/26
26	XXQ26	男	浙江省	校长	23	2019/9/5
27	SWM27	女	浙江省	党委副书记	15	2019/9/4
28	LZT28	男	北京市	处长	9	2019/4/4
29	JGH29	男	北京市	研究员	5	2019/7/18
30	WZ30	女	北京市	教务处副处长	12	2019/9/8
31	HW31	男	北京市	秘书长	8	2019/9/5
32	MFY32	男	北京市	主任	7	2019/10/11
33	ZJ33	男	福建省	副校长	11	2018/10/11
34	SM34	男	山东省	研究院院长	9	2019/4/26
35	WL35	女	山东省	副校长	8	2019/10/2
36	YL36	男	安徽省	发展规划处处长	11	2019/9/5
37	DHH37	男	湖北省	校长助理	14	2019/4/26
38	ZJ38	男	湖北省	校长	16	2019/9/5
39	WHT39	男	湖北省	党委副书记	20	2019/4/26

续表

序号	姓名	性别	省份	职务	在该单位工作年限	访谈日期
40	SYF40	男	山西省	党委书记	19	2019/9/4
41	ZDJ41	男	吉林省	院长	22	2018/11/12
42	LWM42	男	陕西省	教育厅原副巡视员	24	2019/2/27
43	LJ43	女	陕西省	主任	18	2019/4/26
44	ZW44	男	陕西省	质量建设中心主任	9	2019/3/22
45	MJ45	男	云南省	院长	19	2019/3/5
46	ZLJ46	男	云南省	原党委书记	24	2019/4/26
47	ZM47	男	云南省	协会秘书长	9	2018/10/24
48	ZYM48	女	重庆市	研究室主任	8	2019/8/2

二 访谈提纲与信度

（一）提纲设定原则与内容

本项研究的访谈提纲针对中国高水平民办高校生成的影响因素进行设计，并结合区域、院校情况呈现差异性，设计过程通过多循环的修正，进而形成最终问卷。访谈内容主要包括：中国高水平民办高校的内涵是什么？中国高水平民办高校的成长发展有哪些影响因素？例如，市场需求、法律法规、地方政府支持、举办者理念和能力、法人治理结构、师资队伍、经费投入等，哪些因素最为重要？影响民办高校发展的各因素之间，是如何相互作用、相互联系的？举办者（或委托代理者校长）、资源、制度、政策对于建设高水平民办高校是否重要？在民办高校发展中分别起到什么作用？中国建设高水平民办高校存在哪些困难和突出问题？该如何建设中国高水平民办高校？

（二）信度保障

研究者在访谈资料汇总整理的基础上进行编码。为确保此项研究的信度，研究范围定为全国民办高校，选定的访谈对象在民办高等教育领域有一定的代表性和典型性，在行业内具有公认影响力，所有的访谈都是建立在自愿、保密的基础上，采访数据提取充分考虑被采访者的意见，尽可能满足其反馈研究成果的要求。

第五章　中国高水平民办高校生成机制模型构建与解析　　　193

三　数据整理与分析

（一）资料的清洗与整理

将录音的访谈转录为文本，共形成文本资料 23.69 万字，平均每份 4935 字。访谈编号主要根据访谈者的名字和访谈时间及次序，如文本资料 FWG05，FWG 表示专家名字拼音首字母，05 表示是进行的第 5 场访谈。整理好文字资料后，在质性分析软件 Nvivo 12.0 中导入转换好的访谈文本进行分析。该软件主要用于定性分析，可以对研究资料进行辅助整理、编码，从而获取关键信息点，如图 5-1 所示。

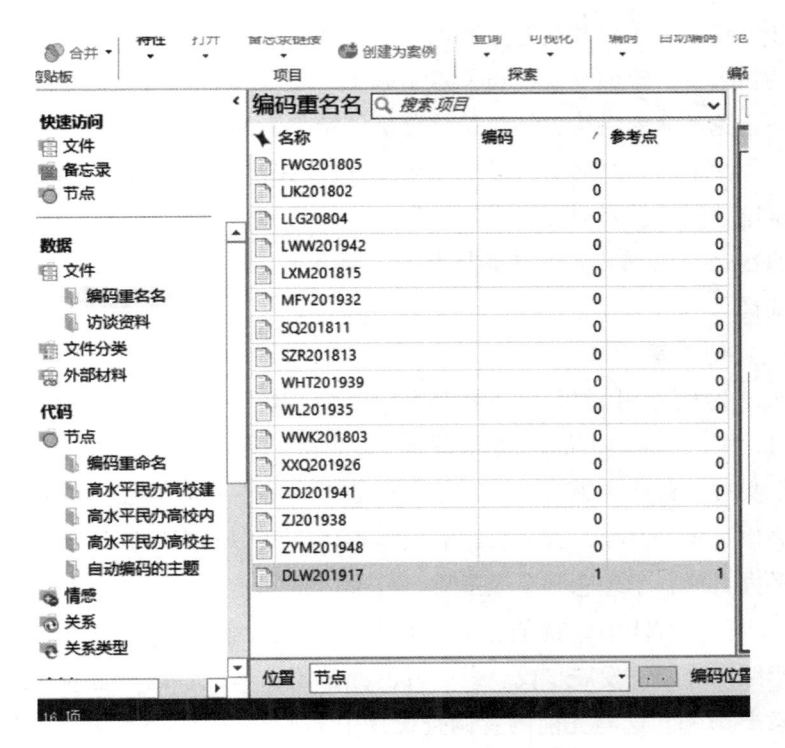

图 5-1　Nvivo 12.0 文本资料示例

（二）数据编码

1. 编码策略

由于高水平民办高校生成机制的关键要素在本研究阶段还并不清晰，

故采用质性研究从中快速获取关键信息点，形成关系框架，为后续研究夯实基础。编码主要采取"自下而上式"，即先编码再获取节点（nodes），节点可以理解为类别（categories），主要用于区分原始资料，形成概念图谱。编码顺序为，先是开放式编码，然后是轴心式编码，最后为选择性编码。

2. 节点系统

建立节点系统主要分为以下步骤：第一步，通过软件的自动编码功能，在原始文本基础上编码，提取原始信息点以及高频节点；第二步，手动编码，在自动编码基础上建立自由节点，查缺补漏一些关键的信息点；第三步，将节点名称和内容进行比对，合并含义相近的节点，建立有从属关系的树节点。第四步，在树节点基础上，融合本研究的理论基础，即社会创业理论的研究结构，结合量化分析的结果，提取核心要素，即"创业者""战略管理""办学资源""治理结构"和"政策制度"。以下从这五个维度阐述受访谈者对高水平民办高校生成机制的态度和认知。节点的材料来源数是指该意义单元被多少受访谈者谈及，频次说明了抽取意义单元的重要性。

（1）创业者

对创业者这一因素认知主要有5个方面，即"社会网络""个人素质""创业能力""办学团队""办学理念"（见表5-2）。举办者是民办高校的舵手、灵魂和最高决策者，在民办高校处于绝对中心的地位。[①] 访谈显示，一所高水平民办高校，其成长影响因素很多，其中起决定性作用的内部因素是举办者的办学理念和个人素质，外部因素则是法律制度。举办者理念先进，有见识有能力，就能充分利用外部机遇，架构科学的法人治理结构，紧跟社会经济发展步伐。举办者的办学团队和社会网络也对学校发展产生重要影响。这与先前问卷调查统计中77.47%的调查者认为举办者对民办高校发展"有很大影响"的结论一致。

[①] 陈文联：《举办者视域下民办高校分类管理制度的调适与创新》，《中国高教研究》2018年第5期。

第五章 中国高水平民办高校生成机制模型构建与解析

表 5-2　　　　　　　　创业者相关节点的频次统计

序号	创业者	材料来源数	频次
1	办学理念	34	59
2	个人素质	22	34
3	创业能力	9	12
4	办学团队	6	9
5	社会网络	5	8

（2）战略管理

对战略管理这一因素认知主要包括 5 个方面，即"战略规划""战略实施""愿景使命""办学特色""办学定位"（如表 5-3 所示）。访谈者普遍认为战略规划决定了一所高校的发展方向，至关重要。大学是一个使命型学术组织，以培养人才、科学研究、服务社会为核心使命。民办高校的使命反映了学校举办者和管理者的价值选择、理想追求，反映了学校的发展方向、行动指南。此外，一分规划，九分部署，战略规划能否落实需要战略执行和实施。"办学特色"和"办学定位"是战略管理这一要素的组成部分。访谈显示，特色是质量的外显，办学特色对于高水平民办高校至关重要，是学校综合竞争力的重要体现。

这与之前问卷调查显示的高达 70.65% 的访谈者认为特色专业建设水平对于建设高水平民办高校有很大影响，69.62% 的访谈者认为学校发展战略对于建设高水平民办高校有很大影响一致。

表 5-3　　　　　　　　战略管理相关节点的频次统计

序号	战略管理	材料来源数	频次
1	战略规划	11	12
2	战略实施	7	8
3	愿景使命	6	7
4	办学特色	5	6
5	办学定位	4	6

(3) 办学资源

对办学资源这一因素认知主要有5个方面,即"人力资源""财力资源""社会资源""学术资源""物力资源"(如表5-4所示)。高校发展关键在人才,人才大战聚焦人才竞争,没有一支素质高、能力强、结构合理、相对稳定的教师队伍,如同无源之水、无本之木,高校高质量发展就失去了基础。优化师资结构,提高师资水平,对于民办高校的发展至关重要。同时,不断整合开发财力资源,解决经费短缺问题,从行业企业引入社会资源,扩充课程、专业、科研等学术资源,解决学校占地、图书、设备等物力资源,也直接影响高水平民办高校建设。

这与之前问卷调查显示的高达83.62%的访谈者认为经费保障对于建设高水平民办高校具有很大影响,74.4%的访谈者认为自有教师队伍水平对建设高水平民办高校具有很大影响的结论不谋而合,且这两个比例分别在高水平民办高校建设中观、微观影响因素中位居第一。

表5-4　　　　　　办学资源相关节点的频次统计

序号	办学资源	材料来源数	频次
1	人力资源	36	65
2	财力资源	33	58
3	社会资源	33	49
4	学术资源	19	34
5	物力资源	18	25

(4) 治理结构

对治理结构这一因素认知主要有6个方面,即"权力运行""体制机制""管理方式""治理模式""规章制度""组织机构"(如表5-5所示)。

访谈表明,中国民办高校的体制机制优势并没有充分发挥出来,并没有做到最大化,健全的法人治理结构是建设高水平民办高校的制度保证。要创建高水平民办高校必须从制度上解决学校董事会由"出资者控制"的局面,完善决策、执行和监督相结合的管理机制,从人治走向法治,从举办者治理走向利益相关者共同治理,只有完成了这种组织转型,才能真正向高水平方向发展。这与之前问卷调查显示的 70.99% 的访谈者认为"治理结构对于建设高水平民办高校具有很大影响"的结论相吻合，也与前文构建的高水平民办高校指标体系和圈层结构模型中的"治理能力层"不谋而合。

表 5-5　　　　　　　治理结构相关节点的频次统计

序号	治理结构	材料来源数	频次
1	权力运行	32	54
2	体制机制	13	20
3	管理方式	12	23
4	治理模式	9	11
5	规章制度	6	7
6	组织机构	5	6

（5）政策制度

对政策制度这一因素认知主要有 5 个方面，即"地方政策""社会环境""法律法规""评价体系""文化氛围"（如表 5-6 所示）。民办高校作为社会的一个子系统，发展的历史、水平、规模、质量等都深受政策法规的影响，当政策利好时民办高校发展就好。在国家鼓励、支持民办高等教育发展的大基调下，仍存在大量的制约民办高等教育发展的歧视性政策，这与中国政治、经济、文化等方面因素密切相关。访谈中，许多民办高校校长认为，规范来自制度设计合理，仅仅依靠举办者的觉悟无法保障民办高校健康可持续发展，要从制度上将各种边界划分清楚，而不是靠人的自觉来维护规矩或抗衡诱惑。这与之前问卷调查结论一致，有高达 95% 的访谈者认为国家民办教育法律法规对于建设高水平民办高校具有很大或一定影响，91% 认为地方民办教育法律法规有很大影响，94% 认为地方政府支持态度有很大影响。

表 5-6　　　　　　　政策制度相关节点的频次统计

序号	政策制度	材料来源数	频次
1	地方政策	35	72

续表

序号	政策制度	材料来源数	频次
2	社会环境	22	29
3	法律法规	11	18
4	评价体系	10	12
5	文化氛围	5	6

(三) 模型建构

因素分析是多变量研究中的常用方法,从众多变量中将高度相关的变量综合在一起,归纳出若干个重要因素,有利于形成规律性认识。为验证高水平民办高校发展建设的影响因素,针对近50位访谈者所收集整理的资料,采用 Nvivo 12.0 词频探索对访谈资料进行分析。再剔除掉一些无意义的词语,如"一定""可能""的""认为"等词语,最后计算剩余词语的词频。

48篇访谈资料词频占到20%的词语共有23723个词语,剔除了5765个语气助词、副词、形容词以及民办高校信息的专有名词,得到了17958个词语,对这些词进行词云分析,计算词语出现的频率,并进行可视化,突出展示出现频率较高的词语,词频越高,词语的字号越大,形成词云图。

由图5-2可知,在词云图中出现词频较高的有"发展""水平""举办""政策""政府""校长""教育""管理""师资""理念""经费""资源""投入"等,体现出访谈者对民办高校改革发展、办学水平、举办者、政策法规、校长团队、教育教学、质量、师资、理念、经费、资源、政府支持等诸多事项的关切。

同时,对上述5个维度的节点逐一进行聚类分析,即依据编码相似性,将对多个相同材料进行编码的节点聚类到一起,以 Pearson 为系数为相似性度量。

总之,通过对全国48名民办高校董事长、校长、党委书记、中层干部等人员的深度访谈文本分析,结合之前的调查问卷分析,形成了中国高水平民办高校生成机制影响因素图,详见图5-3。

根据以上讨论,中国高水平民办高校生成影响因素有以下几方面

第五章　中国高水平民办高校生成机制模型构建与解析

图 5-2　中国高水平民办高校生成影响因素的可视化图谱

特点。

首先，高水平民办高校生成影响因素由"创业者""战略管理""办学资源""治理结构"和"政策制度"五大要素共同构建而成。有学者认为，"就大学要素而言，世界一流大学与其他大学无异，包括规律、学科、人才、资源、制度与文化等。"① 由此可见，资源、治理、人才无论对于公办高校还是民办高校，均十分重要，不同的是，创业者和政策制度两个因素对于建设高水平民办高校具有独特的作用。

其次，办学资源维度相较于其他4类维度，更具集中性，表明办学资源的基础性要素具有一定的普遍性，不因学校区域、类型等方面区别而存有较大差异，表明民办高校办学资源具有重要作用，并形成广泛共识。资源基础观理论认为，企业是各种资源的集合体，组织生存发展必须拥有"有价值、稀缺、难以模仿和不可替代的"资源。大学是贵族型学术组织，也是资源消耗性组织，往往一所大学办得越好，所花经费越多。国内经验

---

① 眭依凡：《世界一流大学建设的六要素》，《探索与争鸣》2016年第7期。

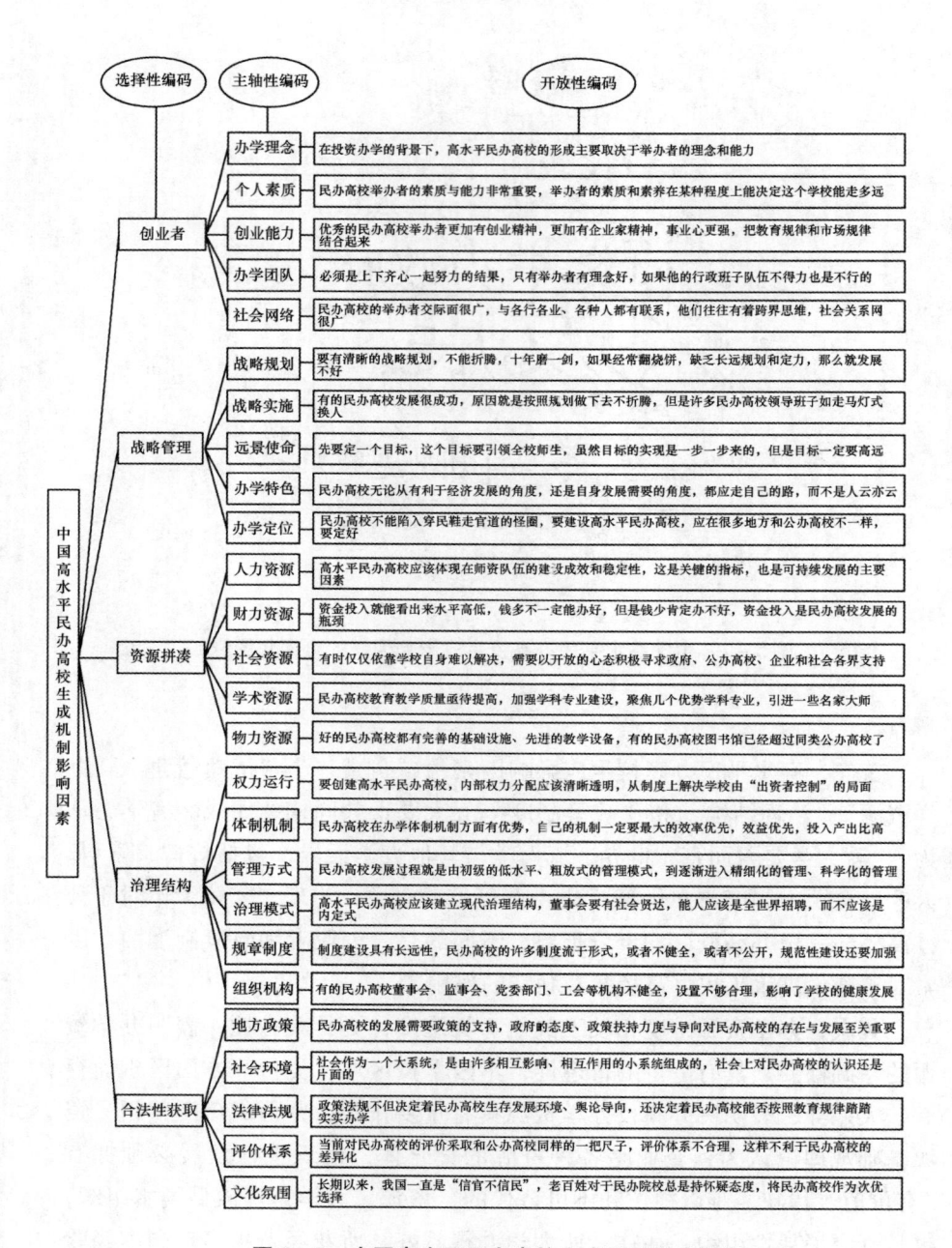

图 5-3 中国高水平民办高校生成机制影响因素

选择性编码	主轴性编码	开放性编码	
中国高水平民办高校生成机制影响因素	创业者	办学理念	在投资办学的背景下，高水平民办高校的形成主要取决于举办者的理念和能力
		个人素质	民办高校举办者的素质与能力非常重要，举办者的素质和素养在某种程度上决定这个学校能走多远
		创业能力	优秀的民办高校举办者更加有创业精神，更加有企业家精神，事业心更强，把教育规律和市场规律结合起来
		办学团队	必须是上下齐心一起努力的结果，只有举办者有理念好，如果他的行政班子队伍不得力也是不行的
		社会网络	民办高校的举办者交际面很广，与各行各业、各种人都有联系，他们往往有着跨界思维，社会关系网很广
	战略管理	战略规划	要有清晰的战略规划，不能折腾，十年磨一剑，如果经常翻烧饼，缺乏长远规划和定力，那么就发展不好
		战略实施	有的民办高校发展很成功，原因就是按照规划做下去不折腾，但是许多民办高校领导班子如走马灯式换人
		远景使命	先要定一个目标，这个目标要要引领全校师生，虽然目标的实现是一步一步来的，但是目标一定要高远
		办学特色	民办高校无论从有利于经济发展的角度，还是自身发展需要的角度，都应走自己的路，而不是人云亦云
		办学定位	民办高校不能陷入穿民鞋走官道的怪圈，要建设高水平民办高校，应在很多地方和公办高校不一样，要定好
	资源拼凑	人力资源	高水平民办高校应该体现在师资队伍的建设成效和稳定性，这是关键的指标，也是可持续发展的主要因素
		财力资源	资金投入就能看出来水平高低，钱多不一定能办好，但是钱少肯定办不好，资金投入是民办高校发展的瓶颈
		社会资源	有时仅仅依靠学校自身难以解决，需要以开放的心态积极寻求政府、公办高校、企业和社会各界支持
		学术资源	民办高校教育教学质量亟待提高，加强学科专业建设，聚焦几个优势学科专业，引进一些名家大师
		物力资源	好的民办高校都有完善的基础设施、先进的教学设备，有的民办高校图书馆已经超过同类公办高校了
	治理结构	权力运行	要创建高水平民办高校，内部权力分配应该清晰透明，从制度上解决学校由"出资者控制"的局面
		体制机制	民办高校在办学体制机制方面有优势，自己的机制一定要最大的效率优先，效益优先，投入产出比高
		管理方式	民办高校发展过程就是由初级的低水平、粗放式的管理模式，到逐渐进入精细化的管理、科学化的管理
		治理模式	高水平民办高校应该建立现代治理结构，董事会要有社会贤达，能人应该是全世界招聘，而不应该是内定式
		规章制度	制度建设具有长远性，民办高校的许多制度流于形式，或者不健全，或者不公开，规范性建设还要加强
		组织机构	有的民办高校董事会、监事会、党委部门、工会等机构不健全，设置不够合理，影响了学校的健康发展
	合法性获取	地方政策	民办高校的发展需要政策的支持，政府的态度、政策扶持力度与导向对民办高校的存在与发展至关重要
		社会环境	社会作为一个大系统，是由许多相互影响、相互作用的小系统组成的，社会上对民办高校的认识还是片面的
		法律法规	政策法规不但决定着民办高校生存发展环境、舆论导向，还决定着民办高校能否按照教育规律踏踏实实办学
		评价体系	当前对民办高校的评价采取和公办高校同样的一把尺子，评价体系不合理，这样不利于民办高校的差异化
		文化氛围	长期以来，我国一直是"信官不信民"，老百姓对于民办院校总是持怀疑态度，将民办高校作为次优选择

图 5-3　中国高水平民办高校生成机制影响因素

表明，办学资源是大学发展的基础，国内外一流大学无不具有雄厚的资源基础。

最后，办学理念、战略规划、权力运行、财力资源、地方政策是5大要素中的高频提及项，表明其在各维度中占有较大的权重。对于这几方面的关注与深入分析，对于高水平民办高校生成机制模型的建构与优化，将会起到积极的作用。

从高水平民办高校的生成过程来看，创业者即举办者或其委托代理者校长起到核心作用，外部环境的变化产生了新的创业机会，创业者凭借创业家精神，及时识别、把握机会创办和发展民办高校。战略管理有助于民办高校明确办学愿景、使命、方向、规划、路径，适应环境变化，应对外部不确定性，引领民办高校可持续发展。内外部资源的识别、获取、整合和利用为高水平民办高校的生成提供坚实基础，物质、经费、人力、学术等资源集聚的过程就是民办高校成长发展的过程。健全的内部治理结构有利于在举办者与学校管理者、教师、学生等利益相关者之间形成良好的互动关系，保障学校决策、执行、监督有机结合，促进学校高效运行。政策法规是民办高校组织成长的必要保障，有利于政府、社会、同行增强对学校的认同，使学校发展更加符合法律、政策、文化的认可。需要说明的是，政策法规是增强民办高校自身合法性的重要前提，由于本研究侧重探讨高水平民办高校生成的主体性原因，即强调民办高校本体地位，而非外界的客体作用，因此本研究在分析时为了保持分析单元的统一，便将外部的政策法规因素演绎为民办高校主体的合法性因素。

基于上述分析，本研究尝试建立中国高水平民办高校的生成机制模型，如图5-9所示。

在本模型中，民办高校的举办者或者委托代理者等核心团队，对于高水平民办高校生成具有决定性作用，其中举办者发现和开发机会是起点。战略管理是高水平民办高校生成的重要环节，其直接决定了学校是否具有宏大的办学愿景、崇高的办学使命、科学的办学定位、适当的发展战略、务实的发展举措、发挥导引作用。办学资源是高水平民办高校生成的核心，如何充分整合、利用、开发校内外资源，解决民办高校发展中普遍面临的"人财物"短缺的资源困境，集聚精良的物力资源、人力资源、学术资源、资金资源，具有基础性作用。治理结构是民办高校协调利益相关者

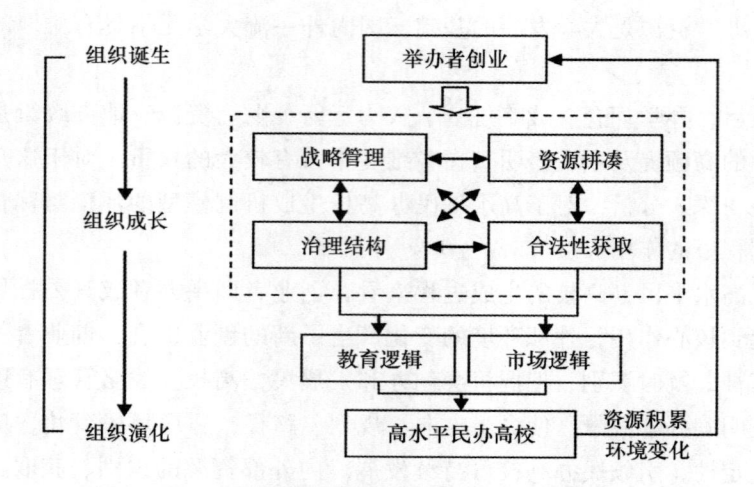

图 5-9 中国高水平民办高校的生成机制模型

关系、提高日常运行效率、建立现代大学制度的基石。合法性是民办高校不断增强自身社会信誉,改善社会形象,获得外界正式制度和非正式制度认可的重要保障。

面对复杂多变的现实环境,中国高水平民办高校生成过程中面临诸多矛盾和冲突,举办者创业、战略管理、资源开发、治理结构和政策法规五大要素的影响力度具有非均衡性,有的起辅助作用,有的起支配作用。按组织演化动力来源,组织分为自组织和被组织,自组织是指不需外界指令而能自行组织、自行创生、自行演化和自主的从无序走向有序,形成有结构的系统的过程和结果。自组织理论包括耗散结构理论、协同学、突变论、超循环理论、分形理论、混沌理论等,现在广泛应用于社会科学研究。"自组织概念,作为一种过程演化的哲学上的概念抽象,它包含着三类过程:第一,由非组织到组织的过程演化;第二,由组织程度低到组织程度高的过程演化;第三,在相同组织层次上由简单到复杂的过程演化。"[①] 高水平民办高校生成的过程,可以视作一个自组织发展演化的过程。

---

① 吴彤:《自组织方法论研究》,清华大学出版社 2001 年版,第 10 页。

第二节　高水平民办高校生成的动力机制
——举办者创业

为什么有的民办高校能够迈向高水平而有的民办高校显得平庸？为什么在同一个区域同一个环境下不同民办高校显出巨大差异和分化？这可以从创业者和机会中找到答案。高水平民办高校的生成是创业者利用外部环境充分发挥主观能动性的结果。在不同阶段不同经济社会环境下，会产生不同的创业机会，经济社会的发展为民办高校提供了机遇。创业者能否抓住和转化机会，直接关系到学校的一次次跃升和华丽的转身。

企业家们不会追求同一个机会，他们会以独特视角看待自己的机会，并围绕其独特的解释独立创业。虽然在外部观察者看来，两个人在追求同一个机会，但在很多地方也存在差异，从简单的地理差异到产品质量属性到租赁与购买模式的差异等，这意味着机会不仅仅是企业家发现市场缺口或缺陷时发现的，而且是企业家通过解释和影响的递归过程创造的。[1]

一　举办者办学的机会来源

社会创业的机会观点认为机会来源于市场失灵和政府失灵。[2] 市场机制本身就存在缺陷，无法满足某些社会需求，因此社会创业机会的一个重要来源就是解决社会公共物品的供应不足。政府失灵主要表现在不适当介入和垄断力量。政府公共政策的变化会引起新的社会需求，政府的垄断力量使得市场机制作用发挥受限，无法实现资源有效配置，为社会创业提供契机。

从社会创业机会的观点来理解，中国高水平民办高校生成的机会主要源于以下四个方面。

---

[1] Sarason Y., Dean T., Dillard J. F., "Entrepreneurship as the Nexus of Individual and Opportunity: A Structuration View", *Journal of Business Venturing*, 2006.

[2] Zahra S. A., "The Virtuous Cycle of Discovery and Creation of Entrepreneurial Opportunities", *Strategic Entrepreneurship Journal*, 2008.

(一) 高等教育资源短缺的需求机会

丹尼尔·列维将私立高等教育分为四种类型：精英/准精英型、宗教/文化型、非精英/需求吸纳型、营利型。按照该划分，改革开放后中国兴起的民办高校大多属于第三类，定位于对公办高校的补充，扩大教育供给机会，满足人民群众的高等教育需求。随着改革开放的深化和市场经济的改革，中国经济社会迅猛发展，社会对高素质人才的需求迅速增加，人们的物质生活明显改善，消费能力增强，渴望接受更高层次教育，中国存在旺盛的高等教育需求，但是国家财力有限，经费投入不足，公办高校难以承担扩招任务，这为民办高等教育发展带来了绝好的机遇。正是因为有识之士把握住了这些机会，中国民办高等教育才得以崛起，发展民办高校成为高等教育大众化的必然选择。全国教育事业发展统计公报显示，中国高等教育的毛入学率从1978年的2.7%增长到2000年的12.5%，而到2020年，毛入学率已达50%，步入马丁·特罗"高等教育发展阶段"理论提出的"普及化"阶段。在从"精英化"到"大众化"，再到"普及化"的过程中，均离不开民办高等教育的贡献，正是中国高等教育发展的广阔市场需求为民办高校的发展拓展了空间，带来了机会。

(二) 资本寻找投资领域的商业机会

在国家大力提倡经济多元化发展的宏观环境下，非公有制经济呈现良好的发展态势，这为民间力量投资办学提供了有力的经济基础。民营经济在过去40年中取得了伟大成就，民营企业贡献了中国经济的"56789"，即50%以上的税收、60%以上的GDP、70%以上的技术创新成果、80%以上的城镇劳动就业、90%以上的企业数量，未来还将进一步上升。随着民营资本不断壮大，个人存款、银行贷款等民间融资渠道增多，居民教育消费能力增强，加上教育行业具有现金流好、利润率高、稳定性强的特点，采用"先交钱、后服务"的运作模式，高等教育监管严、门槛高，降低了运行风险，越来越多的外资、民资、上市公司、教育集团开始关注教育领域，寻找投资机会。20世纪90年代中后期，民营资本大量进入民办高等教育领域，投资办学成为中国民办高等教育的重要特征。2002年《民办教育促进法》从立法角度鼓励民间资本进入教育行业，2010年《国务院关于鼓励和引导民间投资健康发展的若干意见》提出鼓励支持民间资本兴办高等学校，2016年全国人大常委会修法确认了营利性民办学校的合法身份，法律放松管制为企业投资举办民办高校提供了有利机会和法律保障。

（三）民办教育政策变革的机会

改革开放后，市场在资源配置中的作用不断增强，国际高等教育私营化的发展给中国民办高等教育提供了经验借鉴。1982年3月中央提出"两条腿走路"的办学方针，鼓励社会力量举办教育，《宪法》首次明确规定，"国家鼓励集体经济组织、国家企业事业组织和其他社会力量依照法律规定举办各种教育事业"，为民办高等教育的发展提供了法制保障，激发了市场活力。随着市场经济体制改革的推进，政府包揽办学的局面逐渐打破，从1993年允许兴办民办专科高等教育，到1998年高等教育扩招，从2002年《民办教育促进法》颁布，到2011年国家开展民办高校硕士研究生培养试点，国家政策的不断突破和创新给民办教育发展提供了日趋有利的制度环境。党的十八大以来，国家对民办高等教育发展给予热切关注和积极支持，通过修订民办教育法律法规，出台优惠政策，实施简政放权，出台地方民办教育政策，帮助民办高校解决瓶颈难题。政策创新和突破给民办高校的跨越式发展创造了机会。

（四）高等教育内涵发展的机会

中国高等教育正在从以规模扩张为特征的外延式发展转向以质量提升为核心的内涵式发展。过去拼规模、拼数量已然不适合当下的社会现实，"以质图强"是高校谋求发展机会的最佳出路，高等学校内涵建设和特色发展的任务十分艰巨。随着国家实施"双一流计划""产教融合工程""双高计划""打造金专""评选金课"，民办高校迎来了与公办高校同台竞技、共同发展的绝佳机遇。民办高校是否能把握住机会，主动适应新一轮技术革命和产业变革，深化校企合作，适应地方本科院校转型发展、职业教育综合改革、产教融合深入推进的最新要求，决定了其能否实现向高水平民办高校的蜕变，加快弯道超车。

二 举办者办学的关键特质

根据创业理论，中国高水平民办高校的生成和发展在很大程度上依赖于举办者能否找到并合理地利用来自政府和市场的各种机会，这里的举办者是广义的概念，泛指民办高校董事会领导和委托代理者校长团队（因为有少数民办高校无举办者或举办者是政协、民主党派等组织）。创业机会能否转化为行动，取决于创业者能否密切跟踪社会需求的变化，并提出创新解决方法。[①] 创业机会成功开发还受到知识与信息、价值感知、警觉度、资源和社会网络等因素的影响。[②] 此外，社会资本有助于创业者识别机会，创业者的警觉性在社会资本与创业机会之间起到了一定的中介作用。[③] 一些民办高校的举办者充分利用这些机会，形成创业团队，顺应形势，促进了民办高校的快速发展，他们是民办高校的掌舵者和"一把手"[④]，是顶梁柱和主心骨，他们的视野、理念、能力、素质、动机深刻影响学校的长远发展。访谈中，一位民办高校校长表示：

> 人是第一位，举办者是关键因素，其他都是影响因素。在投资办学的背景下，中国高水平民办高校的形成主要取决于举办者的理念和能力。高水平民办高校的形成具有明显的"创办者"基因，打下他们的烙印。目前民办高校最重要的影响因素是举办者，举办者的理念和能力是灵魂，是决定能不能办好，想不想办好的关键。举办者的境界、思想、情怀与能力直接决定着这所学校的层次与水平，直接影响着民办高校的持续健康发展。如果举办者动机不正，能力不足，再好的政策，再多的支持也不济。（FWG05）

随着经济社会和政策环境的变化，民办高校也随之捕捉更多发展机会，有的举办者满足于现状停滞不前，错失良机，而有的举办者则未雨绸缪，开拓创新，不断搜寻和利用新的发展机会，带领民办高校不断发展壮大，从不具备学历授予资格的民办非学历教育机构升格为民办专科高职院

---

① Kwong C., Tasavori M., Wun‑mei Cheung C. Bricolage, "Collaboration and Mission Drift in Social Enterprises", *Entrepreneurship & Regional Development*, 2017.
② 林海、张燕、严中华：《社会创业机会识别与开发框架模型研究》，《技术经济与管理研究》2009年第1期。
③ 汪忠、李姣、袁丹：《社会创业者社会资本对机会识别的影响研究》，《中国地质大学学报》（社会科学版）2017年第2期。
④ 王真、王华：《改革开放40年我国民办高等教育发展回顾与展望》，《高教探索》2019年第3期。

校,从民办专科升格为民办本科高校,有的甚至升格为大学,内涵建设卓有成效,不断向更高水平迈进。综观大多数高水平民办高校的生成经历,其举办者无不具备创业精神以及创业认知,能够很好地识别并把握创业机会。

(一)举办者的创业精神

创业精神对组织的成功极其重要,是组织健康发展的基因。企业家需要有一套自己的管理思想,将实践中日积月累的管理理念和经验进行系统总结并传承,这远比创造的物质财富更有价值,从这个意义上讲,企业家最大的财富是创业精神。在彼得·德鲁克眼中,创业精神的本质是创新。创新者能够"成功地、有系统地分析创新机遇的来源,然后专注于挖掘其中一个机遇,并对它充分加以利用,无论是那些风险小且可以被确定的机遇,还是那些风险较大但仍然可以被确定的机遇,都是如此。成功的创新者他们不是专注于冒险,而是专注于机遇。"[1] 企业家精神(或者说创业精神)是一种识别和追求解决社会问题机会的创新性组织过程,包括创新性、机会识别、创新精神、承担风险和坚忍不拔的韧性等企业家特质。[2]

大学面临着比企业更大的变革、更多的利益冲突,综合分析现阶段高水平民办高校的发展过程,可以发现其举办者大多具备一些常见的创业精神,想干大事,敢于冒险,善于创新,有理念、愿景、激情,对自己所做的事情充满信心,有着宗教般的虔诚,在困难面前百折不挠,勇往直前。[3] 如私立南开大学的创办者兼第一任校长张伯苓,西湖大学校长施一公,正是他们的创业精神在大学发展过程中起到了核心作用。高水平民办高校举办者通常具备敏锐的洞察力,善于把握机会,积极探索外部社会环境中有利于学校发展的因素,广泛涉猎信息,参加各类会议,研究教育政策,提前化解风险,他们大胆探索民办高校的经营策略,借鉴公办高校的管理模式,结合本校实际,找到一条适合自己学校发展的

---

[1] 彼得·德鲁克:《创新与企业家精神》,蔡文燕译,机械工业出版社2019年版,第168页。
[2] 毛基业、赵萌:《社会企业家精神:创造性地破解社会难题》,中国人民大学出版社2018年版,第7页。
[3] 张维迎:《大学的逻辑》,北京大学出版社2013年版,第175页。

创新之路。

民办高等教育"陕西现象"的出现就离不开举办者们对民办教育机会的把握。陕西省极度有限的高等教育资源与当地青年接受高等教育的迫切愿望之间形成了尖锐的矛盾①,于是有一部分人凭借敏锐的嗅觉抓住有利时机,充分利用一切可利用的资源发展民办高等教育,成为陕西第一批民办高校举办者。如西安外事学院董事长黄藤租下发展陷入困境的游乐园用来办学;西安翻译学院创办者丁祖诒低价买下钟表元件厂的土地和厂房;西安欧亚学院董事长胡建波整合利用一家养鸡场的厂房,使学校得到迅速发展。许多领先的民办高校非常注重把握各种机会,包括申报项目、评定奖项、申请经费、各类竞赛等,坚持"逢一必争、逢金必夺",把握各种机会,发扬拼搏进取精神,使得学校取得硕果累累。

> 优秀的民办高校举办者、办学者更加有创业精神,更加具有企业家精神,事业心更强,不仅整合了市场规律,还把教育规律和市场规律结合起来,经营得比较好,他们是真正的创业者,办学校本身是创业,他们是用创新精神去进行创业,我认为他们应该是最大的创业者,我们应该向这一批人表示致敬,我感觉他们是非常值得我们去学习的一批人。(SQ11)

高水平民办高校举办者具备创业精神,学校自身也能够焕发创新与创业精神,通过科技创新和社会创业来为创新驱动发展做出贡献,也会通过"内部创业"来维持大学自身的可持续发展。发达国家私立大学发展经验告诉我们,只有创业精神才能克服官僚主义和过度科层化对于大学创新意愿和能力的抑制,只有持续的创新创业才能确保大学在创业社会和创业经济中作为"知识中枢"的地位。②

(二) 举办者的创业认知

高水平民办高校举办者能够把握创业机会,不断创新,这与其个人情

---

① 郝瑜、王冠:《陕西民办高校群落的成因分析》,《陕西师范大学学报》(哲学社会科学版) 2004 年第 1 期。

② 王建华:《创新创业、企业家精神与大学转型》,《教育发展研究》2019 年第 11 期。

感态度、认知、动机密切相关。在社会创业中，除了社会创业者个人特质，认知因素也会对社会创业活动产生影响。社会创业者的创业意向受到社会创业者自身的认知愿望（desirability）和认知可行性（feasibility）的影响。[①] 社会创业者个人的内在感知因素会影响社会创业的发起情况，而个人的感知情况受到个人自身和环境因素的共同影响。因此，社会创业的发生表面上看是由于受到了创业者个人的意图驱动，实际上是社会层面因素和创业者个人互动的结果。

1. 创业认知愿望

认知愿望主要是衡量社会创业者感知到的进行社会创业的价值大小，受社会创业者的个人感情、态度等因素的影响。社会使命感和同理心是推动社会创业的动力，但需要先前经验和社会支持的保障才能更好地进行实践。[②] 社会创业者的艰难经历会催生出利他情感，从而使其萌生社会创业的念想[③]，移情有助于创造社会价值，经验开放性有利于获取经济收益[④]；许多社会工作的价值观和乐观情绪很可能会是社会创业的自然灵感来源[⑤]。民办高校的举办者的创业认知愿望主要体现在其办学动机上，"办学动机可以分为经济回报、权力获得和自我实现三个方面。"[⑥] 民办高校举办者办学动机和学校发展水平之间存在深刻的互动关系。

综观中国高水平民办高校举办者的办学动机，他们投身教育更多的是出于对高等教育事业的热忱，是一种教育情怀和自我实现。中国第一代民办高校的举办者很多都是退休的老教授、老干部，他们中的一部分希冀通过办学来进一步改善自己和家人的生活状况，更多的办学者动机是非功利

[①] Mair J., Noboa E., *Social entrepreneurship: How intentions to create a social enterprise get formed*, 2003.

[②] 彭伟、于小进、郑庆龄：《中国情境下的社会创业过程研究》，《管理学报》2019年第2期。

[③] Yiu D. W., Wan W. P., Ng F. W., et al., "Sentimental drivers of social entrepreneurship: A study of China's Guangcai (Glorious) Program", *Management and Organization Review*, 2014.

[④] Wood S., "Prone to progress: Using personality to identify supporters of innovative social entrepreneurship", *Journal of Public Policy & Marketing*, 2012.

[⑤] Berzin, S. C., "Where Is Social Work in the Social Entrepreneurship Movement?", *Social Work*, 2012.

[⑥] 金成、王华：《经济回报、权力获得与自我实现——我国民办高校举办者办学动机探究》，《教育发展研究》2016年第21期。

性的，还有许多举办者既抱有营利性目的又希望从事公益性事业。中国民办高校的第一代创办者，他们不是在办学校，而是在建设自己的精神家园，用的不仅是力更是心，力所不能及，心能感天地。① 民办高校举办者的办学动机是复杂的。同一个举办者往往同时追求不同的目标，举办者既希望获得一定的经济回报，又有其他追求，如追求权力、社会声誉以及自我实现等。不同民办高校的举办者所追求的重点不同，有的主要追求物质回报，有的则是自我实现。不同举办者在不同的发展阶段，其动机会发生变化，在办学初期大部分举办者仅仅将办学作为谋生的手段，随着学校进入良性循环发展阶段，举办者不再"为稻粱谋"时，便开始考虑如何实现自己的教育理想和人生价值。外部环境也会对举办者的办学动机产生影响。举办者既是经济人，又是理性人，办学动机的复杂性印证了"复杂人"的人性假设。"复杂人"人性假设认为，人的需求是多样且因人而异、随发展条件和情况而变化的。② 外部环境是不断变化的。在不同的组织、部门和岗位中，每个人都可能会产生不同的动机模式。

民办高校举办者先前工作经验有利于催生办学动机。不少举办者有在公办高校工作的经历，看到公办高校人才培养和管理体制的弊端，后来举办民办高校时充分吸收前人的办学成果，复制成功经验，结合当地经济社会需求，根据自己先前经历，创办独特的适应本地实际情况的发展模式。民办高校举办者先前工作的经历、体验、认知、习惯、领域会直接影响其创业的领域和方向。譬如，美术家甄忠义创办河北美术学院，眼科专家何伟创办辽宁何氏医学院，等等。

2. 创业认知可行性

认知可行性主要是衡量社会创业者感知到的创办社会事业的可能性高低，受社会创业者的自我效能和得到的社会支持等因素的影响。当创业者决定进行社会创业活动之后，资金、组织结构特征、社会网络的稳定性、可拓展程度等组织层面因素都会影响创业的顺利实施，而其中最重要的因素是社会资源，它存在于社会关系中，建立在信任互惠基础上。在创业中

---

① 刘莉莉：《中国民办高等教育发展模式研究》，吉林人民出版社2012年版，第56页。
② 金秋萍、徐绪卿：《中国民办高等教育发展研究报告》，中国社会科学出版社2019年版，第227—228页。

第五章　中国高水平民办高校生成机制模型构建与解析　　　　　　　　　*211*

会缺乏必要的硬件资源、财力资源等，创业者会通过建立与社会群体的信任关系，调动社会网络发掘社会资源，从而解决资源问题。

民办高等教育准入门槛相对其他行业而言较高，对举办者的经济实力、社会资本要求也相应较高。举办者拥有较高政治身份更加有助于民办高校的创办与未来发展，他们奔走呼吁，提交提案，联系社会资本，寻求政府支持，形成对民办高校有利的政策。民办高校举办者"最先捕捉到既有制度安排中潜在的利润，并以制度变迁主体的身份提出了实现潜在利润的制度需求"[①]。一些举办者凭借其政治身份利用社会资源顺利创办民办高校，如企业家鲁冠球、李书福、周宝生等在办学之前都是著名企业家。同时，创办民办高校也给一批举办者带来了政治光环，他们凭借办学当选为人大代表、政协委员，在社会团体兼职，这为民办高校进一步捕捉机会带来便利条件。

社会关系网络在民办高校的管理中发挥重要作用，家族社会关系网络越大，影响范围越广，社会资源获取能力越强。中国是一个熟人社会，以血缘为本、地缘为基形成的家族企业不同于非家族企业。正如费孝通先生所说："富有传统文化的中国人，总是以自我为核心，以血缘、姻缘等亲缘关系为纽带，形成由近及远、由亲至疏的差序格局，由此形成社会关系网络。"[②] 民办高校办学者可以通过"关系运作"来维持社会关系网络，主要分成三个步骤：找出与资源支配者之间的共同点；找到共同点后，运用多种方法，包括认老乡、拉关系、套近乎等方法，与对方构建信任关系；建立关系后，用互惠互利等各种方式维持关系。[③]

在民办高校发展过程中，举办者利用各种关系网现象十分普遍。该模式在机会成功阶段具有相当的普遍性和一定的合理性。在高水平民办高校的发展过程中，精明的举办者非常重视社会网络的构建与拓展，积极寻求合作伙伴，主动拓宽社会网络，与教育界、经济界、政界、法律界等各行

[①] 赵军：《民办高等教育制度变迁中的政府行为研究》，中国海洋大学出版社2014年版，第27页。

[②] 甘德安：《血缘·制度·文化：中国家族企业传承》，经济科学出版社2017年版，第19页。

[③] 周国平：《社会资本与民办高校资源整合研究》，广东高等教育出版社2012年版，第43—44页。

各业交往密切，联系广泛。此外，民办高校举办者之间还注重建立交流圈，形成同盟，实现交流圈内成员的良好沟通，帮助学校把握和利用外部机会，实现办学层次和质量的跃升。目前国内高水平民办高校无不是通过充分把握外部机遇发展起来的，无论是黄河科技学院、三亚学院等获得全国创新创业典型经验高校称号，还是大连东软信息学院获批 3 个教育部一流专业，抑或吉林外国语大学率先升格为大学，这都体现了学校举办者和核心办学团队敏锐的市场意识和较强的捕捉机会能力。

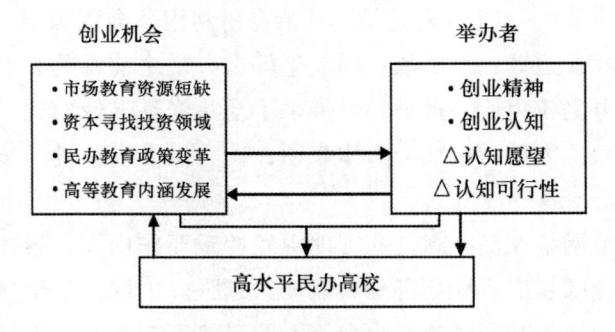

图 5 – 10　中国高水平民办高校生成的动力机制——举办者创业

综上所述，中国高水平民办高校的动力机制如图 5 – 10 所示。在高等教育资源短缺、资本寻找投资领域、高等教育政策变革和高等教育内涵发展等机遇背景下，举办者把握时机，利用机会，凭借其创业精神和创业认知促成了中国高水平民办高校的生成。

第三节　高水平民办高校生成的导引机制
——战略管理

民办高校实施战略管理，是学校走向高水平不可或缺的一环，犹如大海里的灯塔，指引学校前进的方向，有利于学校教职工明确办学愿景、自身使命、发展规划、改革路径，引领学校不断调整办学策略，实现办学目标。战略是组织的一系列选择，包括打算服务的市场和客户、在选定领域参与竞争的途径、实现目标的具体措施以及产出目标本身。① "战略管理就是制定、实施和评价能保证组织实现目标且超越不同职能的决策方案的艺术和科学。"② 20 世纪 80 年代，乔治·凯勒将企业战略管理理念引入大学管理领域，"无须赘言，在世界各国大学运行和变革的管理上，战略思维与行动是新的最重要的要素之一。"③ 大学战略管理是大学在组织内外部条件分析基础上，制定战略目标，并根据目标进行谋划，再依靠内部能力实施战略决策，在这过程中进行评估与控制，是一个动态的过程。④

一 高水平民办高校战略管理的关键点

高水平民办高校重视战略管理，向管理要发展速度、效率、质量，通过改进管理实现快速发展。从现状看，高水平民办高校在规模适度发展的同时坚持科学定位，不会刻意强调规模扩张，更为注重软性指标，通过改进管理，实施战略规划，提高资源利用效率，使有限的资源发挥最大的作用。在发展过程中，战略管理并不是一成不变的，而是动态的，根据外部环境的变化作出相应的调整。

迈克尔·波特从产业结构与竞争优势出发，认为战略的本质就是定位、取舍和匹配。⑤ 定位是高校战略管理的核心，取舍是在资源约束的环境中聚焦战略重点，匹配就是围绕阶段性战略目标和重点，动态地优化战略行动。⑥ 结合民办高校发展实际，高水平民办高校战略管理主要有四个关键点。

（一）牢记教育使命是战略的前提

世界高水平大学是高等教育社会服务和多样化的产物，他们都怀有强

---

① W. 理查德·斯科特:《组织理论：理性、自然与开放系统的视角》，高俊山译，中国人民大学出版社 2011 年版，第 23 页。
② 大卫:《战略管理：概念部分（上）》，李冬红等译，清华大学出版社 2003 年版，第 13 页。
③ 乔治·凯勒:《大学战略与规划：美国高等教育管理革命》，别敦荣译，中国海洋出版社 2005 年版。
④ 刘向兵、李立国:《大学战略管理导论》，中国人民大学出版社 2006 年版，第 7 页。
⑤ 胡建波:《一个战略的演进、结果与反思——基于高校战略规划"行动反思模式"的案例研究》，《高等教育研究》2020 年第 1 期。
⑥ 刘献君:《论高校战略管理》，《高等教育研究》2006 年第 2 期。

烈的社会责任感，引领社会，反哺社会，致力于推动社会的进步。中国的教育环境不同于西方发达国家，民办高等教育发展还面临着诸多困难，但这并不影响其战略管理的前提，即坚持正确方向，扎根中国大地，坚持公益导向和教育使命。民办高校在办学中受双重逻辑影响，既要追求社会价值又要追求经济价值，既要追求教育使命又离不开市场使命，商业逻辑与教育逻辑的互动，始终影响着民办高校的发展方向。高水平民办高校在实践中都铭记教育使命，将公益导向放在第一位，有着崇高的办学愿景，坚持社会主义办学方向，遵守"无论公办民办，都是党办；无论体制内、体制外，贯彻党的教育方针无例外；无论营利性、非营利性，都始终保持教育的公益性"的政治自觉，坚持承担办学的社会责任。以服务国家战略、支撑民族复兴为导向，以立德树人为根本任务、以促进公平为基本要求、以优化结构为主攻方向、以深化改革为根本动力，立足国情面向世界、扎根中国，充分发挥中国制度优势，用中国智慧走出一条"中国特色"的大学发展之路。[①]

  我认为先要有梦想，办学目标非常重要。高水平民办高校一开始办学的时候，它就有一个比较高的要求，这个目标要引领全校师生，虽然目标的实现是一步一步来的，但是目标一定要高远。围绕这个目标设计一整套的措施，踏踏实实地行动。福州有一所民办高校1985年建校，在福建发展最早，但是这么久仍然没有大的发展，为什么？因为没有一个宏大的目标和务实的行动，没有目标就不会有行动，没有行动就不会去争取资源。山东一所民办本科高校董事长声称要办成民办里面的清华北大，后来教育部本科教学合格评估都没有通过。可见，没有高远的追求和梦想，没有扎扎实实的行动，要达到目标是很困难的。（XXQ26）

（二）适应外部环境是战略的特点

无论是权变理论，还是交易成本理论、资源依赖理论，都认为组织为

---

① 马陆亭、刘承波、鞠光宇：《扎根中国大地建设"双一流"》，《现代大学教育》2019年第3期。

了能更好地适应环境，会改造自己的结构。"不同之处在于，它们所关注的是环境的不同方面。权变理论关注的是环境的不确定程度。交易成本理论更关注与外部交换者的谈判成本和监督这些交换的成本。资源依赖理论强调伴随着交换过程的政治过程，技术意义上的交换会产生权力与影响过程，也有可能就是来自这种过程。"① 正如伯顿·克拉克所言，环境剧变与高校缺乏必要的应变能力是当前国际高等教育的突出问题。② 中国民办高校发展空间受到生源减少、出国留学、法律修订、经济转型等影响，竞争愈发激烈。高水平民办高校积极应对外部不确定性，通过开展战略管理，调整发展思路，使学校内部运行更好地适应外部环境，在可预见的外部环境变化中寻求发展机遇，提升应对挑战的能力，在竞争中保持领先地位，从而完成其愿景和使命。

（三）精准办学定位是战略的核心

战略是从定位开始的。1969 年杰克·特劳特首先提出定位概念，认为定位就是让品牌在消费者的心智中占据最有利的位置，使品牌成为某个类别或某种特性的代表品牌。③ 对于民办高校而言，定位是学校对自身在民办高校整体中所处位置的认知。高水平民办高校善于从实际出发，正确定位，制定明确的目标，不盲目追求"高层次""大规模"，正如著名高等教育专家博耶指出的："一所高质量的大学必定有一个明确的而且是生机勃勃的办学目标。"④ 战略需要用简洁的语言进行概括。优秀企业用很简单的词语概括其战略定位，如佳洁士——防蛀；劳斯莱斯——尊贵；百事可乐——年轻人。在高等教育领域，不少学校拥有鲜明的战略定位，如麻省理工学院注重"高新技术的研发"，耶鲁大学注重"服务公众"，等等。⑤ 精准做好学校的办学层次、服务面向、办学规模、学科专业、培养目标的定位，是高水平民办高校战略管理的重要任务，如大连东软信息学院坚持

---

① W. 理查德·斯科特：《组织理论：理性、自然与开放系统的视角》，高俊山译，中国人民大学出版社 2011 年版，第 139 页。
② 伯顿·克拉克：《建立创业型大学》人民出版社 2004 年版，第 3 页。
③ 杰克·特劳特：《什么是战略》，中国财政经济出版社 2004 年版，第 19 页。
④ 博耶：《美国大学教育：现状·经验·问题及对策》，复旦大学出版社 1988 年版，第 53 页。
⑤ 刘献君：《论高校战略管理》，《高等教育研究》2006 年第 2 期。

"教育创造学生价值",宁波财经学院着力培养中小企业需要的人才,等等。

民办高校在建设发展过程中不能盲目跟跑,要根据地方经济社会发展需求和本校定位的契合度,发挥优势,走自己的路,办出特色。要坚持地方性、应用型,走特色发展之路,要依据学校所处区域的社会、政治、经济、文化发展需要,立足于本校办学条件和优势,科学进行办学定位、谋划发展。高水平民办大学一般办学定位都很明晰,且能长期坚持不移,那就是走应用型道路,重视内涵建设,把质量作为生命线。比如独立学院就是要与母体公办高校差异化发展,同质化永远只会步人后尘,很难超越和弯道超车。作为年轻高校,民办高校无论从有利于经济和科学技术发展的角度,还是自身发展需要的角度,都应走自己的路,而不是人云亦云。(LXM15)

(四)实施战略行动是战略的主体

在战略管理中,战略实施是主体,战略评估是战略规划的延续。有效战略管理的关键在于,用动态的观点看待并且促进战略制定和战略实施的有效融合。高水平民办高校往往重视战略行动的实施,优化资源配置,制定配套政策,保障实施过程,确保战略行动落实到位。在战略实施后,重视战略评估,对战略实施效果、资源利用效率进行评价,根据实际情况调整战略,增强战略执行力,从而促进学校发展。高水平民办高校在战略实施过程中并不是一成不变的,而是会根据不同的情况微调改进计划或者启动替代方案。许多民办高校校长在访谈中提到,民办高校发展要有清晰的战略规划,要有稳定的实施系统,不能折腾,有的民办高校发展之所以成功,原因就是按照规划做下去不折腾,十年磨一剑。

许多民办高校领导班子如走马灯式换人,像公办高校一样换。公办高校有时候一个校长一个思路,虽然人换了,但是政府仍源源不断投入经费。民办高校那样就完了,民办高校的钱不是政府投的。就像国内龙头老大华为公司,做手机要做到全世界最好,不是今年做手机,明年换服务器,后年换别的,华为最了不起的就是不折腾,给中国民办高校提供了很好的参考。所以民办高校必须靠自己,要苦心经营,算好每一分钱,用好每一个人。如果经常折腾,翻烧饼,董事会和领导班子内耗的话,缺乏长远规划和定力,那么学校就发展不好。(FWG05)

二 高水平民办高校的选择战略

高水平民办高校没有陷入穿民鞋走官道的怪圈,会根据学校的内外部环境,直面现实,舍弃"等、靠、要"思想,结合学校实际情况实施合理的发展战略。

(一) 竞争优势战略

民办高校要从激烈的竞争中脱颖而出,必须具备一定的办学特色和相对优势,借鉴迈克尔·波特的"竞争优势"理论,高水平民办高校通常实施三大战略。

一是成本最低化战略。该战略是指民办高校在保证正常运营水平的基础上,尽可能降低成本,成为行业中的成本领先者。日本私立大学在办学中为了节约经费,曾大量开设和发展"短平快"专业。由于资源的稀缺,这种战略在中国民办高校中应用比较广泛,许多民办高校开设人文社会科学类专业,经管类院校较为普遍。有的民办高校采取靠政策、快决策、少环节、讲实效的运行机制,压缩基建时间和办学成本。比如,2001 年西京大学投资 1.2 亿元,用 160 天完成了 16 万米的建筑及设备购置任务,管网、道路、绿化一并到位,实现了当年投资、当年建校、当年招生、当年回报,最大限度地保证了举办者的投资效益。[①]

二是差异化战略。又称特色战略,是指民办高校向学生提供的专业、课程和服务在高校范围内独具特色,这种特色可以给用户带来额外的价值,如果教育服务的溢出价格超过因其独特性所增加的成本,那么,拥有这种差异化的民办高校将获得竞争优势。加州伯克利大学前校长说过:"世界上地位上升很快的学校,都是在一、两个领域首先取得突破。"[②] 高

---

① 李维民:《民办教育的回顾与展望》,陕西人民出版社 2010 年版,第 194 页。
② 马陆亭:《科学技术促进中的高等学校架构》,广东高等教育出版社 2006 年版,第124 页。

水平民办高校往往以特色求生存，以创新求发展，与同类院校实现行位竞争。韩国私立高校通过选择不同路径保持办学特色。例如，庆熙大学走国际化办学之路，加耶大学强调人性化教育。高水平民办高校善于差异化竞争，在专业特色上标新立异，人无我有，人有我优，紧贴市场办专业，找准市场空缺，在某一个领域形成有标志性的特色和优势。

三是集中化战略。该战略是指民办高校针对某个细分市场，集中精力和资源做大做强某一特定方面，形成竞争优势。德鲁克指出"一项成功创新的最终目标是取得领导地位。所有企业家战略，即所有旨在利用创新的战略，都必须在某个特定环境中夺取领导地位，否则其结果就只是为他人作嫁衣而已。"① 民办高校在某个领域、某个专业做出标志性的成绩是完全可能的，特别是在一些新兴的领域，所有高校起点相同。高水平民办高校在学科和专业设置上，会专注于某一个方面做精做强，集中精力办好优势专业，而不是求大求全。有的民办高校将产业集聚理论应用到高等教育领域，专业设置与产业集群对接，紧密围绕地方产业集成集群发展，形成紧密对接产业链、创新链的专业体系，形成了特定领域的优势。例如，四川国际标榜职业学院专业设置集中围绕"美与健康"，重点打造中国传统养生美容、现代美容、服装设计、人物形象设计，等等。

（二）交叉协同战略

民办高校生存压力远大于公办高校，不能故步自封。高水平民办高校善于借鉴经济领域的横向联合战略，采取交叉协同战略，开放办学，建立校地、校校、校企、校所等多层次、全方位、宽领域合作关系，使办学达到最大效益。

一是学科交叉。即多学科的研究人员对某一问题综合研究，产生新的科学成果，或是多学科的融合产生新的学科，促进学科的共同发展，创造更多的科研成果。当前，世界一流大学越来越重视学科交叉融合，出现超学科、跨学科、融学科，少数高水平民办高校开始探索学部制改革，将学科相近的学院整合，促进学科交叉，形成新的学科增长点。交叉学科的研究人员可以组建团队钻研科研课题，提升科研能力，学生可以接触到各种

---

① 彼得·德鲁克：《创新与企业家精神》，蔡文燕译，机械工业出版社2019年版，第163—164页。

学科的课程，培养多学科背景的人才。

二是校际协同。这是指不同高校群体本着"自愿、平等、互利、协商"的基本原则，集各校之资源优势，开展紧密合作，协同发展。民办高校注重与名校联盟，利用其品牌、师资、设施、教学优势等。如北京城市学院充分发挥北京的地域优势，同13所周边高校合作，学生可以跨校选课，缓解了自身资源不足的劣势，提高教学质量。民办高校之间也可以形成联盟，如西安思源学院、西安外事学院、西安欧亚学院在外省兼并、重组、联建了办学实体，形成了由董事长统领的多校组成的民办高校集群联盟集团。[①]

三是校企合作。高水平民办高校重视校企合作，产教融合，开展协同战略。企业提供教师挂职锻炼以及学生实习实践的机会，企业技术人员来校传授经验，实现理论与实践相结合，高校与企业合作建立实验室，产出科研成果，为企业提供技术支持。有的民办高校探索建设行业学院，将高校与行业紧密融合，以行业生产链、产品链、技术链和服务链为对象，共同开展人才培养和科技服务。通过校企合作，学校的培养更加贴近应用型，培养质量得到显著提高，学生就业率、创业率逐渐提升，学生参与各类科技创新和创业赛获奖显著增加。

四是国际合作。经济全球化推动世界范围内各国教育领域的沟通与交流日趋频繁，有的民办高校充分利用这一机遇，大力实施国际化办学战略。一方面"引进来"，积极寻求合作伙伴，在中国境内开展国际合作办学；另一方面"走出去"，走出国门，设立孔子学院，建立培训基地，兼并国外院校，传播中华文化。

（三）品牌文化战略

大学本质上是一个学术文化机构，办大学就是办文化，文化对于学校发展具有更深沉更持久的影响。大学文化是一所大学的根基和灵魂，文化竞争力是高校的本质力量所在[②]，大学以知识创新为立身之本，"创新文化

---

① 胡大白、樊继轩：《民办高校内涵式发展战略研究》，河南人民出版社2013年版，第304—305页。
② 眭依凡、俞婷婕、李鹏虎：《关于大学文化学理性问题的再思考》，《清华大学教育研究》2015年第6期。

是决定大学兴衰的文化之魂"①。国际上排名领先的私立大学无不注重大学创新文化的营造，培养出一批批优秀的创新人才，成为国家的脊梁。

中国一些高水平民办高校也意识到文化在大学发展过程中的重要作用，举办者对大学精神和教育理念有独特的价值判断，创造性提出符合学校发展实际的大学文化战略，如吉林外国语大学提出"桥梁文化"，期望学校成为"中华儿女走向世界之桥梁，中西文化合璧之桥梁"；黄河科技学院创办者胡大白提出"敢为天下先"的口号，希望学子们脚踏实地，执着追求理想；西安外事学院将其所在地"鱼化成龙"的传说和中华民族"望子成龙"的美好愿望融入办学理想。许多卓越的办学者善于使自己的办学理想与学校发展融为一体，为学校注入个性鲜明的文化血液，形成独特的文化精神和办学品牌。

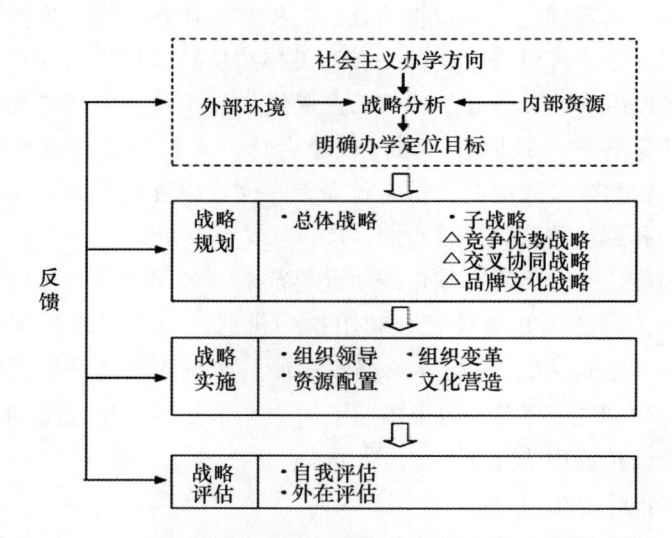

图 5-11 中国高水平民办高校生成的导引机制——战略管理

综上所述，中国高水平民办高校的导引机制如图 5-11 所示。在坚定社会主义办学方向的大前提下，高水平民办高校往往能够在战略分析外部环境以及内部资源的基础上，明确自身办学定位和目标，作出战略规划，通过组织领导、组织变革、资源配置、文化营造等方式实施战略，最后进

---

① 眭依凡：《创新文化：决定大学兴衰的文化之魂》，《中国高等教育》2007 年第 7 期。

行战略评估,并将结果反馈到前几个环节,根据评估结果实时进行战略调整。

第四节 高水平民办高校生成的发展机制
——资源整合

民办高校作为资源消耗型组织,面临资源短缺的困境,如何突破资源束缚,不断集聚资源,是民办高校迈向高水平的必经之路和核心任务。费佛尔和萨兰奇科创立的资源依赖理论,强调组织和环境的相互作用,组织生存需要资源,会和环境进行互动。大学亦是如此,其发展受到资源的约束,这是"魔咒",也是展示战略智慧的"竞技场"。[①] 高水平民办高校创业者善于做"无米之炊",采用创新的方式获取资源,遵循不求所有、但求所用,共享发展理念较为超前,借企业之需,借政府之策,借名校之人,借发展之机,向公办高校"借"资源、向地方政府"争"资源、向市场"抢"资源、向校友"挖"资源。

一 高水平民办高校的资源类型

创业是基于企业家资源禀赋演变的机会驱动行为过程,企业家资源禀赋的差异是导致微观创业行为异质性的根本原因。[②] 异质性资源和资源转化是创业的两个基本条件,组织成长依赖内外部资源的积累,内部积累主要受创业者对资源自身价值以及转化价值的理解影响,外部资源主要受创业者个人能力和社会关系影响。[③] 社会价值创造的内在逻辑使社会创业更易于建立稳定的外部网络环境,从而吸引外部资源与关注。社会创业的资源类型可以大致划分成工具性的外部资源和生产性的内部资源两大部分。

---

① 胡建波:《一个战略的演进、结果与反思——基于高校战略规划"行动反思模式"的案例研究》,《高等教育研究》2020 年第 1 期。
② 杨俊、张玉利:《基于企业家资源禀赋的创业行为过程分析》,《外国经济与管理》2004 年第 2 期。
③ 曲红燕、武亚军:《中国学术组织的可持续发展——〈营销科学学报〉的案例研究》,《管理案例研究与评论》2013 年第 4 期。

"创业学之父"杰弗里·蒂蒙斯认为,对初创企业来说,重要的是资源使用权而非所有权。

从资源基础观和社会创业资源相关理论出发,可以将高水平民办高校生成所需的资源类型分成两类。

一是外部资源。外部资源是民办高校生存与成长的源泉,充足的外部资源是高水平民办高校的必要保障。主要包括从政府、银行、高校、企业等获得的资源,如政治资源、财力资源、公办高校资源、企业资源、行业资源等。其中,政治资源和财力资源(资本市场融资、银行借贷、政府资助、集资、募捐等)尤为重要。

二是内部资源。内部资源是民办高校拥有、控制或使用的生产性资源,主要包括:硬件资源,包括土地、校舍、设备、图书、实验室资源等;经费资源,主要是指学杂费收入和产业收益;人力资源,包括管理人员和师资队伍;学术资源,包括课程、科研平台、专业、学科、教材、人才培养方案等。具备精良的内部资源是民办高校走向高水平的基本前提。

二 高水平民办高校的资源整合类型

资源的重要性在于其稀缺性。萨伊认为"企业家把经济资源从生产率和产出较低的地方转移到较高的地方",运用新的形式创造最大限度的生产率和实效。这不仅适用于私营部门,也适用于公共部门和第三部门,有胆有识的校长用新的方式来使用资源,创造最大限度的效率和效能。[1] 从社会创业角度来看,资源开发与拼凑是社会企业应对资源困境的有效手段,有利于促进社会企业的成长[2]。资源拼凑在创业导向与经济绩效、社会绩效之间起中介作用[3],对处于初创阶段的企业绩效有显著正向影响,且对早期成长阶段的新企业财务绩效、经济绩效有显著作用[4]。社会创业

---

[1] 戴维·奥斯本:《改革政府》,周敦仁译,上海译文出版社2006年版,第4—5页。
[2] Bacq S., Ofstein L. F., Kickul J. R., et al., "Bricolage in Social Entrepreneurship: How Creative Resource Mobilization Fosters Greater Social Impact", *The International Journal of Entrepreneurship and Innovation*, 2015.
[3] 张秀娥、张坤:《创业导向对新创社会企业绩效的影响——资源拼凑的中介作用与规制的调节作用》,《科技进步与对策》2018年第9期。
[4] 祝振铎、李非:《创业拼凑对新企业绩效的动态影响——基于中国转型经济的证据》,《科学学与科学技术管理》2014年第10期。

第五章　中国高水平民办高校生成机制模型构建与解析

企业在不同的发展阶段采取不同的资源拼凑策略：在创建期，采取"以实物拼凑和人力拼凑为主"的策略；在存活期，采取"技能拼凑是首选"的策略；在成长期，采取"以市场拼凑和制度拼凑为主"的策略。[①]

民办高校在发展过程中，举办者梳理手头可利用的资源，并利用自身的人脉、信用吸引各种资源，为把握创业机会打好基础。手头资源可分为三类：实物资源（如场地、资金、设施设备等）、劳动力资源（如创业者自身、员工、志愿者等）和知识技能（如医疗、语言等技能）。[②] 在机会识别阶段，有的资源并非"即刻可取"，社会创业者只能以低成本获得资源，依靠其优质的个人信用和相对完善的社会关系网络，借此有效吸引外部资源，减轻"经济理性"导致的资源瓶颈[③]。高水平民办高校资源整合主要包括以下几个方面。

（一）财力资源整合

中国民办高校生存和发展主要依赖于学费收入，多元筹措办学经费是建设高水平民办高校的基本保障。经费资源开发主要可以从以下几个方面着手。

一是扩大学费收入。学费收入是民办高校最重要的经费来源，发展初期举办者白手起家，只能通过收取学费的方式维持学校的运营，即"以学养学"。随着民办高等教育政策不断放开，为了增加收入来源，应对办学成本上升的压力，民办高校申请政府部门放开收费管制，沿海省份已经允许民办高校实行市场调节价，优质优价，北京、上海、浙江部分民办高校的学费甚至达到3万—12万元每年。

二是增加资金投入。举办方的资金主要用于学校的起步阶段和追加投入。中国农业大学第一任校长乐天宇（毛泽东友人）在创办九嶷山大学（湖南九嶷职业技术学院的前身）时把国家补发的5万元全部作为学校开办经费。由于民办高校的创办模式多种多样，不同举办方的投资情况有所

[①] 彭伟、于小进、郑庆龄：《基于扎根理论的社会创业企业资源拼凑策略研究》，《财经论丛》2019年第1期。

[②] Desa G., Basu S., "Optimization or Bricolage? Overcoming Resource Constraints in Global Social Entrepreneurship", *Strategic Entrepreneurship Journal*, 2013.

[③] Janssen F., Fayolle A., Wuilaume A., "Researching Bricolage in Social Entrepreneurship", *Entrepreneurship & Regional Development*, 2018.

差异，有的举办者投资不求回报，有的在学校正常运营后会收回前期投入的资金，有的设立基金筹集资金，如杭州万向职业技术学院的"万向教育基金"。

三是争取政府财政支持。高水平民办高校善于寻求政府直接或间接财政支持。直接支持主要是政府生均拨款、专项资金等，陕西省自2012年起连续5年每年设立3亿元民办高等教育发展专项资金，每所民办院校每年平均获得3000万元的财政支持，2016年陕西省政府又将专项资金提供到每年4亿元。[①] 重庆市财政对民办本科高校给予生均1700—2000元的拨款补助，上海市对民办高校按照年检情况给予每生每年500—2000元补助。间接支持主要有税收土地优惠、学生资助、贷款贴息等。对实施学历教育的民办学校依法批准收取的纳入财政预算外资金专户管理的收费，免征企业所得税[②]。

四是寻求社会捐赠。国际上私立高校的发展依赖社会捐赠，很多受到教育基金会等公益组织的支持，如韩国的私学振兴基金会，日本的"私学振兴财团"等。美国众多私立大学的办学经费中，学费、社会和民间的无偿捐赠以及政府的财政资助差不多各占三分之一。[③] 民国时期的私立大学千方百计地利用一切国际支持，包括向海外华侨、国际爱好和平的组织、国际文教组织、国外财团、富翁以及热心教育的人士筹集办学经费。[④] 中国民办高校在发展过程中得到社会捐赠的机会很少，近几年随着民办高校社会声誉提高，一些资金雄厚、有社会责任感的企业开始向民办高校捐赠。西湖大学开创民间资本支持的先河，截至2018年年底，西湖教育基金会已筹资超过43亿元。马化腾、张志东、吴宵光在2017年分别向武汉学院捐赠1亿元、5000万元和2000万元[⑤]。

---

① 毕振力：《民办高等教育的财政资助：现状、障碍与突破》，经济科学出版社2015年版，第81—82页。

② 方芳、钟秉林：《我国民办高等教育财政支持制度研究》，北京师范大学出版社2016年版，第81页。

③ 王庆如、司晓宏：《民办高校发展面临的"高原现象"探析——以陕西民办普通高校为例》，《高等教育研究》2011年第11期。

④ 柯佑祥：《民办高校定位、特色与发展研究》，华中科技大学出版社2013年版，第57页。

⑤ 申政清、王一涛、董圣足：《非营利性民办高校的经费如何筹措——基于美国非营利性私立高校的比较》，《现代教育管理》2018年第1期。

第五章　中国高水平民办高校生成机制模型构建与解析　　225

五是银行贷款。民办高校在发展的过程中很难获得政府拨款及社会捐赠，举办方投入有限，随着学校规模的扩大，办学成本的提升，投资方和学校缺乏运营资金，就会寻求银行贷款。陕西省民办高校发展资金主要依靠银行贷款，通过学费质押，扩大招生规模，然后用学费偿还债务，校银合作有力支撑了民办高校的发展壮大。

"现在民办高校一年运行经费就是几个亿，能有三五个亿已经了不得了，而公办高校都是几十个亿、上百亿，民办高校资金才是人家的几十分之一，想办成高水平，难于登天。资金投入就能看出来水平高低了，钱多不一定能办得好，但是钱少肯定办不好，所以资金投入是民办高校发展中的瓶颈。很多民办高校经费缺乏，完全是以学养学，这样的学校可以发展但不会很厉害，因为没有真正意义上的外部资金。一所好的民办高校，应该有社会资金注入。例如，西京学院，现在每年争取到的科研经费，2018年达到了8000万元，政府再给他3000万元，光这个就一个多亿了。如果每年保持这种优势，发展肯定就比别的学校好。"（LWM42）

（二）硬件资源整合

坚持硬件先行，奠定学校发展物质基础，是中国民办高校发展的基本规律。民办高校在起步阶段偏重于硬件建设，因为"场地就是生源"[1]，陕西民办高校的高地现象也正是因为其从建校开始就重视"根据地建设"，"滚雪球"式扩大办学场地，建设基础设施，吸引更多生源。改革开放后最先起步的第一代民办高校，都是在没有资金、没有校舍、没有教师队伍的背景下发展的，生存极其困难，很多举办者只能依靠租赁办学场地，购买闲置的土地和场所，选取偏远的办学校址，通过多种方式拼凑资源，使用低成本的设备，租用共享其他高校实验实训资源，勉强维持学校的发展。在解决用地方面，郑州科技学院举办者刘文魁在办学之初四处租房、频繁搬家，最困难的时候一年要搬两三次，最多的

---

[1]　王庆如：《民办高校办学水平提升策略研究》，博士学位论文，陕西师范大学，2012年。

时候有七个教学部。①

民办高校还采取合作用地、寻求政府划拨土地等方式解决校园难题，如广州岭南职业技术学院与广州新塘农工商联合公司园艺场签订联合办学合同，取得了500亩办学用地②。有的民办高校在办学初就受到政府的支持，以三亚学院为例，海南省为了平衡省内高等教育的南北布局，决定在三亚地区新建一所大学，由政府免费提供3000亩土地，再免费给8000万元开办资金，海南省政府考察了吉利集团，并于2002年年底达成战略协议，政府的土地支持是三亚学院顺利建成的物质保障。③ 许多民办高校在新建和扩建校园时，都得到了政府的有力支持，有的学校属于政府"交钥匙工程"，解决了土地这一难题。

（三）人力资源整合

美国管理学家彼得·德鲁克说，"企业只有一项真正的资源，人。管理就是充分开发人力资源以做好工作"。"所谓大学者，非谓有大楼之谓也，有大师之谓也。"对于民办高校而言，人力资源是推动学校发展，提高教学质量、增加办学效益的关键要素。人力资源主要包含两部分。

一是管理队伍。民办高校通常聘请公办高校退休领导担任校长，组建领导班子，聘请政府和高校退休人员担任二级院系和行政部门负责人，甚至使用毕业生留校担任管理者。民办高校管理队伍的建设并非一帆风顺，山东英才学院举办者杨文和夏季亭面对创办之初师资一时难以培育的情况，多次登门拜访已退休的山东师范大学原校长陈龙飞，用真诚和热情感染了陈老，最终陈老同意加盟。④

二是教师队伍。面对教师短缺的瓶颈，民办高校采取聘请退休教师、企业人员的方式，使用大量公办高校兼职教师，聘请校外专家担任学科带头人、专业负责人，甚至聘请院士。有的民办高校为了使公办高校教师有时间可以在周末兼课，将学校休息时间改为周一到周五的两天。随着步入内涵建设阶段，民办高校开始重视专有教师队伍的建设。高水平民办高校

---

① 褚清源：《八十而述》，山东文艺出版社2019年版，第51—60页。
② 刘根正：《从资源依赖视角看我国民办高校的办学模式——以广东为例》，《高教探索》2011年第1期。
③ 沈建勇：《十年三亚学院做到了什么》，南开大学出版社2018年版，第5—6页。
④ 铁流、徐锦庚：《中国民办教育调查》，作家出版社2013年版，第75—78页。

比一般民办高校更为重视自有专职教师队伍的培养培训，加大投入，助推教师成长，采用多种方式招纳人才，不拘一格使用人才，不惜代价聘请人才。

民办高校的竞争归根结底是人才的竞争，人力资源是民办高校向高水平发展的关键所在。正如哈佛大学原校长柯南特所言："大学的荣誉不在于它的校舍和人数，而在于它一代一代教师的质量。一个学校要站得住，教师就一定要出色。"凡是国内领先的民办高校，无不重视师资建设，大力引进高水平的学科带头人，着力培养年轻骨干教师，支持教师出国进修、攻读博士，着力创新与完善教师培养机制、激励机制，构建一支结构合理、素质优良的师资队伍，有的还拥有国家级、省级教学名师和教学团队，营造有利于教师发展的氛围，促进高水平教师脱颖而出。

（四）学术资源整合

优质学术资源是高水平民办高校最直接、最重要的表征。一所民办高校若拥有若干国家级重点专业、学科、实验室、教学成果奖、精品课程、教学团队、教材、科研奖励，那么将在民办高校甚至公办高校中形成有力的竞争优势。高水平民办高校非常注重争取和扩大学术资源，成立各类研究中心、实验室、产业学院，加强学科平台建设，提升教学科研水平。引进"中国大学MOOC""尔雅""智慧树"等慕课平台的优质课程资源，推动信息技术与教育教学深度融合，促进优质教育资源应用与共享。山东协和学院高度重视教学改革，创新应用型人才培养模式，联合其他大学申报教学成果奖，共获得5项国家级教学成果奖二等奖，居全国民办高校之首。三亚学院借助外力，广泛合作，构建了众多省市级协同机构平台，与北京大学政府管理学院共建"城市治理研究院"，与上海交通大学共建"国际设计学院"，与国家发改委国际合作中心合作成立健康产业管理学院，与法国埃塞克高等商学院建立跨境联动合作机制。教育教学质量是民办高校的生命线，高水平民办高校重视教学中心工作，在加强内涵建设的过程中，学术资源不断积聚，各种学科平台的建立同时又反哺了学校人才培养。

（五）政治资源整合

民办高校的发展离不开政策的支持，响应政策号召、顺应政策引导、积极作为,高水平民办高校的重要法宝之一,但凡发展水平较高的民办高校,和地方政府都保持有密切关系,一定程度上存在"共生""共荣"现象。民办高校为了获得政治资源,通常会采取"表达"和"变通"两种方式。

一是"表达",即民办高校通过其社会网络,运用辩论、呼吁甚至激烈对抗等方式,向政府表达诉求,获取资源。比较常见的有民办高校举办者担任全国、省、市人大代表、政协委员,在各类行业组织、学会协会、民主党派等兼职,利用政治身份奔走呼吁,建言献策,努力改善外部发展环境。例如,江西科技学院董事长于果担任过全国人大代表,联合30多名代表提交《关于尽快出台民办教育法的议案》,提出要立法明确民办教育投资人回报等问题。

二是"变通",主要是指学校直接或间接通过关系争取政府支持,雇佣政府官员、退休领导等知名人士在董事会、校行政、专家委员会、顾问委员会等机构任职,利用其社会信誉为民办高校背书,增强社会影响。有资料显示,在北京市民办高校中,支持并参与民办教育的副处级以上干部有100多人。① 目前,崭露头角的民办高校举办者往往身兼众多政治类头衔(见表5-7)。

表5-7　　　　部分民办高校举办者社会身份统计

序号	民办高校	举办者姓名	社会身份
1	北京城市学院	付正泰	北京市海淀区人大代表
2	武汉东湖学院	周宝生	全国党代表,全国人大代表
3	广东新安职业技术学院	王屏山	全国党代表,全国人大代表
4	辽宁财贸学院	郭立新	全国党代表
5	安徽三联学院	金会庆	全国人大代表
6	西安外事学院	黄藤	全国人大代表
7	西京学院	任芳	全国政协委员
8	河北传媒学院	翟志海	全国人大代表

---

① 周国平:《社会资本与民办高校资源整合研究》,广东高等教育出版社2012年版,第53—65页。

第五章　中国高水平民办高校生成机制模型构建与解析

续表

序号	民办高校	举办者姓名	社会身份
9	湖南涉外经济学院	李光宇	全国人大代表
10	长沙医学院	何彬生	全国人大代表
11	黄河科技大学	胡大白	全国人大代表
12	江西科技学院	于果	全国人大代表
13	杭州万向职业技术学院	鲁冠球	全国党代表，全国人大代表
14	浙江广厦职业技术大学	楼忠福	全国人大代表
15	烟台南山学院	宋作文	全国人大代表
16	三亚学院	李书福	全国政协委员
17	西安欧亚学院	胡建波	陕西省政协常委
18	吉林外国语大学	秦和	全国政协委员
19	广东培正学院	梁尚立	全国政协常委
20	辽宁何氏医学院	何伟	全国政协委员
21	重庆人文科技学院	李学春	全国政协委员
22	四川应用技术职业学院	苏华	全国政协委员
23	山西工商学院	牛三平	全国人大代表
24	阳光学院	林腾蛟	全国人大代表
25	云南工商学院	李孝轩	全国人大代表

资料来源：根据网站信息和访谈整理而成。

学者陆亚东关注只有普通资源的企业如何通过结合、复合、整合的手段将普通资源产生出不普通的绩效效果，提出"复合基础观"。[1] 高水平民办高校的发展正是通过对内外部资源的创新整合运用，从而形成独特的竞争优势。

民办高校的财力、物力、人力、学术、政治资源等并非各自孤立存在的，他们之间形成一个资源系统，是互补共生的关系。办好一所高校三十年是一个生命周期，十年建校、十年发展、十年提高。在民办高校发展的

---

[1] 陆亚东、孙金云：《中国企业成长战略新视角：复合基础观的概念、内涵与方法》，《管理世界》2013 年第 10 期。

不同阶段,资源开发的侧重点也有所不同,创建阶段会面临资源缺乏的困境,民办高校一般会重视其资源禀赋,充分利用手头资源,重点挖掘优势资源,并实现资源再生。在发展成长阶段,民办高校资源获取能力增强,一般会重视资源的互动与拓展,优化资源结构,促进与外部的联系,主要通过对地方社会经济发展做贡献,获取社会信任,谋求更多社会资本。在向高水平迈进阶段,民办高校一般会重视文化建设、制度建设,各种资源之间相互作用提升组织的合力,实现内生性增长。[1]

综上所述,中国高水平民办高校发展机制如图 5-12 所示,高水平民办高校的举办者凭借其社会身份、从业经历、社会网络获取财力、硬件、人力、学术和政治资源,通过梳理手头资源、拓展外部资源、促进资源内生性增长,实现资源的可持续发展。

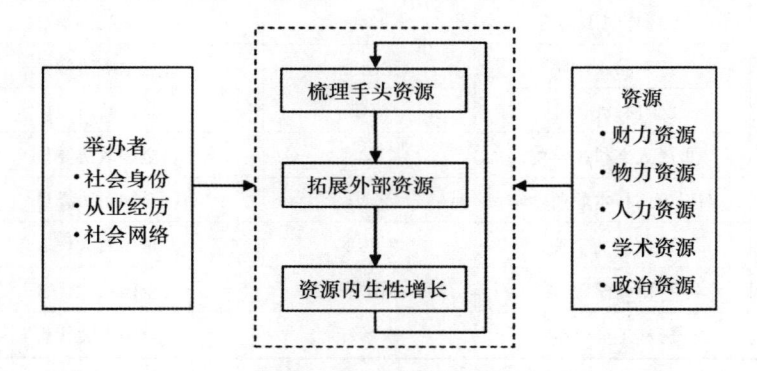

图 5-12 中国高水平民办高校生成的发展机制——资源整合

第五节 高水平民办高校生成的决策机制
——治理结构

高水平民办高校生成离不开正确的决策,健全的内部治理结构是民办高校科学决策、协调运转、行稳致远的保障。从词源来看,"治理"一词

---

[1] 吴文刚、周进:《从资源到资本:民办高校资源转化机制构建》,《高等工程教育研究》2016 年第 1 期。

第五章 中国高水平民办高校生成机制模型构建与解析

最早来源于对企业组织的研究,威廉·姆森最早提出"治理结构"的概念,[①] 目前,企业组织和学术组织出奇地保持一致,都强调权力在组织内部的作用。治理结构是一个组织中各利益群体的相互关系,它通过权力的配置和运作来达到关系平衡,从而确保组织的有效运行并实现组织目标。[②] 对高水平民办高校内部治理结构的分析需要识别民办高校内部的利益群体关系,探索各利益主体所代表的权力逻辑,划分权力运行的常规模式,以此深入把握高水平民办高校的内部治理结构。

一 高水平民办高校内部治理的权力逻辑

高水平民办高校的生成依托于内部合理的权力结构,仰赖于良序的权力运行逻辑。正如阿什比所言,"大学的兴旺与否取决于其内部由谁控制"[③],民办高校内部权力的不同分布有着根本性意义,它深刻影响民办高校内部的各项活动、变革和价值观念。治理侧重于权力与资源配置,侧重于决策与控制,[④] 治理的权力逻辑是民办高校内部治理结构的重要表征。高水平民办高校内部权力多元化分布,不同权力根据重要程度合理配置、相得益彰,学校内部决策效率与决策民主相互兼顾,多元主体和多元利益共享共治。中世纪欧洲大学内部的基本权力包括宗教权力、贵族权力、学术权力和学生权力。[⑤] 当下高校内部权力种类更加复杂,特征表现更加多样,从利益相关者角度出发,民办高校内部权力可以划分为资本、行政、学术、民主、政治五种类型,这五种权力的协调运行是建设高水平民办高校治理水平和办学质量的重要基础。

(一)举办者为代表的资本权力

举办者是民办高校的掌舵人,是学校办学资源的主要投入者和最高决策者,与民办高校有着密切的利害关系。作为民办高校的重要利益相

[①] 赵成、陈通:《治理视角下的大学制度研究》,《高等教育研究》2005年第8期。
[②] 熊庆年、代林利:《大学治理结构的历史演进与文化变异》,《高教探索》2006年第1期。
[③] 伯顿·克拉克:《高等教育系统:学术组织的跨国研究》,王承绪、徐辉等译,杭州大学出版社1994年版,第121页。
[④] 李福华、王颖、赵普光:《论大学治理与大学管理的协同推进》,《高等教育研究》2015年第4期。
[⑤] 林荣日:《论高校内部权力》,《现代大学教育》2005年第2期。

关者，举办者对校内的各项事务及关系拥有治权，这种权力是区分民办高校与公办高校内部治理结构的重要依据。中国多数民办高校由个人投资举办，容易出现出资人控制的治理模式，导致广大教职工在学校治理中丧失话语权。根据韦伯的界定，"权力即意味着在一种社会关系里哪怕是遇到反对也能贯彻自己意志的任何机会"①，这种贯彻意志的权力逻辑在举办者层面表现得淋漓尽致，甚至有发展成寡头权力的可能。在民办高校中，举办者往往兼任校长等行政职务，这种"双肩挑"行为使得举办者权力既不等同于严格意义上的行政权力，也不完全属于学术权力。如何界定举办者的权力类型？其主要标准是找到举办者所具有的功能或权力属性。

除了少数捐资办学的民办高校，大多数民办高校是社会资本与高等教育结合的产物，具有"投资办学"的特征，而举办者是学校投资主体，拥有人事管理和财务审批等权力，在校内资源配置方面起着重要作用。在资源依赖理论来看，控制资源便意味着掌控权力，马克思更直言"资本本身就是权力"②，举办者权力因而带有明显的资本属性。正如加雷斯·威廉斯指出的，高等教育系统中"谁付费，谁点唱"③，民办高校举办者的付费手段使其成为高教系统中独特的资本代表。根据目前办学情况来看，以举办者为代表的资本权力在绝大多数投资办学的民办高校中占据主导地位，且这种权力多以家族形式出现，表现出权力集聚的倾向。高水平民办高校内部治理中往往能够克服资本权力带来的影响，举办者体现出一种超脱和境界。

（二）校长为代表的行政权力

中国民办高校实行董事会领导下的校长负责制，校长是董事会决策的执行者，是行政权力的主要代表。民办高校校长角色主要包括三个方面：一是学校治理的引领者，二是学校发展的经营者，三是内部关系的

---

① ［英］弗兰克·帕金：《马克思·韦伯》，刘东译，四川人民出版社1987年版，第81页。
② 刘志洪：《驾驭与超越：当代中国应对资本权力的核心理念——基于马克思的资本权力思想》，《理论与改革》2018年第1期。
③ ［美］伯顿·克拉克：《高等教育新论——多学科的研究》，王承绪、徐辉等译，浙江教育出版社2001年版，第79页。

协调者。① 具体来看，校长主要负责学校内部的教育教学和行政事务，美国教育理事会公布的卡里根报告显示，美国50%以上的私立大学校长认为在筹款、规划、预算、人事方面花费的时间最多。② 显然，如此繁杂的行政事务不能仅靠校长一人处理，校长还需要设置配备一套行政班子，组建一个反应迅速、精通业务、公正公开的管理团队。民办高校内部的行政权力包括整套行政系统，校长是其中的代表。

从国际范围来看，高校内部的行政权力一直是教育学界关注的焦点，20世纪60年代的国际高等教育大发展改变了高等教育的权力和权限的模式，行政权力开始介入高校的日常运行中。但与公办高校不同的是，民办高校校长代表的行政权力相对较弱，主要因为公办高校校长由教育主管部门任命，被赋予一定的政府权威，而多数民办高校校长受董事会雇用，向董事会负责，其行政权力弱于内部权力结构中的资本权力。因而在某种程度上，减少资本权力对行政权力的干预可以有效提高中国民办高校的内部治理水平。从现实来看，高水平民办高校校长权力一般得到尊重和保障，任期合理，权责明晰，具有话语权，并非"花瓶校长""名誉校长"。

（三）党委书记为代表的政治权力

民办高校党委书记是学校党组织负责人，主要带领学校党组织发挥政治核心作用。以党委书记为代表的党组织参与学校内部治理，参与学校重大决策，有的学校党组织还担任监督者或起到"缓冲器"作用。在发挥具体作用时，党组织运用的主要是政治权力，区别于政府组织主导的行政权力，以党委书记为代表的政治权力成为中国特色社会主义教育制度的重要抓手。特别是近年来，中国不断强化党组织在民办高校中的作用和地位，在新修订的《民办教育促进法》中强调要加强民办学校党组织建设工作，将党建工作写入学校章程，政治权力在民办高校内部权力架构中的位置逐步上移。

追根溯源，政治权力介入高等教育的历史可以追溯到8个世纪以前的波隆那大学和巴黎大学，那时的高等教育组织受到国家和教会的控制。发

---

① 潘留仙、陈文联：《民办高校内部治理中校长应有的角色》，《中国高教研究》2016年第8期。

② American Council on Education, The American College President, 2002 Edition.

展至今，政治权力对高等教育组织的影响没有丝毫减弱，高等教育组织和国家的联系愈加紧密，克拉克甚至断言，"没有任何一个国家的高等教育系统中没有这种形式的权力"。① 在实际办学过程中，高水平民办高校重视党的领导和建设，选优配强各级党组织书记，学校党组织的定位准确，参与和监督重大决策，能够坚持社会主义办学方向，积极履行党建和思政的主体责任，政治权力在民办高校内部治理中的作用显著。

（四）教授为代表的学术权力

教授是高等教育系统内部的学术权威，是承担教学、科研工作的主体，是大学实现知识生产、文化传承功能的重要力量。围绕大学教授衍生出的"学术权力"命题一直是高等教育界经久不衰的话题，对学术权力的推崇不仅体现了人们对学术自由的向往，还体现出对集体决策、民主管理等治校理念的肯定。具体来说，教授的权力表现在对学校内部学术事务的领导、控制上，其发挥作用的场所一般为各学科专业科室、学术委员会、教授委员会。与其他权力不同的是，学术权力属于一种隐性权力，是相对于显性权力的一种权力形态，这种权力可能产生于显性权力的延伸和辐射、权力主体的个人魅力、权力主体的专业知识等方面，② 本质上是一种非实质性的权力。

简言之，学术权力源于自身，源于知识，知识的专有性和稀缺性赋予教授对学术型事务的控制权，对此，福柯强调知识和权力的相互作用关系，"知识制造权力，权力和知识是直接互相连带的，不相应地建构一种知识领域就不可能有权力关系，不同时预设和建构权力关系就不会有任何知识"③。在高等教育系统中，教授所具有的非实质性权力并不一定弱于实质性权力，有的著名学者依靠自身科研能力、学术人脉在学校内部拥有垄断性的话语地位。在中国民办高校的内部治理结构中，以教授为代表的学术权力是内部治理体系不可或缺的要素，是内部权力体系的重要组成部分，特别是在高水平民办高校中，教授的学术权力会受到重视，相应的学

---

① ［美］伯顿·克拉克：《高等教育系统：学术组织的跨国研究》，王承绪、徐辉等译，杭州大学出版社 1994 年版，第 134 页。

② 李勇军：《隐性权力的产生原因及其治理》，《领导科学》2015 年第 33 期。

③ ［法］米歇尔·福柯：《规训与惩罚》，刘北成、杨远婴译，生活·读书·新知三联书店 2003 年版，第 29 页。

术权利受到保障。

　　进入新时代后,举办者无论多有能力,这一艘大船需要去冲浪,需要去出海,应该带着管理团队、教学团队、学生团队,共同去打造竞争力。举办者的创新创业精神,确实是值得我们学习,但不能举办者一个人跑,应该带着大家一起奔跑。要激发教师的积极性,尊重教师的权利,让教师心情愉悦地工作,有体面的工作。如果一所民办高校不能让教师有所成长,那么肯定不是好的学校,好的学校应该让教师不断进步,因为教师是学校成长之源。许多民办高校一年到头不派教师参加一次学术会议,不花钱组织教师参加培训,非常封闭落后,完全不愿意投入在教师身上,甚至认为投入了教师也会走。(LJF23)

(五) 师生为代表的民主权利

教职工和学生是民办高校的重要利益相关者,是建设高水平民办高校的有生力量,是民办高校内部治理的重要一环。从权力角度出发,民办高校内部权力包括以师生为代表的民主权利,这种权力的主体除了学校教职工、学生外,还包括校友、学生家长等其他利益相关者。其中,教职工依托教代会、职代会行使民主权利,学生借助学代会行使民主权利,构成现代大学内部民主管理制度的组织根基。在高等教育的演进中,关于高校内部民主权利的讨论一直伴随着高等教育理念的发展,中世纪时期的大学特别强调以师生为代表的民主权利在大学治理过程中的作用,巴尼特认为,重视民主权力是中世纪大学的特征,"不管他们具体的能力层次如何,大学必须是全体成员共同参与的事业"。[1] 这种理念促进并催生出各种各样的民主运动,大学的教职员工和学生要求在大学治理中享有一定的权力,在欧洲,博洛尼亚进程将民主参与纳入政策框架[2],将师生及其组织作为高校内部治理的重要监察者。

---

[1] [英] 罗纳德·巴尼特:《高等教育理念》,蓝劲松译,北京大学出版社2012年版,第27页。

[2] 冯遵永、丁三青:《欧洲大学治理中学生参与的当代发展》,《江苏高教》2015年第4期。

民主参与是民办高校治理的重要内容,是实现民办高校共同治理的有效途径。目前部分民办高校教代会、职代会和学代会不健全,民主参与流于形式,师生缺乏话语权,以师生为代表的民主权力处于内部治理结构的底层,民主参与治理的途径单一,参与治理的内容相对简单,多数民办高校的教职工和学生并没有参与治理的自觉,民主权利发挥作用的途径和方式亟须得到拓展。高水平民办高校重视民主管理,保障师生合法权益,通过设置校长接待日、午餐会、网络信箱等,倾听民意,激发了师生参与民主管理的积极性。

总之,高水平民办高校内部五种权力分配清晰透明,有效制约又协调有力,权力管理体制、机制灵活高效,决策快、成本低、效率高,能有效规避一般民办高校存在的避免资本权力过大、政治权力弱化、民主权力虚化等问题。

二 高水平民办高校的内部治理模式

从世界高等教育的治理实践来看,大学内部治理模式可以分为欧洲大陆治理模式、英美治理模式和东亚治理模式等。[①] 厘清高水平民办高校的内部治理模式关键在于找准角度。从内部治理的核心要素出发,内部治理模式主要讨论各利益相关者之间的决策权配置,不同的决策权配置形成了不同的内部治理模式。总的来说,高水平民办高校内部治理结构是由逻辑上不相冲突的三种模式构成的,分别是科层模式、专业模式和民主模式。它们分别代表民办高校内部权力的集中和分散,高水平民办高校内部治理在这种集中和分散之间达到平衡。

(一) 科层模式

高水平民办高校内部治理的科层模式源自韦伯提出的"科层制",指由一群训练有素的专业人员按照既定规则持续运作的行政管理体制,科层治理具有专业分工、等级制度、程序规则、绩效评估四个基本要素。[②] 民

[①] 李立国:《什么是好的大学治理:治理的"实然"与"应然"分析》,《华东师范大学学报》(教育科学版) 2019 年第 5 期。

[②] 王春娟:《科层制的涵义及结构特征分析——兼评韦伯的科层制理论》,《学术交流》2006 年第 5 期。

办高校属于一般意义上的科层治理式组织，民办高校成员根据特定类型，按照部门分工专精于自己的工作岗位职责；在权力层次上按照固定的职务或职称阶梯形成固定的等级；各部门教职员工按照部门规章行事，各部门的关系、责任、义务也都由规则界定；成员晋升和加薪也都受工作成绩影响，等等。这种治理模式在中国民办高校中极具普遍性，同时也被证明是最有效率的治理模式。

但是，在对科层模式的研究中，学界多表现出一种反科层的情结[1]，即试图证明科层治理模式的弊端大于优势，如"科层治理模式与专业化的大学组织并不完全相容""科层制的非人格化遏制了学术的进取精神"。[2] 尽管科层模式存在一些弊端，但其仍是目前无法替代的一种治理模式，它的存在甚至早于韦伯的科层制理论，并一直沿用至今，这种模式存在于各种不同类型的组织之中，是组织内部治理架构的基石。在民办高校中，科层治理模式的四个特征要素已经完全融入组织生态，是民办高校发展的重要组成部分。科层模式是高水平民办高校内部治理的模式之一，一些学校优化改善科层模式，弱化严格的等级链条，实施扁平化管理，提高了运行效率，使其更适于民办高校。

（二）专业模式

高水平民办高校内部治理的专业模式强调在治理过程中凸显专业化分工。西蒙认为组织内部差异性的根源在于人和人的差异，"人和人之间的差异会导致他们在充当同样的行为角色时产生的行为极不相同。"[3] 组织是高度专业化个体的集合，专业的人做专业的事，相互分工，共同完成组织目标，倘若专业化的个体涉足非专业化的事务，那么将不可避免降低组织决策效率。在民办高校内部治理问题上，董事长、校长、党委书记、教授、学生等利益相关群体的角色不同，权力形态也存在差异，如果董事长过多插手日常事务，会把职业风格和个人风格带入所进行的决策中，看似提升了内部治理效率，但实则降低了决策的科学性，不利于内部治理水平的提升。因此，专业模式要求利益相关者各司其职，促进自身决策专业

---

[1] 周雪光：《组织社会学十讲》，社会科学文献出版社2013年版，第13页。
[2] 谢笑珍：《科层制学术治理模式的功能障碍》，《高校教育管理》2011年第6期。
[3] ［美］赫伯特·A. 西蒙：《管理行为》，詹正茂译，机械工业出版社2004年版，第138页。

化，工作角色职业化。

高水平民办高校内部治理的专业化集中体现在"职业校长"和"学术自治"上，也就是行政的归行政，学术的归学术。这两个命题是民办高校最能体现内部治理专业性的地方。日本大学内部治理过程中学术层面的决策权力交由学部，学部教授决定学部的预算分配、学部长的选举、教师招聘、教师职称晋升、课程设置、学位授予等事务[1]，竭力避免用琐碎的行政要求去压榨学术人员的科研、教学时间。美国大学的内部治理特别强调校长的管理能力，校长必须首先是一位"商务执行者"，必须能处理好学校日常管理工作，正如理查德·鲁克所言，"一些传统高校的校长对学术科研讲得头头是道，但对学校管理一窍不通"，这无疑是本末倒置了。[2] 只有专人专事才能达到事半功倍的效果，因此，内部治理专业模式是高水平民办高校内部治理结构中的基本特征。

（三）民主模式

高水平民办高校内部治理的民主模式是指学校全员都有参与内部一般事务的协商权力，这种模式旨在强调利益相关者共同参与内部治理的重要性，学校内部各权力间的相互协调是最终的价值旨归。内部治理的民主模式起源于西蒙的"有限理性"假说，其主要观点是个人的认知和计算能力是有限的，强调个体决策能力的有限性。这种观点否定新古典经济理论中的"完全理性"预设，批判将人的全知全能作为研究出发点的做法，正如西蒙谈到的，"人不可能做到完全理性，我们根本没有这种能力"。[3] 有限理性和民主模式在思想上一脉相承，在民办高校内部治理过程中，单一主体的决策常常难以令人满意甚至是漏洞百出，因此，其他主体参与决策显得尤为重要，通过各利益主体群策群力，可以在一定程度上提高决策的科学性，提升民办高校内部治理水平。高水平民办高校内部治理的民主模式建立在科层模式和专业模式的基础上，没有科层模式作为前提，民主将导

---

[1] 丁建洋：《学术权力的凝视：日本大学治理结构的历史演进与运行逻辑——日本大学高层次科学创新能力形成的一个视角》，《清华大学教育研究》2016年第1期。

[2] ［美］理查德·鲁克：《高等教育公司：营利性大学的崛起》，于培文译，北京大学出版社2015年版，第122页。

[3] ［美］赫伯特·西蒙：《基于实践的微观经济学》，孙涤译，格致出版社2009年版，第44页。

第五章 中国高水平民办高校生成机制模型构建与解析

致内部治理毫无效率,而没有专业模式做支撑,相关的决策则很有可能脱离民办高校的组织目标。在此意义上,民办高校内部治理必须由专家和非专家构成,"没有前者,大学就会信息不准;没有后者,大学就会变得狭隘、僵化"。[①]

综上所述,如图 5-13 所示,高水平民办高校的决策机制正是以举办者为中心,董事会、校行政、校党委、教授、师生围绕举办者,相互制约,共同协调,形成法人治理结构和内部决策系统。

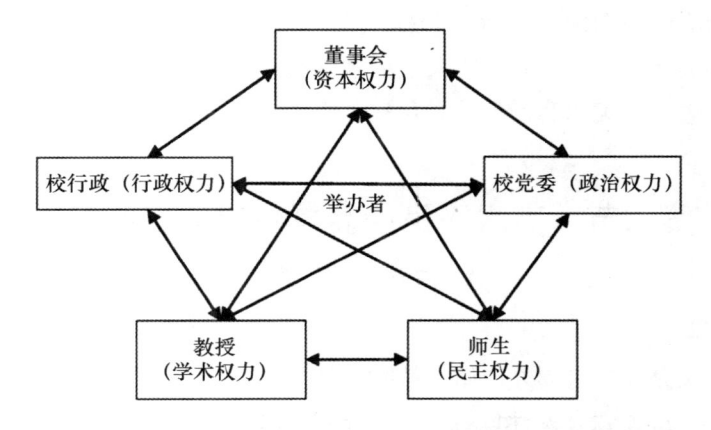

图 5-13 中国高水平民办高校生成的决策机制——治理结构

总而言之,高水平民办高校的内部治理应当合理调度各种权力关系,把握好民办高校内部权力配置的重要性程度,要促进优化民办高校内部治理科层模式、专业模式、民主模式,确保科学决策。

一方面,要协调好集权与分权的关系。民办高校内部环境的复杂易使权力向上层聚拢,特别是向举办者聚拢,它是组织为了提高效率而作出的自发选择,一定程度上促进了民办高校的发展。但举办者的过度集权化可能妨害校长、教授等专业人员的作用发挥,故民办高校内部治理要体现分权原则,要在科层治理的基础上充分运用专家治理、民主治理,坚持恪守"校长治校,教师治学"方针。[②]

[①] [美] 约翰·S. 布鲁贝克:《高等教育哲学》,王承绪、郑继伟等译,浙江教育出版社 2001 年版,第 37 页。

[②] 钱颖一:《大学治理:美国、欧洲、中国》,《清华大学教育研究》2015 年第 5 期。

另一方面，要善用组织"缘协调"。民办高校内部有关系治理的倾向，它"不是哪个决策者主观设计的结果，而是社会文化自然选择的结果，是适应制度资源变动的结果"①。根据关系治理倾向生成的组织"缘协调"是基于私人间的密切关系而形成的一种协调机制，②这种治理手段无法依赖强制性的章程实现，而仅能依靠组织成员的自发自觉，民办高校在进行内部治理的过程中需要营造和谐的氛围。

无论如何，民办高校的内部治理结构必须贴合自身的办学理念和定位目标，所有的权力配置、运行和模式架构也都建立在大学目标的实现上，正如张维迎所言，"一个好的大学治理结构应该保证我们始终不偏离我们的核心理念，不偏离我们的核心目标"。③

第六节 高水平民办高校生成的保障机制
——合法性获取

多数民办高校自创办伊始，就时刻处于源自"合法性危机"引发的危机感之中。这种"合法性危机"并非指民办高校对既有法律秩序形成了挑战，而是应从更广义的既有社会秩序或社会规范来理解，也就是指学校制度的"价值选择失去正当性而未被民众服从、支持与承认"，其具体表现为"价值选择危机、公共性危机、程序性危机与有效性危机等"，而危机的根源就在于，与公办学校相比，以效率为价值取向的运行体制可能导致负外部性。④

获得法律和政府合法认可是民办高校的基本保障，高水平民办高校形成的过程就是不断增强合法性的过程。组织合法性（legitimacy）是组织社会学和新制度学派的重要概念，早期学者将合法性界定为组织的活动和产出与社会对该组织的期望的一致性程度，合法性是指一个组织被社会所接

---

① 甘德安：《构建家族企业演化博弈研究基础的初探》，《学海》2006年第5期。
② 朱富强：《博弈、协调和社会发展》，博士学位论文，上海财经大学，2001年。
③ 张维迎：《大学的逻辑》，北京大学出版社2013年版，第12页。
④ 彭华安：《分析独立学院制度合法性危机》，《国家教育行政学院学报》2011年第10期。

受的程度。① 组织是否具有合法性主要从利益相关者的角度进行判断和衡量，具有合法性的组织的各种活动应该符合社会主流价值观。简言之，组织合法性就是组织与正式法律、社会标准及价值系统的一致性程度。

一 高水平民办高校合法性的划分

英国学者 Ronald Barnett 指出高等教育存在"合法化危机"（Legitimization Crisis），无法满足社会的期望，也缺乏公认的、连贯的、安全的基础，在认识论和社会角度都面临着严重的危机，由此必须采取措施努力摆脱危机，使得高等教育合法化。② 当前学者们划分合法性普遍采用 Scott 的方法，主要分为三种。一是规制合法性（Regulative），它主要反映组织与政府部门制定的法律法规的一致性程度。二是规范合法性（Normative），它反映的是组织与社会规范、政治意识形态、价值观等的一致性程度。三是认知合法性（Cognitive），它主要反映社会公众对组织接纳与认同程度。③ 中国民办高校处在复杂的社会系统中，其政治、法律以及文化等领域形成了一个具有特殊性的场域，在这样的环境中，民办高校的合法性来源具有多样性和复杂性。据此，可以从规制合法性、规范合法性和认知合法性出发认识高水平民办高校的合法性。

（一）规制合法性

新制度的产生总是会伴随着旧制度的重大危机而产生，从而代替或者修补旧制度。中国民办高校的诞生是对高等教育制度的修补，发挥拾遗补缺作用，法律的许可和政府的支持很大程度上影响了民办高校的发展。随着《社会力量办学条例》《中华人民共和国高等教育法》《民办教育促进法》的相继出台，立法部门对民办高等教育的认同度不断提高，民办高校法律地位得到确认，规制合法性不断增强，其发展也更加顺利，"犹如一棵从夹缝中破土而出的幼苗茁壮成长。"④ 民办高校在发展过程中，并非完

---

① Dowling J., Pfeffer J., "Organizational Legitimacy: Social Values and Organizational Behavior", *Pacific Sociological Review*, 1975.

② Barnett R. A., "Higher Education: Legitimation Crisis", *Studies in Higher Education*, 1985.

③ 厉杰、吕辰、于晓宇：《社会创业合法性形成机制研究述评》，《研究与发展管理》2018年第2期。

④ 李维民：《民办高校发展战略与转型研究》，陕西人民出版社2014年版，第395页。

全被动接受法律法规的约束,也通过各种变通手段改造环境,影响政策,构建更有利于民办高校高质量发展的法律体系。当前,民办高校发展中的许多问题还是在于制度设计缺失,法律法规模糊是民办高校鱼龙混杂的重要原因,不对董事会的设立、组成、举办者资质等重大事宜的处理进行明确的界定和规范的设计,在实践中跑偏的现象就会屡屡出现。

政策法规不但决定着民办高校生存发展环境、舆论导向,还决定着民办高校能否按照教育规律踏踏实实办学育人。国家应该对建设高水平民办高校进行顶层设计,做好系统安排和具体计划。政策的支持非常重要,国家要把民办提到什么高度就是什么高度,国家的意志和政策决定了民办高校的成长和发展空间。政府真的应该去支持民办高校,因为即便不从任何的角度去出发,仅仅是从这么多学生,这么多纳税人子女,这么多中华人民共和国的公民和下一代来考虑,都应该给民办高校更多的支持,因为说实话这并不是支撑老板,也不是支持了别人,而是支持了国家的明天。国家这么多好的政策,哪怕能执行百分之五十或者百分之六十,对民办高校发展都起到很大的促进作用。(SYF40)

(二) 规范合法性

从民办高等教育的发展过程来看,在民办高校合法性不够明确的情况下,其为了获得社会的认可、政府的支持,往往会借鉴公办高校的办学经验,模仿公办高校的管理制度、教学经验、专业设置等,沿袭约定俗成的规范,走正规化办学的路子,这是寻求规范合法性的表现。研究型大学的地位和传播强化了世界一流大学的规范合法性,"那些处于从属地位的国家和大学几乎不具有话语权,只能一直处于模仿和追赶的状态,因为基本的'游戏规则'和评判标准均由这些大学所制定。"[①] 制度理论探讨了组织结构趋同现象,即不管企业所在行业及其规模大小,大多数都采用科层制的组织形式。这主要是因为科层制已经被大众熟知,被广为接受,不采用

---

① 周文辉、贺随波:《世界一流大学的"理性神话"及其形成机制》,《清华大学教育研究》2019年第1期。

科层制的企业很难得到社会大众的认可。民办高校重视党的建设，这也是为了获得规范合法性，更有学者将其称为政治合法性，是指组织或其组织的活动"符合某种政治方面的规范，即'政治上正确'"①。在借鉴公办高校的基础上，推陈出新，接受专业认证和行业规范，形成符合自身发展的办学模式，是高水平民办高校胜于普通民办高校的地方。

（三）认知合法性

中国社会对民办高校半信半疑、踌躇再三的态度，体现了认知合法性的欠缺，这主要与国家宏观制度支持不到位、社会普遍存在歧视有关，与民办高校本身不成熟，甚至形象欠佳有关。布迪厄认为，声誉或威信等象征资本会通过无形的方式，达到比有形的方式更有效的正当化目的的一种"魔术般"的手段。象征资本能够掩盖支配阶级的经济统治，并使社会等级合法化、正当化。②

二 高水平民办高校合法性的获取

中国民办高校的教育质量和社会声誉低于公办高校，能否获得充足的合法性对于建设高水平民办高校意义重大。社会创业理论指出了社会创业者可以通过多种方式来获得合法性，如跨部门合作、使用修辞、组织利益相关者共同参与等。修辞策略即"使用说服性语言来构建创新，主导制度逻辑和广泛的制度变革模式之间的一致或不一致，以合法化或抵制该项创新"。③ 高水平民办高校提升合法性主要体现在以下方面。

（一）规制合法性获得

高水平民办高校规制合法性的获得主要是通过对立法部门或立法过程施加影响，主要方式有：向立法部门内部的民办高校代表寻求帮助；联合行业组织，利用行政部门的关系网络，与立法部门建立联系表达诉求。一些民办高校办学者退休前曾在教育行政部门担任过教育厅厅长或其他重要职位，退休后在人大、政协等机构担任教育科学文化卫生委员会主任委

---

① 高丙中：《第三部门的运行及其合法性问题》，苏力、葛云松、张守文、高丙中《规制与发展——第三部门的法律环境》，浙江人民出版社1999年版，第355页。
② 宫留记：《布迪厄的社会实践理论》，河南大学出版社2009年版，第137—138页。
③ 刘志阳、李斌、陈和午：《企业家精神视角下的社会创业研究》，《管理世界》2018年第11期。

员、副主任委员、委员职位，他们凭借自身广泛的关系网络，充分向各级政府、立法部门表达，有助于反映民办高校发展的诉求，影响民办教育法律法规的制定。如浙江树人学院的举办者王家扬曾任浙江省委常委、宣传部部长、省政协主席；江西科技学院领导班子中有4位是厅级退休干部。还有一些政策制定的组成人员本身就是专家教授，他们既是政策参与者，也与民办高校有着密切的联系。同时，一些立法部门工作人员长期从事民办高等教育的立法工作，与民办高校之间关系紧密，可以为民办高校"说话"，为民办高校发展代言。除此之外，还有其他方式可以对政策制定施加影响，如请专家学者发表论文来表达利益诉求，通过新闻媒体对政策施加影响。

（二）规范合法性获得

非营利性组织的合法性建立在信任机制的基础上，而由于信息的非对称性，这种信任受社会声誉影响，社会声誉的建立依赖于非营利性组织的使命及其行为是否符合社会规范。斯科特的组织理论中提到"法律和公共政策奠定可选战略与结构的基础，管制条件的变化既拥有消灭现有组织形式的力量，也能为新的组织形式开辟通路。组织在进行战略和结构变革时，通常效仿同行或者竞争对手，从而造成时而兴起的改革或放弃浪潮"[1]。模仿（效仿）趋同主要有竞争性模仿和制度性模仿。[2] 民办高校模仿公办高校或者世界一流私立高校的制度安排和实践，有助于传播一流大学制度，为短期内提升办学水平提供可能性，给其他高校树立典型。一个比较典型的案例是西湖大学的办学借鉴世界一流大学的制度和规范，在办学理念、治理结构、教师聘任等方面都向其看齐，致力于建设中国的新型民办研究型大学。[3]

民办高校寻求规范合法性主要表现在模仿具有较高社会信誉度的公办高校的管理制度、学科设置、专业设置等方面，还体现在党团系统、行政部门的建设上。办学水平相对较高的民办高校对建立党团系统非常积极，

---

[1] [美] W. 理查德·斯科特：《组织理论：理性、自然与开放系统的视角》，高俊山译，中国人民大学出版社2011年版，第389页。
[2] [美] 沃尔特·W. 鲍威尔，保罗·J. 迪马奇奥：《组织分析的新制度主义》，姚伟译，上海人民出版社2008年版，第74—76页。
[3] 周文辉、贺随波：《世界一流大学的"理性神话"及其形成机制》，《清华大学教育研究》2019年第1期。

建立各种与公办高校同样的职能部门，使学校在形式上归属于正统体制下，在象征意义上意味着党和政府对学校的承认，为获得群众信任创造有利的条件。

积极主动规范自身办学行为，是民办高校应尽之责。遵纪守法、依法办学是民办高校增强合法性，开发和维护与政府部门纵向关系的必要前提。在办学过程中，不少民办高校积极加入各类行业组织，争取在中国民办教育协会、中国高教协会、中国教育发展战略学会以及省级民办教育协会组织担任职务，以增强话语权。高水平民办高校努力规范自身办学行为，加强行业自律，倡议同行规范办学，加强自身建设，履行社会责任，在政府和社会心目中树立良好形象。

（三）认知合法性获得

长期以来，人们对民办高校的偏见根深蒂固，有学者将原因归纳为五种论调，即"多余论""冲击论""营利论""怀疑论""过渡论"。[1] 这种论调的盛行一定程度上体现了社会对民办高校的不认同，影响民办高校的可持续发展，因此，民办高校获取认知合法性具有重要的战略意义。最常见的方法是"与社会信誉度或政治地位高的人或机构建立联系，借用他们的社会信誉和政治地位提高学校的社会信誉与政治地位，进而形成广泛的社会支持网络"。[2]

> 社会上仍然谈民色变，许多政策对民办高校基本上是"另眼看待"，这样不利于学校成长。在办学标准、人才培养质量标准等方面，公办和民办应该是一致的，但是在占地面积、生均建筑、管理体制、师资结构等指标上，应该体现民办高校的特点，不能一刀切，不能以高水平公办高校的评价模式来衡量高水平民办高校。国家出台政策的初衷是想促进民办高校发展，但再好的政策关键还在落实。民办高校想要建成高水平会面临一个重要问题，即社会认知与民办高校办学实际之间的偏差。早些年民办高校办学不规范导致外部政策的强约束及

---

[1] 瞿延东：《我国民办教育的发展与管理》，海潮出版社2000年版，第39页。
[2] 郭建如：《民办高等教育地域性发展的三个维度分析——民办高等教育发展规律与发展机制初探》，《民办教育研究》2003第2期。

社会上的偏见，近年来，尽管民办高校办学已取得很大改善，但发展环境仍较为受限。外部发展环境的转变，是高水平民办大学必须经历的阶段。（WWK03）

高水平民办高校的普遍做法是请党政领导干部、知名专家学者和公办高校领导到学校参观视察、发表讲话、担任职务，建立沟通的桥梁，利用其社会关系网络，挖掘更多的政治、资金、政策等资源。民办高校通过运作社会资本使得领导干部或社会名流关注和加盟，有助于其增强认知合法性。正因为如此，我们往往能在很多高水平民办高校的官方网站、校史馆、宣传材料中看到高层领导和社会名流视察的照片和题词。

许多高水平民办高校还会主动为政府和社会服务，积极参加慈善、环保、志愿服务等公益事业，减轻政府压力，这是其开发和维护同政府的关系网络，提升学校社会声望的重要举措。一些民办高校还满足政府的借调人员需求，帮助政府相关部门处理日常事务，支持政府日常工作，拓展政府和学校的合作。此外，高水平民办高校非常重视媒体宣传的作用。党报党刊等主流媒体对民办高校的发展具有较大影响，正面的报道能够提升民办高校的知名度和社会声誉，促进招生就业、师资招聘，有的学校每年招生广告投入甚至高达上千万元，以期获得社会的关注。

中国高水平民办高校保障机制如图5-14所示，民办高校的举办者以及利益相关者利用组织内外部关系，通过采取一系列策略从而获得规制合法性、规范合法性以及认知合法性。

综上所述，中国高水平民办高校的生成机制主要包括五个子系统：动力机制——举办者创业；导引机制——战略管理；发展机制——资源整合；决策机制——治理结构；保障机制——合法性。其中，民办高校的创业者即举办者、董事会领导和委托代理者校长，对于高水平民办高校生成具有决定性作用，举办者发现和开发创业机会是起点。战略管理是高水平民办高校生成的重要环节，其直接决定了学校的办学使命、办学愿景、价值取向、发展方向。资源整合是高水平民办高校生成的中心任务，如何充分整合、利用、开发校内外资源，解决民办高校发展中普遍面临的资源困境，集聚精良的物力资源、人力资源、学术资源、财力资源，对于高水平民办高校生成具有基础性作用。治理结构是民办高校提高日常运行效率、

第五章 中国高水平民办高校生成机制模型构建与解析

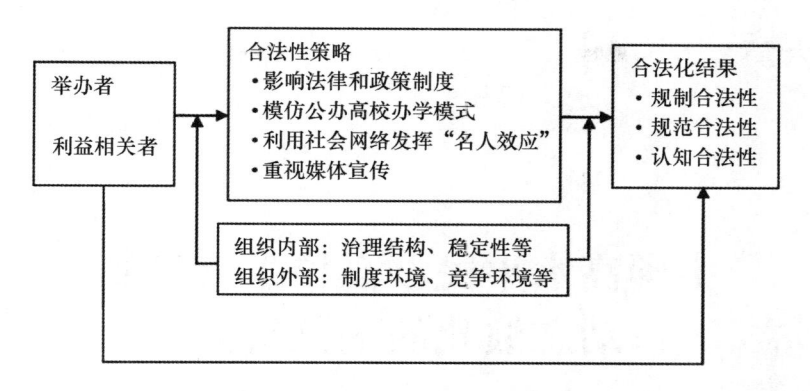

```
┌─────────┐      ┌──────────────────────┐      ┌──────────────┐
│         │      │ 合法性策略           │      │ 合法化结果   │
│ 举办者  │ ───→ │ •影响法律和政策制度  │ ───→ │ •规制合法性  │
│ 利益相  │      │ •模仿公办高校办学模式│      │ •规范合法性  │
│ 关者    │ ←─── │ •利用社会网络发挥    │      │ •认知合法性  │
│         │      │  "名人效应"          │      │              │
└─────────┘      │ •重视媒体宣传        │      └──────────────┘
                 └──────────────────────┘
                 ┌──────────────────────────────────┐
                 │ 组织内部：治理结构、稳定性等     │
                 │ 组织外部：制度环境、竞争环境等   │
                 └──────────────────────────────────┘
```

图 5-14 中国高水平民办高校生成的保障机制——合法性获取

协调利益相关者关系、建立现代大学制度的"压舱石"，是高水平民办高校的决策系统。合法性获取是民办高校不断优化外部发展环境，增强自身合法性，获得外界正式制度和非正式制度认可的重要保障。

从创业的角度来看，高水平民办高校的生成是具有创新创业精神的创业者进行战略管理、资源整合、治理优化和获取合法性的过程。对于民办高校而言，举办者及管理团队是核心，就如同发动机，提供最基础的动力；科学的战略管理为民办高校指明前进的方向，指引学校调整发展策略；资源整合拼凑可以解决学校发展所需的人财物等资源，为可持续发展奠定坚实基础；健全的内部治理结构可以保证学校科学决策，协调利益相关者的关系；不断增强组织合法性，获得法律、政府、社会、同行的认可，寻求政府支持，是高水平民办高校健康发展的保障。

高水平民办高校举办者及办学团队不断发现新机会，为学校发展提供最基础的原动力；先进的办学理念、合适的办学定位、科学的发展战略，能够使学校发展驰上快车道；不断集聚和开发人力、财力、硬件、学术、政治等资源，是高水平民办高校持续发展的基础和永恒主题；建立科学的内部治理结构，妥善处理董事会资本权力、校长行政权力、党委政治权力、教授学术权力师生民主权力的关系，有利于学校科学决策、协调运转；不断获取外部政治、法律、政策、文化环境的支持和认可，增强组织合法性，是高水平民办高校健康发展的必要保障。这一系列组成要素的运行过程构成了中国高水平民办高校生成机制。

第六章

中国高水平民办高校生成机制
动态演化的案例研究

案例研究是一种经验性的研究方法，这种研究方法要求研究者将所要考察的对象尽可能地"放回"到该对象身处的那种现实环境中。[1] 通过详细描述该对象、解释其之所以如此的成因，从中发现事物发展的规律，案例研究试图从表层的现象入手探究更深层的原因。本研究对中国高水平民办高校生成机制结合案例进行检验分析，通过与被访谈对象的全面深入接触、沟通、倾听，了解民办高校发展中的经验和图景，解决问卷调查宽而不深的缺陷，更深入分析高水平民办高校生态机制的动态演化过程。

金·凯文（Kevin Kinser）在研究美国私立高校时指出，私立高校具有复杂性和多样性的特征，只有对私立高校进行分类，才能准确认识私立高校特征。[2] 中国民办高校的举办模式多样，主要分为以下五大模式。

一是个人捐赠举办模式。即举办者为学校提供建校资金或办学经费，放弃产权和回报，不与学校产生利益关系的一种办学模式。比如台湾著名企业家王雪红夫妇2011年捐资2.5亿元举办的贵州盛华职业学院，吉林外国语大学举办者秦和捐赠所有投入的资产。中国捐赠办学风气尚未形成，根据2017年12月民政部和教育部的一项调查，目前只有9.54%的民办学

---

[1] Yin, R.K., "Case Study Research, Design and Methods", 2nd ed. Beverly Hills, CA: Sage Publications, 1994.

[2] Kevin Linser, *From Mail Street to Wall Street: the Transformation of For-Profit Education*, Jossey-Bass, 2006.

校属于捐赠办学。① 民办高等教育领域个人捐赠办学的比例更低。

二是国有民办模式。又称"民办公助模式",是指民办高校无社会组织和个人投资,资产属于国有性质或者全民所有,不属于任何个人或企业,政府在学校发展中给予土地划拨、校园建设、财政拨款、事业编制等方面的扶持。典型学校有北京城市学院、上海杉达学院、厦门华厦学院等。这类民办高校由大学退休老教授或政协、民主党派等非营利性组织创办,从发展伊始就受到政府的资助和支持,现阶段凡是发展较好的民办高校都以各种形式得到了公共教育资源的资助,民办公助将会是未来发展不可逆转的趋势。②

三是自然人举办模式。指由公民个人以自然人身份举办,先以一定数量的筹资或者投资作为启动资金创办,而后主要依靠收取学费和赞助费以及建校费逐步积累的发展模式。③ 改革开放初期,中国大多数民办高等教育机构是以个人举办模式建立,譬如,国务院参事李逸三和国际友人路易·艾黎举办的北京培黎职业学院等,有的学校通过以学养学、滚动发展,现已成为中国民办高等教育领域标杆。根据调查,2018 年中国个人举办民办高校的比例为 31.1%。④

四是企业举办模式。企业举办模式是指由实力雄厚的民营企业直接注资办学或学校依托民营企业资产进行教育教学活动的办学模式。例如,吉利集团投资举办的三亚学院、三一重工集团举办的湖南三一工业职业学院、浙江新和成股份有限公司举办的浙江越秀外国语学院,等等。企业投资具有独特的优势,资本更雄厚,企业业务更广泛,有利于民办高校深入推进校企合作、产教融合,为企业自身和社会培养实用型人才。

五是基金会举办模式。这是一种新兴的民办高校举办模式,主要由资助教育公益事业发展的非营利性基金会组织作为主办方,如西湖教育基金会、李嘉诚基金会、广东省国强公益基金会等,基金会办学可以利用社会

---

① 民政部、教育部:《在民政部门登记的民办学校基本情况统计》2017 年。
② 徐绪卿:《民办院校办学体制与发展政策研究》,中国社会科学出版社 2018 年版,第 284 页。
③ 王一涛:《民办高校的内部治理与国家监管:基于举办者的视角》,中国社会科学出版社 2019 年版,第 18 页。
④ 教育部民办教育管理处:《民办学校分类管理改革落实情况调查报告》2018 年。

捐赠，可以发挥资金筹集、输送、增值的职能。基金会是捐赠办学模式现代化的产物，如美国卡耐基基金会、洛克菲勒基金会[①]，捐赠办学是民办高校发展的重要手段，美国等一些具有捐赠办学传统的国家尤其重视并依赖社会捐赠，甚至有学者认为，"如果没有社会捐赠，也就不存在美国的私立大学"。[②]

为验证中国高水平民办高校生成机制，了解生成机制的动态运行过程，本章选择了中国5所举办模式不同的民办高校作为典型案例进行分析：吉林外国语大学（个人捐赠办学代表）、浙江树人学院（国有民办代表）、黄河科技学院（自然人举办代表）、大连东软信息学院（企业举办代表）、西湖大学（基金会办学代表）。选择这5所民办高校作为研究对象的主要原因在于：第一，5所高校机制灵活，发展势头良好，在全国民办高校和区域高等教育体系中均展示出较强的竞争力。按照中国高水平民办高校评价指标，经测量，这5所学校在办学资源、治理结构、人才培养、科研服务、办学声誉五个一级指标上均表现突出。第二，5所高校分别代表不同的办学类型，有着不同的举办模式，能够反映全国高水平民办高校的办学情况。第三，5所高校面对高等教育内外部环境的变化，在多个层面上进行了大胆改革和创新，具有创新创业精神，符合本文研究的一大主题：创业精神是民办高校快速发展的重要驱动力。第四，研究者长期跟踪、关注5所学校的发展，多次现场调研，深入访谈，可以保证本研究数据的可获得性及准确性。

本研究资料主要来源于四个方面：一是文献资料。利用中国知网（CNKI）等数据库，搜集案例学校的办学经验总结相关资料。二是访谈资料。2016年至2022年，笔者先后10多次深入案例高校，实地考察了学校的发展建设、教育教学、改革创新情况，获得了大量第一手资料，分别与董事长、校长、副校长、办公室主任、人事处处长、教务处处长、高教研究所所长、专业教师等进行了20多次深入访谈。三是文件档案。全面收集了5所民办高校的校史、年鉴、校报、年度报告、总结报告、大会发言、

---

① 王佩、赵媛、陆丽云：《民国时期我国高等院校的教育捐赠研究》，《江苏高教》2018年第8期。
② 崔来廷、崔凯：《美国一流私立非营利性大学社会捐赠机制及其特点》，《现代教育管理》2015年第4期。

规章制度、管理流程等内部文件资料,这些资料较为全面地反映了案例高校创办以来的发展轨迹、历史脉络、改革变迁、内涵发展。四是宣传资料。利用行业网站、学校网站等,收集了5所案例高校的新闻报道等资料。

第一节 个人捐赠办学代表
——吉林外国语大学

吉林外国语大学是中国第一所国家正式批准设立的具有本科、研究生招生资格,从学院升格为大学的民办高校。学校创办于1995年,2006年通过司法公证,将学校所有资产全部捐献给社会,2007年成为全国民办高校中第一所也是目前唯一一所"省重点高校"。学校拥有全日制本科生11912人、研究生1358人、外国留学生300多人,教职工1000余人,拥有翻译、教育等8个硕士专业学位授权点和教育学硕士学位授权一级学科点。学校被国务院学位委员会批准为硕士学位授予单位,被吉林省学位委员会批准为博士学位授权单位立项建设高校。吉林外国语大学(以下简称吉林外大)的快速发展成长,堪称中国民办高等教育史上的奇迹和标志性成果。该校被评为"全国毕业生就业50所典型经验高校",近年来英语专四通过率始终保持在80%以上,在外资或合资企业就业的学生比例超过50%。短短20多年时间,吉林外大一跃成为世人瞩目的民办大学,在其他民办高校面临生存危机、朝不保夕的时候,该校已经遥遥领先,大踏步向博士点高校迈进,其成功秘诀值得关注。

一 吉林外国语大学发展历程

吉林外大的发展可以分为三个阶段,详见图6-1,分别以其办学层次和水平的重大变迁为标志。

(一)创建期(1995—2003年)

1993年,秦和回国创办了吉林省华侨翻译公司,累积了一些翻译经验。1995年,在向家里4姐弟等亲戚借款筹得资金150万元后,秦和经过租赁校舍、购置设备、招聘人才等筹备工作,在争取到吉林省教委同意后，正式创办了吉林省华桥外语专修学院。① 次年，学校又筹措建校资金2000多万元，用5个月建好了1.6万平方米的新校舍，紧接着只用了6天全体教职工完成新校舍的装修和清洁。对此，校长秦和感叹，盖楼的经历让她再不怕其他困难。从1996年到2003年，学院经过了专修学院、高等职业学院、本科院校三个办学阶段。

（二）发展期（2004—2010年）

随着成功升本，学校开始由重视基础设施建设转向重视内涵建设和规范管理。2005年，学校开始与吉林师范大学合作，联合培养硕士研究生，在多个省份进入第二批次本科招生的名录。其后，学校被确定为吉林省重点高等学校，成为全国民办高校中第一所也是目前唯一一所"省重点高校"。同时，学校以推动"申硕"为契机，强化学校内涵建设，学校教学、管理和服务的质量不断提高，开启了学校内涵发展的新篇章。在该发展阶段，有两个标志性事件：2006年，通过司法公证，秦和将学校所有资产全部捐献给社会，引发各界广泛关注；2010年，国务院批准学校成为"探索非营利性民办高校办学模式"试点单位。

（三）成熟期（2011年至今）

吉林外大在经历了学校规模发展阶段、内涵建设阶段后，开始转向特色凝练期。2011年，学校成为全国首批培养专业学位研究生的5所民办高校之一。由此，学校实施了一系列举措，掀开了发展的新篇章："特色专业实验室建设"等三个项目通过吉林省教育厅、财政厅审批，获准开展"吉林省省属重点高校建设项目"；学校内部确立以提升教育教学质量为改革核心的行动计划，成立了研究生院；成为全国唯一入选"国家中西部高校基础能力建设工程"的民办大学，被吉林省批准为博士立项建设单位。2018年，学校成为硕士学位授予单位，实现了全国民办高校绝无仅有的突破。与此同时，学校在美国新泽西城市大学成立孔子学院；成为全国唯一一所获得"中国政府奖学金来华留学生招生资格"的民办大学；率先通过本科教学审核评估。本阶段的标志性事件是吉林华桥外国语学院正式升格为大学，2019年，吉林外国语大学隆重举行揭牌仪式。2020年入选吉林省

---

① 吉林外国语大学：《吉林外大新闻集锦》2018年。

特色高水平应用型大学建设项目。2022年入选吉林省博士学位授予单位立项建设高校（A类）。

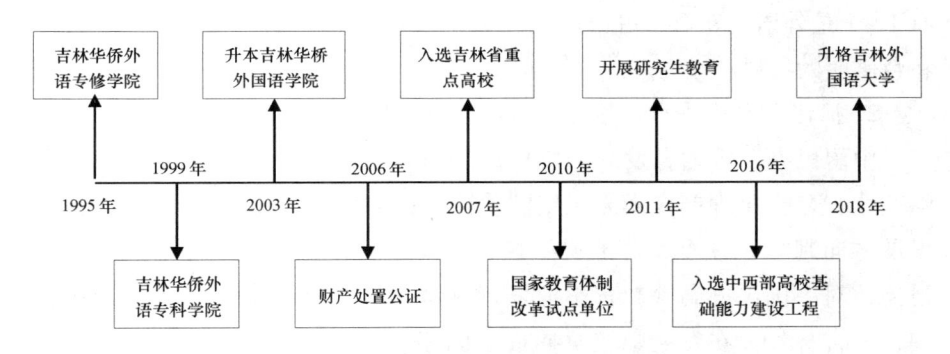

图6-1 吉林外国语大学发展历程

二 吉林外国语大学的生成机制分析

借鉴中国高水平民办高校生成机制框架，吉林外大的迅速崛起离不开举办者创业、战略管理、资源整合、治理创新、合法性获得五大要素。

（一）准确识别并紧抓发展机会

为什么吉林外大能够走在全国民办高校前列，成为领头羊，这与学校创办人、校长秦和的理念、眼光、视野密不可分。她是第十三届、十四届全国人大代表，教育学博士，担任中国民办教育协会常务副会长、吉林省妇联兼职副主席、全国高等学校设置评议委员会委员，享受国务院政府特殊津贴。学校"领头雁"秦和出国工作经验、博士求学经历、创业敏锐意识，使得学校发展抢占先机，快人一步。

1. 抓住市场经济背景下外语人才短缺的机会

1987年，年仅16岁的秦和考取东北师范大学。毕业后她到长春一所高中任教，25岁时她被聘为亚洲银行办公室秘书，工作地点在马尼拉。正是这种海外工作经历让秦和发现，中国从事金融经贸人才虽然普遍接受过经济学或管理学的训练，但是多数没有外语交际能力或外语交际水平较低，而外语人才则普遍缺少经济学或管理学等专业知识。于是，她产生了回国办一所民办外国语大学的想法，为社会培养更多懂外语、懂管理的高级外语外事人才。吉林外大的创办与发展正是源于经济社会发展对外语类人才需求量增加这一契机。学校不断调整和优化专业结构，打造外语优势与特色，在全省率先开办葡萄牙语、德语、法语等专业。在非外语专业中，构建"专业+外语"的培养模式。在学校所拥有的26个本科专业中，有12个是外语类专业，占比达到了47%，专业布局形成了适应市场需求、特色鲜明的格局。

2. 抓住政府扶持非营利性民办高校的机遇

中国民办高等教育发展面临的政策环境较为复杂，特别是在法律不够健全，分类管理制度尚未确定的阶段，许多民办高校在办学道路选择、发展方向判断等方面都处于观望状态。举办者较早确定了非营利办学的道路，对中国民办高等教育事业发展和政策走向有着清醒认识和准确预判，使吉林外大在发展中较早捕捉了国家大力扶持民办高等教育发展的政策契机。经国务院批准，学校获批国家教育体制改革试点项目。2013年，《中共吉林省委吉林省人民政府关于建设高等教育强省的意见》中明确提出，"到2020年吉林华桥外国语学院等建成国内领先的民办大学"，省级政府文件提出将一所民办高校建成领先的大学，这在全国都是史无前例的。

3. 抓住"一带一路"建设和地方发展的机会

经济社会发展的需求是民办高校发展的风向标。吉林外大不断优化专业布局，充实专业内涵，打造专业特色，围绕"一带一路"建设和地方经济社会发展需求，谋划"多语种翻译+"战略语言发展布局。增设波兰语、捷克语中东欧国家语种专业，实现了"一带一路"沿线主要节点国家语种的覆盖。学校积极打造专业优势，加入"一带一路"高校战略联盟，成为全国首个加入该联盟的外国语高校。同时，学校承接教育援外项目，开创中国民办高校接待"教育援外项目"的先河。每年接收外国留学生300人左右，每年学生出国出境参加本科双学位和本硕连读等留学项目以及长、短期语言文化交流达800余名。

（二）吉林外国语大学的战略管理

吉林外大审时度势，科学谋划，举办者具有浓厚的教育情结和先进的教育理念，制定清晰的发展战略，使学校方向更明，信心倍增。

1. 坚守公益性办学理念

立足教育公益性，是私立名校的发展根基，这一点得到了国内外私立高等教育发展历史的验证。在建校伊始，吉林外大的举办者秦和就确立了"求公致远，追求百年"的公益性办学理念，始终坚持社会效益第一，不追求个人私利，不把学校商品化和私有化，不以营利为目的，坚持"端庄办学"。①《吉林外国语大学章程》明确规定："办学坚持公益性，所取得的办学积累，全部用于教育事业。"为将这一理念落到实处，学校举行了财产处置公证仪式，进一步明确了学校法人财产权。学校是全国民办高校中第一所坚定地提出公益性办学、不要个人回报的学校，是第一所也是目前唯一一所进行财产公证的民办高校。

2. 坚持"民""特""新"发展方向

高水平大学的生成必须基于高质量的发展战略规划，这也是学校战略管理的重要组成部分。吉林外大在发展战略规划中确定了"民""特""新"的发展方向，在吸收国外大学和国内公办大学经验的同时，坚持走具有自身特色的发展道路，在求精保质上下功夫，将质量提升、品牌兴校作为学校战略发展的重要内容。学校围绕外语特色，形成了"外语+专业""专业+外语""双外语"和"小语种+英语+专业"等人才培养模式，在发展战略上贯穿"特色+质量+管理+择业"的理念。学校办学规模始终保持在10000人左右，"小而精"办学特色促进了质量提升。学校重视内涵建设，有1个国家级特色专业、1个国家级综合改革试点专业、6个国家级一流本科专业建设点。

3. 根据环境变化调整发展战略

2014年，学校实施"五大战略工程"，提出向"2020年成为国内领先的高水平民办大学"目标迈进。随着经济社会的发展，学校认识到信息化、国际化是大学高水平发展的"两翼"，长远谋划，主动适应高等教育国际化趋势，将信息化、国际化作为重要的发展战略，成为全国唯一一所获得"中国政府奖学金来华留学生招生资格"的民办大学。2019年，学校升格大学后再次调整发展战略，提出以申博工程、一流学科、一流专业建设和教学综合改革为抓手，以建设精品、非营利、应用型、国际化、特色鲜明的高水平大学为目标，深入推进内涵建设。

---

① 贺春兰：《走进民办教育探索者的精神世界》，北京师范大学出版社2017年版，第361页。

（三）吉林外国语大学的资源整合

同样在一片蓝天和相同的制度环境下，为什么吉林外大能获得硕士学位授予权，升格为大学，这与学校的"资源拼凑"技巧密切相关。

1. 内部资源整合

在物力资源方面，大力改善教学条件。学校领先于吉林省其他民办院校，率先征地建设校园，率先建设学生宿舍，率先完成校园建设规划。为突出应用型人才培养特色，学校大手笔投入建设具有鲜明特色的、大型综合性语言文化实践教学基地——地球村，总建筑面积 3991 平方米，内设日本馆、韩国村、葡萄牙语村等 13 个语言国家村，被评为国家级实验教学示范中心，荣膺联合国教科文组织授予的"世界多元文化教育中心"。学校建成的同声传译实验室、图书馆等教学实验场所和设施，在全国同类院校居领先水平。

在人力资源建设方面，加强师资队伍建设。学校建立教职工补充养老保险制度，提升教师社会保障水平，稳定师资队伍。推进人才战略工程，不断改善师资队伍结构，引进海内外高层次人才，实施"华外学者"高层次人才引进计划，2018 年以来，引进"长白山学者"等具有省级以上人才称号高层次人才 16 名，实施"海外归国优秀博士引进计划"，引进博士以上人才 50 余名。[①] 学校有国务院特殊津贴获得者 8 人，国家督学 1 人、教育部各教指委副主任、委员 9 人。

在学术资源建设方向，加强课程、专业、学科建设。学校打破传统教学中以传授理论知识、搭建知识框架的传统课程模式，注重专业资源整合，联合行业企业机构，在紧密贴合市场需要的前提下，构建以能力培养为重点的新课程模式，按照"平台+模块"思路，统一规划学校各专业的课程体系，体现人才的复合型、实践性，突出行业性和职业性。通过多年努力，该校自主开发了同声传译课程、汽车德语课程、双外语课程等课程，依托网络教学平台开展"混合式教学改革示范课程"项目，组织开展"翻转课堂"等现代教育技术培训。目前，学校共有 24 门省级一流课程，19 门省级精品课程，31 门省级优秀课。

---

① 吉林外国语大学：《本科教学工作审核评估整改总结报告》2019 年。

2. 外部资源整合

首先，借助行业企业社会资源。学校创新合作形式，开设各类合作项目，实施校企合作（如塔塔集团、一汽大众等）、校校合作（如天津外国语大学等）、校政合作（如省外办、市外办等），设立合作就业项目（如学生就业、毕业实习、专业实习等），强化合作教育在人才培养中的作用。通过开展合作培养，聘请职业人士兼任教师，鼓励学校教师到企事业单位挂职锻炼，提升教师实践能力。

其次，争取各类资金支持。吉林省财政自2011年每年下达直属重点高校建设项目专项补助经费，支持学校重点高校建设；自2012年连续7年安排专项资金，每年3000万元，鼓励学校实施国家教育体制改革试点项目。学校加强与外界的合作联系，争取企事业单位的支持，以满足学校的办学资金需求，保障学校健康持续发展。

同时，整合国际教育资源。加强与境外高校建立合作关系，大力开发国际合作项目，提升国际化办学水平。2016年入选了国家中西部高校基础能力建设工程第二期名单，国家发改委给予1.4亿元的财政资金扶持。依托联合国教科文组织设在学校的"世界多元文化教育中心"，开展国际化学术交流。依托吉林"长白山学者"等高端人才引进政策，加强海外引智，提高引进外籍教师的质量和层次，拓展学生出国留学途径。

（四）吉林外国语大学的内部治理结构

吉林外大的快速发展得益于健全的法人治理结构，用创新的方法协调内部权力关系，保证了科学决策和民主管理。

1. 健全理事会和监事会

学校不断完善法人治理结构，加强理事会建设，对理事会成员结构进行调整，将成员数从5—7人扩展到11—13人，增加了社会各界代表，包括各行各业专家和知名贤达，充分吸收社会各界意见和建议，促进了理事会决策的科学化和规范化。[1] 学校理事长由举办者担任。同时，在全国同类院校中率先成立监事会，加强监事会建设，监事会作为学校最高监督机构，监事会成员包括原省教育厅厅长和高等教育界人士。学校制定《监事

---

[1] 秦和：《创新体制机制 探索非营利性民办高校发展路径》，《中国高等教育》2013年第17期。

会章程》，明确主要职能，对学校办学方向、办学宗旨、重大决议、预算执行情况、经费使用情况等进行监督。

2. 加强党的领导和建设

培养什么人，为谁培养人，是民办高校必须思考的问题。吉林外大高度重视党的建设，发挥党组织的政治核心作用和监督保障作用，使广大师生员工有归属感。加强校内民主制度建设，发挥教代会、学代会参与决策作用，每年定期召开教职工代表大会，审议校长工作报告。坚持"育人为本，德育为首"的育人理念，实施思想品德、心理健康、养成教育、礼仪知识等为主要内容的素质培养计划。全体教职工以"育"字当头，本着"教书育人、管理育人、服务育人、环境育人"的四育人原则，将育人落实到学生学习生活的每一个环节。

3. 实施精细化管理

经过多年的探索和实践，学校确立了以人为本，"严、精、细"相结合的管理理念，这与创办者的女性特质密不可分。学校健全管理体制，创新管理运行机制，坚持制度管理，实施科学管理。所谓"严"就是学校学校规范管理，不讲人情，不走后门，按章办事，从严治校；"精"就是各项工作都要高质量，有精品意识，出精品效应，追求精益求精，学校的校园设计、文化建设均注重精致雅致；"细"就是坚持把工作做得精致、细密，坚持从细节入手，做到无微而不至。由此，学校形成了制度化、程序化、法制化的管理体系。

（五）吉林外国语大学的合法性构建

为何吉林外大能够在全国民办高校中一枝独秀，这与学校不断增强合法性，建构良好形象，获得政府、社会认可密切相关。

1. 强调非营利性定位

民办高校在构建过程中为了获取生存发展的空间，需要不断改变人们的认知，从而在既有的社会秩序中确立自己存在的合法性。办学之初，经过对国外私立高校的认真研究，学校举办者秦和树立了公益性办学理念，在这一理念的支持下，学校始终强调规范意识。学校在全国率先举行财产处置司法公证，2017年在学校更名大学之前，所有土地、校舍的产权全部过户至学校法人名下。这一举动不仅是出于规范学校产权关系的考虑，也是向社会展示自身办学公益性和规范性的一种宣示，用以破除公众对民办高校与公办高校之间因"身份差异导致的偏见"，让公众认识到民办高校并非以营利为唯一目的。学校争取成为"探索非营利性民办高校办学模式"国家教育体制改革试点单位后，进一步增强了公益性办学形象。

2. 坚持依法办学

自建校以来，吉林外大高度注重规范办学，这既体现在学校对自身办学行为的约束上，也体现在学校对相关规章制度的遵行和匹配上。在内部治理上，吉林外大积极推动管理工作的制度化、程序化和法制化，学校每年定期围绕教师教学、学生学习和学生满意度开展评价工作，并公布评价结果，向社会公开展示规范办学成果。在规章制度遵行上，吉林外大严格按照《民办教育促进法》开展各项工作，吉林省历年对学校的考评均为优秀。举办者秦和参加了全国妇联纪念"三八"国际劳动妇女节100周年大会，受到领导人接见，标志学校得到认同。全国人大常委会原副委员长彭珮云、顾秀莲，民进中央主席严隽琪，教育部原部长陈宝生等领导均莅临指导，提升了学校的形象和地位。

3. 积极参与公益活动

相较于规范合法性和规制合法性，民办高校需要花费更多精力在扭转社会大众的"刻板印象"。学校持续不断地在实践层面上巩固自身正面形象，在办学过程中积极参与各类社会活动，以此进一步塑造自身文化合法性。多年承办吉林省"国培计划"，为乡村教师提供能力提升专题研修；每年举办国际文化艺术节，着力培养具有全球视野和跨文化交际能力的外语外事人才；学校的"学生志愿者活动"成为吉林省知名品牌，在北京奥运会、东北亚博览会等大型国际活动中，赢得社会各界广泛赞誉；设置海外孔子学院，服务国家战略。

三 吉林外国语大学的生成机制模型动态演化

基于以上分析，可以得出吉林外国语大学建设高水平民办高校的整合框架（见图6-2）：创业者的创新创业精神处于核心位置，具有关键性作用，直接驱动学校各项事业快速发展；学校坚持"小而精"办学定位和非营利性宗旨，科学制定发展规划，发展战略对学校健康发展起到指引作用；学校以管理团队、师资队伍、学术平台、基础设施为核心的内部资源

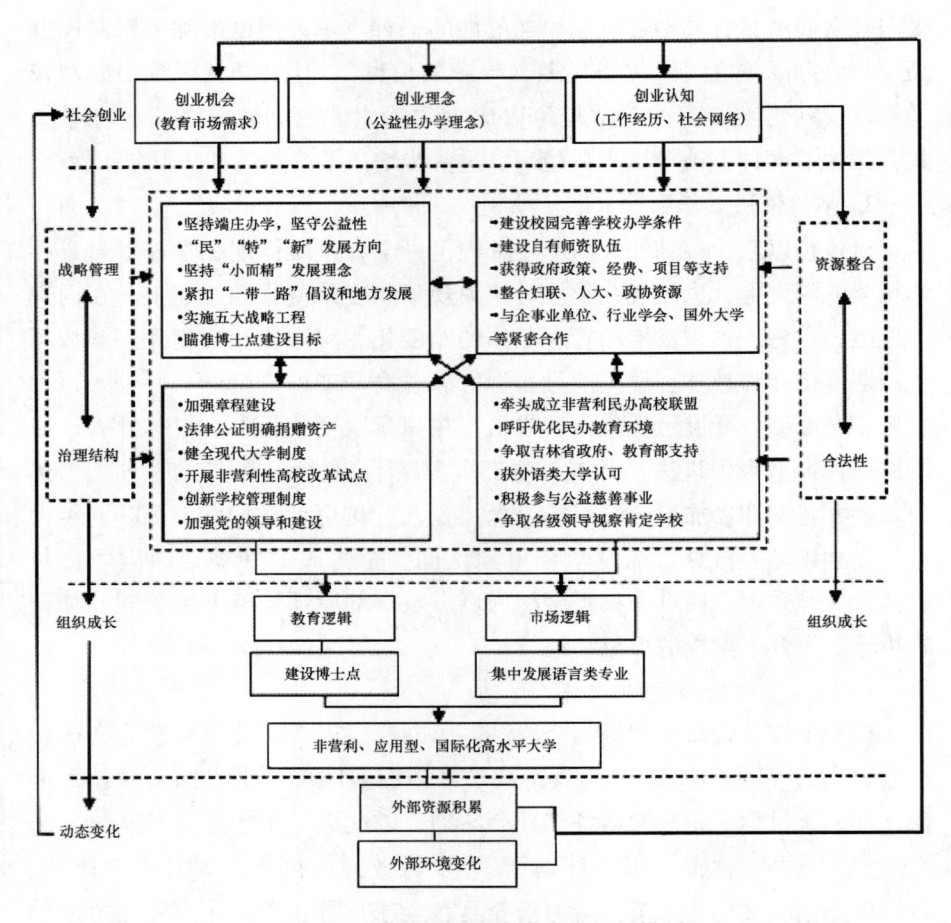

图 6-2 吉林外国语大学生成机制模型

配置和以政府、行业、企业、国内外大学紧密联系合作的外部资源拼凑聚合，是学校发展的基础和竞争优势的来源；学校不断健全内部治理结构，董事会、校行政、监事会、党委会关系和谐，管理精细化，提升了学校的运行效率；学校不断争取外部正式制度、非正式制度的支持，合法性不断增强，政府给予较大支持。在中国国情下，吉林外大发展成高水平民办高校的过程，是举办者创业驱动下的战略管理、资源整合、治理优化和合法性增强的动态整合过程，五种要素缺一不可，构成有机结合体。学校始终致力于办一所非营利性百年名校，坚持教育使命，公益逻辑主导教育事业发展，市场逻辑提高了办学效率、双重逻辑关系得到较好处理，共同促进了学校跨越式发展。

当然，吉林外大作为中国高水平民办高校的代表，在发展中也并非一帆风顺或尽善尽美，在资源整合方面，该校面临经费资源、学术资源短缺的问题，特别是科研资源，学校的科研能力较为薄弱，尚未获得国家自然科学基金依托单位资格，教师在CSSCI期刊等高水平期刊发表的学术论文数量不多，这将成为制约该校申报博士学位授予权的瓶颈。

第二节　国有民办代表
——浙江树人学院

浙江树人学院创办于1984年，是一所由浙江省政协创立、省教育厅主管的社会力量办学本科高校，在民办高校界享有良好社会声誉，是改革开放以来最早成立的全日制民办普通本科高校之一。学校占地1230余亩，设有12个二级学院，51个本科专业，在校生1.8万余人，专任教师1100余人，其中博士350余人。经过30多年的办学，学校快速发展，拥有一大批高素质教师，办学经费充裕，政府大力扶持，教学质量优良，在中国民办本科中科研实力稳居前列，办学基本情况详见表6-1。连续多年荣获中国民办本科院校竞争力排行榜第一，其办学成功秘诀和要素何在，值得深入挖掘、学习借鉴。

表6-1　　　　　　　浙江树人学院发展数据一览表①

	2019年	2020年	2021年	2022年
在校生数（人）	13952	14332	14853	17789
专业数量（个）	55	57	58	59
教师（人）	1262	1326	1341	1362
博士（人）	234	276	346	391
教授（人）	129	162	131	127

① 浙江树人学院：《学校发展工作汇报》2019年。

续表

	2019 年	2020 年	2021 年	2022 年
具有硕导资格教师（人）	37	53	62	110
科研经费（万元）	4757	5801	7220	16478
毕业率	99.10%	99.62%	98.85%	99.27%

一 浙江树人学院发展历程

浙江树人学院办学历史相对一般民办高校较长，其发展历程大致可以分为三个阶段。详见图6-3。

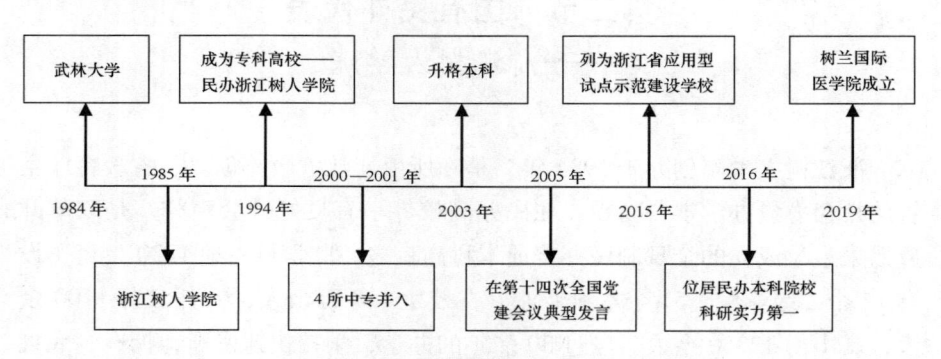

图6-3 浙江树人大学发展历程

（一）创建期（1984—2000年）

1984年，浙江树人学院的前身开始筹建，最初拟定校名"武林大学"。浙江省政府专门下发《关于筹建武林大学的批复》，明确"武林大学"由省各民主党派和社会力量来筹建该校，由浙江省政协领导管理，纳入省教育事业发展规划。1985年还在筹建中的"武林大学"改为"浙江社会大学"，随后浙江社会大学首届董事会成立，省政协同意将"浙江社会大学"改为"浙江树人大学"。从1984年到1990年，学校无固定办学场地。1991年，学校举行新校舍落成典礼，并搬入新校区。1994年，浙江树人大学经国家教委批准，校名正式确定为"民办浙江树人学院"，成为具有国家承认学历的全日制普通民办专科高等院校，也是当时获批的全国4所民办普通高校之一。

第六章　中国高水平民办高校生成机制动态演化的案例研究

（二）发展期（2000—2014年）

学校始终秉承"崇德重智，树人为本"的校训。2000年，树人学院与浙江省电子工业学校、浙江省轻工业学校、浙江对外经济贸易学校3所中专学校合并。2001年，浙江勘察工程学校又并入了学校。通过并校，浙江树人学院实现了规模的拓展，奠定了进一步发展的基础。2002年，浙江省教育厅批准学校招收外国留学生。2003年，学校升格为本科高校。2004年学校二十周年校庆时，已从首次招生时的2个专业105名学生发展成为有本专科50个专业、万余名学生的本科院校。[①] 同年9月，时任浙江省委书记习近平同志莅临指导，对浙江树人学院以社会力量办大学的路子给予了肯定。"20年的时间，通过新体制，特别是通过一批老领导、老教授、老教师，通过社会的力量，建起这所学校，非常不容易""树人大学的发展证明这条路是正确的"。[②]

（三）成熟期（2015年至今）

经过长期的探索，浙江树人学院逐渐形成了一套应用型人才培养体系，培养了一大批市场欢迎的高素质应用型人才。2015年浙江省教育厅将学校确定为浙江省应用型试点示范建设学校。2016年，学校的应用型人才培养之路获得了认可，"教学服务型大学的应用型人才培养探索与实践"研究成果获得省高校教学成果一等奖。学校入选教育部首批"新工科"研究与实践项目。学校重点实施"三平台引才、三工程育才"，扎实建设好适应应用型人才培养的师资队伍。以白俄罗斯研究中心建设为契机，积极与白俄罗斯对接引进高端人才；谢尔盖·阿布拉梅科院士入选了浙江省"千人计划"和国家"千人计划"。学校积极引进各类具有产业背景的高层次人才，从住房保障、科研支持等方面吸引了一批优秀博士加盟。2020年，提出"以学科建设为引领，推进学校提质升格"办学目标；2021年，确定坚定不移走特色质量发展之路，着力实现从"民办名校"到"名校民办"新跃迁。

[①] 张冬素：《浙江树人学院庆祝建校二十周年》，《浙江日报》2004年11月8日第2版。
[②] 李宏、李骏、宋斌：《浙江省政协所属浙江树人大学发展纪实》，《人民政协报》2021年8月18日第10版。

二 浙江树人学院的生成机制分析

浙江树人学院是如何在改革开放大潮中诞生并成长壮大的,以高水平民办高校生成机制框架审视浙江树人学院的发展,发现具有较强的阐释力。

(一)浙江树人学院的举办者创业

浙江树人学院的创业历程与王家扬先生紧密联系在一起,1984年,他时任浙江省政协主席,与几名政协委员发起筹建树人大学,克服千难万阻,广筹资金,多次将个人积蓄捐献学校,激发全校教职工艰苦创业的动力。

1. 抓住国家积极鼓励社会力量兴办教育的机会

浙江树人学院的创办源于改革开放之初国家允许社会力量举办教育的机遇,当时浙江省高等教育资源短缺,浙江大学部分老教授和省政协领导萌发出创办一所大学解决浙江高考学生入学难的问题。在这一背景下,浙江树人学院在成立之初就与政府形成强关系,并率先成为全国4所民办专科普通高校之一。在2002年《民办教育促进法》实施后,该校再次抓住民办教育发展的时机,由专科升格为本科院校,在全国率先实现了办学层次的飞跃,为学校后续发展奠定了基础。

2. 抓住省政协大力支持高等教育发展的机会

长期以来,浙江省"985"或"211"高校相对匮乏,只有浙江大学1所重点高校,与浙江教育大省、经济强省的地位并不相称。2001年浙江省教育工作会议提出要大力发展高等教育。在此之后,浙江高等教育步入快速发展期,但与邻近的沪、苏等地的高等教育差距却并未明显缩小。浙江树人学院的发展得到了省政府、省教育厅、省政协的大力支持,省政府将学校周边的4所公办中专学校全部整合并入学校,有力提升了学校的综合实力,改善了办学条件,获得800个事业单位编制指标,每年有7000多万元国家财政经费补助。

3. 抓住国家推动地方本科院校转型发展的机会

为了解决中国地方新建本科院校日益突出的结构性矛盾,深化高等教育供给侧改革,使新建本科院校人才培养与地方经济结构和产业升级相适应，缓解毕业生就业难题，培养更多社会紧缺的应用型人才，国家从2013年开始陆续推动地方本科院校转型发展，出台一系列文件。2015年，浙江省教育厅、省发改委、省财政厅出台《关于积极促进更多本科高校加强应用型建设的指导意见》，开展浙江省加强应用型建设试点，学校抢抓机遇，积极申报，成为全省首批10所转型试点入围高校之一，为转型发展带来了机遇。

（二）浙江树人学院的战略管理

树人学院的国有民办性质决定了其具有不一样的办学使命、愿景和战略。

1. 明确学校愿景使命

学校创办者王家扬先生有着浓厚的教育情怀，以"为国植贤"为办学初衷，坚持"崇德重智、树人为本"办学理念，这一使命引领了学校的发展。在学校建校10周年时，时任国务院副总理李岚清为学校题词："树人为兴国之本"。办学者清醒地认识到民办高校办学就是为了"树人"，树人大学的校名反映了创办者对学校的期望和定位，时刻牢记为什么要树人、树什么样的人、怎么去树人这一根本理念和任务，走在了全国民办高校甚至公办高校的前面，这与现在国家强调教育的根本任务是立德树人不谋而合。正是由于该校始终秉承"崇德重智，树人为本"的校训和初心使命，所以学校的改革发展、人才培养、党建思政都有明确的方向。

2. 科学制定发展规划

基于中国高等教育的发展态势和民办教育面对的挑战，早在2010年，树人学院制定中长期发展规划时，学校经反复论证讨论，就提出把学校建成富有开拓创新精神的教学服务型大学的办学目标和定位。该校"十三五"发展规划进一步明确，"把学校建成一所综合实力在全国民办高校中处于一流、部分学科和研究领域在全国高校中有重要影响、质量优良、特色彰显的教学服务型大学。"[1]《浙江树人学院"十四五"事业发展规划》提出，"十四五"时期，是学校实现"以学科建设为引领，推动学校提质升格"的重要战略机遇期，是着力深化改革、优化结构、实现高质量发展的关键期。学校明确提出，抓住重点学科领域，加强学科团队和平台建

---

[1] 浙江树人学院：《浙江树人学院"十三五"专项规划》2016年。

设；抓牢专业优势特色发展，完善应用型学科新体系和人才培养新体系；抓紧高层次人才引培，着力提升人才队伍建设水平；抓好学术组织活力激发，深化校院二级管理改革，完善学校的现代大学治理体系。努力达到申办专业硕士学位点水平，不断提高学校综合竞争力，致力建设成为一所"特色鲜明、质量优良，人民满意"的国内知名的应用型、综合性民办大学。

3. 聚焦重点发展任务

浙江树人学院围绕发展规划和目标，重点在四个方面进行突破。一是发挥优势。发挥政协办学特殊的体制优势，进一步深化与省政协的血脉情缘，争取省政协及党政部门的全方位支持。二是建好学科。构建优势特色学科，形成医工信交叉、文经管集聚、各学科共同参与协同发展的大格局。三是调整结构。积极做好专业结构调整和队伍结构优化，快速提高中青年博士教师比例。四是优化布局。完善"一校两区"运行机制，提升学校整体办学效益。同时，学校重点实施"六大工程"：学科建设引领工程、应用型建设提质工程、人才队伍引培工程、科研水平提升工程、学生成长成才工程、对外开放办学工程。[①]

（三）浙江树人学院的资源整合

资源短缺是所有民办高校发展中需要面对的难题，浙江树人学院发挥体制优势，有效突破了资源困境。

1. 内部资源配置与整合

浙江树人学院内部资源整合主要围绕民办高校发展必备的物力资源、人力资源、学术资源。在物力资源方面，学校对周边合并进来的 4 所中专进行整合，统一规划，扩大了占地面积，改善了办学条件。在人力资源的配置方面，学院率先面向全国招聘博士任教，近三年共投入师资引进直接费用 6000 余万元，吸引了一大批著名高校的博士，从而提高了学校教师队伍的学历层次和整体水平（见表 6-2）。近年来，学校引进与培养了全国优秀教师、省教学名师、省"万人计划"青年拔尖人才、省中青年学科带头人等高层次人才共 70 余人。学校设立"青年教师科研项目资助基金"，鼓励支持青年教师攻读博士学位及进入博士后流动站；实施"双师型师资建设工程"，推进校企共育人才，以"千人业师"和"百业培师"计划实

---

① 浙江树人学院：《浙江树人学院"十四五"事业发展规划》2021 年。

第六章　中国高水平民办高校生成机制动态演化的案例研究

施为载体,聘请行业、企业的 993 位业师来校协同教学;实施"师资队伍国际化建设工程",支持和鼓励中青年教师赴海外交流、访学和培训。学校引进人才的待遇达到在杭高校的中上水平,通过实施一人一策、一事一议制度,引进了一批紧缺专业、重点学科等领域的杰出人才或学科团队。在学术资源配置方面,加强应用型专业建设,各专业顺应国家和地方经济发展需求,适时增设了专业方向。重视课程改革与课堂创新,积极推进教学方法改革和推动互联网+教学改革。以应用型人才培养为主线,形成了专业、课程、基地、教学团队、科研"五位一体"校企融合的人才培养模式,建成一批国家特色专业、省重点专业、省新兴特色专业和研究基地。

表 6-2　　　　　浙江树人学院教师队伍和教学经费一览

专任教师	总数（人）		889
	生师比		16.7
	具有研究生学位专任教师	总数（人）	790
		占比（%）	88.86
	具有博士学位专任教师	总数（人）	357
		占比（%）	40.2
	具有高级职称的专任教师	总数（人）	287
		占比（%）	32.3
	双师双能型教师	总数（人）	237
		占比（%）	26.6
教学经费	教学日常运行支出（万元）		8062.02
	本科实验经费支出（万元）		1005.66
	本科实习经费支出（万元）		540.66
	生均教学日常运行支出（元）		4506.94
	生均本科实验经费（元）		666.71
	生均实习经费（元）		358.43

数据来源:浙江树人学院 2021—2022 学年本科教学质量报告。

2. 外部资源整合

首先,在政治资源方面,学校充分发挥省政协举办的体制机制优势,争取历届浙江省政协班子的大力支持,由省政协副主席、党组副书记担任学校董事会董事长。学校在前三届董事会中的一个明显的特征是，将杭州各大高校的校长受聘为董事会董事，这为学校的发展提供了优质教师、教育教学保障。

其次，在社会资源方面，学校整合行业企业资源，对接省八大万亿产业和四大传统经典产业，建设10多个行业学院，详见表6-3，形成了与政府、行业协会、企事业单位及国外高校共建行业学院的"四轮驱动"模式。特别是2019年与树兰医疗管理集团共建共办树兰国际医学院，聘任郑树森院士担任医学院院长，引进李兰娟院士，双方举办临床医学专业，建设新医科，医学院的高起点建设成为学校发展的重要引擎。

表6-3　　　　　　　浙江树人学院行业学院一览

建立时间	行业学院名称	合作单位	共建专业
2016.01	华为信息与网络技术学院	华为技术有限公司	通信工程
2016.05	同花顺金融信息服务学院	浙江核新同花顺网络信息公司等	投资学、金融学
2016.06	树兰国际护理学院	树兰（杭州）医院	护理学
2016.06	山屿海商学院	上海山屿海投资集团	旅游管理、工商管理
2016.06	定格梦想创意学院	杭州定格文化创意有限公司	动画
2016.06	浙江省养老与家政产业学院	浙江省民政厅	社会工作、老年服务与管理等
2016.06	中白科技学院	白俄罗斯国立大学	全校各专业
2016.09	绍兴黄酒学院	中国酒业协会、会稽山绍兴酒股份有限公司、浙江红石梁集团等	食品科学与工程、食品质量与安全、环境工程等
2016.10	红石梁创业学院	浙江红石梁集团	市场营销
2018.09	万科随园养老学院	浙江随园养老发展有限公司 华万健康产业发展有限公司	社会工作、公共事业管理、老年服务与管理
2019.04	智慧物业学院	浙江绿城服务集团有限公司	物业管理、工商管理、老年服务与管理
2019.11	绿筑钢结构学院	浙江省钢结构行业协会	土木工程、建筑学

资料来源：根据对学校访谈整理而成。

同时，在物力和财力资源方面，学校新建了绍兴校区，为教职工新建了8幢372套住宅，加大宿舍楼、实验室的建设力度，正式投入使用，有效地缓解了杭州市办学空间不足的突出矛盾，弥补办学硬件不足的短板。学校争取社会各界捐赠，港商查济民捐资建了6700平方米的教学办公用房，港商王宽诚捐资设立了教育基金，台商王强华、澳商贺田的捐款被用来建设教学楼和图书馆，创办者王家扬也慷慨解囊捐赠经费。[1] 积极争取国家、省、市财政经费支持和经费捐赠，近五年，学校共有30多个项目获得中央财政和省财政专项经费支持。学校增加投入，教学仪器设备持续更新，截至2022年底，学校教学仪器设备总值达到31389.17万元，生均1.75万元，远远超过同类民办高校0.76万元的平均数。

（四）浙江树人学院的内部治理结构

作为国有民办高校，浙江树人学院的内部治理结构有着不同于普通民办高校的特点，体现出现代大学制度的特点。

1. 建立省级部门领导组成的董事会

学校董事会的特点是具有高端性。《董事会章程》明确提出，董事会总数不少于19人，董事长、副董事长、秘书长人选由省政协牵头，会同教育厅等方面协商。[2] 第一届董事会30名董事中副省以上领导干部有14人，厅级以上领导干部达29人，两院院士4人；第二届董事会36名董事中省级部门厅局副职以上领导高达33人；第三届董事会42名成员中全部为厅级以上干部和在杭高校领导；第四届、第五届、第六届董事会成员除学校部分领导和两名企业家外，全部是省级部门领导。[3] 学校现任董事长由浙江省政协副主席、党组副书记孙景淼担任，浙江省教育厅厅长、省政协副秘书长担任副董事长，共计21人。

2. 深化校内管理体制改革

树人学院是为数不多的真正实行董事会领导下的校长负责制的学校，校党政班子统一负责学校内部教学、人事、财务等事务，以校长为首的党政联席会议享有学校内部人事任免、经费分配、机构设置等管理权限。树

---

[1] 叶辉：《把公益性放在首位——浙江省第一所民办高校树人大学办学纪实》，《浙江树人大学学报》2004年第6期。
[2] 浙江树人学院董事会：《关于印发〈浙江树人学院董事会章程〉的通知》2019年。
[3] 徐绪卿：《我国民办高校内部管理体制改革和创新研究》，中国社会科学出版社2012年版，第211页。

人学院校长均由知名教育专家担任。学校深化校院两级管理改革。明晰校院两级党政班子的任务清单和责任清单，全面落实各项育人责任，进一步落实学院自主理财制度和完善学院年度任务目标体系，强化落实学院的办学自主权，激发二级学院在教学管理、人才培养等工作上的活力，有效推动学校各项目标任务落细、落实。发挥二级学院年度综合考核和收入分配制度的激励导向作用，完善以绩效为导向的学院自主分配制度，充分调动和保障教师投入教育教学工作的动力和积极性。实施后勤"半小时响应"服务机制，通过行政服务"最多跑一次"，强化服务理念，提升服务质量。学校精简机构，一人多岗、一职多任、一职多责，明确责权利。

3. 完善校企紧密合作的行业学院治理结构

行业学院以校行（企）双方共同实施科学治理为前提，是校行（企）紧密融合的组织体。在治理结构上，树人学院和行（企）业双方共建理事会，行业学院在理事会领导下实行院长负责制，行业学院院长执行理事会决定并全面负责学院各项工作。理事会每学期召开1次，商讨决定学院重大事宜，日常运行由学院领导班子商讨决定。行（企）业作为重要的治理方，具有重要的话语权，直接参与学院的决策和管理。行业学院领导班子由校企双方共同委派组建，双方同时共同派员组成学院管理团队。

（五）浙江树人学院的合法性构建

增强合法性是建设高水平民办高校不可或缺的要素。充分发挥体制优势，提升合法性和社会认可度，是浙江树人学院快速发展的重要原因。

1. 紧密依托政协办学

与其他民办高校不同，树人学院自创办之初就得到了浙江省政协和各民主党派的高度关注。浙江省政协每年大会上均将树人办学状况列入报告内容，省政协主席会议听取学校重大问题汇报，使得学校带有浓重的"官方"色彩。学院是首批获得国家承认学历的全日制民办高校，当时全国多数民办高校尚还在为合法身份而不断努力中。学校与4所中专合并，在政府的支持下，合并后的学校既能获得体制外的办学经费，同时提升了所合并学校的办学层次[①]。在其后的办学过程中，学校充分发挥事业单位身份

---

① 周朝成：《制度变迁与民办高校组织转型——以浙江树人学院四校联合组建为例》，《教育发展研究》2009年第6期。

第六章　中国高水平民办高校生成机制动态演化的案例研究　　*271*

的体制优势,学校招聘的教师拥有事业编制,既为打造高质量师资队伍提供了帮助,也借此提高了自身公信力。该校老校长朱玉直言,树人大学20年来之所以能持续发展,靠的是党和政府对民办高等教育的不断重视,靠的是党和政府采取了一系列有效的措施。①

2. 坚持公益办学

作为浙江省政协领导、浙江省教育厅管理的民办非营利性事业单位法人,学校始终以"为国植贤"为初衷,走出了一条"为公不为私"的公益性办学新路,赢得了广大考生和公众的支持和信任。访谈中,该校校长表示,学校所有资产归树人学院集体所有;所有收入纳入省财政预算,严格执行政府管理规定;学校由浙江省政协主管,所有董事会成员不占股份,不取一分报酬,不获得任何分红;学校没有任何组织、个人从中获利或分配办学结余,确保了"唯才不唯财"的公益性办学。学校联合全国20多所民办高校发起成立全国建设公益性高水平民办高校联盟,向社会展示公益性高水平民办大学的形象。学校当选国家教育部组织的非营利性民办高校联盟副主席单位,在联盟公约上签字。

3. 坚持依法合规办学

自建校以来,树人学院一直强调依法合规办学,严格按照《民办教育促进法》办学治校,在历年的考评中,学校均获评优秀。学校坚持党建引领,发挥党组织的政治核心作用,建立党员领导干部"联系一个党支部、一名骨干教师、一个学生寝室"的"三联系"工作制度,得到相关主管部门的高度认可。在第十四次全国高校党建工作会议上作典型经验介绍,入选浙江省首批"全省党建工作示范高校",有2个全国党建工作样板支部,1个教育部高校思政创新发展中心,获得党委和政府部门的一致认可。

三　浙江树人学院的生成机制模型动态演化

基于案例分析,可以得出该校生成的基本框架(见图6-4)。

一是国有民办特殊性质给学校提供了有力的政策倾斜和办学经费支持;二是学校使命清晰,愿景明确,发展规划符合校情且落实到位;三是

---

① 朱玉:《民办高校持续发展的探讨——浙江树人大学20年发展轨迹的启示》,《浙江树人大学学报》2004年第6期。

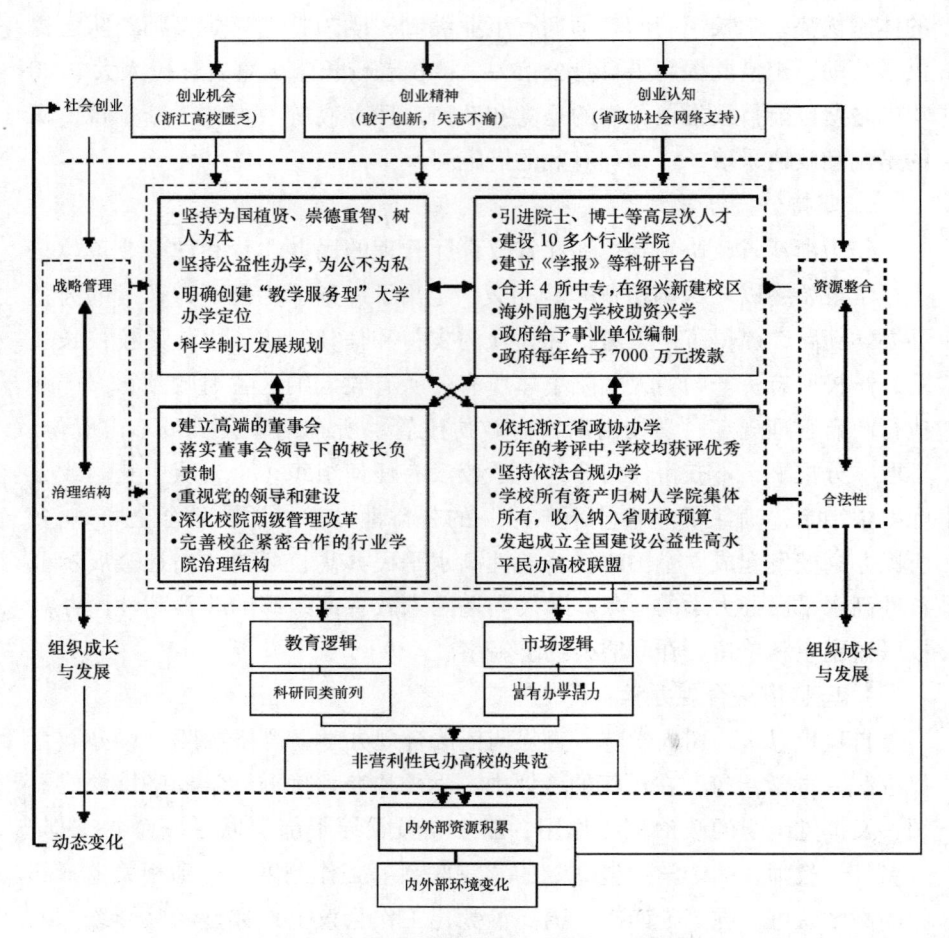

图 6-4　浙江树人学院动态演化生成机制

事业单位身份吸引了一大批博士、教授、院士等高层次人才,建立起一支有竞争力的自有师资队伍,提高了人才队伍综合实力;四是学校法人治理结构清晰,董事会制度健全,董事会领导下的校长负责制落实到位,党的领导和建设富有成效,管理民主高效;五是外部发展环境相对一般民办高校较为优越,为学校发展营造了良好的政策环境和合法性支持。办学过程中教育逻辑占据绝对主导地位,市场逻辑为学校整合企业资源、内部管理改革等提供了支撑。

那么,浙江树人学院在建设高水平民办高校过程中,面临哪些困难呢？国有民办性质的浙江树人学院固然有政府的财政支持和事业单位编制，拥有其他类型民办高校不具有的体制优势，但是其发展中可能也存在市场活力不足、激励机制不够、发展动力不足、行政化色彩浓厚、创业激情欠缺等问题，容易陷入公办高校的窠臼，这是其需要考虑和规避的难题。

第三节 自然人举办代表
——黄河科技学院

黄河科技学院（以下简称黄科院）是中国第一所开展专科学历教育并升格为本科的民办高校，也是国内民办教育界享有良好声誉的高水平民办高校。该校1984年创办，位于河南郑州，截至2023年5月，学校占地面积3000余亩，现有全日制在校生41744人，其中本科生32647人，专科生9059人，专任教师1877人，外聘教师432人，具有高级职称的教师近50%，设置67个本科专业。学校荣获"全国毕业生就业典型经验高校""全国高校创新创业工作50强""全国首批众创空间""国家级科技企业孵化器""全国大学生创业示范园"。一连串荣誉的取得，标志着这所民办高校已逐渐走向成熟，屹立于高校之林。40余年的成长历程，蕴含着中国高水平民办高校发展的"密码"。

一 黄河科技学院发展历程

（一）初创期（1984—2000年）

1984年，郑州大学教师胡大白因公烧伤，突如其来的一场意外让她不得不在病床上躺了三年。看着河南省高等教育的状况，她抱着"残而不废"的生活信念，出于"为国分忧，为民解愁，为社会主义现代化建设服务"的理想，创办了郑州高等教育自学考试辅导班，一年后辅导班更名为"黄河科技专科学校"，由此开启了黄科院的创建之路。1993年，学校积极顺应人民群众对高等教育的需求，被确定为河南省社会力量办学改革试点。1994年，该校成为中国第一所实施高等专科学历教育的民办高校，并于 2000 年成为中国第一所专科升格本科的民办高校,在当时是中国高等教育界的一件标志性事件。

(二) 发展期 (2001—2012 年)

从 2001 年开始,学校进入了新的发展阶段。与初创期聚焦于"谋生存"的策略不同,发展期的黄科院更加注重教育教学质量的提升,以本科教学工作评估为抓手,加强教学工作、推动学校改革。2004 年,在取得学士学位授予权后,学校坚持以评促建、以评促改、以评促管,经过 4 年的努力,在教学、科研、管理和服务等方面都取得了新的成效,2008 年以优异成绩通过教育部本科教学评估。学校继续发扬迎接评估的精神和工作状态,吸收评估组专家对学校建设提出的建议,进一步巩固办学成果,2009 年启动《中长期改革和发展规划纲要》的编制工作。这一阶段,该校延续了此前在迎接评估中实施的一些策略和举措,并在评估结果的基础上对学校各项事业所取得的成效进行巩固。

(三) 成熟期 (2013 年至今)

2013 年,学校获批"应用科技大学战略研究试点单位",围绕"应用科技大学"的建设,学校的发展战略进行了新一轮调整,尤其是在人才培养、制度建设和战略制定上均有新动作。2014 年学校确立了以"申硕"为目标的工作导向,成为首个获批院士工作站的民办高校。学校累计投入 10 多亿元建设教学及科研楼宇、学生宿舍、学生体育艺术活动场馆,新增建筑面积 16.52 万平方米,各类运动场馆 30 余个,占地面积 19.96 万平方米,基础教学设施得到极大改善。着力深化专业综合改革,大力推进新工科、新医科、新文科专业建设,打造应用型一流本科专业,该校省级重点学科、一流本科专业数量位居全省民办高校首位。2021 年,学校获批河南省硕士学位授予重点立项建设单位,入选河南省"十四五"时期重点建设示范性应用技术类型本科高校。

综上所述,黄河科技学院发展历程可以用图 6-5 描述。

二 黄河科技学院的生成机制分析

从黄科院发展历程可以看出,高水平民办高校生成机制的五大要素——举办者创业、战略管理、资源整合、治理结构和合法性获取均发挥

第六章　中国高水平民办高校生成机制动态演化的案例研究

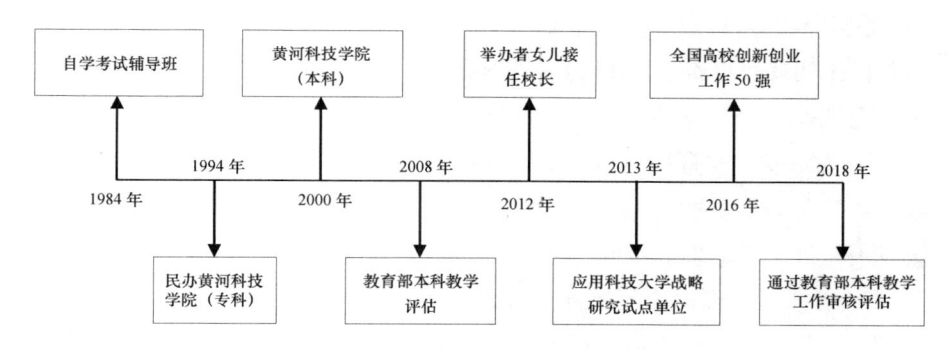

```
自学考试辅导班        黄河科技学院        举办者女儿接        全国高校创新创业
                      (本科)              任校长              工作50强
    ↑                  ↑                  ↑                  ↑
    │    1994年         │    2008年         │    2013年         │    2018年
1984年          2000年          2012年          2016年
    │                  │                  │                  │
    ↓                  ↓                  ↓                  ↓
民办黄河科技        教育部本科教学        应用科技大学战略        通过教育部本科教学
学院(专科)          评估                研究试点单位          工作审核评估
```

图 6-5　黄河科技学院发展历程

了重要作用。

（一）黄河科技学院的举办者创业识别

为何黄科院能够不断突破、不断跨越，这关键在于学校创办者胡大白敢为天下先的创业勇气，她善于抓住发展机遇，利用创业机会，带动学校勇攀高峰。

1. 紧抓河南经济社会发展需求

改革开放初期，河南作为人口大省，国民经济发展水平不高，高等教育资源紧缺。1981年，全国自学考试开始实施，河南省自学考试则到1984年才开始试点，共有2万多人报名，但敢进考场的仅有9000多人，合格率仅6%。胡大白抓住机遇，创办了自考辅导班。其后，争取郑州市教委批准，辅导班更名为"黄河科技专科学校"。数据显示，1991年河南省人口占全国的7.6%，但高校在校生只占全国的4.15%，每万人拥有大学在校生位居全国第27位。截至1993年，河南省部属院校10所，省属31所，省属综合普通高等专科学校尚无一所，与河南省经济社会的发展很不适应，必须大力发展高等教育。[①] 在这一背景下，该校抓住了历史机遇，顺应了时代需要。

2. 把握国家支持民办教育发展的契机

1999年全国召开第三次教育工作会议，朱镕基总理提出要鼓励社会力量办高中、办高等职业教育，条件具备时也要办民办的普通高校。虽然此

---

① 河南省统计局：《河南经济统计年鉴》，中国统计出版社1991年版，第53页。

前《民办高等教育设置暂行规定》允许民办学校举办高等专科学历教育，但是尚未明确民办高校升格为本科学历教育的相关细则。在这一背景下，胡大白把握机会，发扬敢为人先的精神，积极向教育主管部门提出升本申请，并最终推动教育部到校考察。到 2000 年，学校顺利通过了教育部验收，成为全国第一所由专升本的民办高校大幅提升了办学层次，为学校后续发展拓展了新的发展空间。

3. 善抓国家推动高等教育转型的契机

面对教育供给侧改革，党中央和国务院着力引导部分地方本科高校转型。2015 年，国家三部委下发《关于引导部分普通本科高校向应用型转变的指导意见》。伴随新一轮的工业革命和中国加速转变经济发展方式，对能够服务地方经济社会发展、培养高端应用型人才的高等教育需求与日俱增。面对这一时代需求，黄科院未雨绸缪，把握大势，率先启动了"卓越品牌建设工程"，进一步推动内涵建设和改革发展，被教育部确定为"应用科技大学战略研究试点单位"，以此为契机，该校较早启动了转型发展的步伐。同时，积极响应创新创业教育，取得了显著成效。

（二）黄河科技学院的战略管理

从黄科院的发展历程来看，该校的定位和发展目标并不是一蹴而就的，而是在适应外部环境和内部条件变化的形势下作出的一系列动态调整。

1. 明确具有持久动力的发展愿景

胡大白董事长在办学之初就提出了"为国分忧、为民解愁、为社会主义现代化建设服务"的"三为"目标。围绕这一办学宗旨，学校提出了"教学质量是学校的生命线""全心全意为学生服务""全心全意为教师服务"等作为理念支撑。通过本科教学评估后，学校召开封闭式发展战略转移研讨会，提出了"远学清华，近学郑大"的口号，并确立了学校的发展策略，即"本科学历教育与职业技能培养相结合"。2009 年，学校进行发展战略研讨，提出"办一所对学生最负责任的大学"愿景，出台《关于学习和推广黄河科技学院核心教育理念的实施意见》。在启动转型发展以后，学校在申硕、人才强校提升等方面作出了战略部署，明确提出了"实现转型发展，建设应用科技大学"的战略目标。

2. 加强战略规划和实施

发展战略需要伴随外部环境的变化和自身的发展而作出调整,当黄河科技学院经受过教育部本科教学评估考验后,战略发展目标也随之进行了一次调整。2009 年,学校成立了以校长胡大白为组长的中长期战略规划起草小组,启动了中长期规划纲要的编制工作,并于 2011 年在学校"双代会"上通过了《黄河科技学院中长期改革和发展规划纲要(2011—2020 年)》,明确提出地方应用型本科高校的办学定位和高素质应用型创新人才的培养目标,近期目标是实现"申硕",中长期目标是"建设地方名牌大学"。由此带动全校形成了三大转变,一是在办学观念上向适应高素质应用型人才培养转变;二是从常规发展向跨越发展转变;三是从注重教学质量向教学科研并重的转变。

3. 平稳推进举办者子女接班

当民办高校的发展进入一定时期后,由于举办者年龄、身体等原因,就面临着接班人选择的问题。该校按照具有为学校事业牺牲一切的精神;敢于负责,有能力、有魄力,不讲私利、甘于奉献;有能力把学校"开拓、拼搏、实干、奉献"的精神传承下去的条件,实现了战略部署。2012 年,经学院董事会研究,报经河南省教育厅初审、教育部核准,举办者胡大白的女儿杨雪梅任校长。杨雪梅 1999 年由郑州日报社调入学院工作,先后任新闻办公室主任、院长助理、副院长等职,并在 2009 年任学院执行院长,她是全国人大代表、北京大学博士后、国务院政府特殊津贴专家,曾荣获"全国五一劳动奖章""全国三八红旗手""中国青年五四奖章"等荣誉。作为学校创办、发展的亲历者,她能更好理解学校的办学宗旨和战略目标拼凑,确保学校各项战略举措的延续性。同时,举办者之子杨保成拿到北大硕士学位后,赴美留学 11 年,放弃了美国一家金融公司首席研究员的职位和高薪回国,众望所归下成为抓教学科研的副校长。[①]

(三) 黄河科技学院的资源整合

资源短缺是所有社会创业必然面临的问题,黄科院通过创新的手段实现了资源整合。

[①] 常义斌:《大白的大学》,河南文艺出版社 2014 年版,第 335 页。

1. 内部资源配置

与公办高校不同，民办高校内部资源的获取是一个从无到有的过程。在不同的发展历程中，学校配置和开发内部资源的重点有所不同。

一是加强物力资源建设。办学初期，学校在郑州市开设了30多个办学点，被称为"没有围墙的大学"。1989年学校租赁了第一个独立校园，此时该校已有业余和全日制学生超过1万人，胡大白决定启动征地、建校工程，并由其丈夫杨钟瑶负责基建工作，这样一方面是基于家族式办学的管理模式，另一方面也是因为当时学校的资源极为有限。1994年，该校第一栋教学楼建成投入使用。2004年和2006年，北校区和南校区分别建成。2013—2019年，投入2.13亿元购置教学科研仪器设备，硬件条件日臻完善。

二是盘活经费资源。学校通过适当提高学费的方式降低运行的成本；同时在全校教职工中发起捐资，该校位于航海路的校区即是通过这种方式筹措资金开展建设的。通过实施"产学结合、以产养学"的方针，学校自力更生办企业，先后创办8个企业，这些企业的成功不仅为学校办学经费"供血"，也为学生创造了实习基地。

三是注重人力资源开发。学校积极引进具有硕士、博士学位的教师，提高专职教师队伍的学历层次，同时聘任教学效果好的外聘教师队伍。学校专注于教师发展，有计划地选送教师到企业接受培训、挂职锻炼。设立教师发展中心，选送教师参加国培、省培师范项目，实施青年教师导师制。截至2022年，学校拥有两院院士、长江学者、国家杰青、国家教学名师等150余人，各类"双师型"教师800余人。

四是强化学术资源建设。学校十分注重学术资源的建设和培育，明确将科研水平作为衡量学校办学实力的重要指标，提高对省部级以上课题的资助力度，最高可以给予1∶2.5的配套。教师可以根据自己的特长和优势，选择教学岗、教学科研岗、科研教学岗、科研岗。根据经济社会发展趋势，在河南省率先开设了数据科学和大数据技术等国家急需的新专业，省级重点学科、特色品牌专业数量居全省民办高校首位。学校重视提升服务地方的能力，获批河南省院士工作站，获专利近5000项，连续四年在河南省高校专利授权量上名列第二，入选"河南省高校知识产权综合能力提升专项行动十强十快高校"，位居全国民办高校第一名。学术平台的不断

第六章　中国高水平民办高校生成机制动态演化的案例研究　　*279*

壮大为学校可持续发展提供了有力支撑。

2. 外部资源整合

学校积极拓展政府行业企业资源。与地方政府、兄弟高校、行业企业、科研院所建立了长效合作机制，共同搭建"五共同、四对接"育人平台，共建教学、科研、创新创业资源，推进政产学研用一体，形成发展合力。该校在阿里巴巴等企业建立校外实习实训基地，推进行业学院建设，与行业、企业共建"华为信息与网络技术行业学院"等6个行业学院，建成河南省首批特色行业学院、河南省现代产业学院。积极探索校企合作"工作室"模式，整合校内外实训基地资源优势，鼓励企业专家与校内骨干教师成立工作室，建立"护理学名师工作室"等13个工作室，探索"产教融合、教学做一体"，与河南省委网信办、360合作培养网络安全人才。

同时，广泛争取政治资源。学校邀请国家级和省级领导到校调研，通过引进拥有体制内工作经验的党政领导干部构建起核心管理团队，这些团队成员带来广泛的社会关系，对学校进一步调动外部资源打下了基础。举办者胡大白被评为"中国十大女杰"，当选为全国人大代表，社会地位提高为学校提供了争取更多政治资源的机会。校长杨雪梅当选第十二届、十三届全国人大代表。

另外，多方筹集资金。学校与宇通重工等企业合作的3个项目获得河南省校区合作奖补资金400万元。2018年，学校吸引社会资金425万元，建成了实验平台、校外实习实训基地200多个，探索出"教育+金融+孵化器+产业链"的合作模式。

（四）黄河科技学院的内部治理结构

该校采用的是较为典型的家族式管理体制，但是能够做到扬长避短，不断提升治理结构和治理能力现代化水平，处理好校内利益相关者的权力关系，有力促进了黄科院的持续健康发展，这也成为该校快速发展的重要因素。

1. 构建"五位一体"法人治理结构

该校治理体系和组织机构经历了一个探索、磨合、发展、完善的过程。一是落实董事会领导下的校长负责制。创业之初，国家法律法规没有明确规定，胡大白探索出以校长负责制为核心的能够"集中力量办实事，调动一切积极因素办大事"的务实高效管理制度,每周召开一次内部务虚会,注意听取群众意见。后来,学校逐渐健全董事会领导下的校长负责制,对各项工作实行目标管理,借鉴企业人事聘任办法,实行全员聘任制,优胜劣汰。二是充分发挥党委的政治核心作用。学校在创立之初就认识到,不管学校是民办还是公办,都必须贯彻执行党的路线方针。学校建立党政领导联席会议机制,以及与之相配套的董事长、校长与党委书记沟通机制。学校曾在全国高校党的建设工作会议上作典型发言。三是充分发挥学术委员会的作用。成立学术委员会,根据教育教学需要陆续设立教学督导、学位评定、教师专业技术职务评审等专门委员会,对学术发展、师生权益等重大问题进行讨论和安排。四是充分发挥学校"双代会"和群团组织的民主管理、民主监督作用。每年都召开"双代会",审议校长工作报告、工会工作报告,充分讨论或通过学校重大问题,监督重大决策的落实。

2. 探索推进大部制改革

学校充分发挥民办高校体制机制灵活的优势,积极深化学校内部管理体制改革,推进学校职能部门大部制改革,建立了大党建、大教务、大学工、大后勤的管理体制和模式。推进管理重心下移,推进权责关系重塑、管理模式再造、工作方式转型。学校探索并实施了教学单位学部制改革,整合信息工程学院等5个工科学院成立"工学部",整合艺术设计学院等4个学院成立"艺体学部",实行集约化、扁平化的管理模式。学部制改革提高了管理效率,实现了人才、资源、信息和成果的共建共享,打破了学科专业壁垒,促进了学科专业交叉融合和共生发展。

(五)黄河科技学院的合法性建构

1. 吸引社会名流的加盟和关注

通过聘请公办高校或政府部门的离退休领导干部,可以为学校带来良好声誉。黄科院在组建领导班子和聘请顾问时,注重拥有引进体制内工作经验的党政领导干部,例如学校创办之初的顾问邵文杰、徐捷和韩倩之分别担任过河南省原副省长、河南省军区原副司令员、河南大学原党委书记。在省委高校工委、省教育厅对民办高校派驻党委书记之前,学校历任党委书记都曾在公办高校任职。这些具有较高社会地位的人为学校增强社会合法性提供了极大帮助,公办退休党务干部的加盟使学校的党建工作一开始就很规范。与此同时,通过承办具有全省和全国性影响的重大会议,吸引社会的关注,奠定在全国民办高校中的地位。另外,与各级各类主流媒体保持良好的关系,也为学校品牌建设带来帮助,许多中央媒体对黄科院均有大篇幅典型报道。

2. 强化党的领导和组织建设

政治合法性的构建不仅意味着事关学校是否能进入主流话语体系,也意味着事关能否消除社会公众对民办高校的"偏见"、增进社会公众对学校的信任度。黄科院构建政治合法性的主要手段是通过加强党建。作为全国第一所建立党委的民办高校,建校初期积极寻求建立党的组织,创办人胡大白"十年找党"传为佳话。早在1989年,该校就成立了中共黄河科技专科学校临时党支部,到1994年,参照民营科技企业建立党组织的有关政策规定,学校成立"中共黄河科技大学总支部委员会",党组织关系隶属市科委党委。在此后的学校发展过程中,黄科院创新党建思政模式,在全国、全省高校党建工作会议上交流发言,获"全省先进基层党组织"等荣誉。

3. 呼吁改善民办教育政策环境

黄科院在构建法律合法性,主要是通过参与选举、出任人大代表或政协委员等公共职位的方式来实现的。举办者及其团队获得了更多"发声机会",从而为积累学校的办学声誉、改善学校的办学环境形成推动作用。例如,董事长胡大白提出"关于落实《民办教育促进法》有关政策的建议"等人大提案,作为中国民办教育协会监事长,多次参与国家民办教育政策制定研讨;校长杨雪梅当选两届全国人大代表后,围绕教育公平、民办高校等社会民生热点难点问题提交提案20余项,改善了民办高校发展的社会氛围。

三 黄河科技学院的生成机制模型动态演化

基于黄科院建设高水平民办高校的案例分析,可以得出其生成框架。

一是全校上下形成了以举办者胡大白为核心的领导团队,善于捕捉和把握机会,为学校改革发展提供了动力;二是学校坚持"为国分忧,为民解愁,为社会主义现代化建设服务"的使命和"办一所对学生最负责任的大学"愿景,在发展过程中,学校适应经济社会发展需要,制定适切的发展战略，响应国家政策导向，加快转型发展；三是学校积极向内挖掘资源，向外争取资源，获得行业企业的大力支持，学校物力资源、人力资源、学术资源不断集聚，获得"全国大学生创业示范园"等称号，创新创业教育特色鲜明，成果丰硕；四是学校建立董事会、校行政、党委会、学术委员会、双代会"五位一体"的民办高校内部法人治理结构，积极开展内部管理体制改革，有效提高内部治理水平；五是学校不断增强自身合法性，树立良好社会形象，努力改善外部环境，为学校发展提供有力保障。详见图6-6。

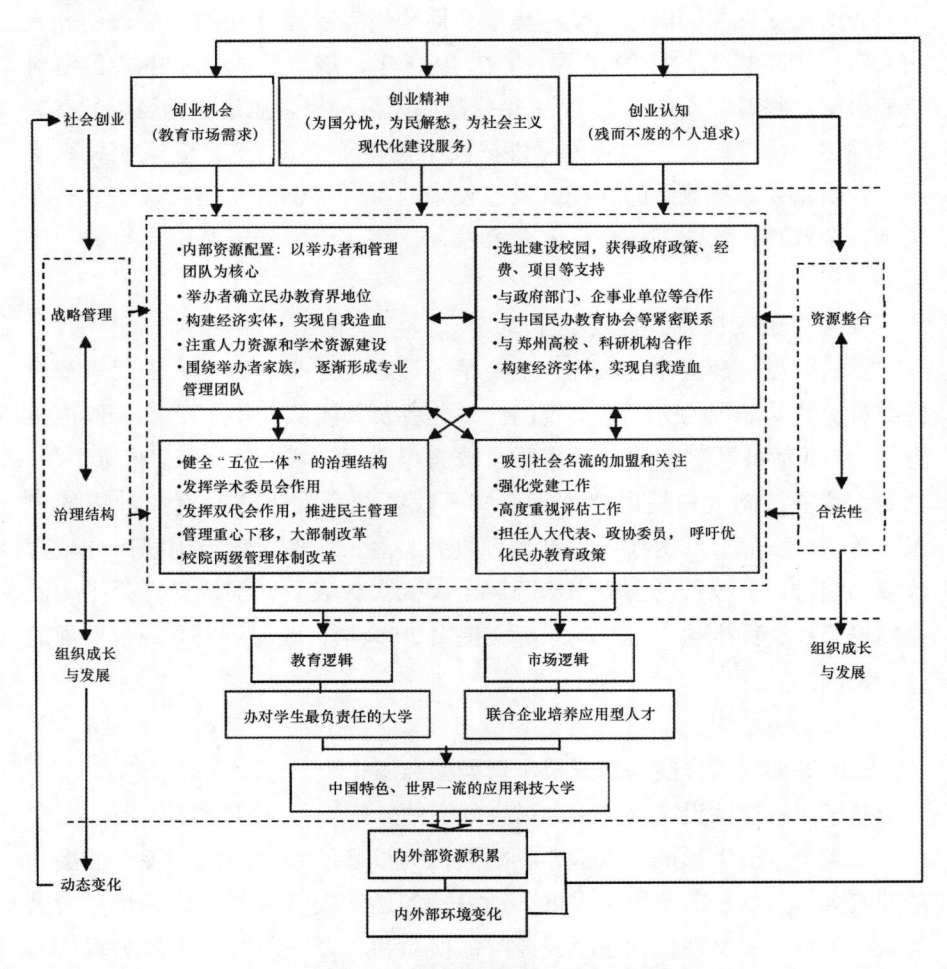

图6-6 黄河科技学院生成机制模型

总之，创新创业精神是贯穿学校改革发展的主线和引领学校前进的力量源泉，教育逻辑和市场逻辑在学校发展中相辅相成，各自发挥了相应作用，促进了学校向高水平迈进。黄河科技学院为社会输送了30万余名高素质应用型人才，涌现出以"全国优秀县委书记"郑灏东、"中国大学生自强之星标兵"段志秀、"全国优秀共青团员"田源、"全国优秀乡村医生"魏国胜为代表的一大批优秀毕业生。

当前，黄河科技学院建设高水平民办高校也存在一些挑战，学校家族式传承和举办者代际更替导致学校治理结构仍有完善的空间，政府给予的支持力度较为有限，学校申报硕士学位授予权困难重重。

第四节 企业办学代表
——大连东软信息学院

大连东软信息学院（以下简称"大连东软"）是经国家教育部批准设立，由东软出资举办的一所以工科为主，工学、管理学、艺术学、文学、医学等学科相互支撑、协调发展的民办普通高等院校。学校位于大连软件园核心区域，占地面积83.3万平方米，总建筑面积60.9万平方米，现有全日制在校生近2万余人，教职工近千人。学校设置了36个专业，7个专科专业。在现有的本科专业中，7个专业入选国家级一流本科专业建设点，8个省级一流本科专业建设点。学校共获省级以上教学成果奖72项。学校被教育部评为首批全国创新创业典型经验高校、全国首批深化创新创业教育改革示范高校、全国高校实践育人创新创业基地、科技部火炬中心众创空间。为何在短短二十多年的时间，该校能够声名鹊起，享誉内外，成为高水平民办高校，其办学成功之处值得深入探索。

一　大连东软信息学院发展历程

大连东软信息学院的办学历史不长，经历了由独立学院到民办本科高校的转变。

（一）创建期（2001—2008年）

在辽宁省积极建设软件强省的进程中，急需破解人才的问题，辽宁省委、省政府积极支持高等教育的发展，希望建设一所为 IT 产业培养优秀人才的国际一流的 IT 专业学府。2000 年 6 月 16 日，经辽宁省教育厅批准，大连东方信息技术研修学院成立暨校园奠基典礼隆重召开。2001 年 7 月，经辽宁省政府批准，大连东方信息技术研修学院转制为大连东软信息技术职业学院，开展高职专科教育。2004 年 4 月，经教育部批准，学校成为东北大学的独立学院——东北大学东软信息学院，开展全日制本科教育。2005 年，学校《创新型 IT 职业人才培养模式的探索与实践》获第五届高等教育国家级教学成果一等奖，首开民办高校获奖先河。2008 年，教育部正式发文批复东北大学东软信息学院转设为大连东软信息学院，成为全国首批 4 所由独立学院转设的民办本科高校之一。

（二）发展期（2009—2015 年）

2009 年 5 月，大连东软信息学院正式揭牌。学校转设后办学自主权更大，迎来了崭新的发展空间。2009 年，学校《软件人才培养的实训平台建设与应用》获第六届高等教育国家级教学成果二等奖 1 项。2012 年，经国际工程教育合作组织 CDIO 委员会严格审查，正式复函同意接受大连东软信息学院加入 CDIO。至此，学校与清华大学等 8 所中国高校同属 CDIO 国际合作组织亚洲区域中心成员。学校开展多元化混合式教育教学模式改革与探索，通过"F2F" + "e – Learning"构建混合式教学模式，以多元化教学组织形式提升教学实施水平。依托基于"4A"（即 Anytime、Anywhere、Anyway、Anycontent）的柔性学习平台，建设线上 + 线下教学内容和资源，实现开放式柔性化教学组织与实施，全面推进项目导向、合作学习为特征的案例式、翻转式等教学方法，将混合式教学模式与应用型创新人才培养相结合。学校积极开展应用研发，2013—2015 年实现科技服务总额 5633 万元。

（三）成熟期（2016 年至今）

学校按照"引企入校、产教融合、园校一体"的发展思路建立大学科技园，构建了校企协同育人、互利共赢的良性生态，营造了"创新、融合、进取"的浓厚校园文化氛围。2018 年获职业教育国家级教学成果二等奖 1 项、省级特等奖 1 项，本科省级教学成果一等奖 3 项。截至目前，大学科技园一期工程已吸引惠普、紫光华山等近 60 余家知名 IT 企业入驻，

2021年园区企业总收入突破16亿元，其中在孵企业年产值达到2.6亿元。2019年学校启动了大学科技园二期工程，总投资约5亿元，2022年全面投入使用。截至目前，进驻园区的医疗机构有大连医科大学附属第二医院心血管病医院、大连睿康卓美口腔医院等。学校系统推进混合式教育教学改革，发布了《混合式教育改革实施规划（2019—2022）》，构建完成混合式教学改革的顶层设计，共立项建设混改试点专业5个、混改试点课程134门。学校建有国家级融合出版实验室，辽宁省网络安全与计算技术等重点实验室4个。在专业发展过程中，研发的信息化教学支持类软件产品已推广应用到国内200余所高校。另外，打造4A学习环境，教师、学生人手一台笔记本电脑，多媒体课件在课程教学中的应用比例达到80%以上。2021年获批辽宁省高等学校数字校园试点建设项目和2个辽宁省普通高等学校现代产业学院。

综上所述，大连东软信息学院发展历程可用图6-7描述。

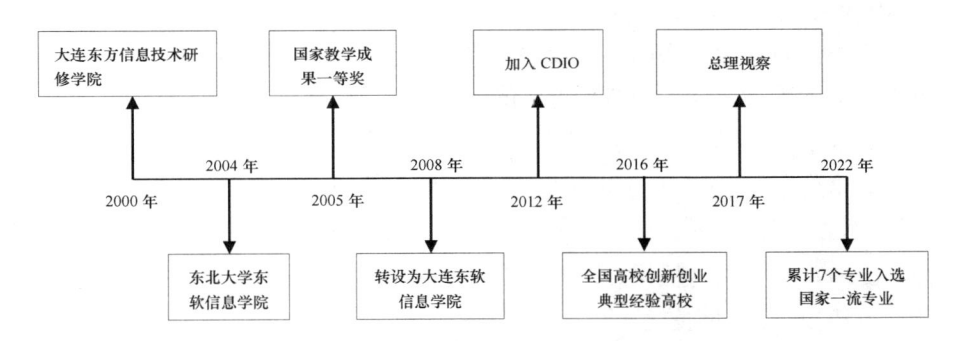

图6-7 大连东软信息学院发展历程

二 大连东软信息学院的生成机制分析

从对该校的访谈和调研中发现，大连东软信息学院的崛起并非偶然，从高水平民办高校的生成机制框架来看，该校是一所具有浓郁创业气质的创业型应用技术大学。

（一）大连东软信息学院的举办者创业驱动

东软创始人、董事长刘积仁是东北地区最著名的民营企业家，担任过东北大学副校长，是中国培养的第一个计算机应用专业博士，他在20世纪90年代初创办东软，成为国内第一家在上海证交所上市的软件企业。学校创始校长温涛教授 2000 年毅然辞去国有大学副校长职务，只身来到大连办学，现任东软教育科技集团执行董事、CEO、总裁，兼任全国高等学校设置评议委员会委员，教育部高等学校软件工程专业教指委委员，中国通信学会职教工作委员会主任委员等。作为学校的核心创业者，他们具有敏锐前瞻的市场眼光和丰富的高校管理经验，在他们的带领下，学校把握住了创业机会，实现了一次次飞跃。

1. 抓住国家鼓励独立学院规范转设的机会

2008 年，教育部批准东北大学东软信息学院转设为大连东软信息学院，其实早在 2006 年，学校办学者就已开始谋划转设，体现出前瞻眼光。转设后，学校的产权结构更加合理、更加明晰。大连东软软件园产业发展有限公司以土地、教学和办公用房等设施作为资产向学校出资，出资额计 33419 万元人民币；大连东软控股有限公司以现金方式向学校出资，出资额计 1600 万元人民币。上述各方举办者共计向学校投入的资产总额共计 35019 万元人民币，举办者投入的资产向学校办理了过户手续。学校产权结构更加清晰，大大提高了学校举办者投资积极性，为提升学校的综合竞争力、为师生发展成才创造了更好的条件。

2. 抓住政府推动向应用型转型发展的机会

2015 年，辽宁省政府发布《关于推动本科高校向应用型转变的实施意见》，学校领导第一时间作出学习批示，将文件转发给全校领导和中层干部，更新观念、提高认识，深刻领会文件精神，迅速组织开展学习贯彻工作。温涛校长面向全校教师做了"有特色、高水平、创业型应用技术大学建设思路与行动计划"报告，引导全校教师更新观念、提高认识，迅速开展了向应用型转变实施方案的研讨、制定工作，充分体现了学校高层管理者的敏锐性。2015 年 11 月，学校成为"辽宁省首批 10 所向应用型转变试点高校"之一。2017 年，学校成为"辽宁省首批 10 所向应用型转变示范高校"之一。

3. 抓住地区 IT 产业特色发展优势的机会

东北大学孕育了中国最大的 IT 解决方案和服务提供商"东软集团"。东软在快速发展中深刻认识到 IT 产业人才需求与高校人才培养规格之间的差距，依托东软产业优势，以全新的体制机制，高起点、高标准创建了"大连东软信息学院"。突出学校 IT 类专业人才培养特色，充分发挥东软产业办学优势，依托大连高新区、软件园的环境优势，建立起与举办者、企业、合作伙伴的协同育人生态系统，为大连市软件和信息服务产业的发展和辽宁沿海经济带建设做出了贡献。学校高度重视大学生创业，顺应"大众创新、万众创业"的时代趋势，不断完善学校 SOVO 创业实践平台，鼓励学生投身创业。学校累计为社会输送 6 万余名 IT 应用型人才，学校周围已聚集了 600 余家 IT 企业，包括 48 家世界 500 强企业。

(二) 大连东软信息学院的战略管理

理念是行动的先导，由于学校董事长和校长的教育工作经历和对市场人才需求的洞悉，大连东软在办学中形成了不同于普通民办高校的教育理念、战略选择。

1. 明确办学愿景和使命

大连东软信息学院"十三五"规划明确，学校的愿景是"成为有特色、高水平、创业型应用技术大学"，使命是"深化产教融合，培养实用化、国际化、个性化高级专门人才"，以"教育创造学生价值"为理念。[①] 董事长刘积仁认为，知识的运用比知识的拥有更重要，高校需要思考一个问题："到底是老师解决了学生的就业？还是学生解决了老师的就业？"这一观点令人振聋发聩。校长温涛在办学中一直强调，"学校学不了国有大学，也不能照搬照抄国有大学，必须走一条特色化的办学之路"。自成立以来，大连东软始终坚持以学生为中心，以就业为导向，充分发挥产学合作办学优势，强调全校实施 TOPCARES 一体化人才培养模式，体现对学生"最高的关注"，实现人才培养与产业需求、企业需求的互补对接，形成"面向应用、产学合作、注重实践、培养高素质应用型高级专门人才"的办学特色。学校坚持以学生为中心，建立基于工程背景环境的实践育人模式和学分制教学、柔性化教学、双语教学、分级教学等教学方式，实施"1321"的学期设置，即 1 个学年分为 3 个学期，包括 2 个基于案例和项目的理论学期、1 个集中能力训练的实践学期。

2. 实施深度产教融合战略

面对当今世界席卷而来的数字化浪潮，高等教育正在经历前所未有之大变革。针对辽宁新一轮振兴发展中的新形势、新任务，大连东软积极探

---

① 大连东软信息学院：《大连东软信息学院"十三五"专项规划》2016 年。

索产学研合作教育新模式,重视实践教学,高度共享企业资源,建立校企合作友好伙伴关系,培养企业欢迎的应用型人才。学校重点围绕人工智能、物联网、大数据等战略性新兴产业领域,着力打造富有竞争力的大学科技园,获批辽宁省大学科技园。学校调整发展战略规划,积极与大学科技园建立耦合互动、资源共享的运行机制,使大学科技园建设各个环节与学校的人才培养、应用研发、创新创业、资源环境、政策制度及校园文化等有机结合。大学科技园成为技术创新基地、企业孵化基地、创新创业人才聚集和培育基地、高新技术产业辐射基地,加速师生应用研发成果转化与产业化,汇聚更多优质的企业资源提升学生创新实践能力,最终形成一个产教融合、协同育人、互利共赢的良性生态。

(三)大连东软信息学院的资源整合

作为一所企业投资举办的民办高校,大连东软依托园区软件企业,充分挖掘企业资源,广大企业成为学校物力、人才、学术、社会资源的源头活水。

1. 内部资源整合

学校重视人力资源建设,建立开放的师资队伍,既包括学校自有专职教师,也包括来自产业的管理、工程、技术等人员,聘请业界具有实践经验、兼具教学组织能力的人员担任项目、创业指导教师,聘请企业人员来校讲学。强化"双师双能型"教师队伍,不断提升应用型教师队伍素质,通过引、聘、训、评,建立了一支"双师、双能、双薪、双岗"型师资队伍,充分利用东软共享平台,实施"混合式+体验式"培训模式。在中国高等教育学会发布的"民办及独立学院"教师教学发展指数中,连续三年蝉联全国民办高校第一。

学校依托企业,充分挖掘课程、专业等资源,建立产业界人员融入教育教学过程机制,通过项目指导、讲座研讨、带学生赴企业实习等多种形式融入学校具体教学环节中,一门课程不再局限于一名老师进行传统知识传授,将产业界人员在实践、项目方面的经验充分发挥,强化"实践、实验、实训、实习"四实环节,跟踪"新理论、新技术、新工具、新产品、新应用"五新发展,完善实践课程体系。该校重视激活创客基因,实施专创融合教育。2002年就率先建立了大学生创业中心(SOVO),将创新创业教育结合专业融入人才培养全过程，逐步形成具有东软特色的 TOPCARES – CDIO 一体化创新创业教育模式，建设了普适＋专业＋运营"三位一体"的课程体系，搭建了"创新创业普适教育＋创新创业项目实践＋虚拟公司运营＋创业成果孵化＋资源政策扶持"的渐进式培养、螺旋式上升的 SOVO 实践平台。SOVO 成立以来累计孵化各类创新创业项目超 6300 项；设立学生虚拟公司 520 余家，其中 174 家已注册为实体公司；超 10 万人次学生参与各类创新创业活动。

2. 外部资源整合

行业企业蕴藏丰富的资源，作为行业特色高校，大连东软信息学院为了形成校企合作、协同共赢的运行机制，构建了校企合作治理结构层面、教学运行层面、各系与企业技术开发部门、教师与企业技术专家等各层级校企对接机制。学院成立了校企合作教学管理工作委员会，与 150 余家企业建立了实习实训基地。学校与东软集团共建的校外实践教育基地获批国家级大学生校外实践教育基地，与英特尔、惠普、腾讯等共建的 9 个实践基地获批省级大学生实践教育基地，共建的校内大学生创业平台（SOVO）获批科技部火炬中心众创空间等多项称号，计算机实验教学中心、数字艺术实验教学中心等获批省级实验教学中心。

该校与国内领军企业开展深度校企合作、协同育人，共建具有显著行业特色、紧贴辽宁振兴发展的一流现代产业学院。面向人工智能领域，学校与百度集团合作，共建人工智能产业学院；面向软件开发领域，学校与东软集团合作，共建软件服务产业学院；面向医疗领域，学校与东软医疗合作，共建医疗科技产业学院。通过产业学院建设，使学校融入和促进产业发展，并进一步向其他高校输出"五新"教育资源，为高等教育变革做出贡献。依托东软公司的行业优势和自身的教育资源积淀，学校充分结合行业企业具体项目用人需求，通过深度产教融合，建立了大学与企业互利共赢的创新教育生态系统——"数字工场"。

（四）大连东软信息学院的治理结构

作为企业色彩浓厚的大学，大连东软信息学院建立了专家治校、民主管理的现代大学制度，为学校科学决策、高效运行提供了组织保障。

1. 持续推进大学章程建设

学校持续修订完善《大连东软信息学院章程》，在章程中进一步明确董事会、校长、党委的职权，不断完善决策程序和议事规则，细化了董事会议事规则、党政联席会（校长办公会）议事规则，法人治理结构责权明晰，学校党委发挥政治核心作用，参与并监督保证学校决策。2014年，学校章程通过辽宁省高等学校章程核准委员会评议，成为辽宁省首批核准发布的7所高校章程之一，也是唯一一所民办高校。

2. 健全法人治理结构

大连东软信息学院实行董事会领导下的校长负责制，党委发挥政治核心与监督保证作用。董事会目前由7人构成，包括学校法定代表人、董事长刘积仁，副董事长温涛，学校党委书记，校长，教职工代表及其他董事。董事会是学校最高决策机构，在此基础上学校构建了董事会、校长、党委三位一体的法人治理结构，三者互相配合、互相制约，在管理体制和运行机制上形成了决策、执行和监督目标一致、各自独立、相互协调的格局，保证了学校持续健康的发展。学校校长温涛具有独立教育教学和行政管理权，董事会充分信任和放权。

（五）大连东软信息学院的合法性构建

1. 坚持建章立制规范办学，贯彻规制合法性

学校自建校以来，全面贯彻落实党和国家的教育方针，在《民办教育促进法》《辽宁省高等学校绩效管理暂行办法》等出台后，学校对国家与辽宁省公布的一系列法律法规、政策制度开展专题研讨、全校讨论、学习领会，认真制订相关方案，确保各项政策在学校稳步实施。学校坚持以党建引领事业发展，该校作为全国唯一民办高校代表，在中宣部、中组部、教育部召开的全国加强和改进高校思想政治工作座谈会上作典型发言。学校获评辽宁省先进党组织、辽宁省社会组织党建工作示范点、"辽宁省首批党建工作示范高校培育创建单位"称号。学校建校伊始，就按照资本市场的规则运作，产权结构和治理结构责权明晰，确保了依法规范办学。

2. 引入专业管理模式，推广规范合法性

大连东软信息学院作为一所由软件企业和软件园共同创办的应用型技术高校，先天具有产教融合、面向应用的基因和优势。在办学过程中，由

于重视校企合作和学生实践应用能力培养，大连东软信息学院在办学中强调构建面向应用的办学环境，将企业管理模式引入学校管理中，深入推进基于 OBE 的 TOPCARES 教育教学改革，实施专业教育与创新创业教育和素质教育相融合的一体化人才培养方案，在课程体系上注重能力导向、项目牵引，形成以 TOPCAREST 能力指标体系为核心的办学特色。学校入选教育部首批 50 所"全国创新创业典型经验高校"、科技部火炬中心"国家级众创空间"，学校的特色办学模式得到了同行广泛认可。

3. 寻求党委政府支持，构建认知合法性

学校在发展过程中，积极争取社会各界的支持，得到了党中央、国务院、全国人大、教育部、科技部、辽宁省委省政府、大连市委市政府相关领导的关怀重视和大力支持，也获得了人民群众的认可，增强了文化—认知合法性。早在 2001 年创办之初，中共中央政治局常委、国务院副总理李岚清在科技部副部长邓楠、辽宁省省委书记闻世震、省委副书记、大连市委书记孙春兰的陪同下视察学校，对学校创新教育的理念和人才培养模式给予肯定。办学 20 多年来，众多领导为学校发展建设提出了殷切期望，给予关心指导，办学成果和经验快速扩散，形成了良好的舆论氛围，嵌入社会大众的认知，提升了广大学生和家长对学校的信任度。

三 大连东软信息学院的生成机制模型动态演化

由上述分析可见，影响大连东软信息学院的五大因素——举办者、战略管理、资源整合、内部治理、外部合法性机制相互促进，相互影响。详见图 6-8。第一，大连东软信息学院创办者敏锐的市场意识、雄厚的产业基础、高校管理的经历，校长管理团队先进的办学理念、坚强的执行力、强烈的创新意识，是学校发展的根本保证，为学校战略管理、整合资源、制度创新、增强合法性，注入了强大动力。第二，战略管理的实施，明确了学校的发展方向、使命愿景、办学特色，大连东软信息学院始终坚持企业化特色、创业教育特色、TOPCARES 人才培养模式不动摇，学校发展方向明晰，为资源整合和内部制度创新提供了有利条件。第三，资源整合能力的提升离不开内外制度环境的优化，学校内外部资源整合奠定了学校发展的硬件、人才、资金基础，带来学术资源的不断积淀，形成了以软件为特色的高水平课程、专业、学科。第四，学校董事会领导下的校长负责制落实有力，董事会充分放权，校长专家治校，有稳定的任期，党委政治核心作用发挥有力，完善的法人治理结构促进了学校战略管理、资源开发、合法性提升。第五，随着质量和声誉不断提升，学校外部合法性机制不断增强，得到政府、社会和行业的充分认可，这又反哺学校改革发展。

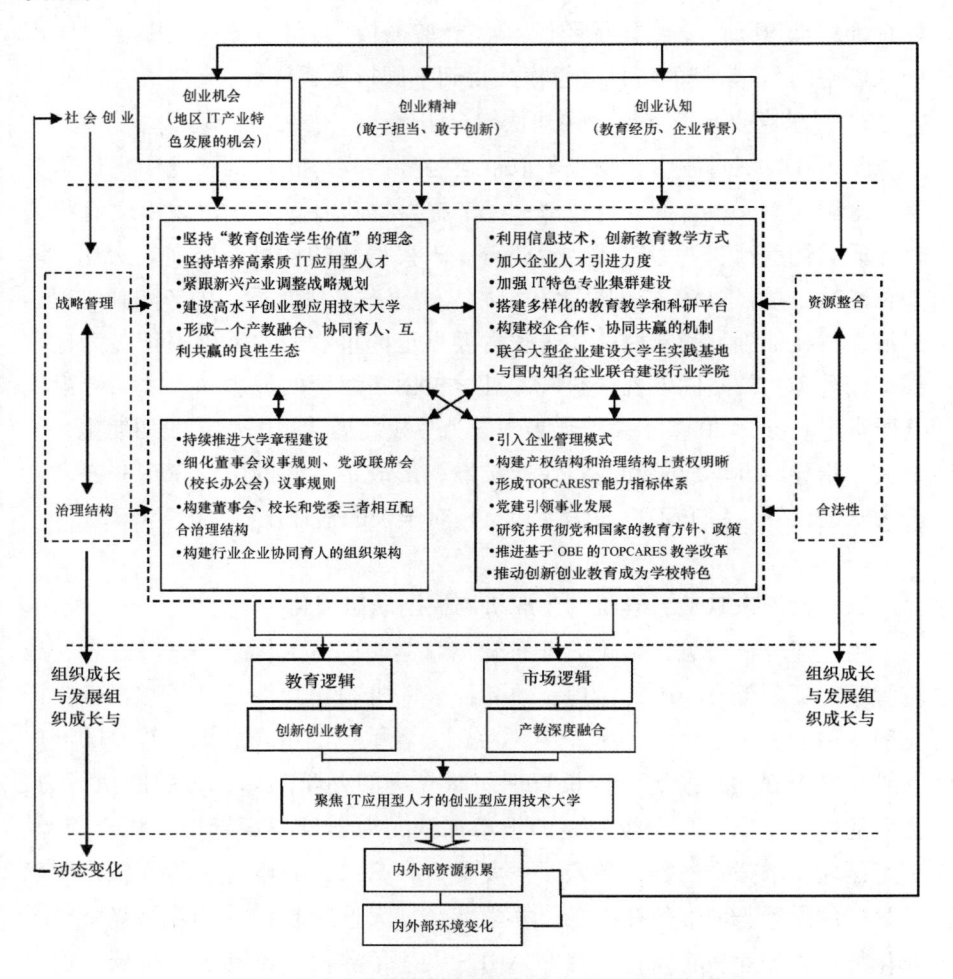

图6-8 大连东软信息学院动态演化生成机制

总之，正是基于东软浓厚的产业基因和具有特色的产教融合办学体制机制，大连东软信息学院取得了快速发展，近五届应届毕业生平均月收入均高于全国非"双一流"本科高校平均水平，毕业生进入世界 500 强企业和国内知名企业的人数逐年增多。

那么，大连东软信息学院发展是否存在问题呢？调研中发现，作为上市公司举办的民办高校，该校机制活、动力足、模式新，但是也面临民办教育政策环境变化的挑战。未来学校是选择营利性还是非营利，目前该校尚未确定。大连东软的举办方东软教育已经在港交所上市，这对学校未来的办学方向是否有影响，仍有待观察。

第五节　基金会举办代表
——西湖大学

西湖大学是一所由社会力量举办、国家重点支持的新型高等学校，其前身是浙江西湖高等研究院，由知名学者施一公、陈十一、潘建伟、饶毅、钱颖一等发起创办。学校于 2018 年 2 月正式获教育部批准设立，举办方是杭州市西湖教育基金会，校长由清华大学原副校长施一公教授担任。学校按照"高起点、小而精、研究型"的办学定位，致力于集聚一流师资、打造一流学科、培育一流人才、产出一流成果，努力为国家科教兴国和创新驱动发展战略做出突出贡献。作为全国唯一一所自创办之始就定位于研究型大学的新型高水平民办高校，西湖大学自创办以来受到社会广泛关注。为何该校能在民办高等教育这片洼地上迅速崛起，值得我们进一步探究。

一　西湖大学发展历程

相较于本研究选择的其他民办高校案例而言，西湖大学的发展历程并不长，从 2016 年浙江西湖高等研究院的成立算起，也只有短短 7 年时间。

2015 年 3 月，施一公、陈十一、潘建伟、饶毅、钱颖一、张辉、王坚 7 位科学家正式向习近平总书记致信《关于创建一所新型民办研究型大学的建议》，获得了习近平总书记的批示和肯定。2015 年 6 月，杭州市政府与国家"千人计划"专家联谊会签订了《筹建西湖大学（筹）战略合作框架协议》，宣告西湖大学筹建工作正式启动。浙江省委省政府和杭州市委市政府高度重视，把创建西湖大学作为推动创新驱动发展和建设世界一流大学、建设高等教育强省的突破口。随后，注册成立了"杭州市西湖教育基金会"，作为西湖大学的举办方。2016年12月，西湖大学的前身浙江西湖高等研究院在社会各界的翘首期盼中成立。2017年8月，浙江省政府正式批复同意筹建西湖大学，浙江省编委办委托杭州市编委办将学校登记为事业法人单位。2018年10月，西湖大学正式揭牌成立。

学校2018年成立之初仅有479人，包含139名博士研究生、227名教师和科研人员、113名行政和基金会工作人员。至2023年，学校已招收60名本科生、1200多名博士生和400多名博士后，拥有199位博士生导师、独立实验室负责人，90%以上从海外引进，其中91人获得国家级人才称号。

二 西湖大学的生成机制分析

西湖大学虽然办学历史短暂，但是其创新意识、创业勇气领风气之先，为中国民办高等教育界注入了一股清泉，令人耳目一新。

（一）西湖大学的举办者创业驱动

西湖大学的诞生和发展是创新创业精神的完美阐释，首任校长施一公出生于1967年，是著名结构生物学家、中国科学技术协会副主席、中国科学院院士、美国国家科学院外籍院士。他放弃在国外的优厚待遇回国，又毅然辞去清华大学副校长一职，投身民办大学的建设，正是在以他为核心的创业团队的带领下，西湖大学才得以破土而出。

1. 抓住国家大力支持社会力量兴办教育的机会

近年来，国家鼓励民间资本参与发展教育和社会培训事业，引导民营资金进入教育领域，以推动民办教育的健康发展。2016年，国务院出台文件鼓励社会力量以捐赠、投资及合作等多种方式举办或参与举办法律允许的各级各类学校。通过放宽办学的准入条件、拓宽办学筹资渠道等吸引、鼓励社会资源进入教育领域。国家相关文件的出台为社会资本参与办学提供了政策依据。虽然中国民办高校发展取得了显著成绩，但是从总体上看，民办高校无论是在数量上还是在层次上，还没有达到预期，民办的体制机制优势还没有得到充分的发挥。西湖大学的创办者充分借鉴国际上一流大学的办学经验，立志建成一所高水平、小规模的研究型民办大学，得到了党和政府的大力支持。

2. 抓住企业捐赠举办教育意愿增强的契机

随着中国经济综合实力的快速提升，诞生了一大批有实力、有社会责任的企业，他们捐赠教育、回馈社会的意愿和能力大大增强。截至2020年，我国符合基金会典型特征的各级各类高校教育基金会有623家，其中江苏、浙江、北京、广东分别有93家、55家和47家[1]。全国捐赠资金总收入超过810亿元，且净资产总量已超过300亿元。大学基金会在中国近30年的发展历史中，在数量和捐赠资金总收入上已获得一定发展。基金会的发展在某种程度上反映了当前社会力量参与高等教育的意愿增强。基金会拓宽了高校的办学资金来源，对高等教育的发展起着重要的推动作用。西湖大学的主办方为非营利性公益基金会杭州市西湖教育基金会，其任务即筹集民间资金支持学校办学。在此背景下，学校筹集了大笔经费，获得了社会捐赠支持。

3. 中华民族伟大复兴呼唤一流大学

2015年，中国提出要统筹推进一流大学和一流学科建设，大学是国之重器，世界经济强国均有一批全球知名的大学，实现中华民族伟大复兴需要一批世界一流大学。从浙江省来看，除了浙江大学、中国美术学院和宁波大学外，研究型大学不足，相比江苏、广东、山东、湖北均有较大差距，这与浙江省区域创新驱动发展和杭州城市国际化建设的战略定位严重不符。[2] 利用该省民营经济发达的优势，筹建民办性质的西湖大学，是浙江省结合自身发展定位对当前"双一流"建设作出的回应。施一公敏锐抓住了国家呼唤一流大学的契机，联合全国顶尖学者和国家"千人计划"专家联谊会发起成立西湖大学。

---

[1] 《中国高校基金会年度发展报告》编写组：《中国高校基金会年度发展报告（2020）》，2020。

[2] 阙明坤、陈春梅、王华：《我国建设新型高水平民办大学的背景、挑战与策略——以西湖大学为例》，《高校教育管理》2020年第4期。

（二）西湖大学的战略管理

虽然创办时间不长，但是西湖大学明晰了办学愿景、使命、发展重点、战略举措，为未来发展描绘了宏伟蓝图。

1. 坚持"高起点、小而精、研究型"办学定位

西湖大学自成立以来，坚持高起点、高标准办学，在西湖高等研究院的办学基础上，围绕基础研究和创新突破，面向世界科技前沿、面向经济主战场、面向国家重大需求、面向人民生命健康，搭建了独具特色的学科体系。学校充分发挥办学者个人优势，围绕施一公、饶毅和潘建伟等顶尖学科带头人，优先打造社会经济发展需要的生物医药、动物资源和量子材料等前沿技术平台，推进原创性科学发现与技术应用的结合。学校坚持小规模发展，前期招收学生均为博士研究生，实现了高起点发展，致力于成为中国高等教育改革的探索者、拔尖创新人才培养的摇篮、世界前沿科学技术的引领者。

2. 坚持有所为有所不为

西湖大学创立伊始即坚持精英教育理念，在办学过程中坚持"有限学科"的定位，以研究型为主，有所为有所不为，追求有限卓越。学校以其著名科学家领衔的4个研究所即理学、前沿技术、生物学、基础医学研究所为基础，组建了三大学院——生命科学学院、理学院、工学院，集中力量重点发展医学、理学、工学3大学科门类。学校优先打造由施一公、饶毅、潘建伟、陈十一等科学家领衔的"生物医学新技术平台""西湖模式动物资源设施""拓扑量子材料研制与测量平台"等基础科学与前沿技术高精尖平台，突出学校的学科特色。学校积极参与国家创新体系建设，牵头成立西湖实验室，参与共建白马湖实验室，参与省级实验室建设。在科研攻关上，学校研发抗新冠病毒口服药WPV01，率先通过蛋白质大数据分析预知新冠轻症病人是否会转成重症，率先证实细菌是乳腺癌转移的重要帮凶，成为中国基础前沿研究的先锋队。

3. 完善学校发展规划

学校制定《西湖大学建设和发展规划（2017—2026年）》，明确发展思路：一是创新立校，创新办学体制机制，创新办学定位与学科布局，重前沿、求突破，敢为人先；二是自主办学，依法自主独立行使法人权力，

简除烦苛，依法处理学校内部事务，需要突破现行法规的地方申请试点先行；三是人才兴校，以海内外一流人才及国家"千人计划"专家群体为依托，集顶尖科技专家领衔办校；四是质量强校，追求一流；五是科研先行，先行设立生物学、基础医学、理学和前沿技术研究所，全球遴聘顶尖人才，建设一流实验室。2022年，学校招收首届本科生。学校规划逐步扩大招生规模，到2026年，全日制学生规模达到在校生5000人，经过十年时间，使西湖大学成为新型国际化高水平研究型大学，部分学科力争达到国际一流水平。

(三) 西湖大学的资源整合

和创业行为一样，西湖大学在发展之初同样面临资源困境，但是创业者和普通人最大的区别是创业者善于做"无米之炊"，因为创业不可能等到万事俱备，一切均需要自己努力开创。

1. 内部资源配置

在物力资源方面，学校加快校园建设步伐，主校园位于浙江省杭州市西湖区三墩云谷小镇。校园规划用地约3000亩，一期用地约1200亩，地上建筑面积约60万平方米，分两期建成。其中首期建设用地约为615亩，地上建筑面积约30万平方米；二期建设将再投入用地585亩。杭州市西湖区政府通过地块收购和改造，向学校提供了占地66亩、面积约10万平方米的建筑设施，用于西湖大学开展科研教学活动。学校7栋办学楼宇中4栋建筑作为科研教学用房，可以为生物学研究所与基础医学研究所提供约50个独立实验室，为理学研究所和前沿技术科学研究所提供约80个独立实验室。该设施完全可满足西湖大学前3年科研、教学、行政办公、生活用房需要。

在人力资源方面，学校构建一流的人才队伍，打造核心竞争力。西湖大学充分发挥自身优势，尤其是创办者团队的权威性和在学界长期积累的良好声誉，为学校招揽人才提供了极大的便利。国家"千人计划"专家联谊会是学校的主要支持者之一，学校依托该联谊会可以会集顶尖的科研团队，以国际视野在全球范围内遴选高端人才，尤其是那些具有较高学术造诣或学术潜力的领军人才和青年科学家，尽全力创造条件，促成他们施展抱负，进而形成顶尖人才和学科交叉优势叠加，形成"引进一流师资，建设一流学科,培养一流学生,产出一流成果"的良好格局。

在学术资源上,由于学校坚持"高起点、小而精、研究型"的办学定位,所以在学科建设上,更加注重"好钢用在刀刃上"的理念。前期优先建设医学、理学、工学 3 个学科门类,规划设置生物学、基础医学、光学工程、环境科学与工程等 13 个一级学科。在基础研究和前沿技术原始创新上全力攻关、力求突破。与此同时,在科研上,注重推动相关领域的学术发展,推动社会产业升级和跨越式发展,推动学科优势向服务政策、服务经济社会发展的有力优势转化。

2. 外部资源配置

一是寻求社会各界捐赠支持。西湖大学的办学经费来源主要包括自筹经费及配套经费、办学收入、竞争性科研项目经费及人才政策支持经费和政府扶持资金;日常运行经费主要由杭州市西湖教育基金会承担。学校注重发挥基金会办学模式的优势,发动社会力量提高教育资源的优化配置效率。在办学之初,学校就充分借鉴世界一流大学办学经验,采用基金会筹资办学。该基金会成立于 2015 年,是浙江省民政厅批准成立的非公募基金会。基金会运行模式既能有效确保办学的公益性,提高学校的公信力,又有利于积极引进各级各类社会力量,使之成为学校可持续发展的动力源泉。该基金会成立了理事会,其成员由施一公、陈十一、潘建伟等科学家以及其他社会贤达构成。基金会成为学校连接社会的中枢纽带,为学校的创建和发展汇聚社会资源。基金会创办至今已经获得来自全世界的 2 万余人次捐赠,已签约资金超过 15 亿元,到账金额超过 6 亿元。西湖大学积极争取既有实力又有社会责任感和教育情怀的大型企业支持,许多著名企业家或投资人吸纳成为西湖大学董事会成员。例如,腾讯主要创始人陈一丹、高瓴创始人兼首席执行官张磊、红杉资本全球执行合伙人沈南鹏、嘉里集团有限公司董事长郭孔丞、众安集团董事局主席施中安、碧桂园集团董事局主席杨国强、万达金融集团董事长兼总裁董建岳、绿城集团联合创始人寿柏年、海亮集团创始人冯海良、浙江敦和慈善基金会名誉理事长叶庆均、浙江东海潮实业集团有限公司董事长王孝安。

二是寻求地方政府大力支持。地方政府为西湖大学创建和发展提供了巨大支持。浙江省委省政府多次召开专门会议研究学校建设工作,协调解决校址选择、用地用房、校园建设、资产过户、资金落实、人才引进、配套保障等困难和问题，按照一事一议、特事特办的原则，制定专题规划，在人才政策、科研经费、研究平台、重大课题等方面给予大力支持。杭州市设立民办教育专项资金重点资助西湖大学发展，西湖区政府收购改造厂区，解决西湖大学前期办学场所，并积极推进西湖大学校园（云谷校区）的项目建设工作。杭州市和西湖区以"顶尖人才和团队重大项目"方式给予4亿元研究经费支持。

三是积极加强与国内外大学合作。西湖大学与康奈尔大学、加州大学伯克利分校等25所海外知名高校建立合作关系，签署交换访学协议，与浙江大学、上海交通大学等国内15所高校建立合作框架，强强联合，优势互补。

（四）西湖大学的内部治理结构

作为矢志建设一流研究型大学的后起民办高校，西湖大学健全治理机构，体现了权力的科学配置，为学校发展奠定了坚实的制度基础。

1. 修订学校章程

大学章程是校内根本大法，对于建立现代大学制度具有重要的作用。西湖大学重视章程建设，做好学校顶层设计，对学校内部权力运行作出清晰规定。《西湖大学章程》明确："董事会由15人以上（含15人）组成，最多不超过30人。董事会设主席1人，副主席1人，董事若干。其中，三分之一以上的董事应当具有五年以上高等教育教学经验。"不同于国内大多数民办高校，西湖大学的章程阳光透明，对外公开，走在了全国高校前列。

2. 健全法人治理结构

学校对举办者权利义务、治理体系、董事会人员构成、董事会职权、校长职权、监事会职权以及党委、顾问委员会、校务委员会、学术委员会和学位委员会等机构的设置均作出明确规定，对学校经费来源、资产财务管理、师生权利义务等都作出清晰界定，奠定了学校法人治理结构的框架。"董事会由15人以上组成，最多不超过30人。董事会设主席1人，副主席1人，董事若干。其中，三分之一以上的董事应当具有五年以上高等教育教学经验。"2022年，第二届董事会召开第一次会议，董事会主席由清华大学经济管理学院第四任院长、文科资深教授钱颖一担任。西湖大学充分吸取国外一流大学办学经验，在学校治理上建立了开放、协同、创新的内部管理体系，确保在师生广泛监督下规范办学。学校秉行"教师治学，行政理校，学术导向决定行政服务"理念，对破除高校行政化痼疾作出大胆尝试，让教授全身心投入教学科研。充分发挥基金会在募集资金上的优势，规范科研教学人员的薪酬体系和激励机制。西湖大学制定了符合国情、与国际接轨的规章制度。聘用制度是采用以美国为代表的"长聘与准聘相结合的聘任体系"，分准聘与长聘两类岗位，只要获得长聘，就将成为终身教授。在科技创新评价标准上，打破"唯论文数量、唯期刊影响因子、唯论文引用次数"人才评价模式，鼓励学术自由探索。西湖大学的治理结构已经具备现代大学制度的特点。

（五）西湖大学的合法性构建

获得外界的认可和支持，增强办学合法性，是民办高校发展必须面对的问题。西湖大学通过多种方式树立了自身规制合法性、规范合法性、认知合法性。

1. 专家治校高起点办学

西湖大学的主要发起人都是国内顶尖的科学家，同时也是高等教育领域的权威，拥有较为丰富的办学经验，对国内外高等教育发展也有着较深的研究，钱颖一曾任清华大学经管学院院长，陈十一曾任南方科技大学校长，潘建伟是中国科技大学副校长。学校顾问委员会主席由中国科学院院士、十二届全国政协副主席韩启德担任。相较于其他民办高校而言，这些发起人为西湖大学奠定了极好的社会声誉，同时由于他们在学界具有的权威性和高认可度，也为学校构建高水平师资队伍、争取社会各界广泛支持打下良好的基础。

2. 严格依法办学

学校严格遵照民办教育法律法规，在管理上实行回避制度，校长、副校长、监事会成员及学校财务、人事、各院系等主要负责人与直接下属之间不具有血亲、近姻亲关系；董事会、校务委员会、学术委员会审议有关议题时，直接利害关系人应当回避。学校加强党的领导和建设，2016年浙江西湖高等研究院成立后，中共西湖高等研究院支部委员会随即成立，随着西湖大学的筹建，按照民办教育促进法和西湖大学章程的规定，经杭州市委组织部批准,西湖大学正式成立党委,为坚持社会主义办学方向提供了政治保障。通过一系列改革举措更为明确地向社会展示了学校办学的规范性。

3. 采取联合招生方式解决学位授予资格

西湖大学在创办之初受到质疑的是其没有正规的招生资格,对此,该校采取变通的方式,在取得博士学位授予权之前,西湖大学通过联合招收与培养方式开展博士生教育。目前,已与复旦大学、浙江大学签署战略合作协议。经教育部批准,2017年首次与复旦大学联合招收了生物学、基础医学、理学、前沿技术4个领域的19名博士研究生。这一举措得到了社会的广泛认可,学校博士研究生招生人数逐渐递增。

三 西湖大学的生成机制模型动态演化

基于西湖大学的案例分析,如图6-9所示,我们可以得出该校建设高水平研究型民办高校的基本框架。

第一,西湖大学的举办者施一公等人在学界享有良好的声誉,在科学界有较深的造诣,这为该校迅速发展打下了基础。第二,坚持适合该校的战略定位,明确了学校的发展方向、使命愿景、办学特色,寻找到民办高等教育市场"空白点",为学校加强资源整合和内部制度创新提供了有利条件。第三,学校内外部资源整合奠定了学校发展的硬件、人才、资金基础,带来学术资源的积淀,形成了以优势学科为核心的体系,国际化视野也让学校在发展过程迅速形成自身特色。第四,学校董事会领导下的校长负责制落实有力,充分发挥了基金会联系广泛社会力量和专家民主治校的优势。第五,学校创办伊始就确立了高端、规范的形象,得到政府大力支持,从而增强了社会认可度,减小了发展阻力,合法性地位得以巩固。

由上述分析可见,影响西湖大学的五大因素——举办者、战略管理、资源整合、内部治理、合法性相互促进,相互影响。

西湖大学展现出蓬勃的活力和良好的前景,学校面临的最大困境是学校的合法性问题。在2020年博士学位授权审核结果中,西湖大学申请的生物学、化学、电子科学与技术三个博士点均未获批。当前该校突破现有高校设置、学位条例等相关规定,直接举办博士生教育,未来如何获得独立的博士授权资格,这是亟待解决的难题。另外,学校接受社会捐赠的可持

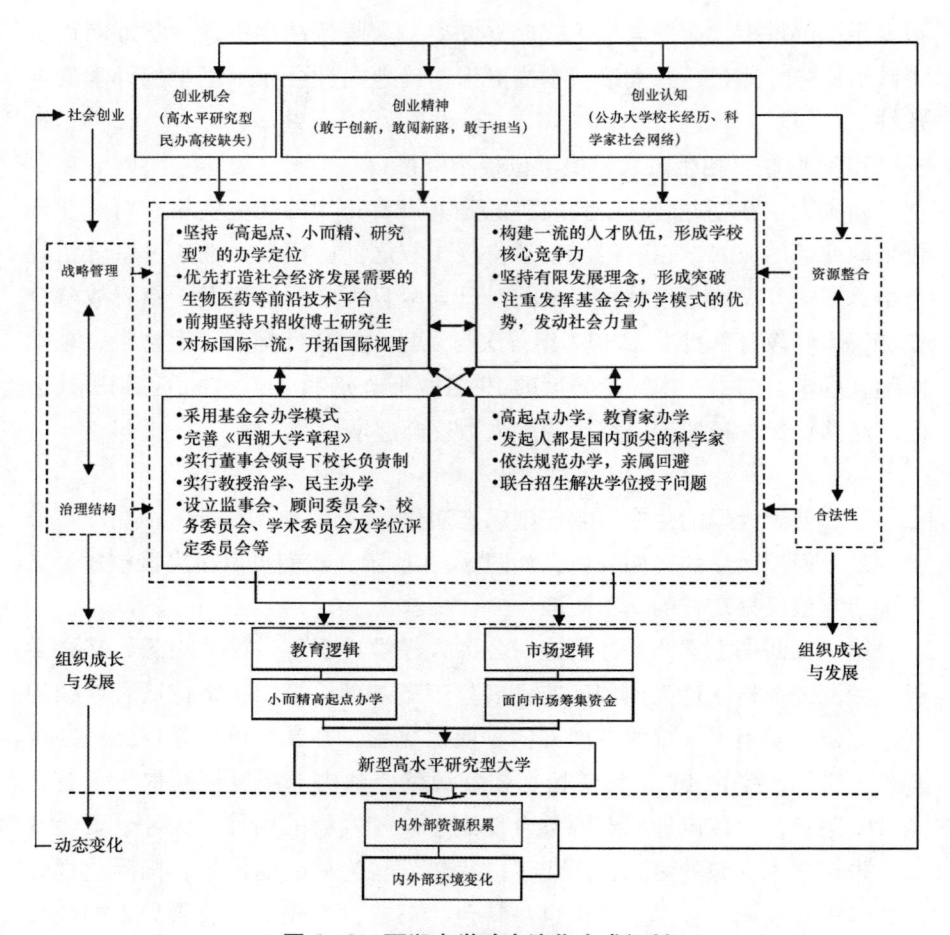

图 6-9 西湖大学动态演化生成机制

续性、稳定性均有待进一步观察。

第六节 中国高水平民办高校生成机制动态演化的复杂性

从 5 所案例高校的生成过程中，我们可以窥探出高水平民办高校生成过程中的一些共性，创业者在学校发展过程中起到核心作用，外部环境变化产生新的创业机会,举办者识别、把握机会,为学校发展注入动力;民办高校面对外部的不确定性,走适合自身发展道路,离不开战略管理的指引;内外部资源的识别、获取、整合和利用是高水平民办高校生成过程中矢志不渝的中心任务,为民办高校的生成奠定基础;内部治理主要是举办者与学校管理者、教师、学生等利益相关者形成良好的互动关系;外部制度支持强化了民办高校在市场中的合法性,并促进了其内外部资源的进一步获取。详见图6-10。

从上述分析可以看出,这5所案例高校体现了中国不同类型高水平民办高校的办学特征和发展特点。个人捐赠举办的高水平民办高校仍然是举办者发挥灵魂人物的角色,办学者的教育情怀和价值追求非常重要;国有民办型高水平民办高校得到了政府的大力支持,具有事业单位编制,这是其他民办高校所不具有的体制优势;自然人举办的高水平民办高校发展过程中往往家族扮演着重要角色,举办者的创业和奉献精神驱动了学校的快速发展;企业投资举办的高水平民办高校与产业联系紧密,市场意识敏锐,善于从企业整合资源,人才培养紧贴企业需求;基金会举办的高水平民办高校属于后发新型民办大学,高起点建设,有着广泛的资金来源渠道和科学的现代大学制度,展现出良好的发展前景。

从案例高校的共同特征中,我们可以推演出高水平民办高校生成机制的动态演化过程,高水平民办高校生成过程是动态的,组织会随着外界环境的变化而相应产生变化;生成机制中的各部分不是独立存在的,它们之间是相互影响相互作用的;高水平民办高校的生成不是一步到位的,而是经历漫长的积累形成的。

20世纪80年代,复杂性科学作为一种研究自然和社会系统中各种复杂现象的前沿理论悄然兴起,"我们正在目睹一种科学的诞生,这种科学不再局限于理想化和简单化情形,而是反映现实世界的复杂性。"[1] 复杂性科学提供了非线性、混沌、涌现、不可逆、不确定性等一套新的概念。

以复杂性科学理论观之,中国高水平民办高校生成机制已经呈现复杂性系统特点。高水平民办高校生成机制内部多主体之间、民办高校与环境

---

[1] [比利时]伊利亚·普里戈金:《确定性的终结:时间、混沌与自然法则》,湛敏译,上海世纪出版集团2009年版,第6页。

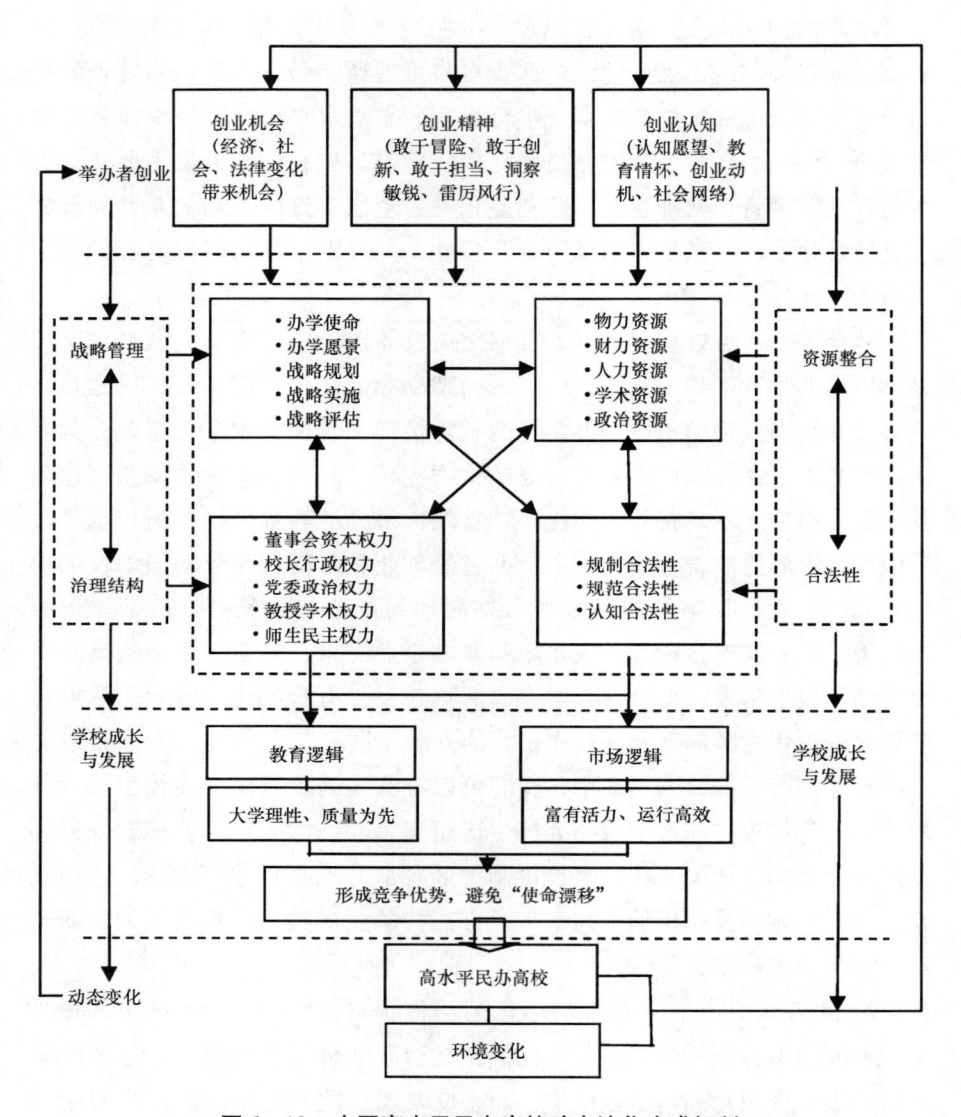

图 6-10 中国高水平民办高校动态演化生成机制

之间，不断进行物质、能量和信息的交换，存在多重正负反馈，其发展态势具有不可完全预测性，同时生成机制不会自发地逆转并恢复到原来的状态。高水平民办高校生成机制体现出"涌现理论"所描述的现象，即一个系统中个体间预设的简单互动行为所造就的无法预知的复杂样态的现象。

第六章　中国高水平民办高校生成机制动态演化的案例研究

"涌现"是指系统中的个体遵循简单的规则,局部的相互作用构成整体系统时,系统层面会产生一些新的规律或者属性,通俗表述为"整体大于部分之和"。根据"涌现理论",高水平民办高校生成就是各种复杂系统各组成要素相互作用的涌现,构成系统的各大要素之间通过相互作用,产生了新的功能、属性、特征等。显然,高水平民办高校生成机制的整体过程远比构成它的五大子系统复杂。

具体而言,中国高水平民办高校生成机制动态演化至少体现有如下两个特点。

一　外适应性

民办高校作为一个开放的自组织系统,它始终处于整个社会运行体系中,它是社会这个大系统的一个子系统,必然受到经济社会政治法律文化的影响。高水平民办高校的生成往往与外部环境息息相关,不同阶段不同经济社会环境会产生不同的创业机会,经济社会的发展为民办高校提供了发展机遇。地方经济发展水平、民办高等教育政策、当地的文化等都会影响到民办高校的发展。譬如,上海视觉艺术学院正是在视觉艺术教育欠缺、上海实施文化发展战略、视觉艺术相关产业人才需求巨大的背景下应运而生的,在政府的支持下,学校以国有公投为主,其他社会力量共同参与投资建设,目前在国内艺术类高等院校中名列前茅,在 QS 排名中位于"艺术与设计"学科第 51—100 名段。还有一些民营企业家发现创业机会,主动迎合时代潮流,创办民办高校。上海建桥学院的举办者周星增经历的三件大事深刻影响到他后来的办学,恢复高考让他改变了命运,毕业后分配到大学教书埋下了"教育情结";邓小平南方讲话促使他大胆"下海"办厂,为创办民办高校提供重要基础;浦东开发和全国第三次教育大会召开,把握住了机会[①]。

根据耗散结构理论,一个远离平衡状态的开放系统,通过不断地与外界交换物质和能量,在外界条件的变化达到一定的阈值时,可能从原有的混沌无序的混乱状态,转变为一种在时间上、空间上或功能上的有序状

---

① 黄清云:《求索中崛起——上海民办高等教育发展与改革历程》,华东理工大学出版社 2017 年版,第 128 页。

态,这种在远离平衡情况下所形成的新的有序结构,即为"耗散结构"。①
沃伦·本尼斯是美国著名组织发展理论和权变理论研究专家,他认为组织要生存下去,除了协调成员之间的活动,维持内部系统的正常运转以外,还要协调组织与外部环境的关系。前者是"内协调"或"内适应",而后者则是将组织作为一个整体,在组织外部协调双方关系,这是一种"外协调"或"外适应"。②

  高水平民办高校生成的"外适应"性不仅体现在创办初始阶段,它还贯穿民办高校的所有发展历程。由于外部环境的开放性,民办高校的要素投入和产生的效益受多种因素影响,外部环境的变化会使组织产生一定程度上的"混乱"。民办高校的创新就是建立在这种远离平衡开放系统性质基础上,改变落后观念,与时俱进,开拓创新,从而实现从"混乱"到新的有序。"高等院校是一组强有力地推动现代社会发展的弹簧,高校决策人带领了制作弹簧的工匠,弹簧的螺距和螺径是参照先前教育、科学技术和文化来设计的,而压缩使其产生强大弹力的则是我们社会的经济力量。"③如部分民办高校响应国家"一带一路"倡议,增设波兰语、捷克语中东欧国家语种专业,实现了"一带一路"沿线主要节点国家语种的覆盖,可以看出时代背景、外部环境对于民办高校的重要影响。

  外部环境会影响高水平民办高校的发展,同样高水平民办高校的发展也会作用于外部环境,从而进一步优化学校的发展环境,实现良性的互利共生。民办高校往往面临着资源缺乏的困境,受地方、区域环境影响较大,它们也不可避免地需要参与区域经济发展,并将其知识与当地就业、产业发展联系起来。一些民办高校对地方和地区经济活力的贡献较多,创造可商业化的知识,培养合格的技能人才,建立知识转移机制,形成了共荣共生、相互依存的格局,从而为民办高校的可持续发展提供环境保障。从这5所民办高校的发展案例来看,无不与所在区域的政府支持密切相关,包括资金支持、招生支持、项目支持、校园建设支持、政策支持等,对学校的发展意义重大。同时,5所学校的发展与经济社会发展密切结合,对

---

  ① 刘菊、戴军、解月光:《自组织理论及其教育研究应用前景探析》,《远程教育杂志》2012年第1期。
  ② 朱国云:《韦伯官僚组织结构理论的新演变(下)》,《国外社会科学》1995年第11期。
  ③ 惠益民:《交叉协同:高等院校发展战略讨论》,《科学学研究》1987年第3期。

接产业,得到了行业企业的大力支持,为学校的发展聚集了更多的资源。

二 内交互性

协同学创始人哈肯认为,自组织系统演化的动力是系统内部各个子系统之间的竞争和协同,而不是来自系统外部的指令。系统内部子系统通过竞争而协同,形成一种总的趋势,从而支配系统从无序走向有序。理论和实践表明,高水平民办高校生成的五大要素之间是相互影响、相互促进、密不可分的。社会创业的观点认为创业机会开发以资源(经济、社会、环境等)可获得性为前提[1],多重参与者交互作用有助于机会转换成现实。在机会识别方面,社会与经济价值潜力(基础要素)决定了机会是否值得进一步开发,并通过手头资源决定组织能否成立,可持续性和制度潜力(发展要素)影响组织未来可能的发展空间,并通过将就使用和资源重构,以影响社会影响力形成与共享价值链构建。[2] 组织理论指出,"战略和结构通常反映了组织创建时的条件。组织的创始人利用当时可用的材料构建组织,如现有的劳动力、信息及其他技术、法律规范等。组织要想生存,其结构必须做到在特定的时间和地点获得所需要的劳动力和资本。组织的创始团队往往借用他们从其他组织那里学到的模型——或通过自己的直接经验,或通过帮他们设计组织蓝图的第三方机构。"[3] 由此可见,组织生成、企业创业是整合资源、规范制度、制定战略等共同作用下的结果。高水平民办高校的生成亦是如此,是各种要素间关联作用的结果,在各种要素共同作用下耦合发展。从高水平民办高校的生成过程可以发现,创业者、战略、资源、治理、合法性并不是分裂的,它们之间往往是互相促进互相影响的。

(一)创新创业精神驱动资源整合、治理优化

在不同时期不同背景下市场会产生新的发展机会,能否抓住机会取决

---

[1] Yiu D. W., Wan W. P., Ng F. W., et al., "Sentimental Drivers of Social Entrepreneurship: A Study of China's Guangcai (Glorious) Program", *Management and Organization Review*, Vol. 10, No. 1, 2014.

[2] 刘振、丁飞、肖应钊、崔连广:《资源拼凑视角下社会创业机会识别与开发的机制研究》,《管理学报》2019年第7期。

[3] [美] W. 理查德·斯科特、杰拉尔德·F. 戴维斯:《组织理论:理性、自然与开放系统的视角》,高俊山译,中国人民大学出版社2011年版,第389页。

于很多因素，其中最重要的就是民办高校创业者的创业思维、创业精神与创业领导力。举办者是高水平民办高校生成过程中的灵魂人物，他们凭借其独特的地位和创业精神，根据民办高校内部条件与外部环境的变化不断地筛选、组合、重组资源，并不断寻求制度创新，推动治理结构优化。大多数民办高校创建于中国高等教育资源不足、社会对高等教育需求无法得到满足的时代。举办者敏锐地抓住了创办的机遇，适时筹建了学校，这与举办者的创业魄力和执着的精神密不可分。举办者对机会的识别与把握，以及对学校的顶层设计、战略谋划，对学校的发展壮大尤为重要。同时，举办者对经济社会发展环境和民办教育政策环境的认识与判断，也是民办高校快速成长的前提条件。纵观中国民办教育发展史，高水平民办高校创业者体现出了一种为国育才，为国分忧，为年轻人开辟出路的社会责任和创新创业精神，正如西安翻译学院创始人丁祖诒所说，"有四两血，我也让它沸腾起来"，创业者以敢为天下先的勇气和不拘一格、不落窠臼的创新意识推动学校的创新发展，创造性解决发展难题。

（二）战略管理水平助推资源整合、治理优化

在经历了规模发展之后，民办高校都制定了系统的战略发展规划。战略规划是高水平大学建设的依据，战略管理决定了高水平大学建设的方向。在5所案例高校的战略发展规划中，都出现了共同的内容：一是坚守教育的公益性。这是办好民办高校的重要遵循。无论选择何种办学道路，教育的公益性始终是大学价值的核心体现。二是科学制定战略规划。5所民办高校紧密结合区域经济社会发展需要和高等教育改革的方向，强化学科专业建设，改革创新课程体系，强化教师队伍建设，重视科研工作，强化校企合作、产教融合，搭建各级各类平台等，将教育教学质量的提升作为发展之根本。三是在发展的过程中，5所高校都解决了重大战略选择问题。明确选择非营利性办学道路，引领中国非营利性大学的改革发展；注重特色办学，走适合自身的特色发展道路；确立了高远的办学目标，形成了务实的办学定位，为学校发展描绘了蓝图；阐释了政府与社会协作办学的新路径。案例高校的使命愿景、战略规划很好地引领了学校的改革发展，促进了资源整合，为学校治理结构优化指明了方向。

（三）资源整合能力促进治理优化、机会识别与合法性

无论是硬件建设，还是软件建设，对于民办高校的可持续发展来说都

极为重要。高水平民办高校成长的过程,就是资源不断集聚的过程。5 所案例高校通过校园基础建设、教师外引内培、管理团队培养培训、获取经费支持等多种方式,聚集力量搭建学校生存与发展的基础性平台,保障了学校的运行。在外部,通过加强与行业企业、地方政府、公办高校、科研院所、国际组织深度合作,广泛汇集资源,不断丰富学校发展的羽翼,拓宽发展的格局。随着民办高校的发展壮大和资源集聚,办学水平和发展平台越来越高,社会声誉逐渐提升,由此带来学校发展的良性循环,对学校的班子建设、决策水平、管理能力、运行效率提出了更高要求,促进内部治理结构更加完善,战略管理实施更加顺畅,对外部发展机会的把握能力更强,学校的合法性地位也更加稳固,政府的支持力度更大。

(四) 治理结构优化助推资源整合、战略管理能力及合法性地位提升

资源投入是民办高校发展的基础,当民办高校缺乏人财物等资源时,必然难以做大做强,但是,民办高校具备一定的资源,并不意味着一定能朝高水平发展,这从现实中许多民办高校富丽堂皇、硬件豪华,然而人才培养质量一般就可以得到印证。5 所学校在发展过程中,都注重完善内部法人治理结构,创新内部制度,提高学校运行效率。从教育教学到人才培养,从教师队伍建设到学校管理体制创新等,均进行了全面、系统的革新,使学校的内部运行有章程可依,使教育教学工作不断改革创新,教师队伍建设水平日益提升,学校治理结构更加科学、合理。健全的治理结构是民办高校良性发展的基石,由于妥善处理好了学校董事会、校行政、校党委、监事会、教职工、学生等利益相关者的关系,调动了各方积极性,所以有力促进了学校战略规划的落实,办学资源的整合利用,也巩固了学校的合法性地位,获得政府和社会的认可。

(五) 合法性机制改善资源整合、治理结构与战略管理

合法性对于新创立的民办高校影响最大。新成立的组织难以获得社会的认可和信任,因此需要花费更多的精力来获得合法性。组织的失败有时并不是因为组织无法获得必需的资源,而是因为组织的合法性遇到了挑战。[1] 随

---

[1] Chen, H. Y., Griffith, D. A. and Hu, M. Y., "The Influence of Liability of on Foreignness-market Entry Strategies", *International Marketing Review*, Vol. 23, No. 6, 2006.

着组织的发展，民办高校合法性的逐渐提升，在社会和政府心目中树立起良好形象，从而带动资源集聚的能力不断提高，这些资源包括资金、人才、项目、社会捐赠、政府支持等。由于合法性增强使得民办高校声誉日佳，从而带来更加广泛的认可，生源质量得到改善，对机会把握的能力得以增强。同时，合法性的增强随之对民办高校的发展要求更高，客观上迫使学校对办学使命、愿景、规划、治理结构作出更加科学的考虑，要求学校更加坚守教育宗旨，不发生"使命漂移"，以回应社会的期待和信任。

第七章

中国高水平民办高校生成机制
优化的策略

中国民办高校根植于中国大地,既受到中国两千年"以义取利"的儒家义利观的影响,又受到改革开放以来市场经济和商业文化的影响,还受到全球教育民营化趋势的影响,具有不同于西方国家私立大学和中国近代私立大学的特有生成机理。面对高等教育内涵式发展的紧迫任务和建设教育强国的最新要求,如何在厘清高水平民办高校生成机制的基础上,加快建设中国高水平民办高校,促进民办高等教育提升质量、办出特色,是一项需要思考的重大课题。

经济学家赫尔维茨提出的机制设计理论把社会目标作为已知,试图寻找实现既定社会目标的经济机制。借鉴该理念,中国高水平民办高校生成机制包括动力机制、导引机制、发展机制、决策机制、保障机制五个子系统,通过进一步优化生成机制,激发活力,增强动力,同样可以提高民办高校办学治校、改革创新的能力,促进高水平民办高校建设。

第一节 激活动力机制 提高社会创业能力

民办高校的发展与社会创业或称公益创业的过程一样,是在社会使命的驱动下借助市场力量解决社会问题。创业理论和实践表明,民办高校包括举办者、管理者在内的核心创业团队创新创业精神对于建设高水平民办高校具有决定性作用。目前,随着《民办教育促进法》的修订,民办高校举办者的积极性受挫,发展预期不稳定,创业精神受到抑制,导致学校投入下滑，出现民办高校上市、收购、举办者变更热潮。在此背景下，充分调动创业者的积极性，提高核心层的创业能力，大力培育和弘扬创新创业精神，是建设高水平民办高校至关重要的一环，具有起点和源头意义。

一 培育办学团队的创新创业精神

企业家精神最初指企业家的才华和能力，熊彼特明确提出，企业家精神是产品创新的驱动力，以及企业推动改革进程的关键引擎[①]。建设高水平民办高校，提高民办高校创业水平，必须首先根植举办者中国特色社会主义理想信念，培育具有中国特色的企业家精神。具体来说，一是要培养举办者爱国敬业、遵纪守法、艰苦奋斗的精神。要加强对民办高校举办者特别是民办高校年青一代继承人的价值观教育，激励举办者自强不息、坚毅执着，保持健康向上的心态。教育行政部门要组织开展守法诚信教育培训，引导举办者正确处理与董事会成员及管理者、教职员工的关系，坚持依法治校。借鉴民营企业"创二代"培养方法，组织民办高校"创二代"的专题培训，鼓励其把办学理想融入中华民族伟大复兴的实践中。目前，我国已有部分民办高校实现了代际传承，举办者子女接班，详见表7-1。二是要弘扬举办者创新发展、专注品质、追求卓越的精神。激发举办者的创新活力和潜能，持续推进管理体制创新、学科专业创新、教学科研创新、办学模式创新、融资手段创新，将创新创业作为终身追求，树立创新意识。引导举办者树立"工匠精神"，不折腾不翻烧饼，鼓励举办者专注人才培养，加强师资队伍建设，提高培养质量，立志于"百年名校"持久运营和传承，争创高水平民办高校，打造一流管理、一流人才培养、一流学科专业、一流大学文化。三是弘扬举办者履行责任、热心公益、服务社会的精神。引导举办者主动履行社会责任，在开展校企合作、构建和谐劳动关系、文化传承创新、促进学生就业、保护师生权益、服务企业发展等方面发挥更加重要的作用。鼓励举办者参与社会公益事业，树立诚信办学、依法办学的社会形象。

---

① ［美］约瑟夫·熊彼特：《经济发展理论》，郭武军等译，立信会计出版社2017年版，第3页。

第七章 中国高水平民办高校生成机制优化的策略

表 7-1　　　　全国部分民办高校创办者子女接班一览表

序号	民办高校	创办者	接班人及职务	关系
1	西京学院	任万钧	任芳（校长）	父女
2	黄河科技学院	胡大白	杨雪梅（校长）	母女
3	西安翻译学院	丁祖诒	丁晶（董事长）	父女
4	哈尔滨剑桥学院	于松岭	于越（集团总裁、副董事长）	父子
5	郑州升达经贸管理学院	王广亚	王淑芳（董事长）	父女
6	西安培华学院	姜维之	姜波（董事长）	爷孙
7	泉州职业技术大学	吴金营	吴滨如（校长）	父女
8	商丘学院	侯春来	侯俊宇（副董事长）	父子
9	江西服装学院	涂润华	涂顺强（理事长）	父子
10	陕西国际商贸学院	赵步长	赵超（董事长、院长）	父子
11	山东华宇工学院	杨东堂	杨义（副校长）	父子
13	潍坊理工学院	金德禄	金泽邦（校长助理）	父子
14	湖南应用技术学院	李少夫	李旋旗（校长）	父子
15	武昌首义学院	金国华	金鑫（副校长）	父女
16	大连艺术学院	王俊贤	王晶（执行董事）	父女
17	西安外事学院	黄藤	黄昶力（理事长助理、校长助理）	父子

二　提升办学团队的机会识别能力

奥地利经济学派强调的企业家才能包括两个方面的内容，一是米塞斯强调的"不确定性下的判断"，二是柯兹纳强调的"机会的发现"。[①] 在市场不确定性下的机会发现实际上代表了企业家的创新创业能力。类似地，在民办高等教育领域，也需要提升举办者和办学团队的机会识别能力。第一，要树立创业心智。作为一种思维方式，创业心智强调举办者要善于利用不确定性所带来的积极一面即机会，要在不确定性中捕捉民办高校发展的新机会、创造新的发展领域。这同时需要政府增强对举办者的正向激励，营造鼓励创新、宽容失败的文化氛围，对民办高校发展中出现的经

[①] 朱海就：《市场的本质：人类行为的视角与方法》，格致出版社 2009 年版，第 26 页。

费、师资、生源短缺给予必要的帮助。第二，要增加工作经验。机会识别依赖于主体所具有的知识储备，知识一部分来自书本，另一部分则来自实践。民办高校办学团队要把握各种机会，增进自身的工作经验，积极到公办高校研修深造、挂职锻炼、攻读博士学位，从实践中归纳、总结、提炼知识，以此增进识别机会的能力。第三，要拓展社会网络。举办者要积极构筑和行业、企业、政府的良好关系，真诚坦荡地同各级党政部门交往，同企业家建立相互信任的工作关系。同时政府需鼓励民办高校举办者通过正常渠道反映情况，维护举办者合法权益，并积极帮助解决问题。

三 加快转变发展方式

中国民办高校是公益创业的产物，民办高校借助市场化手段，创造性获取资源，增强自身发展能力和合法性。随着民办教育法律修订，民办高校发展的经济社会政治环境发生变化，高水平民办高校生成的方式也应随之转型升级。

（一）从公益性逐利性冲突走向共生

当前，高等教育机构的组织属性和内在特征发生显著变化。"市场化生存状态下的大学形象与古典文献中关于大学的描述、关于大学里教师与学生美妙而轻松的生活的描述完全不同。"① 彼得·斯科特清醒地认识到市场可能具有的腐蚀大学自由和完整的力量："它被视为一个经济机构，顾客，无论是学生还是什么人，都能够在那里购买服务。"② 事实上，民办高校的顾客意识非常浓厚。"市场化生存必然会要求高等教育接受市场规则的驱动，学术文化可能要服从于商业文化，这必然会引起商业文化与学术文化的冲突。"③ 投资的根本特性、对经济回报的追求，使得部分民办高校不甘愿将经费投入旨在提升学校办学水平的软硬件建设上来，通过后勤的伪社会化、教育教学环节的成本控制、教学质量的思想、教学标准的放

---

① 温正胞：《市场与学术的对话：高等教育导入 ISO 9000 的比较研究》，浙江大学出版社 2008 年版，第 6 页。
② [美] 查尔斯·霍默·哈珀金斯：《大学的兴起》，上海三联书店 2007 年版，第 6 页。
③ 温正胞：《市场与学术的对话：高等教育导入 ISO 9000 的比较研究》，浙江大学出版社 2008 年版，第 5 页。

纵，从中大量获利，甚至沦为营利的机器。① 正如美国教育家赫钦斯所说"当一所学校为谋取金钱而决定采取一些行动，它必定会丧失其精神。"② 有的民办高校变得越来越像商业组织，偏离了教育初衷，出现了"使命漂移"。长期以来，人们认为，教育作为公益事业只能接受捐款或政府举办，不能进行营利性活动，部分民众不接受民办高校以市场化的方式来实现公益的目的，担心会沦落为"生产与管理人和物的科学技术基础的附庸"③，民办高等教育发展过程中资本追逐利润最大化与教育本身的公益性存在一定的冲突。

民办高校的可持续发展，必然要求巧妙处理教育逻辑和市场逻辑的关系，实现公益性和逐利性的共融共生。公益性与逐利性虽然是一对矛盾，但双方是相互依存的。一方面，高水平民办高校必须善于经营。高等教育是一种昂贵的事业，大学办得越好，花费经费越多，民办高等教育受到政府以及社会的资助大多都是即时性的、不稳定的、不充分的，还需要靠自身的科学运营或者与财团投资方式相结合，才能保证其长远稳定发展。民办高校发展要借鉴企业的商业逻辑，西蒙·马金森等人认为，现在很多大学已经将公私混合型经济与一种准企业文化融合，都或多或少地变成了企业型大学。未来大学的发展方向就是借鉴企业的管理体制，从学院主义转向管理主义。④ 从实践来看，在社会主义初级阶段，民办高校可以适当引入市场机制，为高等教育争取到更多的资金与资源，从而使学校获得更好的发展。世界上比较通行的一种做法是允许私立大学在董事会的管理下从事一定的经营活动，实现资本增值，如哈佛大学旗下就有着全世界最大的大学基金投资公司——"哈佛管理公司"。

另一方面，高水平民办大学必须超越营利。"学校'营利'，可能有助

---

① 李立国、鞠光宇、王春雪：《民办高校如何实现"非营利性"——以防范非公平关联方交易保证"非营利性"的制度设计》，《教育发展研究》2018 年第 23 期。

② [美] 罗伯特·M. 赫钦斯：《美国高等教育》，汪利兵译，浙江教育出版社 2001 年版，第 3 页。

③ 迈克尔·W. 阿普尔等：《被压迫者的声音》，罗燕等译，华东师范大学出版社 2008 年版，第 232 页。

④ [英] 西蒙·马金森、马克·康西丹：《澳大利亚企业型大学的权利结构·管理模式与再创造方式》，周心红译，浙江大学出版社 2007 年版，第 67 页。

于学校的维持和发展,而'以营利为目的',就可能导致降低教育水准"。①不管是学校还是企业,如果想要成功,保持基业长青,就必须要有不同于利润的理念和目标。默克制药厂强调自己做的事业是"保护和改善生命的事业,我们所有的行动都必须以达到这个目标的成就来衡量",惠普公司的信念是"给我们所从事的领域贡献技术,提供客户负担得起的高质量的产品";索尼公司的目标是"体现以科技进步、应用与创新给大众带来的真正快乐,做先驱,不追随别人"。② 建设高水平民办高校的关键是保证办学的公益性。民办高校生存需要学会经营,并有所节余,但节余不能进入举办者的腰包,办学不能以营利为追求。

近代私立大学坚持公益办学,校长严格使用经费,对学校开支精打细算,中华大学校长陈时提出:"该用的钱一个不能少,不该用的钱分文不能乱用。"他生活清苦,直言"我是一个办教育的人……如果为了自己的奢侈享受,把办学校的钱饱私囊,我这个校长还当得下去吗?住差一点不要紧,只要学校办得下去就行了。"③ 私立南开大学校长张伯苓勤俭办学,强调绝不"借学渔利",办学不能赚钱,更不能赚混账钱,张学良一次登门拜访惊叹道:"偌大大学校长居此陋室,非我始料!令人敬佩。"④ 正如光华大学校长张寿镛所言:"夫物质之建设难而实易,而精神之贯彻易而实难。"近代私立大学办学者鲜明地阐释了教育家之人文风骨与崇高人格。未来中国的高水平民办高校,呼唤着非物质的目标与理念。中国民办高校要提升办学层次和水平,必须超越营利,特别是在市场浪潮和资本围猎下,不能忘却兴办教育的初心使命和精神追求。

民办高校的混合组织特征决定了其发展中面临着与社会企业同样的困惑,即商业逻辑和公益逻辑的二元冲突,按照亚当·斯密《国富论》和《道德情操论》的观点,民办高校举办者既是追求投资回报最大化的"经济人",又是具备同情心的"道德人"。

民办高校的公益性和逐利性主要依赖于利益的流向和对于"度"的把

---

① 陈桂生:《中国民办教育问题》,教育科学出版社2001年版,第167页。
② 张维迎:《大学的逻辑》,北京大学出版社2013年版,第121页。
③ 陈庆中:《中华大学校长陈时的一生》,《武汉文史资料》1985年第2期。
④ 梁吉生:《允公允能 日新月异:南开大学校长张伯苓》,山东教育出版社2003年版,第326—328页。

握。一个被广泛讨论的方法是潘懋元教授提出打通民办高校发展的第三条道路，允许并支持介于营利性和非营利性高校之间的一类民办学校得到发展，打通第三条道路实现民办高校公益性和逐利性的有机统一。还有学者提出可以借鉴国外的 CIC（社区利益公司）制度[①]，兼顾社会利益与个人利益，但重在社会利益。这些制度与措施对于教育行业也具有重要启示，也为未来高水平民办高校公益性和逐利性共融共生提供了新的思路。高水平民办高校应坚持以公益逻辑为主导，市场逻辑支撑事业发展，最终将办学收入投入学校，实现二者的统一。

（二）从生存型创业转向机会型创业

生存型创业偏向于传统的、低技术、低风险、低成本的创业领域，机会型创业则更加注重技术开发、专业性、创新性，两者的区别在于创业者对风险的感知和创业自我效能感差异。

目前，许多高水平民办高校都是从举办培训班等非学历教育机构起家，他们的场地教室靠租借，教师资源靠登门拜访，资金来源靠东拼西凑，从零开始创业，首先要考虑的就是如何生存，最初的办学基本都是生存型创业。一大批改革开放初期创办的民办高校，其创办人均是大学教师，走的是白手起家、艰苦创业的办学道路。由于资金短缺，一批达不到办学条件的学校被迫关停，民办高校生存可谓非常艰难。在这一阶段，民办高校"摸着石头过河"，试探性地、小心翼翼地办学，发展的主要模式是以学费作为经费的主要来源，以学养学，滚动积累，经历漫长的发展历程，逐步完善校园设施建设，扩大办学规模，提高教学质量。

一些生存型创业者在生存型创业积累了一定的创业经验之后，有较为强烈的转型发展意愿，但是，缺乏进一步发展的方法和策略，需要构建政府与市场互动的引领与孵化机制，推动在高层次创业领域进行"二次创业"。[②] 当前，民办高校一定程度上获得了社会的认可，资金有来源，办学有保障，已经到了转型期，应该要从生存型创业向机会型创业转变，举办

---

① 王波、李小琴：《教育公益性与资本逐利性的冲突与共生——民办高校对社区利益公司制度的借鉴》，《高教探索》2014年第1期。

② 李爱国、曾庆：《生存型创业向机会型创业转化的机制与路径》，《重庆社会科学》2017年第12期。

者应树立更高层次的需要，提升创业信念和信心，形成高水平的创业自我效能感。具体表现在，从试探性办学到遵循教育规律；从追求规模到追求质量特色；从粗放式管理到建立现代大学制度。

在中国高等教育进入普及化阶段的当下，民办高等教育经过改革开放以来的快速发展，根据组织生命周期理论，已由诞生期走向成长期，民办高校发展重点必然是从生存转向质量，从而提升中国高等教育底部的整体质量。民办高校的发展依赖于生源，但不应该将过多的资源用于招生，而应该将资源投入在提高人才培养质量上，形成口碑效应，从而吸引生源。要将师资队伍建设放在首要位置，加强教师培养、培训、进修，促进青年教师发展，逐步改变师资队伍职称、年龄、学历"两头大、中间小"的"哑铃型"结构。优化学科专业布局结构，围绕产业链、创新链设置专业链，积极培育品牌特色专业。深化课程改革，促进信息技术与教育教学全面深度融合，淘汰"水课"，打造"金课"，建设一批特色、开放、精品课程。要创新人才培养模式，加强校企合作，构建产教融合协同育人模式。强化持续改进，健全民办高校内部质量保障体系，增强自主发展能力。

（三）从举办者创业转向全员性创业

当前，很多民办高校在发展过程中主要受举办者影响，形成了一个强有力的领导核心，展现出了强有力的集权化特征，形成了民办高校中的"能人现象"，举办者在学校领导班子中具有绝对的权威，所有重大事情都由举办者最后拍板决定。组织的发展有其一定的周期，社会学家韦伯深入研究了法理型权威取代魅力型权威的过程。在中国民办高等教育的起步阶段，魅力型权威占据主导地位，举办者对学校的发展有绝对的话语权。随着民办高校的发展，法理型的治理方式逐渐会成为主流。

正如伯顿·克拉克所言："在尝试大学转型中最常犯的错误是管理团队从一开始就没有带动教授和他们的系统而独自前进。"[①] 未来民办高校的发展方向应由举办者创业走向全员性创业。不仅举办者需要有创业精神，而且人人都要具有创业精神。举办者不单是率先垂范者，更是发动者，不是自上而下地发动与带动，而是每个节点、每个人都是动力源，是无数个

---

① ［美］伯顿·克拉克：《大学的持续变革：创业型大学新案例和新概念》，王承绪译，人民教育出版社 2008 年版，第 236 页。

第七章　中国高水平民办高校生成机制优化的策略

创业个体的聚集，学校全体员工都会深受感染，彼此信任。这样的关系才能产生核聚变效应，让每个人发挥出其真正的价值，把每个人与共同的组织目标结合在一起。世界一流私立哥伦比亚大学正是通过目标联合的方式搭建学院创业共同体，并于2014年联合商学院、法学院、工程学院等多个学院及校友创建"初创企业实验室"，强调创业团队成员间的学科差异性和互补性，截至2018年年初已创建企业143家，获取2460万美元的融资，实现了全员创业，全校创新的治校理念。① 如果说举办者创业的关键是在于能够形成一个有效的集权化的整合体制的话，那么全员性创业的关键在于分权分利以及在此基础上形成合力，给予二级学院更大的权力，充分发挥教职工的主观能动性，将学校发展和教师的个体发展紧密联系，形成利益共同体。②

目前，中国民办高校存在着"上热""中温""下冷"的情况，学校层面的认知、意图和政策很难影响院系，从而带动教师的行为。民办高校向高水平迈进的过程中必须要处理好深度转型中的院校二级关系问题，扩大二级学院人、财、物的权力，鼓励支持教学变革，完善绩效考核机制，充分挖掘教师的自我发展能力。在学生管理方面，要让学生参与到学校建设中来，听取学生的反馈，给学生提供自由发展条件。民办高校的转型方向是领导层在整体驾驭学校发展方向的同时，放权放利，充分调动利益相关者参与变革的积极性。在伯顿·克拉克看来，大学转型的重点在于重视基层自下而上的力量，而并非简单的设置新的专业或是领导层的变动。③

只有民办高校达成全员创业的共识，师生为了共同目标不断努力，才可能全面深入地推进组织变革。这就要求民办高校领导层建立科学管理制度，实行民主决策，让更多的利益相关者参与到不同层次的决策中来，增强其主人翁意识，实现有效整合和动员，从而推动民办高校由举办者创业向全员性创业的转变。

---

① 杨婷、尹向毅：《大学如何构建创业支持系统——哥伦比亚大学的探索》，《华东师范大学学报》（教育科学版）2019年第1期。

② 郭建如：《组织转型理论与陕西万人民办高校转型的初步分析》，《民办教育研究》2007年第5期。

③ ［美］伯顿·克拉克：《建立创业型大学：组织上转型的途径》，王承绪译，人民教育出版社2003年版，第2—3页。

(四) 从企业化大学转向创业型大学

中国民办高校是市场经济的产物，随着投资办学的兴起和法律法规的模糊性，民办高校俨然是一个企业化大学。与传统的经典大学模式不同，民办大学利用市场化手段获取资源，具有类企业性质。传统大学范式正向企业化的大学范式前进，企业化大学已经诞生。① 古尔德（Gould）认为，大学企业化的形式包括：从商界借鉴质量管理标准和策略，强调市场交易及公众形象的提升，关注教育的成本效益，劳动的再分配等。②

高水平民办高校的发展方向应该是由企业化大学转向"创业型大学"。创业型大学不等于创收型大学，也不等于商业化大学、营利性大学，也并不是研究型大学的专利。就中国高等教育的实际情况而言，相较于研究型大学，民办高校高层次人才缺乏，科研创新质量也难以与研究型大学相比。但是，由于其办学具有一定的自主性，创新创业精神更强烈，人才培养更突出应用型技术型，科学研究更关注企业生产实际问题，社会服务更关注满足地区经济需求，有助于向创业型大学的转型。其中，学术创业是民办高校服务区域经济社会发展的重要方式。学术创业主要包括"获得大量外部资金的大型科研项目研究、与校外机构开展合作研究、咨询、专利许可、创建衍生企业、兼职从事校外教学、将研发产品商业化、向校外个人和机构提供测试和实验设施"等多种形式③。在知识生产模式Ⅱ的背景下，民办高校开展学术创业服务地方经济社会发展，产学研合作是主要途径，通过发挥企业、科研院所、高校、政府等主体的各自优势资源，有效整合创新资源，搭建合作平台，共同进行技术研发与应用。"学术资本主义是大学精神的重要组成部分，竞争与提高效率是生存的基本法则，在高等教育发展史上，大学第一次发现需要以企业精神改造自己。"④ 学术资本主义的实质是以市场为导向的知识生产与转化方式。学术资本主义使大学

---

① 温正胞：《市场与学术的对话：高等教育导入 ISO 9000 的比较研究》，浙江大学出版社 2008 年版，第 126 页。

② Gould Eric, *The University in a Corporate Culture*, London：Yale University Press, 2003.

③ 易高峰：《中国高校学术创业：影响因素·实现机制·政策设计》，人民出版社 2017 年版，第 33 页。

④ 温正胞：《以企业精神改造高等教育：企业化大学的国际经验》，《浙江教育学院学报》2006 年第 1 期。

行为更加贴近社会和市场,创业和服务特色更加彰显。[①]

创业革命之于 21 世纪,就像工业革命之于 20 世纪一样重要。[②] 高等教育从教学型、研究型大学向创业型大学的转变也是创业革命的重要组成部分。目前,中国教育面临着与世界一流大学站在同一起跑线重塑教育的机会,一味地拷贝或模仿一流大学注定落后,与主流大学同模式竞争会被拉得更远。民办高校需要抓住机会,瞄准新的社会趋势和人才需求,大胆创新,敢于独特,集中精力,持续努力,成为某领域的先锋。从企业化大学向创业型大学转变,意味着民办高校需要从初级的市场化办学、商业化运作、企业化管理走向科学化管理、研发化创新、产业化应用,进一步增强领导核心驾驭改革的能力,具有拓展的发展外围、激活的学术心脏、多元的资助、创业的文化氛围。

第二节　完善导引机制　增强战略管理能力

前瞻的愿景、明晰的使命、科学的规划、正确的路径是高水平民办高校生成必不可少的条件,进一步完善民办高校导引机制,是指引学校走向高水平的重要一环。

一　明晰大学使命愿景

拥有明确的使命和愿景,是一所高水平大学的重要标志。[③] 在建设教育强国的进程中,民办高校担负着强国兴教的责任,秉承着培养人才、科学研究、社会服务、文化传承创新的使命。民办高校在发展过程中,需要牢记使命初心,坚持公益逻辑和市场逻辑相统一,不能追求经济利益至上,发生使命漂移。

(一) 明晰大学使命愿景的价值意义

大学的愿景包括大学的核心价值、核心使命和对未来景象的描述,愿

[①] 易红郡:《学术资本主义:世界高等教育发展的新理念》,《教育与经济》2010 年第 3 期。
[②] [美]唐纳德·F.库拉特科:《创业学》(第 9 版),薛红志等译,中国人民大学出版社第 2017 年版,第 16 页。
[③] 汪明义:《胸怀愿景 牢记使命 建设高水平师范大学》,《中国高等教育》2017 年第 23 期。

景是学校师生共同认同和期望的学校未来发展蓝图。民办高校在制定战略规划时明确学校的使命和愿景，有利于准确把握高等教育发展规律，确立师生的奋斗目标和行动准则，也有利于应对日益复杂的外部环境，保证战略重点，突出办学特色和彰显文化品位。当前，随着高等教育竞争日趋激烈，民办高校面临本科教育教学审核评估、专业认证等考验，许多民办本科高校增选为硕士学位授予立项建设单位，如表7-2所示，申报硕士、博士学位授权点对民办高校的师资队伍、科研水平、经费投入带来了全新的挑战，这也是创建高水平民办大学的重要抓手和战略目标。民办高校进一步明晰大学使命愿景，可以帮助精准寻位，顺应时代发展大势，明确办学立足点和发展点。一方面，民办高校使命愿景应立足外部需求，根据所在区域、对接行业、产业特点和要素禀赋，辨明民办高校的比较优势和比较劣势，克服盲目追求规模扩张的"路径依赖"或"窄化"办学类型内涵的理念误区，从自身与当地经济社会发展需求、地区经济结构和产业结构的耦合情况出发，精准定位，制定适宜高校办学的战略规划，提升民办高校的竞争力；另一方面，民办高校使命愿景应抓准内部建设，下硬功夫，以人才培养为核心，从教师队伍建设、教学改革、经费投入、组织运行、质量保障等方面，提升民办高校的人才培养质量，以高质量人才输出和知识溢出强化正向的社会声誉，实现较高的行业、产业和地区贡献度，支撑当地社会经济发展。

表7-2　　　　我国新增硕博士学位授予单位申请基本条件

类别	已获得硕/学士学位授权年限	专任教师		在校生人数与专任教师比例		近5年师均年科研经费			生均经费收入	
		具有博士学位教师的比例	硕士以上学位教师比例	综合类高校	艺术体育类高校	综合类高校	农医类高校	文科单科性和艺术体育类高校	综合类高校	艺术体育类高校
硕士	8年以上（学士学位）	≥25%	艺术体育类高校不低于5% ≥80%	≥17:1	≤15:1	≥4万元	—	≥1万元	≥3万元	≥4万元

第七章　中国高水平民办高校生成机制优化的策略

续表

类别	已获得硕/学士学位授权年限	专任教师		在校生人数与专任教师比例		近5年师均年科研经费			生均经费收入	
		具有博士学位教师的比例	硕士以上学位教师比例	综合类高校	艺术体育类高校	综合类高校	农医类高校	文科单科性和艺术体育类高校	综合类高校	艺术体育类高校
博士	7年以上（硕士学位）	≥45%	艺术体育类高校不低于20%	—	≤16∶1	≤12∶1	≥9万元	≥6万元	≥2万元	≥4万元	≥7万元

数据来源：根据国务院学位委员会发布的《学位授权审核申请基本条件》整理。

（二）明晰大学使命愿景的国际经验

民办高校的使命愿景明晰是一个系统性工程。不同的大学有着不同的使命愿景。斯坦福大学在战略规划中重申愿景："致力于成为为快速变化的世界提供知识、学习和创新的研究机构"，在《斯坦福大学2025计划》中，学校重新定义未来大学模式，提出开环大学概念。麻省理工学院从1991年起陆续建立了多个不同维度、不同侧重的7份国际化战略报告，具有很强的前瞻性和可持续性，这些战略由学校高层发起，委托教师委员会或工作小组共同参与制定，采用标杆法、访谈法，具有很强的可操作性。美国卡内基—梅隆大学实现一流发展的秘诀就在于特色的战略规划，坚持以应用为主线的发展思路，以跨学科教学科研为核心的发展手段，以信息科技为突破的发展重点。该校制定战略规划，主要包括三个主要步骤。第一，使命愿景分析。该阶段主要包括三项内容，即前期使命愿景目标的实现情况；收集和评价前一阶段的任务报告；考察院系现有使命愿景规划和咨询委员会报告。该评估过程针对当前面临的外部环境变化趋势做出，并相应地聚焦几个需要关注的主题，如财务问题、学生问题等。第二，战略选择。任务小组将使命愿景分析阶段的初步调查结果和建议分发各院系，使之作为各院系制定新使命愿景规划的蓝本。第三，使命愿景决策及评估。围绕学校的使命愿景目标及其相应规划草案，校长委员会和临时规划委员会展开讨论,进一步明确大学发展的优先使命愿景目标与相应的战略措施。①

(三) 明晰大学使命愿景的本土探索

民办高校不宜面面俱到,要着力打造特色,扬长避短,有舍才有得,"再大的树也无法长上天去"。② 西湖大学依据自身特色,提出"致力于前沿基础科学研究和博士研究生的培养"的使命,"成为中国第一所民办的综合性、世界一流的大学,创造影响世界、造福人类的科学知识和技术发展,培养具有创新精神和创新能力的高层次人才,成为支撑、推动中国未来发展的源动力"的愿景,既彰显本土特色,又凸显世界眼光,注重服务国家和区域经济社会发展。西安欧亚学院2005年升格为本科院校后,从大学适龄人口趋势预测出发,认为如果十年后无法在西安地区提供一流的本科教育,将会陷入困境,为此,引进管理咨询公司参与制定战略规划,提出成为西安地区的一流本科教育提供者的"四四二"战略,围绕十年总目标设立了三个阶段性目标,确立了"质量、经营和声望"三大发展主题,引进波多里奇质量保障体系。经过十年转型发展,学校综合实力大幅提升,这个战略实施路径体现了"先改变观念,建立概念化能力,再展开改革行动"的内在逻辑与顺序。③ 上海杉达学院提出学校的愿景是"建设成为长三角地区最具吸引力的民办高校",使命是"让每一位学生收获适合自己的发展增量"。

二 科学设计发展路径

建设中国高水平民办高校是民办高等教育办学者梦寐以求的目标,也是中国建设教育强国的题中应有之义,展望未来,必将有更多高水平民办高校屹立于高等教育之林,在国际教育舞台展现风采。党的二十大报告提出,建设高质量教育体系,为民办高校高质量发展指明了方向。实现民办

---

① 魏海苓:《战略规划与大学发展——以卡内基-梅隆大学(CMU)为例》,《比较教育研究》2007年第9期。

② [美]杰克·特劳特:《什么是战略》,火华强译,中国财政经济出版社2004年版,第23页。

③ 胡建波:《一个战略的演进、结果与反思——基于高校战略规划"行动反思模式"的案例研究》,《高等教育研究》2020年第1期。

第七章　中国高水平民办高校生成机制优化的策略

高校高质量发展，需要转变发展方式，转换增长动力。[①] 建设高水平民办高校的路径和战略各种各样，不一而足，民办高校需要根据自身办学特色、资源禀赋、教育理念审慎选择。

（一）国际化合作助力腾飞

国际化合作旨在借助国外大学优势力量帮助中国民办高校实现快速发展，加速提升办学水平，弥补中国民办高校发展的先天不足，弥补与公办高校在师资队伍、课程体系、校园文化、办学理念、治理结构等方面的差距，这是中国建设高水平民办高校的一条"捷径"。从国家战略角度来看，国际化合作办学满足了"一带一路"背景下中国实现高等教育国际化的战略要求。从民办高校的办学实践来看，不少民办本科院校将国际化合作作为学校发展的核心战略之一，许多实力强劲的民办高职院校也在积极谋求国际合作，推出各自的国际化发展战略。近年来，中外合作大学、非独立法人的中外合作二级学院快速崛起，高起点发展。如西交利物浦大学将美式教育的灵活性、英式教育严格的质量监控体系、中国和苏联教育重基础的优点结合起来，建设适应未来需求和趋势的大学，培养在智能时代驾驭未来的"国际化行业精英"，2022届毕业生有超过85%出国留学深造，其中36.08%进入QS世界排名前10大学，88.98%进入QS世界排名前100高校。宁波诺丁汉大学自2004年建校伊始就坚持全英文授课、小班化教学、导师制、实时更新的教材、开放包容的课堂氛围、team work以及critical thinking等特色化形式的英式教育模式，走出了一条高水平、高质量、高标准的中外国际化合作办学路径，2022届本科毕业后继续深造的学生中，有87.2%进入QS世界大学排行榜TOP100高校就读，超三成被世界排名前10的顶尖学府录取。上海纽约大学、温州肯恩大学、香港中文大学（深圳）等中外合作大学毕业生海外深造率均在65%以上。

中国建设高水平民办高校要鼓励中外合作办学，支持民办高校借助国际化实现战略突破，实现以国际化带动教育现代化，助推学校的直接腾飞，快速发展。第一，要树立国际化办学理念。理念是实践的先导，民办高校要积极主动地搭建国际交流平台，对接国际同类标杆院校，学习借鉴先进理念，通过举办非独立法人的中外合作二级学院或者中外合作专业的

---

① 阙明坤：《民办高校高质量发展的挑战与路径》，《中国高等教育》2021年第6期。

方式开展宽领域、多元化、立体性的国际交流合作。当前，部分民办高校实现了举办非独立法人中外合作办学机构的突破，郑州西亚斯学院与美国堪萨斯州富特海斯州立大学合作举办6个专业本科双学位项目，浙江越秀外国语学院与新西兰东部理工学院合作举办浙江越秀外国语学院东部理工数据科学与传播学院，无锡太湖学院与英国西苏格兰大学合作举办无锡太湖学院苏格兰学院，广州工商学院和美国东北州立大学联合举办广州工商学院东北州立联合科技学院，浙江万里学院还在德国汉堡设立海外校区。第二，要致力于建设国际化专业和课程。可以通过引入国际认证的方式提高人才培养质量，部分民办高校借助 ABET 认证、ACCSE 认证等国际认证课程体系，推进"行业标准，国际认证"的国际化课程建设。浙江越秀外国语学院致力于以外语为特色，翻译、汉语国际教育、日语和朝鲜语4个专业为国家级一流本科专业建设点，法语、朝鲜语等10个专业为省级一流本科专业建设点，"东北亚研究中心"和"非洲大湖区研究中心"入选教育部国别与区域研究中心。第三，要加强国际化师资队伍建设。民办高校必须以国际化视野引进人才，保证外籍教师教育教学质量。在"外引"的同时注重"内培"，鼓励教师海外脱产研修，支持其参加国际学术会议，拓宽教师国际化视野，提高培养应用型、复合型、国际化人才的能力。一些民办高校实施"人才强校"战略，引进来自美国、英国、加拿大、韩国、日本等国家的外籍教师近100名。第四，增强学生的跨文化交流能力，组织学生海外游学、交流，培养具有全球视野的中国人。浙江越秀外国语学院每年派出700余名学生出国（境）进行长短期语言文化交流，开展本科双学位、本硕连读等留学项目，部分专业学生出国比例达到100%，每年招收外国留学生500名左右。重庆移通学院德国工程学院采用德国育人模式，课堂师生比例1∶15，双语授课比例90%以上，赴德学生目前硕士研究生升学率达50%，世界前500高校的研究生录取率达15%，90%学生就职于世界知名国际化企业。

（二）产业化融合弯道超越

产业化融合是民办高校破解资源困境，促进高水平发展，实现"弯道超越"的重要途径。民办高校产业化融合要求学校与行业、企业开展双向互动，彼此交融，其在实践层面表现为"产教融合"，意指校企双向互动与整合,是校企合作的深度形式。① 在响应地方普通本科高校向应用型转变和职业教育综合改革的基础上,民办高校要逐步加强产教融合、校企合作,提升民办高校对接地方产业、行业、企业及服务区域经济发展的能力,这既是国家对于民办高等教育事业发展的要求,同时也是创新密集和产业变革时代下建设高水平民办高校的必然选择。面对资源稀缺的困境和转型发展的要求,民办高校要始终坚持依托企业发展,与产业形成鱼水相依关系,学科专业建设突出行业产业特色,不断培养适应企业技术进步要求的创新人才。譬如,茅台学院就是由茅台集团投资18亿元建设的中国第一所围绕酿酒产业链培养应用型人才的非营利性民办本科高校,充分依托茅台集团的技术力量、行业背景。

民办高校开展深度产教融合,其根本在于实现组织创新。产教融合不是空喊口号,更不能流于形式,要吸取过去校企合作中耗费资源而无实效的深刻教训,注重提高企业参与积极性,增强合作深度。一是引入行业标准。在校企深度合作中,应主动适应区域产业结构调整需求,在专业设置、课程体系建设、实训设备建设等方面,积极引入行业标准,与企业发展"同频共振"。二是共设项目模块教学。在课程设置方面,民办高校应依据项目所处不同阶段对知识和技能的要求,结合学生不同专业背景的个性化需求,组成个性化的课程模块。三是共建合作基地。民办高校要充分发挥校企合作优势,在合作行业企业建立集人才培养、科技研发、实习就业为一体的实习实训、就业创业、工程研发基地。

民办高校进行校企合作、产教融合,要以产业学院为突破口。产业学院或称行业学院是当前新技术、新产业、新业态时代背景下,应产教融合需要而生的组织形态,是传统的"校企合作""顶岗实习""订单式"培养和建立"实习实训基地"的升级版,也是在产教融合基础上进行的一种高校和企业之间更深层次的融合。当前部分民办高校扎根地方,大力推进产业学院建设,构建政府、高校、行业、产业立体螺旋"政产学研"深度合作格局,打通人才链、教育链、产业链,共同开展人才培养和科技服务,形成一定的办学特色。宁波大学科技学院大力推进产业学院建设,获

---

① 白逸仙:《高水平行业特色高校"产教融合"组织发展困境——基于多重制度逻辑的分析》,《中国高教研究》2019年第4期。

得企业捐赠 7000 万元，课程体系采用定制化形式。该院与公牛集团股份有限公司共建"公牛学院"，公牛集团向宁波大学科技学院捐赠 3000 万元，不同专业本科生中后 2 年可以选调进入"公牛学院"，后 2 年在产业学院完成复合型理论与实践培养。这些有益探索将助推高水平民办高校建设。

（三）体制性改革变轨超车

体制性改革是指通过转变投资体制、运行机制或资产所有制的方式实现组织根本性变革。[①] 20 世纪 70 年代末，随着全球公共管理领域改革的风起云涌，世界许多国家运用市场经济的法则和机制对公立学校进行了"转制"，这是全球教育民营化浪潮中的极其重要的办学体制改革。

从国外来看，"转制"较为成功的高等学校有美国的第一所特许教育学院，日本的东北艺术工科大学、长冈造型大学、名樱大学，新加坡的 SMU 大学等，它们不仅适应了社会发展需要，而且呈现出越来越强的生命力。在国内也涌现出浙江万里学院、宿迁学院、仰恩大学等一批转制高校。从已有经验来看，这种体制性改革最大的优势就在于能在较短时间内发展民办高校，提高运行效率，极大地激发学校的办学活力，实现民办高校"变轨超车"。毋庸置疑，这是高水平民办高校生成的另一条路径，体制性改革能够提高运行效率，激发办学活力，提升民办高校的综合竞争力。

建设高水平民办高校，可以通过探索高等教育体制性改革，转变投资体制，转换运行机制，转变所有权性质和管理体制的方式，具体而言，主要有以下几种路径。一是将公办高校转制为民办高校。浙江万里学院是转制的翘楚典范，该校的前身是一所具有 50 年历史的公办高校，于 1999 年 2 月划转到浙江万里教育集团，转制后学校多方获取教育资源，被学界誉为"中国特色现代大学制度的范例性实践"，目前是硕士专业学位研究生教育试点单位，近 5 年共获得省部级以上项目 200 余项，累计科研经费投入约 4 亿元。公办高校转制为民办性质需要保护学校法人财产权，政府和第三方评估机构要做好转制学校有形、无形资产的评估，确保教职工和学生利益不受损害。针对转制后可能存在的产权纠纷问题，可依法进行产权改造，按照"谁投资、谁所有、谁受益"的原则，将各方资产和现金折算

[①] 吴开俊：《公立高校"转制"问题研究文献综述》，《教育发展研究》2006 年第 6 期。

为统一的现值货币,确认产权归属。二是由企业或行业举办的院校转制为民办高校。齐齐哈尔工程学院是由国企齐齐哈尔第一机床厂所属的企业职工大学转制而来,宁夏理工学院也是由一所职工大学转制而成的民办本科院校。三是探索混合所有制改革,通过国有、民营、集体等各种资本的混合,促进产权结构、办学主体的多元化,中国民办教育"台州模式"和广大独立学院以及高职院校,就是混合所有制改革的典型。四是民办高校举办者变更转让。目前,随着资本市场进入教育领域,民办高校领域涌现出一股并购转让热潮,湖南涉外经济学院、山东英才学院等50多所规模较大的民办高校纷纷变更举办者,被上市教育集团收购,当然其发展成效还有待实践进一步检验。五是独立学院转设为民办本科高校。独立学院转设为独立设置的民办普通本科高校,是国家重要的制度设计、独立学院自身制度变迁的结果、发展民办教育的创新举措、地方经济社会转型升级的需要。[1] 截至2023年1月,全国已有160所独立学院转设159所独立设置的本科高校(其中有2所合并转设为1所),独立学院的转设将为建设高水平民办高校注入新的活力。

(四)小而精院校后发超越

建设高水平民办高校另一条路径就是创建"小而精"民办大学,通过吸引实力雄厚的大型企业新建一批"小而精"民办大学,或者将现有医学类、艺术类等具有学科专业特色的民办高校建设成为"小而精"院校。"小而精"是一种办学定位,"小"是指办学规模,"精"则强调精深、精专、精华。民办高校定位于"小而精"可以发挥后发优势,集中力量办好特色专业,培养高素质特色化人才,实现整体办学水平的卓越提升。例如,西湖大学、上海科技大学、南方科技大学等新兴大学均保持较小规模,高起点发展,目前已经取得显著成绩。

从全球来看,一些后起私立大学在较短时间内取得令人瞩目的成绩。阿卜杜拉国王科技大学(KAUST)成立于2009年,被誉为"世界上最奢华的大学",坚持"小而精"、国际化的办学定位,学校只招生研究生,旨在建立一所世界顶尖的私立研究型大学,其使命在于"应对人类在能源和环境方面最紧迫的科学挑战"。学校建立了由来自学术、科学、金融、工

---

[1] 阙明坤:《我国独立学院转设现状分析及对策研究》,《教育研究》2016年第3期。

业和公共生活领域的国际领导者组成的董事会，聘任世界顶尖管理人才和教师，助理教授、副教授、正教授一年的科研经费分别为40万、60万、80万美元一年。在QS世界大学排名中"教职科研论文平均引用率"排名已超过普林斯顿、加州理工等世界名校。再如，韩国浦项科技大学是1986年由韩国浦项制铁公司（POSCO）资助创立的私立大学，学校在校生数不到4000名，办学理念是通过优质的教育培养未来全球领袖，致力于科学和工程的前沿研究与发展，通过教育、研究及与产业的合作服务国家和人类。该校侧重发展工程技术、物理科学、生命科学和钢铁技术研究等领域，奉行一流的国际化人才观，全职教师普遍具有博士学位，且多数教师来自世界排名前100名的大学，坚持"产学研"合作的技术创新模式。

在当前民办高校普遍追求"大而全"的趋势下，中国建设"小而精"民办高校需要举办者充分发挥办学智慧，敢闯敢试，切实做好战略规划，促进董事会、管理层和全体师生形成"小而精"办学优势的统一认识，优先办好少数几个特色学科专业，吸纳高层次人才，招收一定比例的优质生源，优化资源配置，真正实现民办高校小规模和高水平发展。

（五）内涵式发展苦练内功

党的十九大报告提出"实现高等教育内涵式发展"，内涵式发展是中国建设高等教育强国的重要抓手，同时也是中国民办高校迈向高水平的必经之路。所谓"内涵"，即是指一个概念所反映的事物本质属性的总和。[1] 高等教育内涵式发展就是要把握高等教育本质规律，就是要牢记高等教育本质使命。从本体论角度出发，"高等教育"的重心在于"教育"，其核心在于人的形塑、启蒙和解放。[2] 民办高等教育同样需要着眼于"人"，确切地说是着眼于教育的对象——"学生"，学生培养是民办高等教育发展的质量线、生命线，作为承载高等教育使命的民办高校必须坚持以学生为本。可以说，内涵式发展实际是将"学校质量"和"学生培养"进行了有机链接。[3] 在这个意义上，民办高校内涵式发展不是抽象的，而是具象的，

---

[1] 瞿振元：《高等教育内涵式发展的实现途径》，《中国高等教育》2013年第2期。
[2] 王建华：《什么是高等教育》，《高等教育研究》2012年第9期。
[3] 张炜：《高等教育内涵式发展的概念演进与实践探索》，《中国高教研究》2018年第1期。

这是一种以人才培养为核心带动质量提升的发展模式。

建设高水平民办高校离不开内涵式发展，实现内涵式发展必须摆脱长期以来民办高校以规模扩张为导向的路径依赖，切实做到稳定规模、优化结构、强化特色、注重创新，走以质量提升为核心的内涵式发展道路。稳定规模，就是要求民办高校理性控制招生规模，保证合理的生师比例，这是提升民办高校人才培养质量的直接手段。优化结构，意味着民办高校须调整学科专业、类型、层次布局，优化师资队伍的年龄、学历、职称、学缘、专兼职结构。强化特色，要求民办高校打造特色专业，强化优势学科，避免"千校一面"，要以特色促发展，积极推进交叉学科建设，以敢为天下先的勇气，着力塑造学科专业、课程改革、培养模式、党建思政、校园文化、科研服务等某些方面的特色。宁波财经学院坚守"成为中小企业发展的首选大学"的办学理想，打造商科办学特色，形成专创融合应用型人才培养格局，近三年获批省部级以上纵向科研项目96项，其中国家社科基金项目14项。注重创新，强调民办高校要适时开展体制机制改革，鼓励院系组织创新，在管理体制、治理结构、评价方式、办学理念、教学方式、课程体系等各个方面大胆探索，其落脚点最终要放在人才培养上，要不断提高人才培养质量。

三 提高战略执行能力

提升战略执行能力是大学战略管理的重要内容和途径。根据对企业战略执行力的相关研究，结合大学战略管理的特点，一般认为大学的战略执行能力是指通过各种方式实现大学战略目标的能力和力度。对于民办高校而言，提高战略执行能力是在达成战略目标的过程上，更为灵活地应对内外部发展形势。

（一）增强组织的动态能力

动态能力是组织动态适应环境变化而出现的能力，企业动态能力是维持、提升和创造动态竞争优势的战略前提。[1]动态能力是组织的高阶能力，是组织创新的先决条件和基础。为应对快速变化的环境，对市场快速响

---

[1] 焦豪、魏江、崔瑜：《企业动态能力构建路径分析：基于创业导向和组织学习的视角》，《管理世界》2008年第4期。

应,民办高校需要集成、建立动态能力。办学规模是大学编制战略规划的首要问题,大众化理论的创始人马丁·特罗说,"规模是一切问题的根源"。如果把大学看成一个数学模型的话,自变量是学生的规模,其他都是因变量。学生规模变了,教师的规模必然发生变化,教学投入、教学空间等也必然发生改变。① 对于民办高校而言,整体招生规模存在不确定性,难以长期维持稳态规模,这就使得民办高校的办学规划和办学战略处于动态变化。对此,要适度保持战略规划的灵活性,利用数字化手段,建立有效的信息反馈机制,包括收集和分析内外部环境的信息,根据社会发展的宏观环境和高校发展的微观环境,适时调整战略规划。战略学习是组织获得新经验、新技术和新知识的重要途径,也是民办高校提高战略执行能力的内在要求。民办高校管理团队应定期学习现代科学管理理论,把已有的管理经验与科学管理理论有机结合,提升战略素养,必要时可以请校内外管理专家讲课,增强战略管理的科学性和艺术性,逐步提高战略执行能力。

(二)提升组织的应变能力

战略管理需要组织具备应对快速变动环境的能力,以及处理复杂问题的能力。② 这就要求民办高校办学者提升战略"柔性",增强对于外部风险和危机的感知和反应速度,提高应对复杂环境的能力。这就要求民办高校提升应变能力,以灵活思维应对环境变化。比如,斯坦福大学在20世纪50年代时的定位是"为加州富裕家庭服务的相当不错的私立大学",随着内外部环境和规模的变化,到了20世纪80年代,该校定位于"为国内甚至国际上最优秀的学生服务的美国六七所最好的大学之一"。③ 这就要求战略制定和战略执行过程中的有效沟通,灵活调整战略共识。在发展战略制定和执行中必须强调沟通的作用。战略的制定不能采取长官意志,应该民主决策,广泛听取各级部门和广大教职工的意见和建议;战略形成后,应进行认真宣讲和大力宣传,使广大教职工理解和接受学

---

① 周光礼:《中国大学的战略与规划:理论框架与行动框架》,《大学教育科学》2020年第2期。
② 席酉民:《别了,"战略"!》,《中外管理》2006年第11期。
③ 刘献君:《论高校战略管理》,《高等教育研究》2006年第2期。

校的发展战略，从思想和情感上认同战略。在战略执行中加强沟通和协商，对发现的问题和解决方案达成一致，这样有利于战略规划的推进和战略目标的实现。高水平民办高校战略规划的形成过程，不仅是一个战略目标、战略方向和战略政策的形成过程，更是一个凝心聚力和思想统一的过程。这一过程不应该只由董事长、校长和规划部门闭门造车，应该充分调动和发挥学校教师的积极性和创造性，建立智库，为学校发展战略规划群策群力、集思广益，保证民办高校在时刻变化的环境中沿着正确的发展方向前进。

（三）提高组织的领导能力

办学者的战略眼光和应变能力要想有效领导机构庞大、人员繁杂的民办高校，实现在危机过程中的转变或转型，就需要领导班子树立卡里斯玛（charisma）式权威。韦伯认为，卡里斯玛是"一种特殊的、被视为超自然的才能"，具有卡里斯玛的领导者会因其特殊的超凡魅力被人追随和拥戴。这与克拉克提出的传统大学向创业型大学转变需要"强有力的驾驭核心"有异曲同工之妙。美国著名教育学家乔治·凯勒认为，大学有效战略规划的三大关键是信息、质量和人员，战略领导团队是战略管理的"领头羊"，是战略执行得以成功的关键因素，是一个组织保持兴盛不衰的重要保证。面对激烈的竞争，大学的自我驾驭能力愈发重要。"对顶尖大学而言，即使没有足够的自我驾驭能力，也能利用声誉和人脉来获得资源并保持优势；但对非顶尖大学而言，缺少自我驾驭能力和强有力的控制核心就意味着彻底丧失参与竞争的机会。"[1]建设高水平民办高校离不开卡里斯玛式权威或"强有力的驾驭核心"。这种战略方面的领导能力是一种系统化的概念体系。从横向维度看，可以划分为规划方面、制度方面和文化方面。规划方面主要包括对规划共识、规划落实、规划监控等维度的领导；制度方面是提升战略执行能力的基础，包含领导统筹人力保障制度、人才使用制度、考核激励制度和组织协作制度等；文化维度包含理念文化、公正文化和激情文化等要素，以领导力为核心进行统合升级。从纵向看，可以划分为学校领导班子、中层、基层及个人的战略领导传递链。民办高校应当吸

---

[1] 朱彦臻、蒋凯：《制度主义透镜下的当代高等教育图景——伯顿·克拉克的高等教育理论》，《高等教育研究》2022年第9期。

收知名专家进入核心管理层,促进学术价值观与管理理念的有机结合。可以引入外部性支持力量,邀请专家学者政府、行业组织、合作企业、校友代表参加战略规划研讨会,听取采纳专家学者的观点,提升领导力。

第三节 创新发展机制 提升资源开发能力

办学资源是民办高校发展的基础,如何进一步提升学校的资源集聚能力、开发能力,提高资源使用效率,直接关系到建设高水平民办高校的速度。

一 由重物力资源转向重人力资源

物力资源是民办高校正常运行的基础和前提,良好的办学条件能够吸引生源,这也是民办高校热衷于优先投入基础设施的原因所在。随着发展方式的转变,在建设高水平民办高校的过程中,民办高校必须转变传统观念,把人力资源建设放在首要位置。这是因为高等教育本质上是知识传授和创造过程,民办高校转化出的大部分资本是知识,知识和科技是第一生产力。人是知识创造的主体,人力资源是组织中最重要的资源。马歇尔曾在《经济学原理》中指出,"所有的投资中,最有价值的是对人本身的投资"。[1] 民办高校必须重视对学校管理队伍、教师队伍的管理和投入,投资教师就是投资未来。

首先,要加大高层次人才引进力度。应树立人才是第一资源的观念,大力从国内外引进博士、学科带头人、副高以上职称教师及企业技术骨干,优化学校教师的学历、职称、学缘、年龄结构。要加强教学团队、科研团队建设,发挥新引进人才的"鲶鱼效应",新引进的高层次人才是民办高校出成果、上台阶、抢平台的依靠力量所在。近代私立大学注重延揽人才,中华大学为让学生博采众家之长,遍请国内外名流学者如杜威、泰戈尔、梁启超、章太炎到校讲学;南开大学坚持请同行专家举荐人才,由

---

[1] [英]阿尔弗雷德·马歇尔:《经济学原理》,廉运杰译,华夏出版社2005年版,第32页。

专家教授约聘相关科系教师，以此人为核心，而树立此科系。

其次，加强教师培养培训。要不惜重金加大教师培养培训，把教师培训纳入人力资源管理全过程，加强理论和实践结合，鼓励教师队伍提升学历，大力组织教师培训，通过访学进修、挂职锻炼、攻读博士等构建职前培养和职后培训一体化教育。教师发展中心是民办高校师资培养的加油站，可以通过设立卓越教师工作坊、选送教师赴海外著名大学研修访学等方式助力教师成长。

最后，要维护教职工权益。目前，民办高校内部所采用的的企业化管理模式有很深的"泰勒管理模式"的烙印，进一步强化了民办高校教师的"打工者"身份。[①] 民办高校要积极树立行业口碑，培养教职工的归属感和荣誉感，营造良好的工作生活氛围。推进薪酬改革，依法与教职工签订合同，为教师购买职业年金、补充养老保险，解除教师后顾之忧，缩小与公办高校教师的差距，保障其福利待遇和其他合法权益。上海市民办高校积极建立补充养老保险制度，保持教师队伍的稳定。2021年，《上海市教育委员会关于进一步完善本市民办学校年金制度的通知》规定，"引导鼓励民办学校建立教师收入与学费收入同步增长的动态机制，鼓励民办学校通过建立年金制度、购买养老保障等补充养老保险方式，改善教职工退休后的待遇。"上海工商外国语职业学院为参保教职工缴纳年金，由校龄年金、职称年金和职务年金三个部分组成，正高级职称增加年金700元/月，副高级职称增加年金500元/月，具体标准见表7-3：

表7-3　上海工商外国语职业学院教职工年金组成标准一览表

学校工龄	年金组成		
	校龄年金	职称年金	职务年金
1年	0	0	0
2—5年	300元/月	正高700元/月	学校领导600元/月
5—10年	350元/月	副高500元/月	中层正职400元/月
10年以上	400元/月	中级300元/月	中层副职300元/月

---

① 王玲：《民办普通高校教师身份研究：兼谈民办高校师资队伍建设困境与解决策略》，中国社会科学出版社2019年版，第207页。

二 由重内部资源转向重外部资源

民办高校由社会力量兴办,因市场而生,因市场而兴,要更加重视外部资源。正如德里克·博克所言:"社会力量一直决定着学术机构的发展方向,而且其决定方式经常是教育领导者的力量所无法抵制的。"[1] 高等教育机构必须与社会力量构筑良好关系。第一,加强与行业企业的合作。巴尼特指出,"高等教育并不是一座'象牙塔',极易受到社会上各种不同利益的广泛渗透"[2],行业企业蕴藏丰富的资源和旺盛的活力。民办高校要发挥体制机制优势,进一步拓宽校企合作项目,加强产教融合,做好引企入校,打破封闭办学的局面,真正将行业企业作为重要的办学主体,合作教学、合作招生、合作设置专业、合作就业,保证其在合作办学中的话语权。第二,加强国际合作办学。国际化办学是民办高校迈向高水平的重要途径,要重视国际资源的运用,拓宽国际视野,通过学分互认、学生互派、教师互访、国际游学、学术交流等途径提升国际化办学水平。第三,加强与公办高校的合作。公民办高校对口帮扶是实现民办高校跨越式发展的有力手段,民办高校应努力寻求公办高校支持,建立对口帮扶制度,在教学业务、科研工作等方面与公办高校展开交流合作,寻求教育教学管理、师资培训、学科建设和科学研究等支持。第四,加强校地合作。民办高校作为地方高校,应扎根地方,服务地方,打好地方牌,讲好地方话,积极主动与所在区域政府部门合作,如科技、发改、经信、财政等部门,充分挖掘政府资源。第五,加强与校友的联系。校友是高校募款的隐性对象,塑造校友对母校的认同感,是募款成功的先决条件。校友会扮演着促进学校和校友双方互惠互利、相互沟通的角色,[3] 民办高校应重视校友会建设,抓好学生录取、培训、就读、加入校友会四个环节,积极培养学生对学校的认同感。

民办高校应建立多元化筹资渠道,积极寻求社会各界的支持。办学经

---

[1] [美] 德里克·博克:《走出象牙塔——现代大学的社会责任》,徐小洲等译,浙江出版社2001年版,第76页。

[2] [英] 罗纳德·巴尼特:《高等教育理念》,蓝劲松译,北京大学出版社2012年版,第5页。

[3] 王可:《大学募款:校友会的职能》,《中国高等教育》2015年第Z3期。

费是制约高水平民办高校建设的瓶颈。20 世纪 80 年代以来，美国私立大学大宗筹款运动成为大学发展的重要战略，大宗筹款机构、人员越来越专业化。2006—2011 年，耶鲁大学发布"为了耶鲁的明天"，计划用五年筹款 30 亿美元，后来以 38.8 亿美元业绩完美收官。[①] 美国顶尖私立大学获得大量捐赠，经费充足，将办学结余和获得的各种捐赠款项用于办学，维护学校法人的权益。如表 7-4 所示，美国获得捐赠排名前十的高校有 7 所是非营利性私立大学，其中哈佛遥遥领先于其他学校，财年初捐赠额为 356 亿美元，财年末捐赠额达到 370 亿美元，增加额达 14 亿美元。从 2018 年美国私立大学捐赠收入情况来看，哈佛大学捐赠收入高达 360 亿美元，全职教授平均工资达 22 万美元。

表 7-4　　2018 年美国部分私立大学捐赠收入及研究预算情况一览　　（单位：美元）

	学校名称	捐赠收入	年度研究预算	研究预算排名	全职教授平均工资	本科生年学费
1	哈佛大学	36021516000	1077253000	4	221382	48949
2	耶鲁大学	27176100000	881765000	8	216189	51400
3	斯坦福大学	24784943000	1066269000	5	234549	49617
4	普林斯顿大学	23812241000	305147000	10	206496	47140
5	麻省理工学院	14967983000	946159000	6	213750	49892
6	宾夕法尼亚大学	12213202000	1296429000	3	209223	53534
7	得克萨斯大学	11556260000	892718000	7	140436	36606
8	密西根大学	10936014000	1436448000	2	167364	47476
9	哥伦比亚大学	9996596000	837312000	9	215091	57208
10	霍普金斯大学	3844918000	2431180000	1	158283	52170

资料来源：根据美国私立大学官方网站财报整理。

建设高水平民办高校，必须学会筹资。中国近代私立大学大多数经费紧缺，成长道路上洒满了艰辛，许多私立大学充分利用办学体制相对自主

---

① 林成华、洪成文：《大宗筹款运动与大学发展——当代美国一流大学大宗筹款运动研究》，《教育学报》2015 年第 3 期。

的优势，制定灵活机动的融资策略。私立厦门大学发展后期经费短缺，校长林文庆四处求助，为了筹募经费，1934年12月至1935年3月，林文庆校长亲自前往新加坡、吉隆坡、马六甲等地，向华侨劝募，组成"厦门大学新加坡募捐团"，由全体团员，自早上九点或十点起至下午六点止，向侨胞逐户敲门募措，其事迹感人至深。①

三 由重资源集聚转向重资源利用

中国高水平民办高校建设过程中存在的一个重要问题是盲目追求资源量的积累，没有重视资源利用效率的提升，结果出现民办高校的设备资产价值高，而实际成果转化率较低。因此，需要进一步发挥民办高校体制机制优势，充分盘活闲置资源，提升资源利用能力。具体来说，一是要加强馆藏资源开发。图书馆是为学校科研与教学工作服务的重要机构，民办高校要切实利用好图书馆馆藏资源，加快实现图书文献和科技信息资源的信息化、数字化、网络化。要进一步提高馆藏利用率，改进文献资料的利用方式，积极转变传统的馆藏观念，大力开发数字化的实体馆藏和虚拟馆藏。要树立良好的信息意识，加强教师、学生利用馆藏资源的能力，努力提高馆藏资源获取效率，可以通过设立阅读周、阅读日培养学生的阅读习惯，并将其作为民办高校高水平发展的重要途径。二是加强专业课程资源开发。教学改革改到深处是课程，课程是人才培养的主要载体，科学合理的课程体系是确保人才培养目标的关键。民办高校应当优化课程体系，结合办学特色和各专业的特点，分类制定实践教学标准，合理设置各专业实践课程比重，形成突出能力培养的课程群或课程模块。要与行业企业协同共建实践类课程群，构建与产业链、创新链紧密对接的实践类课程建设机制，实现专业链与产业链对接，教学过程与生产过程对接，人才培养规格与产业发展需要对接。② 三是充分利用行业企业资源。民办高校不同于公办高校，不能等靠要，必须利用民营机制从市场中挖掘资源，加强与科协、工商联、地方龙头企业合作互动，充分利用行业企业的资源开展合作

---

① 张亚群：《自强不息，止于至善——厦门大学校长林文庆》，山东教育出版社2012年版，第401页。
② 张大良：《优化课程体系 加强课程建设》，《中国大学教学》2018年第12期。

育人、合作研发。四是充分利用信息化资源。数字化转型是助力教育现代化的翅膀，民办高校应加强校园信息化建设，通过数字化校园服务教育教学，发挥数字化资源在人才培养、教学改革中的作用，积极引入精品网络课程资源，快速填补民办高校与公办高校之间的差距。

第四节 健全决策机制 完善法人治理结构

法人治理机构是民办高校健康发展的基石，健全董事会、校行政、校党委的机构设置和议事规则，是建设高水平民办高校的题中应有之义。要以民主负责的共治理念激活决策主体，以科学刚性的决策制度规范决策行为，以互信合作的决策机制提高决策质量，实现大学有效治理，保障以正确的方式做成正确的事。[1]

一 加强大学章程建设

大学章程是指导民办高校内部治理的纲领性文件，是校内根本大法。坚守大学章程是世界一流私立大学生成的重要条件，美国著名的达特茅斯学院在初创时期饱受内部权力纷争和外部干预的困扰，学院董事会肆意破坏章程、逾越自身权限，导致学院逐渐从英格兰最富有的学校沦为最穷困的学校之一，[2] 在经历"达特茅斯案"的抗争后，学院重新树立起大学章程神圣不可侵犯的地位，推动实现"章程及合同"的法律定位，实现学院跨越式发展。[3] 中国民办高校创设高水平更应该完善落实大学章程，实现法治化转变。

第一，章程内容应体现学校文化。"大学章程应当以其引导性积极维护大学固有的传统和永恒的价值，激发全体师生从事高深学问研究的热情，提供自下而上的内在情理需求，遵循维护大学内生发展的客观法则，

---

[1] 顾建民：《大学有效治理及其实现机制》，《教育发展研究》2016 年第 19 期。
[2] 王慧敏：《达特茅斯学院案与美国建国初期政府：学院关系的转型》，《教育科学研究》2018 年第 1 期。
[3] 周详：《达特茅斯学院案与美国私立大学章程》，《湖南师范大学教育科学学报》2014 年第 2 期。

承担坚守大学理想的责任和使命。"[1] 民办高校章程的制定和实施应当充分体现出学校文化精神，章程是组织内部正式制度的表现形式。根据日本制度经济学家青木昌彦的观点，"制度是共有信念的自我维持系统"。[2] 民办高校章程不应只是空洞的文字叙述，而应与学校内部各主体产生信念联结，具有学校特色的章程更容易获得认可。应进一步规范民办高校章程制定程序，杜绝照搬照抄，相关条款须体现自身特色，教育主管部门应严格审查，避免章程雷同化。

第二，修订和完善章程。民办高校章程并非一成不变，其应当与时俱进，及时修订。在建设高水平民办高校过程中，学校内外部环境不断发生改变，学校的价值和理念也有可能发生变化，甚至出现内部组织机构的淘汰与更迭，因此需要及时修订完善章程，赋予新生事物合法性。

第三，促进章程落地生效。新制度主义代表人物迈耶发现，"许多组织制定的规章制度和它的组织内部运作毫无关系"[3]，民办高校章程与之类似，其一旦制定完成，立即被束之高阁，与学校内部运作相分离。因此，民办高校在不断完善章程的同时，还必须关注章程后续的落实情况，要建立健全章程实施监督及问责机制，畅通投诉、处理渠道。应当积极完善校内各项规章制度，建立与章程相适应的配套制度体系，形成相互支撑局面，确保民办高校的稳定发展和组织活力。

二 健全董事会制度

高水平民办高校离不开完善的董事会制度。董事会（有的学校是理事会）是民办高校的最高决策机构，构建科学的法人治理结构要求进一步健全董事会制度，优化决策机构议事规则。从美国耶鲁大学的法人理事会（The President and Fellows: the Corporation）制度来看，健全民办高校董事会制度需从人员配置、议事程序、成员结构等方面综合考量，耶鲁大学法人理事会发展过程中具有的"人员不断增设世俗化的非专业人士，严禁理

---

[1] 史秋衡、李玲玲：《大学章程的使命在于提高内生发展质量》，《教育研究》2014 年第 7 期。

[2] 彭涛、魏建：《内生制度变迁理论：阿西莫格鲁、青木昌彦和格雷夫的比较》，《经济社会体制比较》2011 年第 2 期。

[3] 周雪光：《组织社会学十讲》，社会科学文献出版社 2013 年版，第 72 页。

事会干涉学校事务"等特点可以提供有益借鉴。①

首先,要合理配置董事会人数。民办高校董事会成员人数影响决策效率,人数过多导致决策效率低下,过低则无法形成科学决策。民办高校应当根据规模合理配置董事会成员,成员人数应在学校章程中予以明确。

其次,应规范董事会议事程序。民办高校应当判定并落实董事会议事规则,定期召开董事会会议,会议出席人数应在三分之二以上,所有重大事项表决须征得三分之二以上董事同意。同时做好会议记录工作,会议表决情况及时公布,在实际过程中,还应当确保每位董事的充分表决权,会议必须严格遵循少数服从多数原则,避免出现董事长"一言堂"现象。

同时,要优化董(理)事会成员结构。克拉克·克尔一针见血地指出:"董事会的好坏取决于其成员的优劣"。② 民办高校董事会应当广泛吸纳社会贤达以优化董事会成员结构。根据法律和政策规定,党委书记、校长、教职工代表应依法进入董事会。一方面要配置专家型董事,"专家型董事可提升董事会的决策质量"③;另一方面要吸收部分代表型董事,构建民办高校与政府、社会的良好关系,进一步拓宽资金来源渠道。此外,要依法规避举办者亲属进入董事会,弱化民办高校家族化管理现象。中国台湾地区私立高校法律对此作出明确规定,日本和韩国也有类似规定。

三 推进职业化校长队伍建设

民办高校校长是董事会决策的执行者和学校管理的负责者,进一步加强校长队伍建设是民办高校迈向高水平的重要环节。

首先,建立校长遴选机制。校长是大学的灵魂,是民办高校的"金字招牌",一个好校长就是一所好大学。调查显示,中国大陆民办高校校长主要年龄段集中在60—69岁,占比38.3%;上海民办高校校长年龄结构偏大,68.75%在60—69岁;中国台湾地区民办高校校长年龄主要集中在

---

① 张雷生、吴丹丹:《大学内部治理视域下的世界一流大学法人理事会研究》,《湖北社会科学》2016年第9期。

② Clark Kerr, Marian L. Gade, "The Guardians: Boards of Trustees of American Colleges and Universities", Washington D. C., *The Association of Governing Boards of Universities and Colleges*, 1989.

③ Harry de Boer, Jeroen Huisman, Claudia Meister - Scheytt, "Supervision in 'modern' university governance: boards under scrutiny", *Studies in Higher Education*, Vol. 3, 2010.

50—59岁，占比38.88%。① 校长选聘要进一步规范流程，可以借鉴国外经验成立专门的遴选委员会，成员由董事政府人士、专家和教师共同担任，委员会必须在充分讨论的前提下严格筛选审查候选人资料，制定候选人名单，并对相关人员以访谈面试的方式考察评估，保证选聘过程阳光公开，做到举贤不避亲，唯才是用。建设高水平民办大学离不开高水平大学校长，目前，部分民办高校聘请公办大学退休校长、书记等经验丰富的管理者担任校长，详见表7-5。

表7-5 我国部分民办高校聘请公办高校领导担任校长一览表

序号	学校	校长	原任职务
1	广州华商学院	陈新滋	中国科学院院士、香港浸会大学校长
2	黑龙江东方学院	徐梅	黑龙江省教育厅厅长、东北农业大学党委书记、校长
3	广州理工学院	胡社军	华南师范大学党委书记
4	武汉工商学院	孔建益	武汉科技大学党委书记
5	珠海科技学院	刘鸣	华南师范大学校长
6	文华学院	刘献君	华中科技大学党委副书记
7	上海杉达学院	陈以一	同济大学常务副校长
8	重庆城市科技学院	黄宗明	重庆大学党委常委、副校长
9	茅台学院	蔡绍洪	贵州财经大学校长
10	长春财经学院	金硕	吉林财经大学校长、党委书记
11	广州南方学院	喻世友	中山大学党委副书记
12	三江学院	吴中江	南京工程学院副院长
13	武昌首义学院	李崇光	华中农业大学党委常委、副校长
14	长春科技学院	栾立明	吉林工程技术师范学院院长、党委书记
15	武汉东湖学院	李冬生	湖北工业大学党委常委、副校长
16	青岛恒星科技学院	毕宪顺	鲁东大学党委书记
17	成都锦城学院	王亚利	四川大学工商管理学院党委书记
18	湛江科技学院	彭寿清	长江师范学院党委书记

其次，建立良好委托代理关系。民办高校实行董事会领导下的校长负

---

① 董圣足等：《寻找职业校长：民办高校校长职业化问题研究》，科学出版社2014年版，第60页。

责制，根据委托代理理论，校长在授权管理民办高校的过程中由于信息的非对称而容易出现隐蔽行为，这些行为可能损害学校利益。对此，应当构建完善的监督激励机制，发挥董（理）事会、监事会的监督制衡作用，可以通过绩效考核实行软约束，既要提升校长工作的积极性，又要进一步完善校长目标责任制度，明确中长期目标，提高工作效率。董事会应重视对校长的激励，增进信任，确保校长行使法律赋予的权力，促进其实现办学抱负和学校的使命、愿景和目标。

最后，推进校长职业化。民办高校校长一般具有丰富的管理经验和较强的学术能力，其职责主要是管理学校日常性事务并向董（理）事会负责，高水平民办高校呼唤教育家型校长，要求校长全身心投入学校管理工作，因而有必要建立校长职业化制度，推动校长角色由"学术领袖"到"职业校长"转化。董（理）事会要给予校长教育教学和行政管理的自主权，促进校长职业能力的发挥。实践表明，中国办学水平优良的民办高校一般拥有一位优秀的校长，如北京城市学院刘林攻读北京师范大学教育经济学博士学位，担任校长时37岁；西京学院任芳攻读西北大学经济学博士学位，接任其父担任校长；江西服装学院校长陈万龙就任时40岁，其辞去江西科技师范学院副院长厅级干部身份投身民办教育。

四　充分发挥党委政治核心作用

加强民办高校党的领导和建设，落实立德树人根本任务，牢固确立党对民办高校的政治领导地位，是确保社会主义办学方向的根本所在、命脉所在，是高水平民办高校建设的题中应有之义。加强民办高校党组织建设是建立具有中国特色的民办高校法人治理结构的重要内容。党委书记是民办高校党建工作的第一责任人，要优选配强书记班子，其"应掌握对高校的政治领导权，以政治家的战略眼光，保证学校的正确工作意识形态，督促学校依法治教和规范办学。同时，党委书记还应是具有高尚情怀和人格的教育家，拥有丰富的教育经验和专业的知识技能，关注受教育者的成长和发展。"[1] 民办高校党委书记大多数是由上级部门选派的，应转变理念，

---

[1] 王一涛、王华：《民办高校党委书记的群体特征、产生渠道及政策建议》，《复旦教育论坛》2018年第1期。

熟悉民办高校特点。

民办高校须落实中央办公厅《关于加强民办学校党的建设的意见（试行）》和中组部等5部门颁布的《民办学校党建工作重点任务》，健全党委与行政"双向进入、交叉任职"制度，保证党组织在重大事项决策、监督、执行各环节有效发挥作用。党组织应督促决策机构和校长依法治教、规范管理，包括对学校财务、招生收费、组织人事、党风廉政等方面的监督管理，确保学校规范办学。党支部在民办高校党建工作中发挥重要作用，是学校基层党组织的细胞和堡垒，也是当前民办高校党建工作的薄弱环节。优化党支部书记队伍是推进党建工作的重要抓手，应切实做好党支部书记的遴选工作，完善党支部书记述职制度。要推进党的组织和党的工作有效覆盖，提升基层党建工作质量和水平，将党建工作成效化为立德树人的实效。

第五节 优化保障机制 增强组织的合法性

我国部分民办高校党建思政工作卓有成效，以高质量党建引领学校高质量发展，党建工作与事业发展相融合、相得益彰。在教育部评选中，西安外事学院、武汉东湖学院、上海建桥学院3所民办高校被评为全国党建工作示范高校。

合法性是建设高水平民办高校的重要因素，法律法规对民办高校发展起到风向标作用，不断优化外部政策环境，为民办高校发展提供适宜的阳光、水分、土壤，高水平民办高校才能逐渐诞生。

一 健全民办教育法律法规

组织合法性理论通常将目光聚焦在组织内部，主要关注组织结构和策略选择，而组织之外的政策环境在一定程度上被忽视了，那些法律政策默认地先于组织而存在，组织需要在既定政策环境下能动地采取战略选择。但实际上，外部政策环境的变动也是组织获得合法性的一个重要渠道，正如斯科特所言，"那些获得规范机构支持及法律机构认可，比起那些缺少这些支持、认可的机构来，更有可能生存下去"，① 我们更需要强调法律政策对于形塑民办高校发展道路的重要作用，更需要从"自上而下"的角度解释民办高校组织合法性问题。在这个意义上，需要进一步健全民办教育法律法规，提供民办高校良序发展的法制保障。

全国人大常委会《关于修改〈民办促进法〉的决定》授权省级政府结合实际情况制定具体办法，全国各省、自治区、直辖市政府已经出台落实《民办教育促进法》的配套文件，但是许多政策较为笼统，照抄照搬，缺乏操作性。政策的模糊性让民办高校举办者无所适从，也在一定程度上挫伤了社会资源进入的积极性，并且在实际操作中容易造成种种乱象，导致西蒙所说的没有选择余地的"霍布森选择效应"：如果选择非营利性，国家优惠政策"口惠而实不至"；如果选择营利性，愈加受到社会歧视。对此，急需健全民办教育政策法规。

一是推进民办教育科学立法，落实新修订的《民办教育促进法实施条例》，完善民办教育法律体系。"科学正确的教育政策是教育事业稳定健康发展的保证，而没有正确的教育政策指导，教育事业的发展将陷入无序、混乱的状态。"② 省级立法部门需要进一步修订民办教育法规。譬如，2005年，贵州省人大常委会审议通过了《贵州省民办教育促进条例》，2006年北京市人大常委会审议通过了《北京市实施〈中华人民共和国民办教育促进法〉办法》，这些法规当时促进了民办教育事业发展，但是按照《民办教育促进法实施条例》的要求，许多条款已经不适应，需要加快修订。相关部门需遵守立法流程，最大限度地利用公开听证、公众参与、专家顾问咨询、委托第三方起草等制度，努力协调各方利益，提高立法速度，缩短立法周期，推进民办高等教育法律法规"立、释、废、改"工作，为高水平民办高校的培育营造良好的法治环境。

二是要增强民办高等教育法律实施的协调性。马克斯·韦伯认为，行政机关科层制一旦确立，便总是运用其权力维护其地位，而不是促进变迁和革

———————————

① ［美］W. 理查德·斯科特：《制度与组织——思想观念与物质利益》，姚伟译，中国人民大学出版社 2010 年版，第 166 页。

② 徐绪卿：《浅论教育政策滞后性现象——以民办高校分类管理政策为例》，《教育与经济》2019 年第 6 期。

新。① 民办高校发展涉及多个部门，"不同部门的人员对事物的认识是大不相同的；由于职业训练、经历和职责分工的差别，他们的关注焦点并不一致，往往重视其中的某些现象而忽略另外一些。"② 这种知识分工和部门专业化趋向极易引发协调问题，特别是立法和法律实施的协调问题，"分散知识是产生协调问题的关键"③，这就要求中央政府进一步加强组织制度建设，紧紧围绕国务院民办教育部际联席会议制度，综合协调财政、发改、税收、教育、国土、民政、人社、工商、编办等10多个部门，使民办高等教育法律法规与其他部门立法形成纵向衔接、横向协调，解决民办高校的法人身份、财政资助、税费优惠、资产过户、财务管理等难题。

三是要加快地方配套政策的出台落实。配套立法是确保法律体系得以系统存在并有效运行的"黏合"粒子，是保障其构筑社会公平正义体系的"砖砾"④。地方政府要因地制宜实现制度创新，尽可能减少使用模糊化、空洞化的政策语言，明确民办高校补偿奖励、分类登记、税收优惠、土地差价、法人转设、财政扶持等关键问题，保证《民办教育促进法》及其实施条例能够有效实施。

二 积极转变政府职能

在古典自由主义理论中，政府职能局限于"保护公民免于暴力、盗窃等破坏性活动"，是一种无为而治式的"守夜人"政府⑤，但真正的社会安排一般介于全盘计划和无为而治之间，强调的是一种低限度的管理。在中国背景下，政府不仅在宏观上进行管理，而且在微观层面，权力也会时常介入，政府掌控了组织是否合法的解释权和裁定权，在这种逻辑的主导

---

① [美] 彼得·布劳、马歇尔·梅耶：《现代社会中的科层制》，马戎等译，学林出版社2001年版，第4页。
② [美] 赫伯特·西蒙：《基于实践的微观经济学》，孙涤译，格致出版社2009年版，第71页。
③ 朱海就：《市场的本质：人类行为的视角与方法》，格致出版社2009年版，第115页。
④ 徐向华、周欣：《我国法律体系形成中法律的配套立法》，《中国法学》2010年第8期。
⑤ [美] 罗伯特·诺齐克：《无政府、国家和乌托邦》，姚大志译，《中国社会科学出版社》2008年版，第32页。

下，中国社会组织的特征表现为"依附式自主"，[①] 民办高校在这种场域中无法发挥出其应有的灵活性和能动性。因此，需要从"放权"和"保护"的角度转变政府职能，摆脱全盘计划的管理方式，促进民办高校组织功能的顺利实现。

首先，要重建权力清单制度。简政放权是教育改革的目标，改革的重点在于归还高校作为知识部门所应享有的权利，减轻和取消对高校各项活动的不必要干预，使高校能够依法自主办学和自主管理，本质上是一种学术自由精神的复归。目前，民办高校办学自主权在某些方面仍未落实，必须进一步加强民办高等教育领域简政放权。单纯的权力下放受到政策制定者"有限理性"的限制，任何设计者都无法穷举一所大学内部运行所需要的所有权力，譬如《高等教育法》开出的办学"自主权清单"中涉及"教学、科研、招生、行政、财政"等多个方面，总体可以归纳为高校内部的七大自主权[②]，但其延伸出的若干种具体权力仍是一种极为片面的抽象概括。在法律无法穷举的情况下，需要从"正面权力清单"转向"负面权力清单"，明确民办高校不该干什么，做到"法无禁止皆可为"，从而避免政府在留白事项上的自由裁量影响到民办高校的办学自主权。

其次，要优化评价机制。中国难以实现高校分类分层建设和特色发展的主要原因在于：高等教育类市场化治理模式限制了竞争机制的作用、地方政府高等教育竞争强化了高校的办学层次竞争、"双一流"建设引发新一轮院校"同轨竞争"，以及高等教育评估制度的导向作用和文化传统的负面影响。[③] 尽管国家积极推进高等教育分类体系，构建分类评估标准，但由于高校分类设置标准仍未出现常规的科研数据的可获得性与可比较性较高，导致单一的评价体系依然备受追捧。这种不公平的评价方式无助于激励反起到消极误导的作用，致使众多高校不顾条件盲目攀比，竞相追逐单一的发展目标，造成教育生态位高度重叠，最终陷入"组织趋同"和

[①] 王诗宗、宋程成：《独立抑或自主：中国社会组织特征问题重思》，《中国社会科学》2013年第5期。

[②] 刘业进、刘晓茜：《简政放权、负面清单管理与落实高校办学自主权改革的制度分析》，《湖南师范大学教育科学学报》2016年第4期。

[③] 张应强、周钦：《"双一流"建设背景下的高校分类分层建设和特色发展》，《大学教育科学》2020年第1期。

"结构趋同"的陷阱。民办本科高校大多属于应用型,"我国应用型高校在高等教育服务国家创新体系建设中处于高校三类的'中部塌陷'位置。精英层级和传统学术评价及高等教育资源配置倾斜,制约应用型高校合理定型、精准寻位和内涵建设。"[1] 政府放权不到位的现象很大程度上源自政府对大学自律机制的担忧[2],特别是与资本市场紧密结合的民办高校,在缺乏自我约束的情况下过度放权容易导致劣币驱逐良币,引发办学风险。

最后,政府可以借鉴域外经验引入第三方评估,并以此作为放权的依据。要借助社会第三方的中间力量,设立第三方评估机构,对高校或专业进行认证评估。[3] 譬如,日本政府在高等教育放权改革(NUCA)中加强对放权效果的监督与检查,利用全国学位与大学评估机构(第三方机构)从专业视角进行评估,并由文部省根据评估结果对资源进行重新调整和划配;与之类似,英国在扩大办学自主权过程中重视第三方机构的作用,由独立于政府的高等教育理事会对学校学费和办学质量进行检查,并及时提交评估报告。[4] 可见,完善的社会评价机构是缓解政府放权压力的有效办法,要利用目标管理、督导、巡视等方式加强事后监管,充分激发市场活力。

同时,要落实民办高校、教师、学生与公办高校、教师、学生同等法律地位。当前民办高校发展面临的一大难题,便是和公办高校在教师身份、编制和人事管理等方面不能享受同等待遇。"师资队伍的建设水平是任何学校迈向高水平办学的关键。当前这种不利局面既难以吸引优秀人才到民办学校谋发展,也不利于现有教师队伍的稳定,这就很难使民办学校走出办学水平不高的困境,而所谓让民办学校和公办学校地位等同、公平竞争的承诺也不免成为一句空话。"[5]

三 加大财政扶持力度

民办高校提供的教育服务具有正外部性,特别是非营利民办高校属于

---

[1] 史秋衡、康敏:《精准寻位与创新推进:应用型高校的中坚之路》,《高等工程教育研究》2018年第5期。

[2] 秦惠民:《从渐进放权走向法治——对高教简政放权的趋势解读》,《探索与争鸣》2017年第8期。

[3] 史秋衡:《国家高校分类设置体系及其设置实证研究》,科学出版社2016年版,第140页。

[4] 张君辉:《政府与高校治理关系调适的国际经验——基于近年英、法、日三国高等教育改革分析》,《教育研究》2015年第9期。

[5] 周海涛:《民办学校分类管理政策研究》,经济科学出版社2016年版,第12页。

第七章　中国高水平民办高校生成机制优化的策略

准公共产品。加雷斯·威廉斯认为,"大学经费来源包括三种,包括国家、大学和学生。"[①] 国家的公共财政扶持是民办高校发展的有力保障,公共财政不等于公办财政,建设高水平民办高校更离不开政府的财政扶持。中国民办高校经费来源单一,2007—2009 年学费收入所占比重的平均值超过了80%,而财政预算内拨款的平均值不足 4%,社会捐赠则仅占 0.3% 左右,详见表 7-6。

表 7-6　　中国民办高校经费来源的构成比例情况[②]

年份	总收入（千元）	财政预算内拨款（%）	教育费附加（%）	学费收入（%）	社会捐赠（%）	其他（%）
2007	34109439	2.41	0.12	79.76	0.36	17.35
2009	43604252	3.79	0.09	83.12	0.22	12.78
2010	51076550	3.72	0.16	83.33	0.33	12.46

在美国,一流私立大学往往获得联邦政府的巨额资助,其金额令公立大学难以望其项背,根据美国国家科学基金会统计,截至 2016 年,约翰·霍普金斯大学连续 38 年位列联邦政府研究拨款（Federal R&D Funding）单位之首,2016 年所获联邦政府研究拨款高达 718.33 亿美元,充足的财政拨款帮助一流私立大学保持卓越并不断实现超越。[③] 从国内来看,高水平公办大学办学经费充裕,甚至与世界一流大学相媲美,清华大学、北京大学、浙江大学 2022 年经费预算分别高达 362.11 亿、219.29 亿、261.03 亿元,而中国绝大多数民办高校办学经费最多也不超过 8 亿元,经费投入相差悬殊,从办学经费投入就可以间接看出大学的办学水平。

如表 7-8 所示,美国一流私立大学拥有广泛的经费来源,充足的办学经费保障,包含学杂费、政府补贴、辅助企业、政府补助合同、研发收入等。哈佛大学 2021—2022 财年收入共计 58 亿美元,其中,捐款收入占

---

① ［美］伯顿·克拉克:《高等教育新论——多学科的研究》,王承绪等译,浙江出版社 2001 年版,第 79 页。
② 方芳、钟秉林:《我国民办高等教育财政支持制度研究》,北京师范大学出版社 2016 年版,第 91 页。
③ 李虔:《国外一流私立大学发展的多元模式研究——基于对美国、韩国、土耳其和拉美经验的考察》,《外国教育研究》2018 年第 8 期。

45%（36%来自哈佛捐款基金的拨款；9%来自当前使用的捐款）；教育收入占21%（13%来自学历教育学费，8%来自继续教育等）；科研收入占17%（其中11%来自联邦政府资助，6%为非联邦机构资助）；其他收入占17%（其中7%来自出版和版税收入等；10%来自各类服务等收入）。在支出方面，人员支出占52%，其中41%为工资支出，11%为福利支出。

表7-7　教育部部分直属高校2017—2022年办学经费预算　（单位：亿元）

序号	名称	2017年	2018年	2019年	2020年	2021年	2022年
1	清华大学	233.35	296.45	297.21	310.72	317.28	362.11
2	北京大学	193.45	125.54	190.07	191.08	221.34	219.29
3	浙江大学	150.47	154.65	191.77	216.20	228.16	261.03
4	上海交通大学	140.77	144.88	156.32	164.90	175.65	204.20
5	中山大学	116.41	134.92	175.17	186.93	198.55	193.05
6	天津大学	113.49	82.88	76.53	87.57	76.01	84.55
7	复旦大学	100.41	108.90	125.09	136.21	141.62	171.55
8	吉林大学	87.96	97.65	98.97	95.31	98.36	103.93
9	武汉大学	87.49	93.48	106.44	98.59	106.44	118.93
10	华中科技大学	84.22	97.79	106.98	113.61	116.33	129.84

表7-8　美国非营利性私立高等教育机构不同学年总收入构成表[①]

（单位：千美元）

年份	总收入	学杂费（扣除津贴）	联邦拨款、赠款和合同	州和地方拨款、赠款和合同	私人礼物、赠款和合同	投资回报（收益或损失）	教育活动的销售和服务	辅助企业销售及服务（扣除津贴）	医院销售和服务	其他
2010—11	207132349	60069691	24319663	2165584	22096853	53574169	4979595	14797601	17521091	7608102
2011—12	161843203	63010873	24147131	1964921	21619470	4538153	5082873	15500185	18658649	7320948
2012—13	202042331	65562231	23710290	1939417	22335345	38532782	5530428	15969232	19011711	9450894
2013—14	228806876	67681378	23640029	1971815	25842976	57147772	6280766	16407013	20667484	9167642

---

① Total revenue of private nonprofit degree - granting postsecondary institutions，by source of funds and level of institution：Selected fiscal years，1999 - 2000 through 2020 - 21. ［2022 - 10 - 28］. https：//nces. ed. gov/programs/digest/d22/tables/dt22_ 333.40. asp.

第七章 中国高水平民办高校生成机制优化的策略　　　　　　　　　　351

续表

年份	总收入	学杂费（扣除津贴）	联邦拨款、赠款和合同	州和地方拨款、赠款和合同	私人礼物、赠款和合同	投资回报（收益或损失）	教育活动的销售和服务	辅助企业销售及服务（扣除津贴）	医院销售和服务	其他
2014—15	200395534	70181110	24186839	2113187	26932309	21274906	6702519	16883478	23880282	8240906
2015—16	182571838	72100188	23471268	2162083	28622642	2735211	7042281	17608294	24107516	10192778
2016—17	242602673	73966392	25244371	2103049	28864670	48838957	7516359	18004385	26744919	11319571
2017—18	248415872	75878843	26440609	2183809	30646384	45450555	7985663	18326670	29449927	12053411
2018—19	242151282	78406481	27657205	2368464	33526093	27998672	8417955	18437394	32522752	12816265
2019—20	236993010	79771201	29935692	2387136	31281959	23770314	8591045	15373870	32776326	13105467
2020—21	408936699	77716488	34613665	2437271	34149140	186235442	9235432	12053356	36948364	15547541

韩国私立高校的收入来源主要包括：学费、中央和地方政府津贴、社会捐赠等。学费约占学校总经费的一半，政府财政援助、社会捐赠等占整体收入的一半左右。韩国的私立高校，不管是在受惠案件数量还是在受惠案件金额上，不管资金来源于中央还是地方，都享受较高的比例。从总金额上看，私立受惠额度几乎是公立的2倍。社会捐赠也是韩国私立高校资金的来源之一。私立高等学校获得捐赠主要来源于法人、校务费和产学合作团体。韩国政府还大力鼓励民间和私人投资。现代、三星、大宇等集团都积极投身教育。

对民办高校进行非营利性、营利性分类管理、分类评价、分类扶持，是中国民办教育改革发展的客观要求，是公共财政扶持民办高校的必要前提。全国人大授权地方制定具体落实办法，地方政府要加快落实新《民办教育促进法》中的相关规定，制定合理的补贴方案，通过专项资金、生均拨款、政府购买服务、基金奖励、捐资激励、土地划拨、税收减免等方式予以非营利民办高校支持；对于营利性民办高校而言，政府不宜采用直接补贴的方式，可以采用税收土地优惠等间接手段进行扶持。

如何科学使用财政资金？可借鉴英国大学拨款委员会模式构建适用于中国民办高校的财政拨款制度，各省、市、自治区可探索设立独立的拨款委员会，由民办高校和教育、财政等主管部门代表按比例组成，并合理规划拨款时间，民办高校必须提交计划报告，按期达成若干指标。

相关指标由民办高校拨款委员会制定，后续可派遣审核人员对学校考察评估，以此制定下一周期拨款计划。坚持扶优、扶强、扶特的理念加大对民办高校的项目资助，可以采用专业对口帮扶和项目定向帮扶等方式划拨资金。

鼓励各地设立民办高等教育专项资金，目前已有部分地区设立了民办高等教育专项资金，重庆市自2010年开始对民办本科院校、高职分别按照每年生均1300—2000元、1300—1700元的标准给予财政补助；陕西省"十二五"期间每年设立3亿元民办高等教育专项资金，陕西省财政5年对民办学校拨款专项资金15亿元，民办高校基础能力得到全面提升；上海市制定《上海市促进民办教育发展专项资金管理办法》，申请专项资金的民办高校须符合以下五个条件：坚持教育公益性、依法规范办学、财务管理规范、落实法人财产权、建立年金制度，仅2016年度专项扶持资金就达3.2亿元，主要用于支持民办高校教育教学条件改善、学科专业建设和师资队伍建设等；广东省教育厅2023年省级教育发展专项资金（民办教育发展方向）合计9508万元，支持民办本科学校18所，民办高职（含职业本科）学校18所，高职（含职业本科）学校与本科院校在资金安排总额上均为4754万元。吉林华侨外国语大学从2012年起每年获吉林市政府生均拨款，每年每生3000元。要坚持内涵建设为导向，提高对特色学科、重点专业、教师发展的财政扶持力度，财政资金要向重点非营利性高校倾斜，率先建设一批高水平民办高校，同时中央财政也需要照顾中西部地区民办高校，促进民办高校整体办学水平提升。

四 推进民办高校分类管理

实行分类管理是借鉴西方国家经验，深化教育改革，破解政策冲突，加快依法治教的重要改革举措。《中国教育现代化2035》明确提出，"鼓励民办学校按照非营利性和营利性两种组织属性开展现代学校制度改革创新。"面对中国民办高等教育投资办学的国情和人民群众日益增长的多元化教育需求，我们既要大力提倡捐资办学，优先扶持非营利性民办高校发展；也要借助经济杠杆和市场机制，允许各类营利性民办高校合法健康发展。

根据制度建构主义者的观点，规则是由制度创新者设计的，只要具备

第七章　中国高水平民办高校生成机制优化的策略

一定的条件，高明的制度创新者完全有可能创造一套新的认知规则，或者让某套处于边缘地位的价值观变成主流。① 只有得到社会主流文化认同，才能更好地推进民办高校分类管理改革。要提升非营利性民办高校的社会认同，中央和地方应积极调动社会各界关注民办高校，积极宣传举办者艰苦奋斗、兴办教学的事迹，为民办高校办学者树立崇高的理想信念，树立民办高等教育办学榜样。同时，要消除对非营利性民办高校的社会歧视，营利性民办高校是由社会力量举办教育的其中一种类型，是非公有制经济在教育领域的表现形式，对营利和利润的污蔑态度是计划经济时期禁锢社会经济发展的陈旧思想，是一种"哲学家的盲目"。② 政府部门应当有意识地利用各种机会引导社会舆论，要促使社会形成对营利性民办高校的客观认知，保证营利性和非营利性民办高校同等法律地位，促进分类管理改革目标实现。

一方面，优先扶持非营利性民办高校发展。非营利性民办高校将是建设高水平民办高校的主体。许多非营利性私立大学在美国乃至全世界都颇有声望，如哈佛大学、耶鲁大学、哥伦比亚大学等。根据 US News 大学排名，2019 年美国排名前十的大学都是私立非营利的。③ 美国法律对营利性机构和非营利性机构的划分遵循一条原则——"禁止分配限制"原则，受不分配收入规则限制的是非营利机构，不受这一规则限制的是营利机构。因此，非营利私立大学既不能在运行过程中将收益分给办学者，也不能在机构解散时将收益分给办学者。《民办教育促进实施条例法》明确规定，"优先扶持办学质量高、特色明显、社会效益显著的民办学校"，可以通过生均经费补助、专项资金、税收优惠、用地优惠、出租转让闲置国有资产等多种方式，优先扶持非营利性民办学校。因此，政府部门应进一步解放思想，在专业建设、项目申报、教师培养、实验室建设、硕士学位授权等方面，支持非营利性民办高校加快内涵发展，提升教育教学质量，为创建高水平民办大学提供有力保障。进一步放开非营利性民办学校收费管制，

---

① 柯政：《理解困境》，教育科学出版社 2011 年版，第 176 页。
② ［英］哈耶克：《致命的自负》，冯克利等译，中国社会科学出版社 2000 年版，第 47 页。
③ 2019 Best National Universities, US News Rankings（https://www.usnews.com/best-colleges/rankings/national-universities）。

非营利性民办学校收费项目和标准均由学校自主确定。①

另一方面，依法依规管理营利性高校。美国从 2000—2001 学年到 2015—2016 学年，私立机构数占总机构数的 55.69% 增至 61.95%。其中，非营利性机构数占私立机构数的 66.81% 降至 54.50%，营利性私立机构的增长速度甚至高于非营利性机构数。随着分类管理的推进，营利性民办高校正式登上历史舞台，上海建桥学院有限责任公司、黑龙江财经学院有限公司、唐山海运职业学院有限公司等已经在工商部门登记为企业法人。截至 2023 年 1 月，全国已有 28 所民办高校在工商部门注册登记为营利性民办高校或已选择营利性。目前国内已有 50 多所民办高校被教育集团打包上市或收购，如山东英才学院、重庆人文科技学院。应该尽快明确存量民办高校转设为营利性民办高校的财务清算、税费缴纳标准、土地差价等关键问题。要尽可能简化清算、确权和登记程序，最大程度减免相应税费，降低制度性交易成本。② 同时，要规范营利性民办高校的发展，不能蜂拥而上，美国一大批四年制营利性私立高校倒闭，数量从 2013 年的 769 所降至 2017 年的 499 所，前车之鉴，值得吸取教训。

五 实施高水平民办高校建设工程

从国外政策与经验来看，各国均采取了一系列推动大学发展的举措。美国政府采取扩大资助计划、控制大学学费增长等一系列政策，努力使美国高等教育更加平民化和可负担，加大对社区学院的投入，通过"美国未来技能计划"加强企业与社区学院的联系。法国政府推出创建世界一流大学的"卓越大学计划"，由法国国家研究署（ANR）负责，斥资 77 亿欧元，被称为法国的"常春藤联盟"计划。日本文部科学省出台"顶级全球性大学计划"，力争到 2023 年使日本的高等教育在教学体制、课程安排、人事制度和评价体系等方面呈现新面貌。英国"脱欧"公投后，颁布《高等教育和研究法案》，进一步放宽市场准入，创造更多市场竞争，实施教学卓越框架。德国实施"卓越倡议"计划，加剧德国高等教育领域的竞争。俄罗斯联邦政府颁布实施"5—100 计划"，力促高等院校进一步融入

---

① 董圣足：《破解瓶颈制约，推进民办学校分类管理》，《教育发展研究》2017 年第 Z1 期。
② 董圣足：《依法鼓励和支持营利性民办学校发展》，《教育发展研究》2019 年第 9 期。

第七章 中国高水平民办高校生成机制优化的策略

世界教育市场,确保有5所大学进入世界大学排行榜的前100名。印度在"卓越潜力大学"计划的基础上,启动"创新大学计划",鼓励大学开展跨学科教学和研究,使其成为卓越的创新和研究中心。

自从新中国成立以来,中国重点建设的路径选择贯穿了高等教育的发展历程,根据不同特点,分为重点高校阶段、工程建设阶段、内涵式发展阶段三个阶段[1]。中国高等教育改革的显著特征是"政策驱动"。虽然不是每一项政策都会驱动改革,但每一次改革背后毫无疑问都会有政府的政策驱动。[2] 探讨一流大学,"既要注重效益,也要注重公平,只重效益,无视公平,便成问题。"[3] 面对新形势、新挑战、新目标,借鉴公办高校"双一流"和高职院校"双高计划"的经验,在高等教育领域探索推进"高水平民办高校建设工程",无疑具有重要的现实意义。主要应把握以下几点。

一是坚持质量引领、内涵发展。牢牢抓住全面提高人才培养能力这个核心点,狠抓质量,兜住底线,回应国家对高等教育的最大关切。以高水平为目标,以专业为龙头,以教师为重点,提质升级、强化特色,着力建设高水平学科专业,打造高水平师资,培育高水平课程,培养高水平人才,跻身同类院校一流。

二是坚持公益导向、立德树人。建设高水平民办高校应坚持公益导向,摒弃功利主义。营利性办学难以把崇尚和追求学术价值作为目标,"靠那些把教育作为有利可图的产业而投资教育的人,很难产生高水平的民办大学。"[4] 坚守公益性理念是贯彻党的教育方针,落实立德树人根本任务的重要着力点。

三是坚持分类指导、特色发展。引导民办高校科学确定办学定位,促进民办本科高校、独立学院、民办高职差异化发展、办出特色,促进高校走出适合自身发展的路子。根据民办高校发展的现实情况给予适当的支持,坚持扶优扶强扶特,给予针对性扶持,实现重点突破。

---

[1] 德吉夫、包艳华:《新中国成立70年来高等教育重点建设政策的选择与变迁》,《中国高教研究》2019年第11期。
[2] 王建华:《政策驱动高等教育改革的背后》,《清华大学教育研究》2019年第1期。
[3] 刘海峰:《一流大学建设中的公平与效率问题》,《探索与争鸣》2016年第7期。
[4] 宋秋蓉:《超越营利与高水平民办大学》,《现代教育科学》2005年第6期。

四是坚持绩效评价、动态调整。建设高水平民办高校应该强化目标管理，建立完善的评价机制，突出建设实效，鼓励公平竞争，重点支持办学水平高、特色鲜明的民办高校，形成基于绩效的支持机制，全面推进高水平民办高校和高水平专业建设，努力建设一批高水平研究型、应用型、职业技能型民办高校。

"高水平民办高校建设工程"应分类实施，近期目标可以定为：到2027年，民办高校办学更加规范，办学条件得到改善，在民办高校重点建设一批示范性教师教学发展中心、"双师型"教师培养培训基地、教师教学创新团队、示范性思政课程、国家精品资源共享课程、创新创业孵化平台，形成一批特色专业、产业学院，培育若干个民办高校先进基层党组织，部分民办高校达到省属公办高校的平均水平。中期目标是：到2035年，民办高校整体实力显著提升，形成一批高水平民办高校，若干所民办高校具有世界一流学科或专业。长期目标是：到2050年，民办高校进一步适应国家和区域经济社会发展需要，满足人民群众接受多样化、个性化、特色化教育的需求，涌现一批获得社会广泛认可、进入同类院校前列、国内知名、在世界具有竞争力的高水平民办高校。

第八章

研究总结与展望

在百年中国大学发展史和改革开放 40 多年的发展大潮中，中国民办高校的发展是一幅风起云涌、绚丽多姿的画卷；是一首激情澎湃、荡气回肠的诗篇；是一曲百转千回、昂扬向上的赞歌，更是一股波澜壮阔、奔腾向海的巨流。民办高校是高等教育办学体制和市场经济改革的产物，伴随着高等教育大众化的进程不断发展壮大。民办高校创业者不忘初心，砥砺前行，用他们非凡的气魄与胆识、卓越的才华与智慧、坚强的毅力与执着，书写出一幅壮丽的篇章！昔日的幼苗，在夹缝中逆势生长，如今已然长成参天大树，枝繁叶茂。

中国民办高校是在公办高校体系健全、非常强大的背景下艰难成长起来的，其发展始终面临两大难题：资源高度稀缺（人财物缺乏）和外部环境不确定性（法律不健全、政策变动），这和创业面临的情境一样。民办高校成长的历程就是创业的过程，就是自强不息、改革创新的过程。民办高校属于社会组织，大多数登记为民办非企业法人单位，少数登记为事业法人单位，民办高校成长的过程可以视作社会创业的过程，即用市场化手段举办公益性事业。少数民办高校从激烈的高等教育竞争中脱颖而出，展现出旺盛的发展活力和坚韧的办学精神。

第一节 研究总结

本书以社会创业理论为理论基础，在分析民办高校"低端锁定"和"洼地崛起"两种现象后，多维度多视角论证了中国高水平民办高校生成的影响因素，在此基础上建立中国高水平民办高校生成的动态模型，采用案例研究的手段对国内现阶段5所高水平民办高校进行深入个案解剖，揭示成功院校的发展奥秘和有益经验，在此基础上提出建设中国高水平民办高校的对策建议，以期对民办高校的高质量发展带来启发和借鉴。

一 中国高水平民办高校生成机制的构成

基于量化分析和深度访谈，本书构建了中国高水平民办高校生成机制模型，主要包括5大组成要素：创业者、战略管理、资源整合、治理结构、合法性，分别对应生成机制的5个子系统，即动力机制、导引机制、发展机制、决策机制、保障机制。

其一，民办高校创业者对于学校发展具有决定性作用。诚如剑桥大学原校长阿什比所言："大学的兴旺与否取决于其由谁控制。"民办高校举办者或者其委托代理者对于一所民办高校具有决定性作用，举办者的办学理念、心理特质、社会网络、个人经历深刻影响民办高校的持续发展。部分高水平民办高校的举办者、校长逐渐成为新时期的中国民办教育家。高水平民办高校善于识别机会、捕捉机会、开发机会，创业始于创业机会的发现和开发。高水平民办高校对经济社会发展、教育政策变革、高等教育改革、市场需求变化、外部环境变化带来的机会非常敏锐，举办者的个人特质、先前经历、社会网络等会影响机会的识别和开发。

其二，战略管理是高水平民办高校发展的导航仪，指引着学校前进的方向。明晰的办学愿景、使命、发展规划可以感召全体教职工为之奋斗，为学校发展绘制宏伟蓝图。高水平民办高校会有所为，有所不为，有着精准的办学定位，务实的战略举措，适当的战略调适，坚定的战略执行。实施竞争优势战略、交叉协同战略、品牌文化战略是高水平民办高校常用的战略选择。

其三，高水平民办高校善于集聚、整合、开发内外部资源。创业者善做无米之炊，面对资源短缺问题，高水平民办高校不畏挑战，善于变通，灵活应对，有效盘活内外部资源，促进学校的资源不断积累。民办高校在初创期注重实物资源和经费资源，加强校园硬件建设；在发展期较为注重人力资源建设，逐步建设一支数量充足、专兼职结合的师资队伍；在成熟期更为重视学术资源建设，打造特色课程、专业、学科、科研平台，加强

第八章　研究总结与展望　　　　　　　　　　　　　　　　　　　　359

内涵发展。

其四，高水平民办高校的生成过程伴随着法人治理结构的不断健全。科学管理是决定民办高校良善治理、提高运行效率的关键，高水平民办高校在发展中不断完善大学章程建设，健全董事会领导、校长执行、党委政治核心、教授治学、民主管理的现代民办大学制度，科学配置内部权力运行，发挥民营体制决策快、效率高、机制活、执行强的优势，充分激发学校办学治校的活力。

其五，合法性是高水平民办高校生成的重要保障。民办高校在发展过程中不同程度面临着合法性危机的问题，如何向政府和社会证明自身存在的正当性，直接关系到民办高校的发展。高水平民办高校注重建构规制、规范和认知合法性，主要策略包括：通过各种变通手段改造环境，构建有利的法律体系；实行组织同型，采取社会认可的形式和做法；建立政府领导、权威人士在内的社会支持网络。合法性的增强为高水平民办高校发展提供有力的外部制度保障。

基于吉林外国语大学、浙江树人学院、黄河科技学院、大连东软信息学院、西湖大学5所现阶段高水平民办高校的案例分析，发现高水平民办高校生成机制具有"外适应性"和"内交互性"，五大要素之间相互影响、相互作用，呈现动态演化的特点。

总之，高水平民办高校在发展过程中，始终受到一条主线（创新创业精神）和两种逻辑（公益逻辑、商业逻辑）影响。企业家精神是社会进步的动力，创业者的创新行为是经济增长的根源。争创一流、敢于冒险、永不放弃、执着追求的企业家精神或称创新创业精神是高水平民办高校生成的核心驱动力，是支撑民办高校从平凡走向卓越的重要力量。民办高校受到双重逻辑影响，即公益逻辑（教育逻辑）和商业逻辑（市场逻辑），高水平民办高校在发展过程中较好地处理了教育公益性和资本逐利性之间的矛盾，始终以公益逻辑为主导，坚持社会主义办学方向，同时以市场逻辑促进教育事业发展，做到公益逻辑与商业逻辑共荣共生。

二　中国高水平民办高校生产的特点

中国高水平民办高校的形成并非一蹴而就，而是一个漫长的过程，其具有自身规律，规律是无声的命令，正确认识和科学把握其规律，对于建设高水平民办高校具有重要意义。

第一,生成时间的渐进性。

一所高水平民办高校的形成并非一日之功,也不是一时心血来潮,更不是对外广告宣传,需要尊重教育规律,日积月累、久久为功,需要时间积累、文化积淀,少则二三十年,多则数十年乃至上百年。只有循序渐进,经过岁月洗礼,民办高校才能不断成熟,走向高水平。当然,也有后发新兴大学在短时间内快速崛起的案例,诸如沙特阿卜杜拉王国科技大学、韩国浦项科技大学、香港科技大学,中国大陆境内近年来发展迅猛的西交利物浦大学、南方科技大学以及西湖大学,均展现出超常的发展速度。但是对于绝大多数现有的民办高校而言,按部就班,循序渐进,依然是基本规律。

高水平民办高校生成的渐进性主要体现在以下几个方面:其一,从无序到有序。中国现阶段很多高水平民办高校都是从"摸着石头过河"开始,从无到有、从小到大、从弱到强,一般会经历从重硬件建设,到重制度建设,再到重内涵建设的过程,管理逐步走向规范,制度逐渐走向健全。有学者将民办高校建设中的"陕西现象"归因于其遵循了"八元四级"构架模式和螺旋式前进的规律。"八元"是指资金、条件、规模、结构、质量、效益、竞争、创新。各元素之间现相互独立,又相互联系;既相互制约,又相互促进。"四级"即以上每两个元素构成一级,构建了第一级,才有可能上升到第二级,依次类推民办高校的发展呈现一种逐级提升,螺旋式前进的规律。[①] 其二,从低层次到高层次。大多数高水平民办高校并非高起点发展建设,一般都经历了办学层次的提升,从非学历教育到学历教育,从自考进修到专科教育,从专科教育到本科教育,从本科教育到研究生教育,从依附于公办高校到独立办学,每提高一个层次,硬件条件、投资经费、师资队伍的标准要求也会随之上升,实际上就为更高水平的建设创造了新的契机,注入了新的动力。其三,从滚动发展到良性运行。办学理念的持续更新、办学资源的持续投入、外部政策的持续支持、合作伙伴的协同共赢等都是高水平民办大学建设过程的所需,也是其实现高水平的应然举措。以办学经费的投入为例,中国很多高水平民办高校办

---

① 王庆如:《民办高校办学水平提升策略研究》,博士学位论文,陕西师范大学,2012年。

学至今,主要办学资金来自举办者初期的投入及办学过程的学费收入自身积累,依靠滚动发展,不断发展壮大。

第二,生成规模的有限性。

由于历史和政策的局限,中国高水平民办高校的发展空间均受到一定限制,和公办高校相比存在较大差距,只能是民办高校群体中相对而言好一点的学校,也就是"矮子里面拔将军"。现阶段所谓的"高水平民办高校",还不是"高水平高校中的民办",而是"民办高校中的高水平"。

高水平民办高校生成的有限性主要体现在以下三个方面。其一,数量的有限性。不是所有的民办高校都能上到足够高的台阶,只有励精图治,奋发有为,才可能实现办学层次的跃升和教育质量的卓越,达到一定的高度。正如一流大学的数量较为屈指可数,高水平民办高校总是有限的,全国700多所民办高校中只有少部分是卓越者。其二,发展的有限性。高水平民办高校并不一定意味着教学科研、社会服务全面处于高水平,可能是在学科、专业、科研、国际化、信息化、培养模式、党建思政、校企合作等某一方面局部突破,以点带面,形成独特优势。例如,吉林外国语大学在学科专业建设方面堪称高水平,西京学院在应用型科研方面领先于同类民办高校,黄河科技学院在校企合作方面独树一帜。由于受发展阶段所限,"高水平"主要体现在独特的竞争优势以及不易被模仿的办学特色,高水平民办高校注重战略选择,追求有限卓越坚持"伤其十指,不如断其一指",擅长扬长避短,"一俊遮百丑"。其三,声誉的有限性。中国民办高校发展历史较短,虽然当前少部分高水平民办高校声名鹊起,在同行中形成良好的口碑和一定的影响力,但是公办高校长期占据垄断地位和绝对性优势的局面并未改变,民办高校的社会影响力和美誉度仍然有限,未来还有很长的一段路要走。

第三,生成状态的稳定性。

高校的生命不同于企业,有其特殊性。百年高校常有,百年老店难得。企业由盛而衰易,一个企业办到辉煌,说不定过一段时间就会衰亡,但是,高校只要能进入成熟期,基本上较少有衰亡的。有学者指出"大学作为社会的人工组织,它以人的目标为指向,具有'权变性的外观',其内部不存在使其必然终止的固有因素"[①]。大学的生命终止主要是其自身与环境不适应的结果，是由于无法顺应经济社会的变革、不合理的制度、缺乏创新应变能力等造成的。

综观现阶段中国高水平民办高校的发展经验，这些高校一般有适合自己的战略规划，它们能够保持与环境的适应性，通过自我的资源积累，实现螺旋式上升发展，不断生成更高级的组织。民办高校发展到一定阶段，跃升到一定层次，进入一定序列，达到一定的水平，形成一个自组织，那么就会相对固化，巩固现有优势，形成比较优势，不会轻易跌落下滑，会对其他竞争者形成排斥，可以超越自我，实现无限发展的可能。此外，高水平民办高校坚持非营利性办学，这也有利于其稳定发展。有学者研究发现国外非营利性私立高校的生命周期一般长于营利性私立高校，非营利性私立高校的校龄平均为109年，营利性私立高校的校龄平均为65年。[②] 这主要是因为坚持非营利性，可以获得更多的政府支持、争取更多的社会捐赠、吸引更多卓越的校长和学者的加入，能够有效化解各种内外部风险。

第四，生成资源的集聚性。

民办高校作为公益创业的产物，发展中始终要面临的就是资源短缺的瓶颈问题，因此将资源拼凑整合和利用当作生存的头等大事。"一所民办高校的核心竞争力的重心是整合（主要包括吸纳、转化、运用）优质教育资源（包括人力资源、物力资源、财力资源）的能力。"[③] 高水平民办高校具有较强的资源集聚能力，特别是高端人才集聚能力，包括管理人才、专业人才、学科带头人，高水平民办高校集聚了优质的人才、资金、学术等资源。高校人才吸引具有"以人才引进人才"的特点，当高水平民办高校汇聚了一批高层次人才后，往往会更容易吸引更多的优秀人才加盟。当资源更加密集时，学校的创新活力愈发增强。

高水平民办高校往往具备高度凝聚的内部合力，领导班子和谐奋进，

---

① 陈平水、连仙枝：《生命理论诠释大学组织的可行性研究》，《教育理论与实践》2006年第9期。

② 王一涛、徐绪卿、鞠光宇：《美国两类私立高校的发展路径探析》，《教育研究》2018年第8期。

③ 周国平、胡一波：《民办高校核心竞争力初探》，《黑龙江高教研究》2006年第9期。

以人为本，高效管理，能够吸纳优质人力资源，并且建立一套转化、运用机制，充分发挥人才的潜能。高水平民办高校善于整合利用校内相关资源，合理配置内部的有形资源和无形资源，并对资源进行有效转化，以获取社会效益、办学效益的最大化。高水平民办高校充分把握社会需求，有效借助外力开发利用资源，扩大资源的来源，动员社会各界力量获得经费资源、社会资源、政治资源，重视校际合作共享资源，广泛吸纳国际高等资源。因此，民办高校的资源集聚能力越强，其发展水平就越高。

第五，生成过程的周期性。

组织生命周期理论认为，组织在成长过程中是循序渐进的，是自然而连续的，组织在其不同的成长阶段有不同的活动特征和组织结构。[①] 高水平民办高校和其他组织一样，具有生命特征，有着生命周期。学界比较认可的组织生命周期阶段的划分主要有爱迪思和葛瑞纳的五阶段论、奎因和喀麦隆的四阶段论、斯科特的三阶段论等。[②] 大学的发展任务在不同的发展阶段有所差异，借鉴组织生命周期领域较为常用的四阶段模型，结合高水平民办高校自身特点，可以将其生命周期划分为初创期、成长期、成熟期与蜕变期四个阶段。

首先，初创期的民办高校首要目标是"生存"。举办者在初创期时往往能够抓住发展机会，形成创业团队，创建组织雏形，增强合法性。学校此时最注重确保存活下来不倒闭，重点在于硬件建设。没有固定校园，则靠租借办学场地，多次搬迁校园，校园建设分期进行，滚动发展，通过银行贷款等方式多元筹资。缺乏专职教师，则大量聘请兼职教师和退休教师。生源较少，就重视招生宣传，通过各种形式招收自考、学历考试等非统招学生，千方百计增加招生数量。

其次，成长期的民办高校首要目标是"扩张"。随着学校的正常运转，民办高校开始注重规模，快速扩张，大扩招、大建设、大发展，通过银行贷款、融资、寻求政府支持等形式购买土地，新建扩建校园，增加占地和建筑面积，校园建设速度极快，招生规模迅速扩张，在校生人数上升。如

[①] 宣勇、张鹏：《组织生命周期视野中的大学学科组织发展》，《科学学研究》年2006年第S2期。

[②] 王薇：《学校发展阶段评价解释模型的建立及应用——基于组织生命周期理论》，《教育科学研究》2012年第3期。

果说初创期的办学就像在乡村公路上转来转去，速度提不起来，进入成长期之后，只要找到高速公路的入口，发展就慢不下来。这个入口指的就是办学理念、发展战略。在这一阶段，民办高校逐渐开始重视软件建设，加强学校规章制度建设、师资队伍建设、教学改革、学生管理等，聘请职业化校长，开展专业化管理，制定战略规划，加强战略管理，提高组织的可持续发展能力。

再次，成熟期的民办高校首要目标是"质量"。经历了初创期、发展期的规模扩张、外延发展，民办高校逐渐步入成熟稳定期，受外部政策影响较小，办学定位清晰、目标明确，经费较为充足，师资队伍结构合理，人才培养质量不断提升，办学运行井然有序，治理结构趋于合理。学校建立了一套高效的管理系统，规范了决策程序，逐渐走上良性循环，获得社会认可。这个阶段民办高校的主要目标是提质量、抓内涵、创品牌、树特色。高水平民办高校一般走过了初创期的困境和发展期的迷茫，步入了成熟期。

最后，蜕变期的民办高校首要目标是"变革"。不同于其他组织，高水平民办高校在后成熟期往往不会走向衰败，而是会在一个阶段徘徊，有学者称之为"发展转型期"[1]"稳定与提高的新阶段"[2]"高原期"[3]，其办学水平停滞不前，生存空间日趋局促，前途命运未卜难测。民办高校的蜕变主要有产权形态（如所有权转让、变更）、组织形态（如升格、专设、转型）以及产品形态（如培养规格、新增研究生培养、人才培养模式创新等）三种类型。民办高校完成蜕变之后，改变组织运行的惰性，进一步增强组织发展的活力和动力，转型发展，再次进入新的成长期，形成一个循环往复的过程。

全球视域下，世界一流私立大学的生成表现出一定的差异性。从国情出发，各国具有相对特殊的私立大学发展模式，典型的如"先发—自然成熟"美国模式、"先发—政府指导"的韩国模式、"后发—基金会主导"

---

[1] 沈剑光：《民办教育发展的战略转型与政策应对》，《教育研究》2009年第8期。

[2] 温锐、刘世强、熊建平：《略论当前我国民办高校发展定位的转型》，《教育研究》2008年第11期。

[3] 王庆如、司晓宏：《民办高校发展面临的"高原现象"探析——以陕西民办普通高校为例》，《高等教育研究》2011年第11期。

的土耳其模式和"异质—政府放任"的拉美模式,① 不同模式下一流私立大学的生成机制不尽相同,但都具备诱发生成的关键因素,这些诱发性因素包括政治环境、法律法规、资金支持、知识创新、思想解放以及私立大学改革者的努力,不同因素之间的偶发性组合促成了特定国家、特定地区私立高等教育组织的再造与革新。

从共性角度看,能够通过主动的组织创新来适应和推动学术知识的演变被认为是世界一流大学生成的重要机制,② 这是强调作为组织创新主体的一流大学在创造卓越过程中的能动作用。在不同国家地区间,卓越的组织创新会逐渐演变为高等教育场域中的制度逻辑,获得高度认可,并被竞相模仿,实现一流生成机制的制度扩散,促成世界一流大学的群聚式生成。在这种具有共性的生成过程中,融合了本土化的生成要素,不同的政治环境,渠道多元的资金支持,科学与人文的知识交汇,宗教思想的解放,造就了世界一流私立大学生成机制的差异。

中国高水平民办高校的生成具有相当程度的本土特色,从改革开放时期延续至分类管理时期的举办者创业,中国特色社会主义市场经济体制下的战略管理,不同政治经济社会背景下的资源开发,家族管理滥觞下的内部治理结构调整,不同制度环境下的合法性诉求,无不凸显中国高水平民办高校生成的独特性,这也是其与世界一流私立大学的差异所在。

第二节　创新之处

本研究围绕中国高水平民办高校生成机制这一核心问题,从社会创业的理论视角切入,对高水平民办高校诞生、成长、发展的机制进行全方位、多角度、立体式深入分析,形成规律性认识。作为一项系统的研究议题,本研究力图在以下几个方面实现突破创新。

---

① 李虔:《国外一流私立大学发展的多元模式研究——基于对美国、韩国、土耳其和拉美经验的考察》,《外国教育研究》2018年第8期。
② 崔乃文:《知识演变与组织创新:世界一流大学的生成机制分析,《清华大学教育研究》2017年第5期。

一 系统提出中国高水平民办高校的内涵、指标、特征

本研究从少数高水平民办高校"洼地崛起"现象入手,分析了中国高水平民办高校的基本内涵、评价指标及主要特征,提出高水平民办高校概念具有模糊性、相对性、理念性、实践性、动态性。通过问卷调查、量化分析,构建了高水平民办高校的核心指标体系,包括办学资源、治理能力、人才培养、科研服务、办学声誉5个一级指标和15个二级指标、47个三级指标,在此基础上形成了中国高水平民办高校圈层结构模型,进而提出高水平民办高校的五大基本特征,对于未来高水平民办高校研究和政府完善民办高等教育政策具有一定启发意义。

二 从社会创业理论视角构建高水平民办高校生成机制模型

本研究另辟蹊径运用社会创业理论,抓住举办者创业精神这一核心要素,对中国高水平民办高校的成长奥秘、发展过程、生成机制进行学理分析,构建了中国高水平民办高校生成机制模型,包括5个子机制:动力机制——举办者创业驱动;导引机制——战略管理;发展机制——资源整合;决策机制——治理结构;保障机制——合法性,其中举办者企业家精神(创新创业精神)是高水平民办高校生成的关键和灵魂,战略管理是方向,资源整合是核心,治理结构是基石,合法性是支撑。本研究由外至内,鞭辟入里,打开民办高校内部成长的"黑箱",拓展了社会创业理论在高等教育研究中的运用,增加了民办高等教育研究的深度,具有一定的创新性。

三 提出适合中国国情的高水平民办高校建设对策建议

本研究积累了高水平民办高校发展的第一手案例资料,通过5个案例揭示了高水平民办高校生成机制的动态演化过程,可以为今后研究提供经验性资料。本研究坚持问题导向,力求理论指导实践,针对中国高水平民办高校运行中存在的公益逻辑和市场逻辑"双元逻辑"并存这一悖论,提出建设高水平民办高校的一系列对策建议,具有一定可行性。结合美国、日本、韩国3个私立高等教育发达国家的经验探索,既放眼国际一流私立大学发展经验,又立足中国投资办学的特殊国情和民办高校发展的本土情

境，相关改革策略对于民办高校健康持续发展具有一定启发意义。

第三节　发达国家高水平私立大学的经验

20世纪80年代以来，全球私立高等教育，主要体现为需求吸收型私立高等教育迅速增长，快速扩张，已成为高等教育系统的重要组成部分。"高等教育规模增大主要发生在私立高等教育系统，目前约有30%的学生在私立高校学习。"[1] 私立高等教育发展既有积极影响，也有消极影响，消极影响包括教育质量相对低下、教育机会不公平加剧、专业和区域结构失衡，其原因在于没有坚持私立高等教育的非营利性质、缺乏政府和社会的监管。[2]

从全球来看，美国、日本、韩国均拥有发达的私立高等教育体系，私立大学是三国高等教育体系的重要组成部分，其先发经验对于我国民办高等教育发展具有积极的借鉴意义。我国民办高等教育从20世纪80年代恢复发展至今，已经成为我国高等教育事业的重要组成部分。我国民办高等教育的发展路径与发达国家私立大学的发展路径存在差异，这决定了我国高水平民办大学建设的进程中，既要充分借鉴国外一流私立大学的发展经验，又要立足中国大地，探索具有中国特色的民办高等教育发展路径与模式。

据美国国家教育统计中心（NCES）的统计，从2005年到2022年，美国高校数有所下降，从4276所减少至3777所，主要是私立高校数量下滑，2012—2013学年，私立大学数量到达顶峰，高达3103所，2021—2022学年却下降至2203所，其中营利性私立高校大幅下滑是关键原因。截至2021—2022学年，美国共有能够授予学位的高等教育机构3777所，其中，公立大学1574所，私立高校2203所（包含非营利性私立大学1587所，营利性私立大学616所），公立大学、非营利性私立大学、营利性私立大学

---

[1] Philip G. Altbach, etc., "Trends in Global Higher Education: Tracking an Academic Revolution", *A Report Prepared for the UNESCO 2009 World Conference on HigherEducation*, Vol. 14, 2009.

[2] 蒋凯：《全球私立高等教育发展影响的批判性分析》，《复旦教育论》2016年第14期。

三者所占比例分别为42%、42%、16%，非营利性私立大学约占私立高等教育规模的72%。详见表8-1。美国私立大学的发展奠定了美国高等教育的优势，如今，美国已经成为世界上高等教育最发达的国家，很多私立大学已经成为世界一流大学。

表8-1　美国不同学年授予学位高等教育机构数及其变化情况一览表①

学年	总高校数（所）			公立高校数（所）			私立高校数（所）							
							总计	4年	2年	非营利			营利		
	总计	4年	2年	总计	4年	2年				总计	4年	2年	总计	4年	2年
2005—2006	4276	2582	1694	1693	640	1053	2583	1942	641	1647	1534	113	936	408	528
2006—2007	4314	2629	1685	1688	643	1045	2626	1986	640	1640	1533	107	986	453	533
2007—2008	4352	2675	1677	1685	653	1032	2667	2022	645	1624	1532	92	1043	490	553
2008—2009	4409	2719	1690	1676	652	1024	2733	2067	666	1629	1537	92	1104	530	574
2009—2010	4495	2774	1721	1672	672	1000	2823	2102	721	1624	1539	85	1199	563	636
2010—2011	4599	2870	1729	1656	678	978	2943	2192	751	1630	1543	87	1313	649	664
2011—2012	4706	2968	1738	1649	682	967	3057	2286	771	1653	1553	100	1404	733	671
2012—2013	4726	3026	1700	1623	689	934	3103	2337	766	1652	1555	97	1451	782	669
2013—2014	4724	3039	1685	1625	691	934	3099	2348	751	1675	1587	88	1424	761	663
2014—2015	4627	3011	1616	1621	701	920	3006	2310	696	1672	1584	88	1334	726	608

---

① Degree - granting postsecondary institutions："by control and level of institution：Selected years, 1949 - 50 through"（https：//nces.ed.gov/programs/digest/d21/tables/dt21_317.10.asp? current = yes）.

第八章　研究总结与展望

续表

学年	总高校数（所）			公立高校数（所）			私立高校数（所）							
										非营利			营利		
	总计	4年	2年	总计	4年	2年	总计	4年	2年	总计	4年	2年	总计	4年	2年
2015—2016	4583	3004	1579	1620	710	910	2963	2294	669	1701	1594	107	1262	700	562
2016—2017	4360	2832	1528	1623	737	886	2737	2095	642	1682	1581	101	1055	514	541
2017—2018	4313	2828	1485	1626	750	876	2687	2078	609	1689	1590	99	998	488	510
2018—2019	4042	2703	1339	1636	768	868	2406	1935	471	1664	1577	87	742	358	384
2019—2020	3982	2679	1303	1625	772	853	2357	1907	450	1660	1568	92	697	339	358
2020—2021	3931	2637	1294	1587	752	835	2344	1885	459	1640	1555	85	704	330	374
2021—2022	3777	2520	1257	1574	716	858	2203	1804	399	1587	1502	85	616	302	314

从美国高等教育机构秋季入学人数来看，私立大学在校生人数和占比稳中略有上升。2005年，美国高等教育总在校生数为1748.7475万人，其中，公立大学1302.1834万人，私立大学446.5641万人，分别占74.5%、25.5%。2021年，美国在校总大学生数为1865.9851万人，其中，公立大学1354.3524万人，私立大学511.6327万人，分别占72.6%、27.4%。

日本的私立高等教育非常发达，在促进本国经济发展、培养拔尖创新人才、提高国家科研水平方面发挥了重要作用。截至2022年，日本私立大学有620所，占日本大学数量76.8%，私立大学学生数量有40.3625万人，占日本在校大学生总数的64.4%。从高校数量和学生数量来看，日本私立高等教育已经是日本高等教育的重要组成部分。详见表8-2。

表 8-2　　日本高等教育机构与学生数量统计一览表①

年份	高校总计（所）	国立高校（所）	公立高校（所）	私立高校（所）	私立高校比例（%）	学生总计（所）	国立高校学生数量（所）	公立高校学生数量（所）	私立高校学生数量（所）	私立学生比（%）
1955	228	72	34	122	53.5	523355	186055	24936	312364	59.7
1960	245	72	33	140	57.1	626421	194227	28569	403625	64.4
1965	317	73	35	209	65.9	937556	238380	38277	660899	70.5
1970	382	75	33	274	71.7	1406521	309587	50111	1046823	74.4
1975	420	81	34	305	72.6	1734082	357772	50880	1325430	76.4
1980	446	93	34	319	71.5	1835312	406644	52082	1376586	75.0
1985	460	95	34	331	72.0	1848698	449373	54944	1344381	72.7
1990	507	96	39	372	73.4	2133362	518609	64140	1550613	72.7
1995	565	98	52	415	73.5	2546649	598723	83812	1864114	73.2
2000	649	99	72	478	73.7	2740023	624082	107198	2008743	73.3
2005	726	87	86	553	76.2	2865051	627850	124910	2112291	73.7
2010	778	86	95	597	76.7	2887414	625048	142523	2119843	73.4
2015	779	86	89	604	77.5	2890880	609473	152931	2128476	73.6
2020	795	86	94	615	77.4	2930780	596195	163103	2171482	74.1
2021	803	86	98	619	77.1	523355	186055	24936	312364	59.7
2022	807	86	101	620	76.8	626421	194227	28569	403625	64.4

韩国是一个由私立院校主导高等教育的国家。韩国高等教育机构多元，依据设立主体的不同，分为中央政府设立的国立大学、地方政府设立的公立大学和学校法人设立的私立大学。私立高校是韩国高校的主体，占比高达80%—90%，是韩国高等教育普及化的主要推动力量。韩国私立大学的整体社会声誉和公众认可度并不低于公立大学②，在各类大学排行榜上，一流私立大学数量超出一流公立大学。

1955年，韩国私立大学就达到58所，占总数的81.6%，比同时期的

---

① 日本文部科学省统计要览：《大学数》（http://www.mext.go.jp/b_menu/toukei/002/002b/1417059.htm）。

② Teixeira, P., Kim, S., Landoni, P., Gilani, Z., "Rethinking the Public - Private Mix in Higher Education", *Rotterdam*: Sense, Vol. 9, 2017.

日本都高出了 28 个百分点，私立大学办学规模保持稳定，始终保持在 80% 以上。根据韩国统计厅的数据，自 2011 年以来，韩国高等教育机构的总数稳定在 430 所左右，2017 年出现下降，高等教育机构总数降至 418 所，主要是由于私立高校的数量略有下降。但 2017 年之后，高等教育机构的总数稳定在 420 所左右，私立高校数占总高校数的比例也保持在 86% 以上。截至 2023 年 6 月，韩国高等教育机构总数为 411 所，其中私立高校 354 所，占比 86.13%，相比 1995 年提高了近 5 个百分点。详见表 8-3。

表 8-3　　　　韩国私立、公立、国立高校数量一览表①　　　　（单位：所）

年份	2015	2016	2017	2018	2019	2020	2021	2022	2023
私立	375	374	359	359	359	354	354	354	354
公立、国立	58	58	59	58	58	57	57	57	57
私立占比（%）	86.61	86.57	85.89	86.09	86.09	86.13	86.13	86.13	86.13

发达国家私立大学发展历史悠久，QS2022-2023 世界大学排行榜中，美国大学 300 年以上校龄的有 2 所，分别是全美第一所高等教育机构哈佛大学（382 年）和耶鲁大学（317 年），而美国公立高等教育系统只有 200 余年历史，私立高等教育的历史要远超公立高等教育。从发达国家高水平私立大学发展之路来看，美国、日本、韩国等发达国家一流私立大学云集，全球闻名，主要具有以下三大特点。

一　完善的立法和政策引领私立大学发展

美国"达特茅斯学院诉讼案"确立了私立大学的神圣不可侵犯性，此后各州政府在高等教育立法时非常尊重和保障私立大学的地位、价值和教育自由。美国私立大学的发展与各州相关政策的制定与执行密切相关。不同州由于其政治、经济、规模及历史等存在差异，高等教育政策不尽相同。各个州都充分利用市场竞争机制，促进私立高等教育的繁荣发展。各

---

①　韩国大学资讯网：《韩国私立、公立、国立高校数量》（https://www.academyinfo.go.kr/intro/intro0330/intro.do）。

州私立高等教育和公立高等教育均处于平等地位，享有平等的权力和待遇。州政府大部分学术研究均采取竞争来配置，私立大学与公立大学教员在平等的基础上竞争申请。联邦助学金和助学贷款都是根据评估的需求发放，经过认证的公立或私立高等教育机构都可以申请。政府的财政资助更加讲求效率，州政府对私立机构的直接资助主要以特定服务的竞争性合同形式提供，政府主要确立需求以及满足这些需求而竞标相关资源的条件，而不是直接决定哪些机构可以获得特定的设施或项目。美国私立高等教育实行非营利性和营利性分类管理，两类私立大学适用不同的管理体系，美国一流私立大学无不是非营利性大学。

日本1947年通过了《教育基本法》，随后相续出台《日本学校教育法》《日本私立学校法》《大学设置基准》《日本私立学校振兴助成法》等一系列法律，由此构成了日本私立大学的基本法律框架。根据《学校教育法》，私立学校是学校法人开办的学校，不是由私人举办，学校法人本质上是属非营利性的公益法人。日本《私立学校法》是日本私立教育制度上划时代的变革，为私学制度的发展提供了详细完备的法律保障。在法律框架下，日本政府加强顶层设计，细化政策法律法规。《私立学校振兴助成法》规定，政府可以以法规性资助的形式向私立高校提供资助，此项规定有利于提高私立高校的法律地位。学位授予是私立大学最为核心的功能之一，日本政府为规范私立大学学位授予制度，制定了《学位授予法》和《学位授予令》。由于私立大学通常由具有法人资格的"学校法人"组织管理，日本政府特别制定了《学校法人法》和《学校法人令》，规定学校法人建立、组织形式、财产、财务管理和解散程序，对学校法人等管理者的选拔和任免制度进行细化。在教育教学方面，日本政府专门制定《卓越教育人才育成支援法》，规定对私立大学进行卓越教育和人才培养支援的措施，促进私立高校提高质量。此外，日本政府为保障私立大学教职员工相关福利，制定《私立学校教职员共济法》，完善教职人员的各项待遇。

韩国在私立高等教育发展过程中，制定私立教育专项法律，以扶持私立高等教育事业发展，包括《高等学校设置法》《学术振兴法》《私立学校法》《私立学校教师退休实施法》《私立学校教师健康保险法》等。《民办学校法》对私立大学的设立、管理、经营作出规定，促进了私立教育的公共性，推动了私立大学发展。20 世纪 80 年代，韩国政府开始陆续实施高等教育改革计划。为了给高等教育规模扩张提供较为充足的经费，韩国政府颁布并实施《教育税法》，将教育税定为 18%，教育经费较以前有大幅增长。为了扩大大学定员额度，实行大学毕业定员制，从而确保大学毕业生质量，促进私立大学的发展。这些法令法规的颁布，使韩国的教育法规体系日臻完善，进而保证了私立高等教育在韩国迅速、有序发展。国会还不断对《私立教育法》和《教育法》进行修订，多达数十次，以适应社会进步、经济发展需要。韩国政府相继实施了卓越类、基础类及特定需求类三类高教工程，包括"世界一流大学工程""21 世纪智慧韩国后继工程""新大学区域创新工程""产学合作先导工程""韩国创新大学工程"，等等。在这些政府工程中，私立和公立大学的研究团队和研究者均可获得资助。政府对于私立大学的发展采取"统管与扶植"相结合的形式，私立大学形成与国立、公立大学均衡竞争和合作的格局，获得了迅速崛起为世界一流高校的战略指导。

二 多元经费筹措渠道有力保障办学经费

毋庸置疑，稳定充裕的办学经费是私立大学迈向一流的重要保障。发达国家私立大学的经费来源相对灵活和多样，社会捐赠、财政拨款、校办产业等多元化的融资渠道使其办学经费充足。

美国私立大学经费充裕。庞大的社会捐赠资金为美国建设世界一流私立大学奠定了坚实基础。美国私立大学社会捐赠历史悠久，哈佛大学、达特茅斯学院等私立大学就是社会捐赠建立的。在捐赠结构上，包括校友捐赠、非校友个人捐赠、混合模式、大额筹款四种形式。[1] 其中，校友捐赠是美国私立大学筹资的最主要形式，通常由学校为校友提供各种福利，建立校友会员制度，以多种方式维系情感，从而争取捐赠。非校友个人捐赠也较为普遍，不时会有巨额捐赠，如斯坦福大学在 2022 年收到"风险投资之王"约翰·杜尔夫妇 11 亿美元的捐赠。混合模式混合了校友、公司等多方筹资主体，灵活性强，但不常规化。大额筹款具有高度的战略性，

---

[1] 梁显平，洪成文：《西方发达国家高等教育社会筹资：经验、特点及趋势》，《比较教育研究》2018 年第 3 期。

如哈佛大学设定65亿美元筹款目标，用于教学改进、学生资助以及神经科学、干细胞和能源研究[①]。为何美国一流私立大学能获取大量捐赠，其原因主要有以下两个方面。一是源于捐赠资金的法律保障与税收激励。完备的法律制度是美国私立大学捐赠办学活跃的重要保障，诸如美国《遗产税法》《国内税法》《高等教育法》《国内税收法》等在内的多部法律为私立大学面向社会筹资"保驾护航"。为了鼓励社会捐助高等教育事业，美国政府开发了多样化税收减免制度，通过减税机制刺激不同群体进行慈善捐赠。二是源于完善的大学筹资运营机制。美国私立大学设置专业的筹资机构与人员，处理不同模式的社会捐赠项目，筹款人包括职业经理人、大学校长、首席资源发展官、二级学院院长及董事会成员。在筹资基础上开展成熟的市场化经营是美国私立大学筹资总量领先世界的"秘诀"之一，包括校外基金经理投资、投资公司投资、大学成立专门管理公司等多种形式。

　　日本私立大学经费来源多样化，私立大学与政府、企业、校友会之间紧密联系，使得其在经费方面相对充足，为教学、科研等方面带来了更大的自主权和发展空间。一是政府补贴。日本《私立学校振兴助成法》规定，为私立大学提供用于教育和研究所需的经常性财政支持，财政支出主要有"一般补助"和"特别补助"两种。一般补助是对私立大学运营所必需的教育和研究等方面的经常性开支进行财政补助，促进整体私立大学教育质量的提高；特别补助则是专项补助，属于竞争性资金，根据开设项目的不同，甄选符合要求的私立大学进行重点补助。以2022年为例，日本政府为私立大学的经费提供了3472亿日元（约合174.6亿人民币）的基本支援费，其中包括设立补助、研究费、政策性拨款等多个项目。政府最高可以补助私立大学在教学和研究支出的二分之一，促进私立大学的健康发展。二是学费收入。日本私立大学的高学费也是其经费来源的重要组成部分。由于私立大学的教育资源比较优越，因此学费相对公立大学高很多。私立大学的学费从数百万日元到上千万日元不等，不同学校之间的差异相当大。根据日本学生支援机构（JASSO）的统计，日本国公立大学本科第一年平均学费折合人民币约4.2万—4.7万，而私立大学各专业平均学费

---

① Harvard Campaign：http://campaign.harvard.edu.

第八章　研究总结与展望

约 5.6 万—7.2 万人民币，其中医学专业本科第一年平均学费甚至高达 26 万人民币。三是捐赠和基金会。捐款来源渠道多种多样，有公司捐款、团体捐款、个人捐款、校友捐款等。捐款的类型包括一般捐款和特别捐款，前者没有特定的指定用途，而后者是专款专用，强调指定用途。私立大学还委托基金会来管理基金，以增加运营收入。四是产学研合作。日本私立大学与企业合作的形式多样化，典型合作形式包括企业对研究提供赞助、大学设立企业实习课程、大学为企业提供人才培训。

韩国私立大学一直得到政府有计划的战略指导和经费支持，同时有大财团的经费支持，因此经费来源充裕。受益于政府竞争性资助项目，一批私立大学向高水平研究型大学成功转型。在"面向 21 世纪的智慧韩国工程"中，共有 14 所大学入选一流研究生院重点建设规划，其中 9 所为私立大学。"世界一流大学项目""升级版智慧韩国工程"等高等教育改革计划也遵循同样原则。这一做法促成公私部门间的良性竞争格局，这也使韩国成为美国之外培育私立研究型大学数量最多的国家。同时，韩国的大企业、大财团在提供捐赠资金方面为私立高校的发展发挥了积极的作用。韩国许多私立大学在建校之初就和韩国各大企业财团建立了稳定的合作关系，如三星集团和成均馆大学联姻，现代集团支持创立蔚山大学，韩进集团与韩国航空大学关系密切。私立大学发展更多依赖利益集团资金，私立大学财团的实力及其运营机制对大学发展产生重要影响。办学质量越高、声誉越好的私立高校受到资助的机会就越多，排名较高的私立大学更容易吸引捐赠资金。根据韩国私立学校促进基金会的调查数据，顶尖私立大学吸纳了整个高等教育捐赠份额的 30% 以上。韩国企业财团对高等教育有着重要影响力，大企业、大财团通过赞助大学教育的方式，既可以获得一定程度的税收减免以及扩大财团社会贡献知名度，又在潜移默化之间为财团未来发展培养和储备人才力量。比如，背靠韩国第一大财团三星集团的成均馆大学，号称"学生毕业就是三星人"，三星集团对成均馆大学的半导体学科建设进行重点投资，服务企业科技创新。延世大学在创办初期就是为了培养延世集团的专业人才，以工科见长，被称为"韩国的麻省理工"。财团虽然为私立大学提供经费和资助，但是不会干预大学的经费使用、人事配置和日常管理，充分保证私立大学的自主性和独立性。韩国财团提供的充足经费与校企合作机会，保障了私立大学能够在较短时间内取得良好的质量和声誉，促进私立大学的良性循环。

三 坚持特色化发展增强私立大学生存韧性

美国私立大学注重个性化、特色化发展，追求卓越，争创一流。第一，美国私立大学为教师提供有竞争力的工资和福利。美国一流私立大学在科研、教学方面领先世界，很大程度上得益于它们拥有一批世界顶尖的专家、教授，完备的教师支持体系是这些顶尖专家们加入私立大学的重要原因。美国私立大学的师均工资高于公立大学，而且在世界上拥有绝对领先优势，能够吸引全世界人才。私立大学工资结构较为多元，主要包括教学工资、研究工资、学术支持工资、学生服务工资和机构支持工资等。一流私立大学建立终身教职制度，用于选拔和培养一流师资，让教师心无旁骛从事长期性、基础性研究。第二，特色鲜明的董事会制度奠定了内部治理基石。在美国大学治理体系中，董事会是关键一环，具有独立于政府部门监管的权力，通常由校外人士和学校内部的代表组成。董事会是私立大学内部治理的基础和法律意义上的所有者，负责大学建设、发展和运行的最高决策。伯顿·克拉克指出，"董事会最重要的职责是任命大学的行政负责人，即校长，并把许多权力委托给他，与此同时保留其余权力和最终的法律控制权。当然委托给校长哪些权力是由董事会和行政机构各自权力的历史发展来决定的。"[①] 作为美国一流私立大学运作的"灯塔"，董事会制度具有鲜明特色，人员结构多元，设立了教授代表和学生代表席位，形成校外人士、校长、教授和学生分享大学治理决策权的组织机制，许多重要信息都予以公开。第三，招徕优秀的生源铸就卓越的声誉。不同于州立大学，美国私立大学会更注重录取学生的地理多样性，其生源相对更多样化。公立大学在招生过程中更留意学生的平时成绩（GPA）、标准化考试成绩等学术成绩。私立大学在重视成绩数据之外，还要考虑评估学生的课外活动、申请文书、推荐信、面试、个性品质等"软条件"，其目的在于找到与学校气质匹配的学生、构成学生群体的多样化。

日本政府通过财政补助、政策支持等方式引导私立大学进行改革创

[①] 约翰·范德格拉夫等：《学术权力——七国高等教育管理体制比较》，王承绪等译，浙江教育出版社2001年版，第6页。

第八章 研究总结与展望

新、分类发展，私立大学类型多样，各具特色。日本私立大学团体联合会对入选"私立大学等改革综合事业"的154所私立大学展开调查，将私立大学的经营模式和战略特征总结为4类：教育质量转换型，区域社会经济发展促进型，国际化发展重视型，创新型。[①] 譬如，文部省设立"地域社会贡献型"的目的是鼓励和支援具备申报该类型的私立大学积极为地方社区做贡献，招收在职人士开设再教育课程，强化其在生涯教育方面的功能。参与该类型评选的私立大学需在以下几个方面具备特色或潜力：与地方政府签订战略性合作协议；设置全校性的产学合作中心；与地区合作共同开发可解决区域问题的教育项目；对所在地域的学校进行教育支援和育儿支援；接收在职人士；根据地区政府和地区产业发展的需求，制定在职人士能力再培训的项目等。[②] 例如，东京农业大学积极开展"东日本支援项目"，支持帮助遭受海啸破坏和辐射污染影响地区的农林重建和恢复工程；东洋学园大学设有面向向失业或退休人员就职再培训的"实践人才培训课程"，为东京奥运会及日本旅游业发展提供人才支持。在日本，私立大学很受年轻人的欢迎，得到民众认可。以日本第一所现代高等教育机构庆应义塾大学为例，截至2023年5月，该校在校人数33518人，其中本科生28747人，硕士研究生3369人，博士研究生1402人，教师共2784人，师生比达1∶14。日本私立大学拥有充分的办学自主权，可以灵活高效地应对市场变化，提高办学质量和办学效益。私立大学能够自主挑选师资和任命相关管理人员；自主设置学费标准，满足不同经济层次人员的需求；自主调整课程设置，办学灵活，课程实用性强。

重视开发和制定符合自身特色的发展策略，坚持特色发展，保持办学个性，是韩国一流私立大学的共同特征。韩国私立大学通过选择不同发展路径形塑办学特色。例如，延世大学秉持"共同创造未来"的办学理念，主张培养为社会做出杰出贡献的人才；庆熙大学走国际化办学之路，发展迅猛；蔚山大学推行"产学一体化"，为韩国现代集团提供人力资源。韩

[①] 日本私立大学团体连合会资料：《明日を拓く－私立大学の多様で特色ある取り組み》(https://www.mext.go.jp/b_menu/shingi/chousa/koutou/073/gijiroku/__icsFiles/afieldfile/2017/03/10/1382806_2.pdf)。

[②] 阙明坤，潘秋静：《大学如何以分类发展形塑办学特色——基于日本私立大学改革实践的思考》，《教育发展研究》2022年第21期。

国一流私立大学注重人才培养,在教育教学方面形成校本特色。浦项科技大学坚持"小而精"的办学定位,愿景是"成为一所为国家做出贡献、培养具有卓越品质和健全个人价值体系、富有创造力的全球领袖的创业型大学",创立宗旨是"通过卓越的教育培养未来的全球领导者,开展和利用引领科学技术领域的研究,通过教育、研究和产学合作服务国家和人类"。学校非常注重对在校生人数的控制,总学生数常年维持在 4000 人左右。截至 2022 年,韩国浦项科技大学有本科生 1285 人,研究生 2430 人,教授 290 人,研究员 779 人,学生获得奖学金的比例高达 97%,学校获得的研究资助经费是 22.97 亿美元,生师比为 4.6∶1,每位教员的研究经费高达 78 万美元,每个学生的年度教育支出达 10.2276 万美元。① 由于每所私立大学都具有别具一格的办学理念、培养目标、课程体系,所以形成了百花齐放、各具特色的办学格局。

他山之石,可以攻玉。美国、日本、韩国三国私立大学具有先发优势,以非营利性大学为主,办学经费渠道来源多元,法人治理结构完善,办学水平高,在全球享有盛誉,其发展经验可以为我国建设高水平民办高校提供有益借鉴。与发达国家私立高等教育悠久的历史相比,我国民办高等教育发展历史非常短暂,从组织生命周期视之,中国民办高校尚处于初创期和成长期,远未到达发达国家私立大学的成熟期。19 世纪末,曾担任哈佛大学校长 40 年之久的查尔斯·埃利奥特在回答约翰·洛克菲勒"建成一所世界一流大学需要什么"的问题时,提出需要"5000 万美金和 200 年的时间"。从中可见,建设高水平民办高校并非一朝一夕,必须付出艰苦卓绝的努力,瞄准目标,矢志不渝,久久为功。

我国民办高等教育诞生于特定的土壤,与西方私立大学和中国近代私立大学相比,有着不同的法律、体制、文化环境。从生成逻辑上看,改革开放后兴起的民办高校少部分是精英知识分子为实现其教育理想、教育情怀而创办的,绝大多数民办高校是在国家鼓励社会力量兴办教育的背景下创办的,受举办者逐利驱动,其天然具有"投资办学"特征。公益性事业一旦与营利勾连,往往会遭致诋毁与批评,这种投资办学特征决定了中国

---

① POSTECHhtt∶ps://www.postech.ac.kr/eng/wp-content/uploads/2022/01/POSTECH_At_AGlance_1.png.

民办高等教育并不具备如美国私立高等教育那样备受推崇的社会基础。不同于美国、日本、韩国私立大学"先发模式",我国民办高校属于"后发模式",在角色地位、政策环境、经费来源、发展路径、社会声誉等方面,存在明显的差异。因此,需要放眼国际,立足本土,既借鉴国外私立大学发展的经验,又结合中国高等教育办学实际情况,唯有如此,才能真正促进我国民办高等教育高质量发展,建设高水平民办高校。

第四节 研究展望

虽然本研究对中国高水平民办高校的内涵特征、影响因素、生成机理、发展对策等进行了探讨研究,形成了初步的认识,但是,本研究仍然存在一些有待进一步深化的地方,今后本领域研究应该着重体现以下几点。

首先,对于高水平民办高校的内涵外延需要进一步深入探索。随着民办高等教育营利性、非营利性分类管理持续推进,高等教育普及化的到来,经济社会发展的变革,教育强国战略的推进,中国民办高校发展面临着新的挑战,高水平民办高校建设的内外环境发生变化,资本市场对教育的冲击更为猛烈,高水平民办高校的内涵和特征研究需要与时俱进。民办高校类型多样,数量众多,研究型、应用型、职业技术型高水平民办高校有着不同的特征,有待分类研究。

其次,对于高水平民办高校的生成机制有待进一步深入研究。从理论研究的角度来看,高水平民办高校的生成机制涉及诸多学科的理论,如教育学、管理学、社会学、组织学、系统学等,但本文选取了一个全新的角度,从创业理论出发对高水平民办高校的生成机制进行初步探究,因此可供参考的研究成果有限。目前本研究虽然对于五大子机制的相互关系与动态演化有所涉及,但是囿于时间和篇幅,思考尚不深入,对于举办者创业驱动、战略管理、资源整合、治理结构、合法性之间是如何相互作用、相互影响、相互转化的,需要进一步思考和提炼,特别是需要从复杂性科学的角度进行深入研究,关注其非线性、开放性、不确定性、混沌、涌现等特点。对于不同举办模式的高水平民办高校的生成机制缺乏深入的比较分析,未来需要进一步深化该研究,以便提出更具阐释性、更有指导性、逻辑自洽的高水平民办高校生成机制模型。

最后，对于如何建设高水平民办高校需要进一步深入思考。中国民办高校不同于西方私立大学，也不同于中国近代私立大学，如何立足中国大地办大学，充分把握中国民办高校的本质特征和生成机制，推进高质量发展，加强内涵，提高质量，填补短板，办出特色，是一项系统工程。怎样加快高水平民办高校建设，实现由"人治"到"法治"，由"形似"到"神似"，由"数量"到"质量"，由"外延"到"内涵"，进而提升中国高等教育金字塔体系底端的质量，任重道远，道阻且长，这是未来研究需关注的地方。

随着全球社会企业运动的发展，这种新型的资源配置方式越来越受到各界关注，传统的非营利性组织和企业都有向中间状态的社会企业靠拢的趋势。中国一大批民办高校在快速发展过程中，兼具社会目标与经济目标，教育使命与市场使命，公益属性与商业属性，二者之间既矛盾又统一。随着《民办教育促进法》的修订，民办高校面临营利性、非营利性选择，已经走到十字路口，未来如何抉择，是继续延续社会创业的路径，还是走向泾渭分明，将直接关系到中国高水平民办高校的明天。

经济学家成思危先生说过："如果把教育比喻成一只大鸟，那么它的躯干就是义务教育；两个翅膀：一个是普通教育，另一个是职业教育；两条腿：一条是公办教育，另一条是民办教育。""教育这只大鸟要能站得住，就要公办教育和民办教育双腿支撑；要想腾飞，就要普通教育和职业教育双翅并举。"诚哉斯言！中国目前的状况是，一条腿长，一条腿短；一个翅膀硬，一个翅膀软。

对于民办高校发展，目光不能只看到未来3—5年，要将视野放得更长远，至少要看到30年、50年后的发展。回眸改革开放之初民营企业的发展，很少有人想到民营企业会异军突起，遑论预料到今天其占据半壁江山，举足轻重。同理，我们又怎能断然否定中国民办高校不会重振旗鼓、重塑形象呢？

百舸争流，奋楫者先；千帆竞发，勇进者胜。展望未来，中国高水平民办高校必将在中国高等教育改革的大潮中阔步前行，引领风采，走以质量提升为核心的内涵式发展道路，努力办人民满意的教育，成为中国高等教育的璀璨新星，成为服务社会经济发展的强大引擎，为推进教育现代化和建设教育强国增砖添瓦。对此，让我们拭目以待。

参考文献

一 著作类

毕振力：《民办高等教育的财政资助：现状、障碍与突破》，经济科学出版社 2015 年版。

常义斌：《大白的大学》，河南文艺出版社 2014 年版。

陈桂生：《中国民办教育问题》，教育科学出版社 2001 年版。

董圣足：《寻找职业校长：民办高校校长职业化问题研究》，科学出版社 2014 年版。

方芳、钟秉林：《我国民办高等教育财政支持制度研究》，北京师范大学出版社 2016 年版。

付八军：《创业型大学本土化的中国模式研究》，中国社会科学出版社 2018 年版。

甘德安：《血缘·制度·文化：中国家族企业传承》，经济科学出版社 2017 年版。

高晓杰：《美国营利性私立高等教育与资本市场》，广东高等教育出版社 2008 年版。

胡大白、樊继轩：《民办高校内涵式发展战略研究》，河南人民出版社 2013 年版。

胡卫：《民办教育的发展与规范》，教育科学出版社 2000 年版。

黄清云：《求索中崛起——上海民办高等教育发展与改革历程》，华东理工大学出版社 2017 年版。

蒋凯：《全球化时代的高等教育：市场的挑战》，北京大学出版社 2013 年版。

教育部高等教育教学评估中心：《中国民办本科教育质量报告》，教育科学出版社 2017 年版。

瞿延东：《我国民办教育的发展与管理》，海潮出版社 2000 年版。

柯佑祥：《民办高校定位、特色与发展研究》，华中科技大学出版社 2013 年版。

李维民：《民办高校发展战略与转型研究》，陕西人民出版社 2014 年版。

梁吉生：《允公允能 日新月异：南开大学校长张伯苓》，山东教育出版社 2003 年版。

刘莉莉：《中国民办高等教育发展模式研究》，吉林人民出版社 2012 年版。

卢彩晨：《危机与转机：从民办高校倒闭看民办高等教育发展》，广东等教育出版社 2009 年版。

罗先锋：《我国非营利性民办高校发展研究》，厦门大学出版社 2014 年版。

毛基业、赵萌：《社会企业家精神：创造性地破解社会难题》，中国人民大学出版社 2018 年版。

阙明坤：《我国独立学院转设风险和推进机制研究》，厦门大学出版社 2022 年版。

钱颖一：《大学的改革》，中信出版社 2016 年版。

史秋衡：《国家高校分类设置体系及其设置实证研究》，科学出版社 2016 年版。

王一涛：《民办高校的内部治理与国家监管：基于举办者的视角》，中国社会科学出版社 2019 年版。

徐绪卿：《民办院校办学体制与发展政策研究》，中国社会科学出版社 2018 年版。

徐绪卿：《我国民办高校内部管理体制改革和创新研究》，中国社会科学出版社 2012 年版。

袁振国、周彬：《中国民办教育政策分析》，中国社会科学出版社 2003 年版。

张博树、王桂兰：《重建中国私立大学：理想、现实与前景》，教育科学出版社 2003 年版。

张维迎：《大学的逻辑》，北京大学出版社 2013 年版。

张亚群：《自强不息，止于至善——厦门大学校长林文庆》，山东教育出版社 2012 年版。

张玉利：《创业研究经典文献述评》，机械工业出版社 2018 年版。

赵军：《民办高等教育制度变迁中的政府行为研究》，中国海洋大学出版社 2014 年版。

周海涛：《民办教育分类管理政策实施跟踪与评估研究》，经济科学出版社 2019 年版。

［澳］西蒙·马金森、马克·康西丹：《澳大利亚企业型大学的权利结构·管理模式与再创造方式》，周心红译，浙江大学出版社 2007 年版。

［美］彼得·德鲁克：《创新与企业家精神》，蔡文燕译，机械工业出版社 2019 年版。

［美］伯顿·克拉克大学的持续变革：《创业型大学新案例和新概念》，王承绪译，人民教育出版社 2008 年版。

［美］伯顿·克拉克：《高等教育系统：学术组织的跨国研究》，王承绪、徐辉等译，杭州大学出版社 1994 年版。

［美］伯顿·克拉克：《建立创业型大学：组织上转型的途径》，王承绪译，人民教育出版社 2003 年版。

［美］德里克·博克：《走出象牙塔——现代大学的社会责任》，徐小洲、陈军译，浙江出版社 2001 年版。

［美］菲利普·G.阿特巴赫：《比较高等教育：知识、大学与发展》，人民教育出版社教育室译，人民教育出版社 1994 年版。

［美］拉里·法雷尔：《创业新时代：个人、企业与国家的企业家精神》，沈漪文译，机械工业出版社 2014 年版。

［美］理查德·鲁克：《高等教育公司：营利性大学的崛起》，于培文译，北京大学出版社 2015 年版。

［美］W.理查德·斯科特：《组织理论：理性、自然与开放系统的视角》，高俊山译，中国人民大学出版社 2011 年版。

［美］罗伯特·伯恩鲍姆：《大学运行模式》，别敦荣译，中国海洋大学出版社 2003 年版。

［美］乔治·凯勒：《大学战略与规划：美国高等教育管理革命》，别敦荣译，中国海洋出版社 2005 年版。

［美］沃尔特·W.鲍威尔、保罗·J.迪马奇奥：《组织分析的新制度主

义》，姚伟译，上海人民出版社 2008 年版。

［美］约翰·S. 布鲁贝克：《高等教育哲学》，王承绪、郑继伟等译，浙江教育出版社 2001 年版。

［匈牙利］雅诺什·科尔奈：《社会主义体制——共产主义政治经济学》，中央编译出版社 2007 年版。

［英］弗里德里希·奥古斯特·冯·哈耶克：《致命的自负》，冯克利、胡晋华译，中国社会科学出版社 2000 年版。

Altbach P. G., Levy D. C., "Private higher education: A global revolution", *Sense publishers*, 2005.

Altbach P. G., *The private sector in Asian higher education*, *Private Higher Education*, Brill Sense, 2005.

Ruch R. S. Higher Ed., Inc., *The rise of the for-profit university*, JHU Press, 2003.

David W. Breneman and Chester E. Finn, Jr, *Public Policy and Private Higher Education*, Washington, D. C.: The Brookings Institution, 1978.

Altbach, Philip G., and Yoshikazu Ogawa, eds., *Higher Education in Japan: Reform and Change in the 21st Century*, Boston College: Center for International Higher Education, Lynch School of Education, 2002.

二 学位论文类

柯佑祥：《民办高等教育盈利问题研究》，博士学位论文，厦门大学，2001 年。

刘孟玥：《我国"985 工程"大学教师队伍建设问题研究》，博士学位论文，兰州大学，2014 年。

刘兴凤：《我国大学学术权力研究》，博士学位论文，武汉理工大学，2008 年。

盛南：《社会创业导向及其形成机制研究：组织变革的视角》，博士学位论文，浙江大学，2009 年。

王庆如：《民办高校办学水平提升策略研究》，博士学位论文，陕西师范大学，2012 年。

赵旭明：《民办高校治理研究》，博士学位论文，中共中央党校，2006 年。

朱富强：《博弈、协调和社会发展》，博士学位论文，上海财经大学，2001年。

三　期刊论文类

鲍威：《中国民办高校财务运作与办学行为的实证研究》，《复旦教育论坛》2011年第3期。

陈洪捷：《蔡元培的办学思想与德国的大学观》，《高等教育研究》1994年第3期。

陈杰、徐吉洪：《地方高水平大学：概念沿演与内涵指谓》，《中国高等教育》2016年第21期。

崔来廷、崔凯：《美国一流私立非营利性大学社会捐赠机制及其特点》，《现代教育管理》2015年第4期。

崔乃文：《知识演变与组织创新：世界一流大学的生成机制分析》，《清华大学教育研究》2017年第5期。

丁建洋：《科学的本土化应用：西湖大学科学活动的逻辑图景——一种新型研究型大学的改革方略》，《江苏高教》2019年第3期。

董保宝：《创业研究在中国：回顾与展望》，《外国经济与管理》2014年第1期。

董圣足：《破解瓶颈制约，推进民办学校分类管理》，《教育发展研究》2017年第Z1期。

董云川、罗志敏：《高水平大学建设：一种新框架和路径》，《高等教育研究》2015年第6期。

方芳：《分类财政扶持营利性和非营利性民办高校的问题研究》，《教育与经济》2016年第2期。

巩丽霞：《公共财政扶持民办高等教育政策研究》，《教育发展研究》2012第23期。

顾建民：《大学有效治理及其实现机制》，《教育发展研究》2016年第19期。

郭丛斌：《中国高水平大学学科发展现状与建设路径分析——从ESI、QS和US News排名的视角》，《教育研究》2016年第12期。

洪成文：《企业家精神与沃里克大学的崛起》，《比较教育研究》2001年第

2 期。

胡赤弟：《高等教育中的利益相关者分析》，《教育研究》2005 年第 3 期。

胡建波：《一个战略的演进、结果与反思——基于高校战略规划"行动反思模式"的案例研究》，《高等教育研究》2020 年第 1 期。

黄小灵：《我国建设高水平民办高校面临的困境与实践路径探析》，《高等教育研究》2019 年第 6 期。

贾永堂、周光礼：《探索投资与办学良性互动的民办高校可持续发展之路——湖南涉外经济学院的发展模式》，《高等教育研究》2006 年第 10 期。

金国、胡金平：《权力让渡与资源获取：私立南开大学国立化进程中的"府学关系"》，《高等教育研究》2015 年第 12 期。

金劲彪：《科研工作：民办高校内涵式发展的抓手》，《教育发展研究》2018 年第 23 期。

金久仁：《地方高水平大学建设的定位与路径研究》，《江苏高教》2017 年第 7 期。

金仁旻、刘志阳：《使命漂移：双重目标压力下的社会企业治理研究》，《福建论坛》（人文社会科学版）2016 年第 9 期。

蓝劲松：《办学理念与运作机制：世界一流大学建设的关键》，《高等教育研究》2001 年第 5 期。

李立国、鞠光宇、王春雯：《民办高校如何实现"非营利性"——以防范非公平关联方交易保证"非营利性"的制度设计》，《教育发展研究》2018 年第 23 期。

李立国：《什么是好的大学治理：治理的"实然"与"应然"分析》，《华东师范大学学报》（教育科学版）2019 年第 5 期。

李虔：《国外一流私立大学发展的多元模式研究——基于对美国、韩国、土耳其和拉美经验的考察》，《外国教育研究》2018 年第 8 期。

厉杰、吕辰、于晓宇：《社会创业合法性形成机制研究述评》，《研究与发展管理》2018 年第 2 期。

林成华、洪成文：《大宗筹款运动与大学发展——当代美国一流大学大宗筹款运动研究》，《教育学报》2015 年第 3 期。

刘承波：《试论"世界一流大学"概念的模糊性问题》，《教育发展研究》

2001 年第 1 期。

刘根正：《从资源依赖视角看我国民办高校的办学模式——以广东为例》，《高教探索》2011 年第 1 期。

刘海峰：《一流大学建设中的公平与效率问题》，《探索与争鸣》2016 第 7 期。

刘建银：《公共财政支持民办学校的政策体系：基于分类管理视角的分析》，《教育科学》2011 第 6 期。

刘献君：《论高校战略管理》，《高等教育研究》2006 年第 2 期。

刘尧：《我国民办高等教育的现状、问题与发展趋势》，《教育研究》2004 年第 9 期。

陆亚东、孙金云：《中国企业成长战略新视角：复合基础观的概念、内涵与方法》，《管理世界》2013 第 10 期。

罗英姿、吕红艳：《美国一流私立大学"精英化"战略的启示意义》，《江苏高教》2013 年第 1 期。

马陆亭、刘承波、鞠光宇：《扎根中国大地建设"双一流"》，《现代大学教育》2019 年第 3 期。

苗庆红：《论政府在民办高等教育市场中的作用》，《中国行政管理》2006 年第 8 期。

潘留仙、陈文联：《民办高校内部治理中校长应有的角色》，《中国高教研究》2016 年第 8 期。

潘懋元、邬大光、别敦荣：《我国民办高等教育发展的第三条道路》，《高等教育研究》2012 年第 4 期。

潘懋元、吴华、王文源、李盛兵、邵允振：《中国民办教育四十年专题笔谈》，《华南师范大学学报》（社会科学版）2018 年第 6 期。

彭学文、蒋凯：《制度理论视角的院校声誉》，《大学教育科学》2019 年第 3 期。

钱颖一：《大学治理：美国、欧洲、中国》，《清华大学教育研究》2015 年第 5 期。

秦和：《创新体制机制探索非营利性民办高校发展路径》，《中国高等教育》2013 年第 17 期。

阙明坤：《我国独立学院转设现状分析及对策研究》，《教育研究》2016 年第 3 期。

沈剑光：《民办教育发展的战略转型与政策应对》，《教育研究》2009 年第 8 期。

沈文钦、王东芳：《世界高等教育体系的五大梯队与中国的战略抉择》，《高等教育研究》2014 年第 1 期。

史秋衡、康敏：《精准寻位与创新推进：应用型高校的中坚之路》，《高等工程教育研究》2018 年第 5 期。

斯晓夫、王颂、傅颖：《创业机会从何而来：发现，构建还是发现 + 构建？——创业机会的理论前沿研究》，《管理世界》2016 年第 3 期。

宋秋蓉：《超越营利与高水平民办大学》，《现代教育科学》2005 年第 6 期。

眭依凡：《关于一流大学建设与大学治理现代化的理性思考》，《中国高教研究》2019 年第 5 期。

王波、李小琴：《教育公益性与资本逐利性的冲突与共生——民办高校对社区利益公司制度的借鉴》，《高教探索》2014 年第 1 期。

王建华：《以创业思维重新发现大学》，《教育研究》2019 年第 5 期。

王佩、赵媛、陆丽云：《民国时期我国高等院校的教育捐赠研究》，《江苏高教》2018 年第 8 期。

王善迈：《民办教育分类管理探讨》，《教育研究》2011 第 12 期。

王诗宗、宋程成：《独立抑或自主：中国社会组织特征问题重思》，《中国社会科学》2013 第 5 期。

王维坤、温涛：《民办高校师资队伍建设的问题与出路——以辽宁省民办高校为例》，《中国高教研究》2014 年第 1 期。

王一涛、徐绪卿、鞠光宇：《美国两类私立高校的发展路径探析》，《教育研究》2018 年第 8 期。

温锐、刘世强、熊建平：《略论当前我国民办高校发展定位的转型》，《教育研究》2008 年第 11 期。

温涛、王朋、王维坤、姜华：《新时期我国一流民办大学建设探究：概念、内涵与路径》，《现代教育管理》2019 年第 5 期。

邬大光：《我国民办教育的特殊性与基本特征》，《教育研究》2007 年第 1 期。

吴红斌、郭建如：《高等教育分层系统中的地方本科院校：困境、优势与出路——基于全国本科学生调查数据的分析》，《中国高教研究》2018年第2期。

吴华、章露红：《对民办学校分类管理"国家方案"的政策风险分析》，《中国高教研究》2015年第11期。

吴文刚、周进：《从资源到资本：民办高校资源转化机制构建》，《高等工程教育研究》2016年第1期。

徐高明：《省域高水平大学建设：内涵、动因及路径》，《中国高教研究》2017年第1期。

徐国庆：《高水平高职院校的范型及其建设路径》，《中国高教研究》2018年第12期。

徐绪卿：《建设国家级高水平民办高校的若干思考》，《教育发展研究》2012年第7期。

宣葵葵、王洪才：《创业型大学的人才培养特色探索——基于英国沃里克大学的成功经验》，《中国高教研究》2017年第6期。

阎凤桥：《非营利性大学的营利行为及约束机制》，《北京大学教育评论》2005年第2期。

阎光才：《高水平大学教师本科教学投入及其影响因素分析》，《中国高教研究》2018第11期。

杨德广、张兴：《建立一主多元的高等教育办学模式》，《教育发展研究》2001年第2期。

杨俊、张玉利：《基于企业家资源禀赋的创业行为过程分析》，《外国经济与管理》2004年第2期。

翟亚军、王战军：《解析高水平大学》，《复旦教育论坛》2010年第2期。

张维平：《维护教育的公益性》，《求是》2005年第14期。

张应强：《体制创新与建设高水平民办大学》，《高等教育研究》2002年第4期。

钟秉林：《科学谋划 励精图治 创建高水平民办大学——我国民办高等教育改革与发展探析（七）》，《中国高等教育》2012年第2期。

钟秉林：《我国民办高等教育发展若干重要问题探析》，《中国高教研究》2011年第7期。

周朝成：《制度变迁与民办高校组织转型——以浙江树人学院四校联合组建为例》，《教育发展研究》2009 年第 6 期。

周光礼：《"双一流"建设的三重突破：体制、管理与技术》，《大学教育科学》2016 年第 4 期。

周海涛、张墨涵：《高水平民办大学人才强校策略》，《国家教育行政学院学报》2017 年第 2 期。

Levy D. C., "How Important Is Private Higher Education in Europe? A Regional Analysis in Global Context", *European Journal of Education*, 2012.

Levy D. C., "The Decline of Private Higher Education", *Higher Education Policy*, 2013.

Roger L. Geiger, "Public and Private Sectors in Higher Education: A Comparison of International Patterns", *Higher Education*, 1988.

Roger L. Geiger, "The Private Alternative in Higher Education", *European Journal of Education*, 1985.

Shane S., Venkataraman S., "The promise of entrepreneurship as a field of research", *Academy of Management Review*, 2000.

William Zumeta, "State Policies and Private Higher Education: Policies, Correlates and Linkages", *The Journal of Higher Education*, 1992.

后　　记

　　这部书稿几经打磨终将付梓，此刻正是江南雨后，山静风清，草木送香。掩卷沉默，有劳动之后的内心丰盈，亦有再回首的茫然之思——这才发觉自己的"学"与"问"、"思"与"辨"仍然在路上，对中国高水平民办高校生成机制这一话题依然存在许多困惑。

　　其实，这种困惑以及与之相伴的追问，一直存在于整个研究之中：中国是否有高水平民办高校，高水平民办高校有何特征，高水平民办高校的发展之路上的关键节点是哪些？他们成长发展究竟有何启示意义？我们需要让昨日启迪今天，让历史昭示未来，正是基于这样的源动力，我才在这条研究之路上跋涉到今天。

　　高等教育市场化、民营化是世界高等教育的重要趋势。放眼全球，许多发达国家均有高水平私立大学。美国私立高等教育源远流长，先有私立大学，然后才有公立大学，哈佛大学、斯坦福大学、麻省理工学院等一大批著名私立研究型大学闻名世界。英国私立高等教育质量卓著，剑桥大学、牛津大学、帝国理工学院等私立大学在全球享有盛誉。韩国、日本私立大学数量分别占本国大学总数的86%、77%，在全球位居第一、第二，成均馆大学、高丽大学、早稻田大学、应庆义塾大学等私立大学培养了众多拔尖创新人才。

　　在中国近代大学历史上，也曾涌现出南开大学、厦门大学、复旦大学等一大批灿若星河的私立大学，其先进的办学理念、卓越的教育质量、雄厚的师资力量、严格的管理模式，在海内外有口皆碑，传为佳话。伴随着改革开放的春风，我国民办高校重新复苏，快速崛起，昔日的幼苗成长为今朝的参天大树。我国民办高校是植根于中国土壤的高等教育办学产物，有着其特定的历史性、阶段性、特殊性，无论是法律条款、政策规制，还是办学体制、管理模式，都与西方私立大学和我国近代私立大学迥然相异。因此，研究中国民办高校问题，必须立足中国国情，不能一味移植西方理论框架，也不能简单套用公办高校的模式。

2011年，我参加了在重庆举行的建设中国高水平民办大学高峰论坛，现场聆听时任全国政协副主席黄孟复、重庆市市长黄奇帆、英国诺丁汉大学校长杨福家、北京师范大学校长钟秉林的报告，对建设高水平民办大学这个话题产生了浓厚的兴趣。随着我步入厦门大学教育研究院，来到高等教育研究的巍巍学府攻读博士学位，进一步坚定了围绕这一论题开展研究的信心。

读书也是修行。厦大读博那段时光是人生中弥足珍贵、非常难忘的岁月。美国著名教育家克拉克·科尔曾将不同历史时期的大学观做过一个形象的比喻：古典大学观是一个居住僧侣的村庄，现代大学观是一座由知识分子垄断的工业城镇，现代多元巨型大学观是一座充满无穷变化的城市。之于我，在厦大求学的生涯，恰如回到了昔日纽曼笔下的欧洲古典大学意境，远离尘嚣，潜心研学，偶尔也会聆听一墙之隔闽南古刹南普陀寺的悠扬钟声，驻足于水面如镜湖光倒影的芙蓉湖畔，漫步于洗尽铅华的群贤楼间，沉醉于名家大师言提其耳的谆谆教诲，静悟一种朴素的高等教育哲学。

厦门大学是中国近代教育史上第一所由华侨创办的私立大学，华侨领袖陈嘉庚先生怀揣"教育救国"的强烈使命，毁家兴学，无私捐赠，创办厦门大学。陈嘉庚校主以"国家富强、民族振兴"为己任的爱国义举，"变卖大厦办厦大"的教育情怀，深深感染了我。我长期在高校一线工作，10多年来，实地走访调查了20多个省、直辖市、自治区的100多所民办高校，对于民办高等教育事业感同身受，看过了许多民办高校的沉浮起落，是民办高等教育发展的见证者、亲历者，深知民办高校的创业艰辛和风雨坎坷。经济社会高质量发展的新形势，政策法规引导规范的新挑战，民办高校内涵建设的新要求，千万师生员工的新期待，支撑、激励着我持续深耕这一领域，这也是当初博士论文选题的缘由。

拙著是在我博士毕业论文基础上修改而来。付梓之际，最想表达的还是感谢。

感谢我的博导史秋衡教授。一个人遇到好老师是人生的幸运。恩师学

后　记

养深厚，以勤勉和坚毅勇探学术前沿，他温文尔雅的君子气质、空谷幽兰的大师风范、春风化雨的循循善诱，让我受益终身。求学期间，史老师悉心指导，让我不断领悟立德立行立言的真谛。

感谢厦大教育研究院的老师们。读博期间，潘懋元先生虽年逾九十依然言传身教，立于三尺讲台，在高等教育这片沃土上孜孜耕耘，对高等教育学科建设矢志不渝，潘先生是真正的大先生。刘海峰教授文采斐然，科举学导论以古鉴今，人称"刘科举"，另辟蹊径走出高考研究的华山一条道。邬大光教授目光如炬，声如洪钟，对中国高等教育问题总有惊人之语，每每发人深思。王洪才教授文思泉涌，启迪我们以解决现实教育问题为导向……在教育研究院学习的岁月我永铭于心，教育研究院老师们"做第一不要做唯一"的虚怀若谷与"做唯一就是做第一"的非凡气魄让我如沐春风。

感谢专家们对本书选题、构思、创新给予的充分肯定，他们是北京师范大学洪成文教授、北京大学蒋凯教授、厦门大学教育研究院刘振天教授、张亚群教授、覃红霞教授、武毅英教授、李泽彧教授、郑若玲教授、文静副教授、洪志忠副教授，专家们高屋建瓴的指引、语重心长的教导、严谨细致的斧正，让我醍醐灌顶，受益匪浅。

感谢对本书给予关心指导的专家学者。中国高教学会会长杜玉波、国务院教育督导委员会总督学顾问钟秉林、上海师范大学原校长杨德广教授、教育部高教司原司长张大良、南京大学教育研究院龚放教授、华中科技大学原党委副书记刘献君教授、浙江大学社科学部副主任顾建民教授、长三角教育发展研究院院长胡卫、北京大学教育学院阎凤桥院长、北京师范大学周海涛教授、浙江大学教育学院阚阅常务副院长、南京师范大学教科院王建华院长、陕西省教育厅原副巡视员李维民、教育部发展规划司民办教育管理处顾然处长、浙江树人学院原校长徐绪卿教授、常熟理工学院顾永安教授、上海教科院董圣足所长等领导和专家在本书写作和我平时学术研究中悉心指导、鼓励勉勉，在此谨致谢忱！

感谢本书写作过程中给予关心帮助的民办高校领导。创新创业精神是社会进步的动力，一部民办高校发展史就是一部创新创业史。高等教育研究须植根现实土壤，感谢无锡太湖学院理事长金秋萍、宁波财经学院理事长王云儿、四川工商学院理事长王六章、武昌首义学院原校长周进、黄河科技学院副校长杨保成、浙江树人大学副校长陈新民、上海震旦职业学院校长冯伟国……众多民办高校举办者、校长、书记和教育行政部门领导在百忙中接受访谈，或给予协调帮助，他们的倾囊相授和一线声音，让论文有了源头活水。

感谢博士论文写作过程中交流研讨、切磋琢磨的同仁挚友。独学而无友，则孤陋而寡闻。拙著写作的过程中许多师友都给予了无私帮助：王一涛、方剑锋、丁秀棠、王维坤、潘秋静、黄元维、王慧英、宣葵葵、陈民伟、刘亮军、高宏赋、宋斌、樊继轩、郑雅萍、施文妹、丁力玮、姬华蕾、王佳丽、雷承波、石猛、郑育琛、陈春梅、朱逸……这份名单很长。广东、江苏、陕西、江西等省、直辖市、自治区教育行政部门领导和中国民办教育协会、各省级民办教育协会帮助组织发放调查问卷，恕我不能一一道来。你们的襄助与真情将永存于心。

最后，我要感谢的是我的家人。无论黄昏把树的影子拉得多长，它总是和根连在一起。感谢我的岳父岳母，这些年我忙于工作，无暇顾及家庭，是他们无私付出，细心呵护，让我安心工作和研究。感谢我的父母，自幼教导我"读书破万卷，下笔如有神"，他们的善良、淳朴、勤劳是我永远的精神胎记。感谢我的妻子李东泽，是她操持家务，忙里忙外，撑起这个家，给我最大的包容和支持。感谢我的儿子和女儿，他们给家庭增添了生机和乐趣，让我和他们一起重温童年时光。

德国著名社会学家、思想家马克斯·韦伯在《学术与政治》中倡导"以学术为志业"，提出学术生涯乃是一场疯狂的冒险，个人惟有通过严格的专业化，才能在学术研究的世界里，获得那种确实感到达成某种真正完美成果的意识。经历频繁的熬夜、漫长的失眠、纷繁的困惑、思想的迷茫，我逐渐穿越迷雾，感受到学术之苦，也领略到学术之乐。正如世界名著《简爱》所言，"人生就是含辛茹苦"，学术的路上布满荆棘和坎坷，注定只有不畏艰难险阻的人才能攀登上去。路漫漫其修远兮，吾将上下而求索。

付梓在即，感慨系之，信笔赘言，聊表寸心，是以为记。

阙明坤

2023 年 2 月